国防特色教材·职业教育

轮式自行火炮总体技术

主编　潘玉田　郭保全

北京理工大学出版社

北京航空航天大学出版社　哈尔滨工程大学出版社
哈尔滨工业大学出版社　西北工业大学出版社

内容简介

  本书比较全面地介绍了轮式自行火炮的概念、国内外研究状况、总体结构、主要总体性能以及轮式自行火炮总体设计技术方面的相关内容。方便学生了解轮式自行火炮武器系统总体结构和总体技术,提高解决轮式自行火炮总体设计方面实际问题的能力。

  本书可作为火炮相关专业高职高专学生教材,也可作为相关专业的本科生、研究生和教学科研和生产人员的参考用书。

图书在版编目(CIP)数据

轮式自行火炮总体技术/潘玉田,郭保全主编.—北京:北京理工大学出版社,2009.9

ISBN 978 - 7 - 5640 - 2635 - 6

Ⅰ.轮… Ⅱ.①潘…②郭… Ⅲ.自行火炮 Ⅳ.TJ818

中国版本图书馆 CIP 数据核字(2009)第 142928 号

轮式自行火炮总体技术

潘玉田 郭保全 主编

责任编辑 申玉琴

*

北京理工大学出版社出版发行

北京市海淀区中关村南大街 5 号 (100081) 发行部电话:010 - 68944990 传真:010 - 68944450

http:// www.bitpress.com.cn

北京地质印刷厂印刷 全国各地新华书店经销

*

开本:787 毫米×960 毫米 1/16 印张:19.25 字数:393 千字

2009 年 9 月第 1 版 2009 年 9 月第 1 次印刷 印数:1—3000 册

ISBN 978 - 7 - 5640 - 2635 - 6 定价:48.00 元

前　　言

轮式自行火炮武器系统的大量研制和应用是近些年来世界武器装备研制的重要发展趋势之一。继 20 世纪 70 年代出现了轮式车载反坦克导弹、防空导弹和高射炮以后，又相继出现了轮式自行反坦克炮、迫击炮、榴弹炮和远程多管火箭炮。这些轮式自行火炮武器的共同特点是：保持了原有火力系统的威力；选用了轻型装甲底盘，大大提高了其机动性能；配用了先进的一体化火控系统，具备了自主独立作战的能力。轮式底盘较履带式底盘一般要轻 30% 左右，一般只有 15 吨左右，体积也较小，便于战略空运、海运，甚至直升机吊运，而且公路机动性能好，适应于快反、两栖及城镇地区作战。它一经问世即受到世界各国军界的高度重视。美、法、德、意等国纷纷研制，并很快将其装备于本国的快速反应部队。随着独立悬挂和中央轮胎充放气等现代汽车技术的进步以及世纪公路系统的飞速发展，轮式自行火炮已经也必将得到更加飞速的发展。

轮式自行火炮总体技术是该武器研制的关键技术群体。由于我国轮式自行火炮的研制工作开展比较晚，至今为止，还没有一本全面介绍轮式自行火炮及其总体技术方面的教材或专著，这给火炮教学和科研人员的工作带来很大的不便。特别是在教学工作中，教师只能根据自己的科研工作实践，结合一些分散零碎的资料来组织教学，极大地影响了教学效果。

本书以作者多年从事研究和教学工作中积累的资料为基础，首次以教科书形式比较全面地介绍了轮式自行火炮的概念、国内外研究状况、总体和部件结构、主要性能以及轮式自行火炮总体设计相关技术方面的内容。为学生了解轮式自行火炮武器系统总体结构和总体技术，提高解决轮式自行火炮总体设计方面实际问题的能力提供了帮助。

全书共分 13 章。第 1 章论述了轮式自行火炮系统的概念、优点、国内外研制状况、作用、地位和发展趋势。第 2 章论述了轮式自行火炮总体结构方案的有关内容，包括总体技术指标、系统组成、总体结构参数匹配优化、质量分配与减重、总体结构方案等。第 3 章论述了轮式自行火炮总体结构动力学仿真的基本内容，包括仿真方法、模型建立、参数获取和动力学仿真等内容。第 4、5、6、7 章为轮式自行火炮四个分系统的有关内容，包括分系统结构、功能和部件总体结构方案以及参数确定方面的内容。其中第 4 章为炮塔火力分系统，第 5 章为底盘分系统，第 6 章为火控分系统，第 7 章为辅助武器及其他。第 8 章分析了两栖型轮式自行火炮的主要水上性能，如浮性、稳性、快速性、通过性和水上发射动力学等。第 9 章论述了轮式自行火炮系统人—机—环境工程方面的内容。第 10 章论述了轮式自行火炮系统的防护问题，包括主动防护及被动防护、三防装置、烟幕及榴霰弹、灭火抑爆装置以及伪装和隐身技术等内容。第 11 章描述了信息化战争中的火炮综合电子信息系统。第 12 章介绍了轮式自行火炮系统的研制成本的分析。第 13 章介绍了国内外主要的轮式自行火炮。

第 1、2、4、9 章由潘玉田编写，第 3、7、8、10、13 章由郭保全编写，第 6 章由马新谋编写，第 5 章由郭张霞编写，第 11 章由侯宏花编写，第 12 章由潘丹阳编写，全书由潘玉田教授统稿。研究生李美彦、霍健鹏同学参与了部分章节的编写和排版工作。

由于编者的水平有限，书中错误与缺点在所难免，恳请读者批评指正。

编者

目　　录

第1章 轮式自行火炮系统概述

1.1 概　述

随着世界格局和世界局势的变化,未来高技术条件下战场环境特点将是:大纵深空地一体化的战场;战场侦察、监视、指挥、控制、通信一体化的信息化战场;火力和反火力战的激烈争夺的战场;地面部队自行化和空中机动化为特征的快速机动战场;存在核生物武器威胁的战场;作战物资消耗巨大的战场。不难看出,未来战争将是高技术条件下的局部战争,在高技术条件下的未来战争中,陆战场仍将是最重要的战场,这是因为,战争的目的不仅是对敌方的各种军事目标以及战略要地和设施给予毁灭性的打击,而且还要深入敌方国境,夺占敌方的领土和各种战略资源,控制海空战略基地以及交通要道,使己方在全球范围内处于有利的态势。适应未来战争和战场环境的特点,提高武器装备的快速机动性成为一个主要的发展方向,自行化是其有效的措施。因此,自行火炮受到各国陆军的高度重视,这是因为自行火炮具有良好的火力突击能力,快速反应能力和较强的战场生存能力。

我军新时期的战略方针是:"我军未来军事斗争的准备和军队建设的重点应放在打赢一场可能发生的现代技术,特别是高技术条件下的局部战争上"。中央军委决定:要重点建设一支包括陆海空军在内的、装备水平较高且系统配套的、能应付局部冲突的、基本上适应高新技术战场环境的、训练有素的应急机动作战部队。而轮式自行火炮是其急需的主装备,因此加快轮式自行武器系统的研制工作,已刻不容缓地提到议事日程上来。

20世纪90年代以来世界进入了所谓的"冷战后时代",大规模的战争趋于减少,但各种中低强度的局部战争不断发生。许多国家为了适应新的形势,纷纷组建了快速反应部队。这些部队要有良好的战略机动能力,能在短时间内投入世界上任何战场,这就要求尽可能使用质量较轻的武器装备。目前的自行火炮车体结构大多数是利用主战坦克或装甲战车底盘改装而来的履带式车体结构,大多重30吨以上,存在着质量大、结构复杂、维修困难和远距离运输困难等缺点,难以适应未来快速反应部队的战略、战术要求。

而轮式自行火炮的质量比履带式火炮要轻得多,一般只有20吨左右,用飞机进行战略机动要方便得多。再加上世界公路交通的飞速发展,轮式自行火炮也就应运而生。轮式自行武器系统的应用,是20世纪八九十年代国外兵器技术的重要发展趋势之一。这种武器特别适合于装备快速反应部队。因此,它一经问世即受到世界军界的高度重视。美、法、德、意等国纷纷研制,并很快将其装备于本国的快速反应部队。由于独立悬挂和中央轮胎充放气等现代汽车技术的进步,轮式自行火炮已经也必将得到更加飞速的发展。

1.2   轮式自行火炮系统的概念和组成

1.2.1   轮式自行火炮的概念

轮式自行火炮系统是把一门制式火炮安装在轮式装甲车辆的底盘上,具有全封闭的炮塔,配置火控系统及其他配套系统,构成一种威力大、机动性强、综合性能优、作战效费比高的具有多用途的轮式自行武器系统,如图1-1所示。

图1-1   某轮式自行火炮图

这里所说的轮式自行火炮实际上主要指大口径轮式自行火炮,大口径是相对于轮式底盘所能承受的火炮口径而言。由于采用了一系列的全新技术,在不影响其主要性能的情况下,使得中、大口径火炮的后坐阻力大幅度降低到轮式底盘所能承受并稳定发射的程度。

轮式自行火炮系统不是传统意义上的自行火炮系统或车载炮系统,而是一种符合现代系统概念的、讲求全寿命周期内总体性能的全新系统。当然这里的全新并非指所采用的技术手段或高新技术的应用程度,而是更加强调全系统的协调和匹配,即强调全系统的功能。这种全系统的功能反映在轮式自行火炮的研制、生产、装备、作战使用以及运输、后勤保障等各个方面。

1.2.2 轮式自行火炮的组成

轮式自行火炮主要由炮塔火力分系统(主要包括火力子系统和炮塔子系统)、火控分系统、底盘分系统、辅助武器及其他等组成。

炮塔火力分系统主要包括火力子系统(大威力火炮和弹药系统)和炮塔子系统(轻型封闭式扁平炮塔和其他辅助武器);火控分系统主要包括观瞄装置、火控计算机、弹种显示器、操纵台、定位定向导航装置和各种修正传感器;底盘分系统主要包括底盘本体、发动机、变速箱、驱动桥、悬挂系统、制动系统、转向系统及车轮等组成,它可提供系统的动力和牢固可靠的运行机构,以便实现优越的快速机动和远程奔袭能力;辅助武器系统主要包括12.7 mm 高射机枪、烟幕发射器、炮射导弹等。

轮式自行火炮系统组成框图,如图1-2所示。

1.2.3 轮式自行火炮的功能和分类

1.2.3.1 轮式自行火炮的作战任务和功能

轮式自行火炮是快速反应部队的主装备,是具有自主作战能力的火炮,具有较强的火力和一定的防护能力,编配在轻型机械化步兵师、轻型机械化步兵旅、轻型机械化步兵团内执行遂行作战任务。

(1) 压制类轮式自行火炮的主要作战任务

压制类轮式自行火炮主要有:轮式自行榴弹炮、轮式自行迫击炮、轮式自行迫榴炮等。

它们的主要作战任务有:压制和歼灭敌炮兵、防空兵、导弹和有生力量;压制和摧毁敌指挥所、控制、通信和情报系统;压制和摧毁位于突破口及其附近的敌防御工事、装甲目标和支撑点;压制、拦阻敌行进间的各种战斗队形;摧毁和破坏敌后方及工程设施。

其战斗样式主要是以火力手段支援轻型机械化步兵作战,同时对敌进行火力战,以炮兵营、连为单位实施区域机动作战。

(2) 突击类轮式自行火炮的主要作战任务

突击类轮式自行火炮,如轮式自行突击炮等的主要作战对象是坦克、装甲车辆等硬和半硬目标,也能对低空飞行或悬停的武装直升机进行攻击,也能摧毁各种建筑物和野战工事,杀伤敌有生力量。

其主要作战功能有:反坦克、反装甲的功能;配合主战坦克或独立行使侦察、警戒和巡逻任务;作为机械化步兵的近战火力支援武器;作为海军陆战队或快速反应部队的支援突击武器,空降和反空降部队的支援装备之一;可作为维和和平暴部队的武器系统使用;另外还可以用于保护后方、掩护侧翼、攻击越过防线的敌坦克。

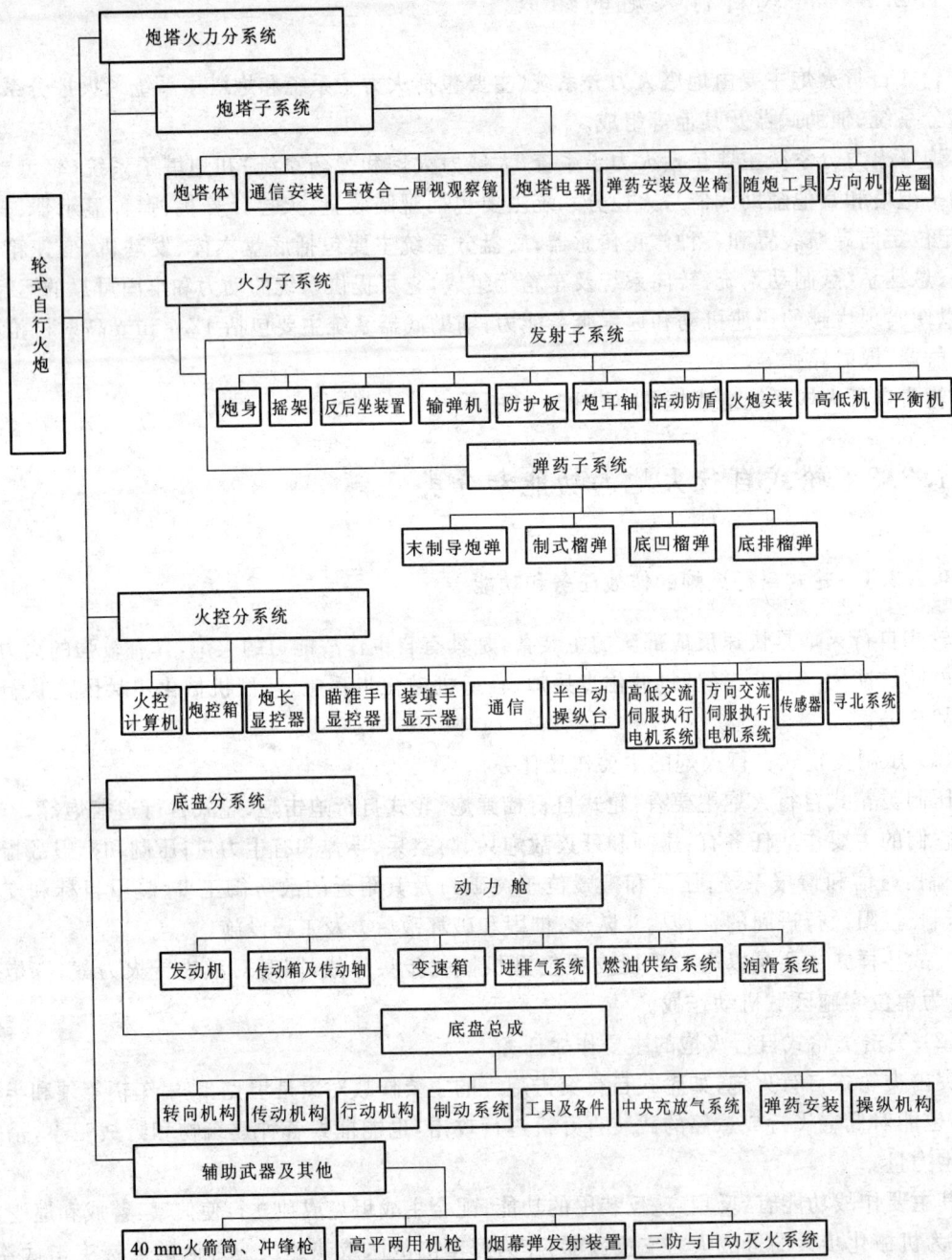

轮式自行火炮
- 炮塔火力分系统
  - 炮塔子系统
    - 炮塔体
    - 通信安装
    - 昼夜合一周视观察镜
    - 炮塔电器
    - 弹药安装及坐椅
    - 随炮工具
    - 方向机
    - 座圈
  - 火力子系统
    - 发射子系统
      - 炮身
      - 摇架
      - 反后坐装置
      - 输弹机
      - 防护板
      - 炮耳轴
      - 活动防盾
      - 火炮安装
      - 高低机
      - 平衡机
    - 弹药子系统
      - 末制导炮弹
      - 制式榴弹
      - 底凹榴弹
      - 底排榴弹
- 火控分系统
  - 火控计算机
  - 炮控箱
  - 炮长显控器
  - 瞄准手显控器
  - 装填手显示器
  - 通信
  - 半自动操纵台
  - 高低交流伺服执行电机系统
  - 方向交流伺服执行电机系统
  - 传感器
  - 寻北系统
- 底盘分系统
  - 动力舱
    - 发动机
    - 传动箱及传动轴
    - 变速箱
    - 进排气系统
    - 燃油供给系统
    - 润滑系统
  - 底盘总成
    - 转向机构
    - 传动机构
    - 行动机构
    - 制动系统
    - 工具及备件
    - 中央充放气系统
    - 弹药安装
    - 操纵机构
  - 辅助武器及其他
    - 40 mm 火箭筒、冲锋枪
    - 高平两用机枪
    - 烟幕弹发射装置
    - 三防与自动灭火系统

图 1-2　轮式自行火炮系统组成框图

（3）防空反导类轮式自行火炮的主要作战任务

防空反导类轮式自行火炮指轮式自行高炮系统和弹炮合一防空系统，主要用于突发局部战争初期的军队野战机动防空作战，在一定地域内机动作战，在一定空域内扼制和歼灭敌空中来袭的飞机、导弹等运动目标。

主要作战任务：伴随海军陆战队、空降兵部队以及陆军轻型机械化部队遂行火力支援任务，能够伴随被支援部队迅速投入和撤出战斗，既可以发射同口径的制式炮弹，又可以发射为其专门设计的杀伤爆破弹、火箭增程弹和破甲弹；既可在暴露的阵地上直瞄发射破甲弹，又可以在隐蔽阵地上间瞄发射杀伤爆破弹，射程较远、威力较大。

1.2.3.2　轮式自行火炮的分类

轮式自行火炮，根据各国对其作战使用的定义可分为轮式装甲侦察车、轮式自行反坦克炮、轮式自行榴弹炮、轮式自行迫榴炮和轮式自行高炮等。

就目前国外发展的轮式自行火炮系统而言，按其作战用途，大体可分为三种类型：

（1）轻型轮式突击火炮

轮式突击火炮也称轮式坦克歼击车，实际上是轮式自行反坦克炮。它是目前轮式自行火炮家族中，种类最多，研制、装备数量最大，范围最广的轮式自行火炮。轮式突击炮属于全装甲防护式自行火炮，通常搭载一门 90～105 mm 口径的直瞄反坦克火炮，具有较强的直射火力，能够击毁各种中等防护装甲目标、工事、碉堡等固定点目标，部分先进型号还能搭载 105 mm 或 120 mm 大威力高膛压火炮，具备对抗地方重型主战坦克的强大火力。

轮式突击炮能在战场上担负各种不同的任务，不但能为机械化部队提供火力侦察、反坦克支援任务，还能作为轮式轻装快速反应部队的主要支援火力，伴随轮式步兵战车和装甲人员输送车一起作战。其主要用于突发局部战争初期的火力突击，在坦克和履带式火炮等重型装备未抵达之前，迟滞敌人的行动、遏制强敌发动进攻的势头，或在小规模的局部战争中歼灭敌人，稳定局势，并可在地面突击战斗中与其他炮兵火力一起突破敌人防线，为最终取得胜利奠定基础。

（2）轻型轮式装甲防空武器系统

轻型轮式装甲防空武器系统又包括轮式自行高炮系统和轻型自行"炮弹合一"防空武器系统。主要用于突发局部战争初期的军队野战机动防空作战，在有限地域和有限空域扼制和歼灭敌空中来袭目标。

过去采用轮式底盘的近程野战机动防空导弹数量较多，但是轮式自行高炮研制数量相对较少，但是随着近年来一些性能先进，模块化程度较高的小口径高炮炮塔相继研制成功，近年来也有一些很有特色的轮式自行高炮问世，主要有瑞士研制的"护卫者"双 35 mm 轻型轮式自行高炮、前南斯拉夫研制的 BOV-3 式三管 20 mm 轮式自行高炮、德国研制的"天空游骑兵"自行防空炮以及俄罗斯研制的"铠甲"-S1 弹炮合一轮式机动防空武器系统等。

(3) 大、中口径轮式自行压制火炮

带有全封闭装甲炮塔的现代大、中口径轮式自行榴弹炮(加榴炮)在 20 世纪 80 年代首次出现,主要用于伴随陆军机械化部队提供中远程火力支援和压制任务,用于突发局部战争初期压制和摧毁敌纵深目标。

随着 120 mm 自行迫击炮的研制、特别是轮式 120 mm 自行迫榴炮的飞速发展以及其在各种局部战争和维和行动中的优异表现,不但使其迅速取代了传统 81 mm 或 82 mm 中口径迫击炮在轻型机械化部队中的地位,还对迫击炮本身结构进步产生了深远影响。前装或者后装全自动装填装置、双管并联迫击炮以及可以平射榴弹的迫榴炮等一大批新型轮式自行迫击炮纷纷登场亮相。其中典型的有俄罗斯的 2S23 式 120 mm 自行迫榴炮,美、法联合研制的"龙火"120 mm 自行迫击炮,英国的 AMS 和 TMS 自行迫击炮,瑞典的 AMOS 双联装 120 mm 自行迫击炮。我国即将服役的轮式 122 mm 自行榴弹炮也是其主要成员之一。

1.3 轮式自行火炮系统的国内外研制状况

1.3.1 轮式自行火炮系统国外研制状况

1.3.1.1 研制状况

国外开展轮式自行火炮的研制工作已有 30 多年的历史。这类武器系统首先是在德国和瑞士研制成功的,他们把 Rh105−11 高膛压超低后坐力炮安装在"鲨鱼"8×8 轮式装甲车上,使其可发射高初速的脱壳动能穿甲弹,能有效地对付现代主战坦克、装甲车等,并具有良好的越野机动能力。另外美、俄、法、德、意大利、南非、捷克、巴西、瑞典等国纷纷开展了该武器系统的研制工作。

西方国家大多是把一门中、大口径火炮,安装在全重约 15 吨左右的 6×6 或 8×8 的轮式装甲车上,形成新一代强大火力与高度机动性相结合的武器。

法国是最早研制、发展并装备轮式自行火炮的国家之一,从 20 世纪 70 年代就已经开始。1987 年法国将可发射尾翼稳定脱壳穿甲弹的 105 mm 高膛压炮改装在 AMX−10RC 6×6 轮式装甲车上,取代了 70 年代装备的 105 mm 低膛压炮,该炮曾参加了海湾战争。后来法国又研制出一种新型的 IVECO FIAT 8×8 20 t 级的轮式自行反坦克炮。

自 20 世纪 80 年代初开始,德国莱茵公司最先研制出一种 Rh−105−11 式 105 mm 高膛压超低后坐力炮,该炮采用了高效率的炮口制退器(35%)、长后坐(后坐长由 280 mm 增加到了 925 mm)和新型反后坐装置(两个驻退机和一个复进机)等先进技术,将 60 t 的后坐阻力降低到了 11 t,并保持了火炮原有的弹道性能,此炮成了各国发展轮式自行反坦克炮的基型炮。

1982 年德国和瑞士利用这种超低后坐力炮研制出世界上第一门安装 105 mm 火炮的"鲨鱼"8×8 轮式自行反坦克炮,并进行了成功的射击和行驶试验。德国单独研制的 TH-400 式轮式自行反坦克炮,则是把 RH-105-11 式火炮安装在 TPZ-1 式 6×6 轮式装甲车上。

美国在 1985 年研制成功了"康曼多"V-600 式轮式自行反坦克炮。该炮装用了 L7A3 式 105 mm 低后坐力炮,火炮后坐长度仅 762 mm,后坐阻力为 116 kN,总重 17 t,底盘是由"康曼多"V-300 6×6 装甲车改造而成。该炮采用了较多现有武器系统的部件和装置,成本较低而且比较可靠,目前已经进行了多次试验。1989 年美国又将 Ex-35 105 mm 轻型火炮安装在轮式战车的底盘上,研制出了一种被称之为 LAV-105(AG)自行突击炮的轮式自行反坦克炮。

意大利研制的 B-1"人马"轮式自行反坦克炮也采用了 105 mm 52 倍口径低后坐力炮,装在 8×8 AVH 6636 型轮式底盘上,内弹道性能与 L7/M68 式坦克炮性能相同,能发射北约制式 105 mm 坦克炮弹,包括尾翼稳定脱壳穿甲弹。该炮发动机采用了 520 hp(1 hp=735.499 W)的 MTCAV-6 型涡轮增压发动机,火控系统采用了许多通用设备。该炮 1984 年研制,1987 年研制出第一门样炮,1989 年开始投产,意大利陆军计划装备 450 辆,每年生产约 110 辆。

巴西 EE-18"苏库里"轮式自行反坦克炮采用了意大利提供的 105 mm 火炮,底盘由 EE-9 式 6×6 轮式装甲车改装而成,1987 年研制成第一门样炮。

南非 G6-52L 自行榴弹炮是在 G5 式牵引榴弹炮和 G6 式自行榴弹炮基础上研制而成的一种 6×6 轮式 155 mm 自行榴弹炮,战斗全重 49 t。它采用 52 倍口径身管,配有新型的自动装填系统,最大射速可达 8 发/分。配备有榴弹、高爆反坦克破甲弹、全膛底排气弹、子母弹、照明弹和发烟弹等。发射标准榴弹可达到 40 km 的射程,发射 M9703 式提速远程炮弹的射程达到 67 km。动力装置为风冷柴油机,最大功率为 386 kW,采用了独立悬挂系统。公路行驶最大速度达 90 km/h,越野速度达到 70 km/h,最大行程为 700 km。G6-52L 的整车采用焊接钢装甲结构,具有防枪弹和炮弹破片的能力,炮塔可防 23 mm 穿甲弹的攻击。车底采用双层底装甲,可承受 3 枚地雷的爆炸力。配备有先进的火控系统、定位定向系统、自动导航系统和自动瞄准装置等,具有全天候作战能力。

"天空游骑兵高炮"是一种非常先进的轮式小口径防空-反导自行高炮。它由德国 KMW 公司研制的"拳击手"8×8 轮式装甲车底盘和瑞士厄利空-康特拉夫公司(目前已被德国莱茵金属公司兼并)设计的 35 mm"千发"高射速转膛炮炮塔组成,是一种 2007 年才刚刚面世的先进野战自行防空火炮武器系统。35 mm"千发"自动炮采用转膛式自动机,射速高达 1 000 发/分,原为厄利空公司 1997 年推出的"天空盾牌"模块化防空火炮中的主要武器系统。该火炮不但把经典的 GDF 系列 35 mm 高炮射速提高近一倍,而且实现了无人化全自动操作。火炮炮口装有测速-装定线圈,可以发射先进的 AHEAD 防空弹药,除了打击武装直升机、无人机等中低空飞行器外,还具有极其强悍的地空反巡航导弹能力。

俄罗斯研制的 2S23 式 120 mm 自行迫榴炮,是在"诺那-C"2S9 式 120 mm 履带式自行迫榴炮的基础上,由中央精密机器制造研究所于 1986 年开始研制的。该炮于 1990 年装备部队,同年年底在远东防务展览会上首次公开展出。2S23 的底盘为 BTR－80 式 8×8 轮式装甲车底盘。与采用 BMP－2 步兵战车履带式底盘的 2S9 式 120 mm 迫榴炮相比,该炮机动性较高,尤其是在远距离公路行驶时,其速度和行程都优于前者。该炮的炮塔与 2S9 式略有不同,火炮本身也有些改进。不过弹道性能及发射的弹药都相同。火炮型号定为 2A60 式,同 2S9 式一样。俄罗斯是世界上首先提出并研制迫榴炮的国家,最高射速高达 30 发/分,持续射速为 6～8 发/分,火炮高低射界－4°～＋80°,可平射,又可大角度曲射,除了可以发射所有制式 120 mm 迫击炮弹外,还可以发射最大射程 12.8 km 的火箭增程弹,直射距离 1 500 m 的破甲弹以及子母弹等非常规迫击炮弹。

此外,瑞典和芬兰两国陆军联合研制的 AMOS 通用双管自行迫击炮炮塔也是目前非常先进的自行迫击炮武器,北欧五国都已计划装备。由于北欧国家拥有得天独厚的公路网体系,所以各国都有采用轮式高机动装甲车底盘的相关型号。全焊接钢制炮塔可抵御轻武器与炮弹破片的攻击,两炮管共用一个摇架,但各自装有液压驻退机和液压复进机,可以单独后坐与复进;尾装式炮管采用半自动立楔式炮闩;使用旋转式装填机从炮尾装弹;两炮管中部都装有抽烟器。AMOS 迫击炮炮塔的方向转动与火炮的高低转动以电力驱动为主,但辅以手工驱动,射击时双管一起发射,因而射速较大。爆发射速高达 6 发/10 秒,且可以实施多发同时弹着射击。炮塔内配有光学和电子计算机火控系统以及定位导航系统,所以具有自主作战能力,该炮具有三防性能,可在核生化条件下作战。AMOS 除了发射常规迫击炮弹外,还可以发射最大射程 13 km 的底排弹和"林鸮"制导炮弹,它是目前世界上最先进的轮式自行迫击炮武器系统。

1.3.1.2 主要结构和技术特点

西方国家对轮式自行火炮总的要求是:强大的威力、优越的机动性以及良好的生存能力。具体地讲就是:具有足以摧毁大部分现装备的主战坦克和其他装甲目标的新型装甲的威力;具有很快的反应速度和发射速度、较高的远距离首发命中率及先敌开火能力;具有夜间作战能力;良好的战略和战术机动性以及较高的战场生存能力;可以满足轻型和快速反应部队反坦克作战的需要;一般不要求具备行进间射击能力;有的还要求有两栖作战能力。

实现将高威力火炮与轻型装甲车相结合而成为轮式自行火炮的技术关键是:既要保持火炮原有的威力、射击稳定性,又要解决火炮发射所产生的后坐阻力太大而轮式底盘无法承受的问题。解决这一问题唯一有效的途径是减小后坐阻力。国外主要技术措施是:普遍采用较高效率炮口制退器(一般以＜40％为宜);增大火炮后坐长度;采用新型反后坐装置;采用间接瞄准设备;安装高膛压火炮,发射与坦克炮相同的弹药。

国外轮式自行火炮主要突出武器系统的威力(提高穿甲弹、破甲弹的威力);强调机动性的要求,多以 6×6 或 8×8 轮式装甲车作为底盘,武器系统战斗全重 18 t(6×6)或 20 t(8×8)左右,单位功率达 20 hp/t,而且注重成族发展;对生存能力的考虑则侧重于采取减小武器系统的外形尺寸、安装烟幕施放装置、自动灭火装置和三防装置、采用防弹轮胎;一般采用简易火控系统。

1.3.2　轮式自行火炮系统国内研制状况

我国轮式自行火炮的研制起步较晚,目前装备部队的仅有 WZ551 系列轮式自行武器、100 mm 轮式自行突击炮和 120 mm 轮式自行迫榴炮,122 mm 轮式自行榴弹炮正在研制,马上定型。

WZ551 步兵战车是在 6×6 轮式底盘上安装一门 25 mm 口径的火炮,这是该类武器系统研制的初步尝试,该底盘已成为多个武器系统的底盘。

100 mm 轮式自行突击炮是我国自行研制的第一门中、大口径轮式自行火炮,它利用 86 式 100 mm 滑膛炮和 WZ551 步兵战车的 6×6 轮式底盘经优化总体结构后组合而成,可发射榴弹、穿甲弹和炮射导弹。炮塔外廓较高,装甲倾角较小,安装有 88 系列主战坦克上发展而来的车长指挥塔和炮长观瞄火控装置,在炮塔前部两侧各装有 4 具烟幕弹发射器,仅正后方装有栅状防护栏。底盘没有作大的改动。该炮在 2007 年中俄联合军演中有突出的表现。该炮的缺点是质量较重、火线高较高、外形尺寸过大、没有两栖作战能力,100 mm 滑膛反坦克炮威力不足,虽能发射尾翼稳定脱壳穿甲弹,但仅能对战后第二代主战坦克造成威胁,无法应对普遍装备复合装甲和反应装甲的现代主战坦克。虽然该型号有些不尽如人意之处,但该型号最大的功劳在于填补了此类装备的空白,作为我国轮式装甲突击炮的先行者,为快反部队提供了急需的火力支援车并借此演练了新战法。

105 mm 6×6 轮式自行突击炮是在 100 mm 轮式自行突击炮的基础上研制出来的另一门轮式自行突击炮,由于 100 mm 轮式自行突击炮在研制时就已经考虑到了和 105 mm 火炮的互换问题,所以在 100 mm 轮式自行突击炮定型后就很快研制出了 105 mm 轮式自行突击炮,该炮的性能与 100 mm 轮式自行突击炮大致相当,结构也基本相同。主要武器为 1 门 105 mm 火炮,最大后坐力 140 kN,高低射界 -6°～+18°,战斗射速 6～8 发/分,可发射已国产化的 105 mm 炮射导弹,射程 5 000 m。辅助武器包括 1 挺 12.7 mm 车载机枪,1 挺 7.62 mm 并列机枪,4 具 76 mm 榴霰弹发射器。弹药基数为炮弹 36 发,12.7 mm 枪弹 500 发,7.62 mm 枪弹 2 000 发,76 mm 榴霰弹 8 发。火控系统包括稳像火控、测瞄制导仪、双向武器稳定器等。由于竞争机制的引入,也出现过其他结构形式的 105 mm 轮式自行突击炮。

120 mm 轮式自行迫榴炮系统以 WZ551 6×6 轮式装甲人员输送车为底盘,战斗全重 16.5 t,发动机功率 320 hp,水上行驶靠安装在车尾两侧的 2 个螺旋桨推进,水上最大航速 8 km/h,公路最大行驶速度 80 km/h,最大行程 500 km。该炮为焊接结构全封闭炮塔,可 360° 旋转,主要武器为 1 门 120 mm 线膛炮和 1 挺 12.7 mm 高射机枪。高低俯仰范围为 -4°～

$+80°$,可发射迫击炮弹、榴弹和反坦克榴弹,既可直接瞄准射击也可间接瞄准射击,车载弹药36发。自行迫榴炮还配备了新型弹药,包括制式高爆迫击炮弹、尾翼稳定破甲高爆反坦克榴弹,能够在1.5 km的距离上有效攻击轻型装甲目标,最大破甲厚度600 mm(传统的钢装甲)。该炮的瞄准与作战模式可根据需要选择自动、半自动和手动方式。火炮安装有半自动装填系统,装备有直接瞄准射击和间接瞄准射击两种瞄准装置。榴弹最大发射速度6~8发/分,迫榴弹为10发/分,反坦克榴弹为4~6发/分。

另外,我国正在研制、很快就要定型8×8轮式122 mm自行榴弹炮,采用发动机前置的新型8×8轮式底盘,安装PL96式122 mm榴弹炮,具有两栖作战能力,路上公路速度90 km/h,水上航行速度超过8 km/h,安装先进的火控系统,有定位定向导航装置。同时其他系列的轮式自行火炮也正在紧张筹划研制中。

表1-1为国外几种轮式自行火炮的主要参数。

1.4 轮式自行火炮系统的主要优点

近几年,世界各国的轮式装甲武器发展日新月异,轮式自行火炮具有质量轻、机动性好的特点,一般都具有两栖作战能力,便于进行空运,而且系统可靠性高,便于保障,对道路的依赖性和破坏性小。装备这种武器的快速机动部队可在多种地形条件下,特别是城市地区执行特殊任务。因此,世界上的一些国家都在积极发展中、大口径轮式自行火炮。与履带式自行火炮相比,轮式自行火炮的结构较简单,制造成本低、维修和使用方便等。

1.4.1 机动性好

轮式自行火炮的质量比履带式自行火炮的轻得多,一般为20 t左右,便于运输机远距离运输。为此,在战略机动能力方面轮式火炮明显优于履带式火炮。此外,在战术机动性能方面,轮式自行火炮驾驶方便,行驶平稳,其公路行驶速度高达90 km/h以上,有的甚至达到100 km/h,远远超过履带式自行火炮的行驶速度。当今许多国家的公路网十分发达,非常利于轮式自行火炮高速机动。

1.4.2 研制成本低

轮式自行火炮的构造比较简单,可利用现有轮式装甲战车甚至民用载重车就可以改装成轮式自行火炮,其研制和生产费用可比履带式火炮的降低35%~50%。这对军费有限的第三世界国家和其他正在削减军费的国家都有很大吸引力。

表 1—1　国外轮式自行火炮主要性能参数

国别	法国	德国—瑞士	美国	意大利	巴西	南非	德国	美国
型号	AMX—10 RC	鲨鱼	康曼多 V600	B—1	EE18	大山猫	TH—400	LAV—105
火炮型号		Rh—105—11	L7A3	L7—105	L7—105	GT7—105	RH—105—20	EX—35
口径/mm	105 线	105 线	105 线	105 线	105 线	105 线	105 线	105 线
初速/(m·s^{-1})(穿)	1 400	1 470	1 490	1 480	1 480	1 400	1 470	1 480
高低射界/(°)	−8～+20	−9～+15	−7.5～+20	−6～+15	−6～+15	−8～+17		
方向射界/(°)	360	360	360	360	360	360		
驱动方式	6×6	8×8	6×6	8×8	6×6	6×6	8×8	8×8
携弹量/发	38		34	40	40	32	36	30
辅助武器 并列武器/mm	7.62	7.62	7.62	7.62	7.62	7.62		
辅助武器 高射武器/mm	无		7.62/12.7	7.62		7.62		
全炮长(炮向前)/mm	9 150	7 520	6 300	8 515	7 750	8 200		
车体长/mm	6 357			7 400	5 840	7 000	6 203	6 393
车体高(至顶甲板)/mm	1 565	1 900	1 803	1 747	1 750	1 760	1 850	
车底离地高/mm	350	460	533	417	400	400	465	500
轴距/mm	1 500+1 500	1 510+1 400	2 209+3 733	1 600+1 450	2 640+1 440	1 550+2 032	2 000+1 890	1 100+1 335
轮距/mm	2 425	2 620+1 490	2 240	2 505+1 450	2 330	2 500+1 625	2 584	2 200+1 040
接近角/(°)		40		45	76	45	50	40
离去角/(°)		45		60	52	60	50	45
单位功率/(kW·t^{-1})	12.1	17.7	10.88	16	15.1	14.9	12.04	
公路最大行驶速度/(km·h^{-1})	85	100	90	100	100	120	95	100
公路最大行程/km	1 000	1 000	600	800	700	1 000	1 000	668

续表

国别	法国	德国－瑞士	美国	意大利	巴西	南非	德国	美国
涉水深/mm		1 300		1 200	1 300	1 500	1 200	
爬坡度/(°)	60	60	60	60	60	70	60	70
侧倾坡度/(°)	40	35	30	30	35	30	30	35
越垂直墙高/mm	700	460	610	550	600	1 000	600	500
越壕宽/mm	1 150	2 300		1 550	2 000	2 000		2 060
轮胎规格	14×20XL	13×20	14.5×20	14.00×20	14.0×22.5	14.0×20.0	14.0×20	11×16
乘员人数/名	4	4	4	4	4	4	4	3
战斗全重/kg	15 800	2 200	18 200	24 000	18 500	28 000	23 000	
烟幕发射器数量	2×2	2×2	2×4	2×4	2×6	2×4		
发动机　型号	HS115	8V-71T	VT-504	MTCA	DSI-11		OM422LA	6V-53T
发动机　类型		涡轮增压柴油机	8V涡轮增压柴油机	6V90°水冷直喷式涡轮增压中冷柴油机	四冲程6缸直喷式涡轮增压中冷柴油机	V型10缸水冷柴油机	8V90°涡轮增压柴油机	6缸涡轮增压柴油机
发动机　功率/kW	206	390	199	382	279	420	276	202
发动机　转速/(r·min^{-1})		2 500	3 000	2 300	2 100			2 800
传动装置类型	四挡预选排挡自动变速箱	Allison HT500RD5挡自动变速箱	Allison全自动变速箱	全自动变速箱	ZF6HP-600全自动变速箱	带液力变矩器的自动变速箱	ZF6HP-600全自动变速箱	MT-653DR液力机械式变速箱
转向装置类型			液压助力	动力转向	液压式	前四轮动力助力转向	动力助力操纵	前两轴助力
悬挂装置类型	液气悬挂	1、4轴螺旋弹簧，2、3轴扭杆	前轴螺旋弹簧后轴扭杆	气液独立悬挂	McPherson式气液独立悬挂	车内驱动的下导向臂、螺旋弹簧和液力减振器	螺旋弹簧加车体内扭杆弹簧	前四轮独立弹簧悬挂后四轮独立扭杆悬挂
前进挡/倒挡数	4/4	5/1	5/1	5/1	6/1	6/1	6/1	5/1

1.4.3　勤务性好

轮式自行火炮的结构比履带式自行火炮的简单,因此保养和维修等勤务工作相对容易一些。据悉,其部队使用和战场维修费用可比履带式火炮的降低 60% 左右。

1.5　轮式自行火炮系统的作用和地位

轮式自行火炮的主要作战对象是坦克、装甲车辆等硬和半硬目标,也能对低空飞行或悬停的武装直升机进行攻击。也能摧毁各种建筑物和野战工事,杀伤敌有生力量。

轮式自行火炮是快速反应部队的主装备,可装备在摩托化步兵师以及进驻港澳的特遣部队、装甲侦察分队、空降部队和海军陆战队。轮式自行火炮在快速反应机动作战中,它可作为压制反坦克和反装甲车辆的主要力量,直接与坦克作战并将其摧毁;配合主战坦克或独立行使侦察、警戒和巡逻任务;作为机械化步兵的近战火力支持武器,火力支持时可为非装甲部队提供直接和机动火力支持,提高了部队的快速机动能力和火力打击能力;作为海军陆战队或快速反应部队的支持突击武器;可作为空降和反空降部队的支援装备之一;可作为维和平暴部队的武器系统使用;另外还可以用于保护后方、掩护侧翼、攻击越过防线的敌坦克。

在未来要求快速机动性和精确打击能力的高技术局部地面战争中,轮式自行火炮将以其与主战坦克相当的火力、与装甲战车相当的防护能力、只相当于主战坦克三分之一的低造价、较高的效费比、很低的全寿命周期费用以及高度的战略战役机动性和多功能作战能力发挥重要的作用,被装备到应急机动作战部队和摩托化步兵团,以改善我军装备,完善我军反坦克武器的火力配系,成为我军反坦克装甲的骨干力量。

综上所述,轮式自行反坦克炮系统是一种集多(多功能)、快(快速机动性)、好(良好的防护性和可靠性、保障性等)、省(优越的经济性和费效比)于一体的新型武器系统。

1.6　轮式自行火炮系统发展趋势

从轮式自行火炮的性能和特点来看,可以预见,轮式自行火炮将成为世纪炮兵的重要装备。轮式自行火炮配上全球定位系统接收机、激光陀螺定位、定向系统,液体发射药或模块发射药以及先进的计算机、光电传感器、数字化通信设备和自动化指挥控制装置等高新技术装备,将能进一步提高其机动能力、生存能力和作战能力,它将活跃在世纪的高技术战场上。

1.6.1　武器系统的威力不断增加

由于主战坦克的装甲防护水平在逐渐地提高,所以以反坦克装甲车为主要任务的轮式自行反坦克炮也必将随之发展,不断提高自己的威力,一般有以下三种途径。

1.6.1.1　火炮口径的增大

为满足未来战场的要求并顺应坦克炮口径增大的趋势,国外在大力研制并完善105 mm高膛压炮的同时,也在研制 120 mm 口径的轮式自行反坦克炮。如德国正在研制的 Rh-120-1 SLR型 120 mm 反坦克炮,该炮具有 105 mm 火炮的全部优点,并可安装在 16~22 t 级的轻型装甲车上使用。随着火炮口径的增大,炮车的战斗全重能否继续控制在 20 t 左右这个较为理想的范围内,该问题已成为世界各国发展轮式自行反坦克炮所必须研究的关键问题。我国则研制成功了 122 mm 轮式自行榴弹炮。

1.6.1.2　现有火炮威力的提高

通过采用高新技术,改善现有火炮的性能,提高武器系统本身的威力。

1.6.1.3　重视"多用途弹药"的研制

从破甲弹入手,利用各种途径摧毁反应装甲,已成为研制反坦克武器弹药的重要课题。而采用双级串联式战斗部是目前研制最简便、有效的途径,即在普通空心装药战斗部的前端增加一个小型战斗部,命中目标后先由前端战斗部摧毁挂装在坦克表面的反应装甲,然后由主战斗部击穿坦克主装甲。

1.6.2　进一步向多功能方向发展

随着武装直升机在现代战场上的出现,反坦克武器还必须具备攻击直升机的能力,因此多功能榴弹的开发和研制也将受到重视,以提高远距离命中敌方装甲目标的能力。目前国外已有预制破片弹研制成功,据称该弹对直升机的首发毁伤概率可达85%。

苏联用坦克炮发射导弹,提高了远距离命中敌方装甲目标的能力,破甲威力可达650 mm,同时也提高了对付武装直升机威胁的自卫能力。德国、美国也已经研制了 120 mm 的反坦克炮射导弹。

1.6.3　加速各种配套车辆的发展,研制新的总体结构

国外在发展轮式自行反坦克炮的同时,很注重配套车辆的发展,利用一、二种基型车发展其他系列车辆,组成装备配套、性能相宜的完整战斗体系。如利用基型车发展指挥、通信、侦察、救护、加油、修理车辆等。这样不仅有利于缩短研制周期,降低研制费用,加快研制速度,降低研制风险,更有利于部队装备配套,便于组织训练和后勤技术保障,提高整体作战能力,保持高的战斗力。

采用新的总体结构形式来满足战术技术要求是国外轮式自行反坦克炮的发展趋势之一。新的火炮结构既为火炮的发展留有一定的余地,又同时考虑到老产品的改造。如日本已在105 mm 火炮上采用了火炮前冲原理;又如瑞典的铰接式双车体自行反坦克炮,采用了前后两节车体的特殊结构形式,提高了反坦克炮的机动性和战场生存能力。

综上所述,根据未来战争的要求,面对迅速发展的主战坦克以及武装直升机的严重威胁,轮式自行火炮将向反应速度快、发射速度快、远距离命中率高、威力足以摧毁现代新型装甲、具有夜间作战能力、较高的战场生存能力和战略战役机动性方向发展。

第2章 轮式自行火炮系统总体

2.1 轮式自行火炮系统总体技术指标确定

"火炮的战术技术指标"是指对准备研制或生产的火炮系统的作战使用和技术性能方面的主要要求,它是进行火炮设计、生产和定型试验的根本依据。一般又分为战斗要求、勤务要求和经济要求三个方面。通常是由使用单位综合分析后提出,然后由相关部门结合科学技术的发展水平、国家的经济能力、科学技术水平和工业生产能力等进行全面的分析和论证,最后定出该种火炮的战术技术要求。这是一个反复调查研究,分析论证的过程。

与一般火炮一样,与总体设计有关的主要战技指标有火炮的威力、机动性、寿命、反应和自主作战能力、战场生存和防护能力、勤务要求、经济性要求等。

2.1.1 火炮威力

威力是指火炮在战斗中迅速而准确地歼灭、毁伤和压制各种目标的能力。由弹丸威力、远射性、火力密集度、射击精度和速射性等主要性能构成。

(1) 弹丸威力

弹丸威力是指弹丸对目标的杀伤和毁坏能力。

(2) 远射性

远射性是指火炮杀伤、破坏远距离目标的性能。一般以最大射程表示。常用指标有直射距离、有效射程、高射性、射高分等。

直射距离是指射弹的最大弹道高等于给定目标高(一般为 2 m)时的射击距离。

有效射程是指在给定的目标条件和射击条件下,射弹能够达到的比较高的、可以接受的毁伤概率的射程最大值。

高射性是指火炮在最大射角射击时弹丸所能达到的最大高度的性能。它是高射炮的重要特征量。射高分最大射高和有效射高。有效射高是指保证必要的毁伤概率实施有效射击的最大高度。

(3) 射击精度

射击精度是射击准确度与射击密集度的总称。它主要决定于火炮系统的性能、射手的操作水平及外界射击条件等因素。

射击准确度是指平均弹着点与目标预期命中点间的偏差,以两点间的直线距离衡量。

　　射弹密集度指火炮在一定的射击条件下,进行多发射击,其弹着点对于平均弹着点(散布中心)的集中程度,即弹丸落点集结在最小面积上的性能。主要与火炮自身的弹道与结构性能、振动情况有关。

　　对地面火炮,火力密集度一般用距离中间偏差 E_X 与最大射程 $X_{\max}$ 比值表示,$E_X/X_{\max}$ 越小,表示火力密集度越好,击毁目标所消耗的弹药量越少。对坦克炮、反坦克炮和高射炮常以一定距离的立靶密集度来表示,即以方向中间偏差 E_z 和高低中间偏差 E_y 表示,通常值为 $E_z=0.2\sim0.6$ m,$E_y=0.2\sim0.5$ m;有时也用密位(mil)表示,一般为 $1\sim2$ mil,总的来说是越小越好。

　　为提高射击精度,一方面应对火炮的弹道性能、结构特点及运动状况进行综合分析,以改善火炮的使用性能;另一方面应加强对射手自身射击技能的训练。否则可能出现火力密集度好的火炮射击精度差的情况。

　　(4) 速射性

　　速射性指火炮在不改变瞄准装定量的情况下,每分钟发射弹丸数的能力。一般分为实际射速、理论射速、突击射速。

　　实际射速是包括用手工重新装填和修正瞄准所需时间在内的射速。

　　理论射速是指自动炮在连续射击和不考虑手工重新装填的情况下,根据自动机工作循环时间计算出的射速或指地面火炮在连续射击情况下,每分钟发射的弹数。

　　突击射速(或爆发射速)是在紧急情况下,短时间内所能达到的最大射速。突击射速一般在战斗刚开始时进行。要求火炮在起始的 $15\sim25$ min 内发射尽可能多的弹丸以对敌实施突然袭击,取得较大的杀伤效果。目前常用 15 s 内所发射的最大射弹数来表示爆发射速。

　　射速的大小取决于火炮工作方式的自动化和机械化程度,与装填、发射等机构的性能和弹药的结构有关。

2.1.2　火炮的机动性

　　火炮的机动性是指火炮的运动性、火力机动性的总称。反映了火炮能够迅速运动、行军状态和战斗状态能够迅速地相互转换,能够迅速地转移火力和改变发射速度等方面的性能。机动性能够保证对敌人实施突然的攻击。

　　运动性包括火炮运动的平均速度,在各种道路或田野上运动的性能、行军和战斗状态迅速地转换性能(进入阵地、转换阵地的能力)等。

　　轮式自行火炮系统的运动机动性具体表现在,该武器系统的平均行驶速度(包括加速和制动)、转向性能、通过性(含水上机动性)和添加一次燃料的最大行程等。从使用观点来看,运动机动性可分为战略机动性和战术机动性。

　　就战略机动性(主要指道路行驶的快速性,短时间内到达远距离战场的能力以及最大行程等)而言,轮式自行反坦克炮采用涡轮增压发动机、控制武器总重、增加吨马力、减小油耗等技术措施,大大地提高了轮式自行反坦克炮的公里行驶速度和行程储备。国外轮式自行反坦克炮的公路时速都在 $80\sim100$ km/h,最大行程在 $500\sim1\,000$ km 之间。该武器的总重在 20 吨左右,为远距离的空中运输创造了条件,同时也使该武器系统能够通过大多数民用公路桥梁,可以在不借助其他运输工具的情况下实施远距离机动。

就战术机动性(加速性、转向性、通过性和越野性,即在无道路战场上灵活运动和克服障碍的能力)而言,该系统采用了独立悬挂系统(可调节车体的升降从而有利于在各种地形上作战)、液力变速器、多轮驱动(可提高系统的爬坡能力,减小转弯半径)、大直径宽断面防弹轮胎或无内胎轮胎(可显著降低接地压力,增加越野性能)、安装轮胎中央充放气装置(可提高对不同路面的适应性)、轮边减速器等高新技术,使其战术机动性能有了较大的提高。

火力机动性是指迅速而准确转移火力的能力(对运动目标而言,是火炮快速、准确地捕捉和跟踪目标的能力,它包含在时间和空间两维方面的机动性;对静止目标而言,火力机动性表现在压制范围确定,涉及射距和方向的结合,快速、准确地确定射击诸元,快速准确地调炮)。轮式自行火炮大多采用了自动或半自动装填技术,并采用了适合该武器系统的简易火控系统、炮控技术和弹道计算机,缩短了该武器系统的火力反应时间和操瞄时间,使其射速大多都能达到 $6\sim8$ 发/分,甚至更高。由于采用了长后坐、密闭炮塔和回转座圈,实现了 $360°$ 环射。具有良好的火力机动性。

火炮行军、战斗转换迅速性以转换时间表示,与火炮质量、炮架结构、火炮类型有关。

2.1.3　火炮的寿命

火炮的寿命是指火炮在平时和战时的任何使用条件下,能够较长时间地保持其战技性能的特性(当然在战场上遭到意外破坏的情况为例外)。

火炮寿命一般包括身管寿命和运动部分寿命。

身管寿命是指火炮按规范条件进行射击,在丧失所要求的弹道性能之前,所能发射当量全装药炮弹数目,以发数表示。

火炮运动部分寿命以运行的千米数来表示。因身管是火炮的主要部件,通常都以身管的寿命作为火炮的寿命。

炮身寿命决定于弹道性能,而弹道性能决定于炮膛的状态。炮身寿命可以由以下条件来判断:初速的减退量、膛压的降低量、火力密集度减小等。以上三条只要有一条发生,就说明炮身丧失了应有的弹道性能,即认为炮身寿命终了。但往往是三者同时发生的。使用部门为方便起见,经常用药室增长量和弹带是否削平作为评判标准。

2.1.4　快速反应和自主作战能力

快速反应能力通常指火炮系统从开始探测目标到对目标实施射击全过程的迅速性能,以反应时间表示,单位以秒记。有时反应时间仅指火控系统的反应能力,即从操作员探测目标到火力系统收到射击诸元间所用的时间。

自主作战能力是指在上级部门的指挥下,独立完成目标搜索、自动跟踪和调炮、瞄准、发射等动作的能力。

2.1.5　战场生存和防护能力

战场生存能力是指在现代的战场条件下,火炮能保持其主要战斗性能,在受到损伤后尽快地以最低的物质技术条件恢复其战斗力的能力。为了提高轮式自行火炮的战场生存能力,必须提高火炮的防护能力,包括炮塔防护、底盘防护以及三防设备、灭火抑爆装置、烟幕发射器等。作为二线作战的武器,一般防护能力相对较弱,不可能做到很高的静态防护能力,一般正面装甲在 200 m 距离上能防 7.62 mm 普通枪弹,甚至 12.7 mm 普通枪弹,其他部位应能防御 7.62 mm 枪弹或榴弹破片的袭击即可。当然还可以在保证总体性能的前提下,通过采用加装装甲来提高轮式自行反坦克炮的静态防护性。

我们所说的防护性更主要是指动态防护性。由于轮式自行火炮具有良好的机动性和越野能力,并且在总体设计中采用了扁平低矮的炮塔外形,减小了受弹面积,有利于隐蔽,并可以利用快速移动的方式避开敌军的攻击。另外,轮式自行反坦克炮还安装了烟幕发射器和三防装置以及自动灭火装置,使得它能在遭受突然袭击时可施放烟幕来保护自己,也能保证在核生化条件下的战斗力。可以在车内采用弹药和发动机隔仓化设计,可减小被击中时的二次效应。同时,由于轮式自行反坦克炮采用了简易火控系统,而且有强大的火力,可以先敌开火,不给敌人以反击的机会,从而保护自己。另外,轮式自行火炮还有低噪声、震动小、发热少的特点,有更好的隐蔽性。用长远眼光来看,采用隐身技术和伪装也可大大提高其防护能力。

2.1.6　勤务要求

从勤务方面看,对火炮系统的要求是性能稳定可靠,操作安全,维修简单、方便。而可靠性与维修性又直接关系到火炮战斗性能的实现。

2.1.7　经济性要求

对火炮的经济性要求,是指在满足战斗与使用要求的前提下,火炮系统的造价和维修费用要低。战争中火炮及其弹药的消耗量是很大的。如在海湾战争中多国部队动用了 1 600 余门火炮,仅美国就出动了 1 200 门火炮。如果性能先进但造价和维修费用十分昂贵,仍难以采用。因此研制新火炮系统要从各个方面降低成本。

2.1.8　其他指标

另外还包括总体尺寸、全炮质心和战斗全重。总体尺寸包括全炮长、全炮宽、全炮高、火线高、最低点离地高、轮距、轴距等。

2.2　轮式自行火炮系统的组成

轮式自行火炮主要由炮塔火力分系统、底盘分系统、火控分系统、辅助武器系统及其他配套系统组成。

2.2.1　炮塔火力分系统

炮塔火力分系统主要包括火力子系统和炮塔子系统。

2.2.1.1　火力子系统

火力子系统包括火炮和弹药。

火炮包括炮身(身管、炮尾、炮闩、炮口制退器、抽气装置、热护套)、摇架、托架(或炮框)、反后坐装置、高低机、方向机、平衡机、弹药自动装填装置、操瞄装置等部件。火炮身管的内膛结构一般采用制式火炮的原有结构,以保持火炮的内弹道性能和弹药的通用性,可以提供满足穿甲威力要求的炮口动能。外形则根据总体约束要求,在保证火炮刚度和强度的前提下重新设计。为了减小由于温差造成的身管弯曲的影响,身管上装有热护套,并安装有抽气装置及炮口制退器。为了减小后坐阻力,一般后坐长加大,并重新设计反后坐装置。

弹药根据不同火炮的功能配置不同的弹种,主要有动能穿甲弹、破甲弹、多用途榴弹、迫击炮弹和炮射导弹等。动能穿甲弹、破甲弹和炮射导弹主要对付主战坦克,也可以对付其他装甲目标。多用途榴弹可以对付较远距离上的野战工事,对敌军有生力量和火器进行压制,并有一定程度的反直升机的能力。

2.2.1.2 炮塔子系统

炮塔内集中了武器系统的主要战斗人员和战斗装置。火力子系统、火控系统和观瞄系统的大部分也都安装在炮塔体上。因而,其特点是孔口多、受力大,还要灵活回转。炮塔一般采用带尾仓的轻型封闭式焊接炮塔,炮塔体包括座圈和旋转机构,内设车长坐椅、炮长坐椅和装填手坐椅并带安全带,所有乘员坐椅与炮塔体相连。炮长、瞄准手和装填手位于炮塔内,炮塔内还有双向稳定器。为了保证炮塔回转时乘员工作方便和安全设置了回转盘,它在炮塔带动下与炮塔同步回转。炮塔总体布置及刚度、强度设计要满足火炮射击要求。炮塔内还有安装火控系统的安装接口、架座等,一般还包括上座圈。

2.2.2 底盘分系统

对轮式自行火炮系统来说,底盘分系统也是十分重要的分系统之一。主要包括底盘本体、发动机、变速箱、驱动桥、悬挂系统、制动系统、转向系统、水上推进装置、车轮和下座圈等组件、部件。

底盘本体采用薄装甲钢板焊接结构,加焊接筋或压筋提高其整体刚度,受力较大处局部进行加强。发动机多为大功率柴油机,有前置、中置、后置三种布置方式,对于自行火炮来说,一般采用发动机前置。传动系统常采用 H 型和 π 型传动形式。动力由与发动机刚性连接的变速箱后的传动箱传出后,经传动轴至分动箱,由分动箱将动力分配给各车桥,驱动车轮运动,车轮有标准的型号,可根据承载情况选择。

轮式自行火炮底盘的悬挂采用独立悬挂,具有中央轮胎充放气系统,能够根据路面情况调节轮胎的内压,从而改变轮胎的着地面积和单位着地压力,以保证不仅能在良好的公路条件下行驶,也能越野行驶。

具有两栖作战能力的自行火炮,还有水上推进系统,可采用螺旋桨或喷水推进系统两种模式推进火炮在水中航行。

底盘系统可提供系统的动力和牢固可靠的运行机构,以便实现优越的快速机动和远程奔袭能力以及较好的越野能力。一般最大行驶速度 100 km/h 左右,最大行驶里程大于 600 km,多数可以浮渡,一般水上航行速度大于 8 km/h。

2.2.3 火控分系统

火控分系统是指为了充分发挥武器在各种复杂的战场条件下,能够迅速完成观察、跟踪、测距、瞄准,提供各种弹道修正量、解算射击诸元、自动装定标尺、控制武器击发等多项功能而安装在武器上的一套装置。火控分系统是保证火炮自动或半自动进行快速、可靠、准确射击并消灭目标的重要分系统,它对轮式自行火炮也是至关重要的。

在世界各国使用的火控系统中,虽然其技术性能、结构组成、使用部件各不相同,但如果以控制方式分类的话,火控系统可以被划分为扰动式、非扰动式和指挥仪式三种类型。

火控分系统主要包括观瞄装置、火控计算机、测距装置、弹种显示器、显示控制台、炮控系统、定位定向导航装置、方位传感器、高低传感器、姿态(纵、横倾)传感器、各种修正传感器和电缆等部件。其功能主要是:激光测距、测瞄合一,探测、搜索识别目标,跟踪瞄准目标,自动测定火炮耳轴倾斜和目标水平运动角速度,双向自动装标,能接受人工和自动输入弹道、气象参数,自动药温修正、气温修正和初速减退修正,自动解算射击诸元,自动或人工装定诸元,自动高低、方向和水平调炮或人工操作使火炮到达预定的射击位置,可进行夜间瞄准射击,还应具有自检,应急射击作战能力。火控系统应与火力系统形成最佳的匹配,提高火力反应速度,提高系统的首发命中率,具有在行进间观察、跟踪目标的能力和夜间作战能力。

火控分系统还包括定位定向导航系统。有了这套系统,各战车之间、战车与指挥车之间、指挥车与基地之间可以自动交换目标诸元等信息,大大提高了自行火炮系统的群体作战能力,便于统一指挥,又可以保证各战车不迷航,极大地提高了武器系统的自主作战能力。定位系统采用 GPS 全球卫星定位系统,可以给出本车的地理坐标(经度、纬度和高程)、标准时间和日期。定向系统采用快速自动寻北系统,可以快速自动测出车体纵轴的偏北角,并可以传送给火控计算机。

2.2.4　辅助武器及其他

轮式自行火炮的辅助武器主要有置于炮塔顶部的高平两用机枪或火箭筒以及布置于前部的并列机枪和位于炮塔两侧的烟幕发射器。高平两用机枪口径一般为 12.7 mm,由装填手从炮塔顶部的舱门进行操纵,或者在炮塔内手动或遥控操纵;并列机枪为 7.62 mm,与主炮并列布置,由驾驶员操纵;烟幕发射器为 8 具或 12 具,对称布置于炮塔两侧,用于释放烟幕便于隐身和逃逸。另外,还有随炮工具等其他零部件。

轮式自行高炮常在两侧加挂导弹发射装置。

2.3　轮式自行火炮系统总体
结构参数匹配和优化

轮式自行火炮系统总体结构参数匹配和优化,是指使该武器系统的火力分系统、火控分系统、底盘分系统和辅助武器及其他等各分系统之间进行合理组合,使整个系统达到最佳作战性能。

2.3.1　后坐阻力与后坐长

由于轮式自行火炮在射击时是通过车轮与地面接触,将射击载荷传递到大地的,主要依靠车轮与地面的摩擦力来抵消这一巨大的载荷,而不能像牵引炮那样通过驻锄与地面接触传递射击载荷,因此轮式自行火炮承受火炮射击载荷的能力就比牵引炮要低。所以火炮在上轮式底盘后一定要通过火炮结构设计特别是反后坐装置与炮口制退器设计,设法降低火炮的后坐阻力,使其满足轮式底盘的承载能力。

由于受自行火炮炮塔内空间的限制,一般自行火炮的后坐长都不大,小于牵引炮的后坐长。因此,火炮在上轮式底盘后一般要对反后坐装置进行重新设计,缩短火炮的后坐长。

但是后坐长与后坐阻力是相互关联的,缩短火炮的后坐长必然会增加火炮的后坐阻力,这对于火炮的总体是不利的,所以后坐阻力与后坐长的合理选择也是一个关键技术。

在对火炮进行总体设计时,经常要初步估算平均后坐阻力 R_{cp}、最大后坐阻力 $R_{\max}$ 和后坐长 λ,作为估算总体结构尺寸、射击稳定性及炮架刚度、强度的原始数据。常用的方法为功能关系法和简化力矩法,这里采用的是功能关系法。

$$R_{cp} = \alpha \cdot \frac{\dfrac{Q_0}{2g} \cdot W_{\max}^2}{\lambda} \tag{2-1}$$

$$\alpha = \frac{1}{1 + \dfrac{W_{\max} t_k - L_k}{\lambda}} \tag{2-2}$$

α 是一个小于 1 的系数,求最大后坐阻力 $R_{\max}$ 时可近似取 $\alpha = 1$,则(2-1)式可转化为

$$R_{\max} = \frac{m_h W_{\max}^2}{2\lambda} \tag{2-3}$$

式中　$W_{\max}$——最大自由后坐速度,m/s;

　　　m_h——后坐部分质量,kg;

　　　t_k——后效期终了时,总的自由后坐时间,ms;

　　　L_k——后效期终了时的自由后坐行程,mm。

对大口径轮式自行火炮,一般后坐力小于 20 t,最大后坐长控制在 900 mm 左右。

2.3.2　炮口制退器效率

安装炮口制退器是减小火炮后坐阻力的有效措施,它是在弹丸飞离炮口瞬间,改变火药燃气流的方向和速度,从而产生与炮身后坐运动方向相反的力,减小后坐能量,使后坐力和后坐速度降低到允许范围之内,以简化炮架结构,减轻火炮质量,提高火炮机动性。炮口制退器可

与炮身构成一体,也可制成独立零件旋装在炮口部。其效率一般为 20%～45%。按作用原理,炮口制退器分为冲击式与反作用式两类。冲击式炮口制退器具有较大的带侧孔的气室与前反射面,利用出炮口的高速气流冲击作用与反射作用产生对后坐部分的制退力。反作用式炮口制退器的作用原理类似火箭的工作原理,气室与前反射面很小,从侧孔喷出的气体经膨胀加速后产生一个使后坐部分向前的推力,从而减小后坐冲量。

通过设计轻质、高效、低噪的炮口制退器,提高炮口制退器效率可以明显降低火炮的后坐阻力,从这一方面看,对火炮总体是有利的。

炮口制退器效率 η 的计算公式为

$$\eta = \frac{\dfrac{m_h}{2}(W_{\max}^2 - W_{KT}^2)}{\dfrac{m_h}{2}W_{\max}^2} \tag{2-4}$$

式中　m_h ——后坐部分质量,kg;

　　　W_{KT} ——带炮口制退器时,后效期结束点自由后坐速度,m/s;

　　　$W_{\max}$ ——最大自由后坐速度,m/s。

但是炮口制退器效率的提高又会带来一系列的负面影响,如炮口冲击波增大、噪声提高等。炮口冲击波可对车体前部装甲和其他结构造成冲击破坏、扬起灰尘、增加炮口焰,易暴露自己的位置,带来安全问题。噪声会对乘员的听觉造成伤害,影响整体战斗力。因此,各军标对炮口冲击波和噪声有明确的规定。另外,在炮口部增加炮口制退器又会增加身管弯曲挠度,加剧身管振动对火炮的射击精度不利。所以设计合适结构的炮口制退器、选择适当的炮口制退器效率是在总体设计阶段必须首先解决的一个重要问题。对中、大口径轮式自行火炮,我国国军标规定车内的噪声不得大于 95 dB。

2.3.3　后坐阻力、后坐长与炮口制退器效率的匹配

从以上分析我们已经知道,后坐阻力、后坐长与炮口制退器效率是相互制约、相互影响的。减小后坐阻力会增加火炮的后坐长,缩短后坐长又会提高火炮的后坐阻力,提高炮口制退器效率对减小后坐阻力有利,但又会增加炮口冲击波强度和噪声,对火炮强度与乘员的舒适性和安全不利。因此需要对炮口制退器的效率 η、最大后坐长 $\lambda_{\max}$ 和后坐阻力 R 进行合理的匹配。

根据能量原理,后坐阻力、后坐长与炮口制退器效率的关系可用下式表示为

$$R_{cp} = \eta \cdot \frac{m_h W_{\max}^2}{2\lambda} \tag{2-5}$$

式中　R_{cp} ——平均后坐阻力,kN;

　　　λ ——后坐长,mm;

　　　m_h ——后坐部分质量,kg;

W_{max} ——最大自由后坐速度，m/s。

国外几种轮式自行火炮炮口制退器的效率 η、最大后坐长 λ_{max} 和后坐阻力 R 的匹配关系见表 2-1。

表 2-1　国外几种轮式自行火炮的三个主要参数

火炮型号	炮口制退器效率/%	后坐长度/mm	后坐阻力/kN
德国 RH—105—11	35	925	110
英国 L7A3	35	760	136
意大利 B—1	35	750	122
法国 CANON105SI	40	600	200
巴西 苏库利 105	35	750	137
美国康曼多 V600	35	762	116

2.3.4　车炮匹配问题

车炮匹配问题是指将该武器系统的炮塔火力分系统和底盘分系统之间进行合理组合，使整个武器系统达到最佳性能指标。它包括根据装甲底盘合理选择大威力火炮和根据火炮合理选择轻量化底盘等两方面技术。研究车炮匹配技术可解决底盘与火力系统的匹配性问题，尤其是轻型装甲底盘装载大威力火炮的可行性问题，为火炮与底盘的相互选择提供科学依据。

如果底盘与火力系统匹配性问题不能得到系统解决，轮式自行火炮的发展将会受到很大制约。因此，车炮匹配技术是关系到装备发展和改造中亟待解决并带有普遍性的总体理论问题和技术关键，并成为制约装备总体水平的瓶颈技术和通用性技术。解决车炮匹配技术可为装备总体方案论证提供科学依据，为优化车、炮的总体参数和总体结构布局提供理论依据和技术途径，并为装备实现"一种平台，多种负载"和"一种负载，多种平台"的总体设计思想提供重要的技术支撑。

描述底盘和火力系统匹配特性的重要参数指标之一是炮、车比，即火炮后坐阻力与全车质量之比。苏联在 20 世纪 60 年代从射击稳定性出发提出炮、车比不得大于 0.81，80 年代又从直接瞄准射击的立靶精度出发提出炮、车比允许达 1.4 甚至 1.5。德国曾把 105 mm 火炮装在重约 147 kN 的轻型底盘上进行射击试验，证明炮、车比是 1.7 还是可行的。我国在进行坦克与自行火炮设计时把炮、车比限制在 1～1.5 以内。

可见，炮、车比一般在 1.6 以下，但对炮、车比的极限值各国观点不一。国内装甲兵工程学院曾推导了求取炮、车比极限值的理论公式，并首次得出炮、车比不应大于 1.71 的结论。但对于总体要求技术相当复杂的坦克及自行火炮等装甲装备而言,仅仅有炮、车比这一底盘与火力系统匹配指标是远远不够的,对炮、车比的研究还有待进一步深入。目前,国内还缺乏系统的炮、车匹配性评价指标体系和专门用于炮、车匹配性论证分析的试验设施及相关分析软件系统。需指出,轴荷和轮荷也是评价标准。

另外,在外部造型方面,炮塔系统与底盘系统之间也应从视觉上协调、匹配,给人以美感。

2.4　轮式自行火炮系统的质量分配与减重技术

战斗全质量控制是火炮设计中的一大问题。从提出要求、方案设计、部件设计、试验车、样车及批量生产,以至于改进和变型,战斗全质量经常有增无减已是一个普遍规律。以战场竞争为目标的性能提高,往往都需要以一定的战斗全质量代价来换取,其结果是,质量经常超出预计,并且在性能愈改愈好的同时,愈来愈重。在部件设计的过程中,随部件的逐渐具体化,需要随时核对预计质量的实现情况,并采取改进措施。

总体方案设计中战斗全质量计算方法如下:

① 利用虚拟样机技术,精确计算出车体装甲板质量、炮塔体的质量、焊缝质量、新设计部件的质量。

② 得到精确的成品部件和设备的质量,如发动机、火炮、机枪、弹药、火控装置、蓄电池、电台等。

③ 利用虚拟样机技术,完成整车的虚拟装配,由此可以算出全车的战斗全质量。

全炮质量是影响火炮陆上和水上机动性能及其他总体性能的主要因素,所以在总体设计时就要严格控制全炮和各部件质量,利用各种减重技术措施减轻全炮质量。全系统各零部件的质量分配影响着全炮质心的位置,从而影响火炮在水中的姿态和总体性能。对大、中口径轮式自行火炮,一般上装和下装质量比约在1∶3的范围。

2.4.1　轮式自行火炮系统质量分配

全炮的质心直接影响着火炮的陆上行驶姿态,从而影响各车桥和车轮上的载荷分布和行驶阻力,对于火炮的陆上行驶稳定性和射击稳定性影响很大。

对于水陆两栖型的轮式自行火炮来说,全炮的质心位置对其水上性能的影响更大,因为该类火炮的水中姿态由全炮质心和浮心(浮力作用点,由水中部分的几何中心确定)确定,并且直接影响其航行阻力和航行速度以及水中航行稳定性和射击稳定性。所以在一定全炮质量下,各零部件的质量分配也是总体设计时需要重点注意的问题。

一般要在总体方案设计阶段就要注意各零部件的质量分配问题,并通过总体结构动力学仿真(发射动力学和行驶动力学)和结构优化设计方法,寻找最合理的总体结构、布置和质量分配方案,保证火炮系统具有良好的行驶和射击稳定性。

对于水陆两栖型的轮式自行火炮还要进行水上性能分析计算,从提高系统水上性能角度考虑火炮系统的总体布置和质量分配的合理方案。但是水上性能和陆上性能对火炮总体结构的要求在某些方面是相互矛盾的,因此,需要综合考虑,兼顾陆上性能和水上性能的要求。

进行系统质量分配的一般原则有:

- 尽量左右对称布置,使全炮质心位于左右对称面上。
- 尽量使作用在各车轴上的载荷均匀。
- 尽量降低全炮质心高度。
- 保证火炮的射击稳定性和射击精度。
- 保证火炮的行驶稳定性,减轻行军时的振动。
- 使火炮在水中航行时车首有一个 2°左右的仰角,以避免引起观察困难和行驶阻力的增加,还可改善螺旋桨推进器的工作条件,且易于出水。

2.4.2　轮式自行火炮系统减重技术措施

提高自行火炮系统机动性的主要措施是提高底盘的机动能力和尽量减小火炮系统的质量。因此,从这方面来说,在总体设计时要采取各种减重措施,最大限度地减小火炮的战斗全重。

2.4.2.1　超低后坐力技术

火炮发射时作用在炮塔和车体上的主要载荷就是发射时产生的后坐阻力,因此采用多种技术降低火炮的后坐阻力可达到减重目的。

1. 采用新型、高效、低噪、轻质炮口制退器

安装超高性能炮口制退器是降低火炮系统后坐力最有效的方法之一。

在保证噪声和炮口冲击波满足国军标要求的前提下,通过巧妙的结构设计,研制新型高效、低噪炮口制退器,使炮口制退器的效率从目前的 40% 左右大幅度提高到 60% 以上(如果炮口制退器效率为 40% 时,最大后坐力为 18 t;当炮口制退器的效率提高到 60% 时,最大后坐力减小到 12 t,后坐力大约可降低 33% 左右)。

另外,为了减轻炮口制退器质量,除了结构上做文章外,可采用轻质合金材料,如钛合金等,但钛合金的抗烧蚀能力差,所以必须解决炮口制退器的抗烧蚀性能,或探求使用超高性能钢材。一般通过在内表面喷涂抗烧蚀涂层的方法或利用复合材料来实现,使之既可减轻炮口制退器质量、又不降低其使用寿命。

2. 前冲技术

火炮在复进过程中击发的原理叫前冲发射原理,也称浮动原理。浮动是指连发时自动机的工作行程位于后坐到位和复进到位之间。射击前,前冲炮的后坐部分被卡锁卡在后方位置。射击时首先解脱卡锁,后坐部分在前冲机的作用下向前运动。在达到一定前冲位置或前冲速度时,击发机点燃底火。火药气体对后坐部分作用,使前冲运动停止,然后再后坐,直到超过卡锁一定距离后后坐停止。

采用此技术的火炮,由于是在复进过程中击发,击发后火药气体产生的向后冲量首先要抵消浮动部分向前的动量后,才能使后坐部分后坐,这样就减小了作用在炮架上的力,又能减小后坐和复进行程。结构特点是在浮动部分和炮架之间安装浮动机,保证火炮在复进过程中击发。

采用前冲技术最大优点是大幅度减小炮塔和车体受力,使火炮设计得更轻,同时前冲极大地缩短了射击循环时间。对自动炮而言,可大幅度提高射击频率。前冲技术欲应用于地面火炮,需要解决弹药迟发火和瞎火以及操作失误的安全措施,还要解决直接瞄准时射击精度劣于后坐炮的问题。

3. 超高性能反后坐装置技术

(1) 电流变、磁流变反后坐装置

电流变技术和磁流变技术利用的是电流变液体和磁流变液体在电场和磁场的作用下能实时改变其流动特性,从而改变其提供的阻力的特性。电流变和磁流变液体可在毫秒级时间内连续、可逆地转变为具有高黏度、低流动性体,其豁度和屈服应力会随电场和磁场发生变化。其表现黏度可增加两个数量级以上,呈现类似固体的力学性质,当去掉外加电场和磁场时,材料又回到原状态在数毫秒内电流变液体从液态变为固态,然后再返回液态。

应用在火炮后坐系统中,可通过直接的电磁激励对其进行灵活的自适应控制,通过控制液体黏度的变化来调节阻尼,从而来调节不同后坐长度以及不同装药、不同射角条件下的后坐阻力和复进节制阻力,形成液压阻力,也可控制后坐运动规律,使不同装药号火炮发射获得小的更加平稳合理的炮架受力。控制算法采用实时输入,结合数字化火控技术,使操作方便省时,以缩短系统反应时间。

电流变、磁流变液的应用前景是十分广阔的。然而,对于这种新型智能材料研究目前还处在实验室阶段,在材料性能方面距实际需要还有一定的差距。

(2) 实时可控反后坐装置实现后坐阻力平台技术

通过计算机实时控制反后坐装置漏口的开度,以减小火炮后坐阻力的峰值,使后坐阻力曲线接近于矩形,从而达到减小最大后坐阻力的目的。研究内容主要有实时可控变漏口反后坐装置总体方案、漏口面积实时控制技术等。

(3) 曲线后坐技术

曲线后坐技术也是轻型牵引火炮采用的技术。它是针对火炮减重后带来的诸如火炮射击稳定性、炮架刚度和强度等问题而提出的一种技术手段。曲线后坐技术是一种利用火炮后坐能量来增加火炮稳定性的技术。它不同于一般的直线后坐之处就是火炮后坐部分是沿曲线轨迹而非直线运动的。这样,由于火炮后坐部分质心有一个垂直火线方向向上的运动,将部分后坐动能转化为使后坐部分质心抬高的能量,产生一个向下的反力,抵消火炮由于质量不足而翻倒的趋势,使火炮维持稳定。其原理如图 2-1 所示。

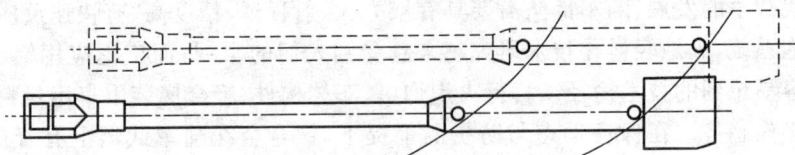

图 2-1　火炮曲线后坐原理图

　　采用曲线后坐技术的火炮,要求曲线导轨尺寸、后坐阻力规律及火炮各部件的质量分配、部件尺寸等有一个综合的配置,必须进行动力学仿真和优化确定。

　　曲线后坐技术可以有效地保持火炮的射击稳定性,它也带来一些不利,如曲线槽加工要求高,不能有效地降低后坐阻力以及复进稳定性较差等。

　　(4)二维后坐技术

　　二维后坐技术是为了吸收曲线后坐的优点并克服其缺陷提出来的。所谓二维后坐,指火炮的后坐部分在射面内不仅仅做向后的直线运动,同时还有一个向上的运动。炮身相对第一层摇架做直线运动,而第一层摇架相对第二层摇架的斜导轨做一个夹角 α 的运动,整个后坐部分的复合运动轨迹为曲线,实现曲线后坐的功能。为了保证射击精度,弹丸出炮口以前,第一层摇架不运动,炮身的运动在这个阶段为直线。其原理如图 2-2 所示。

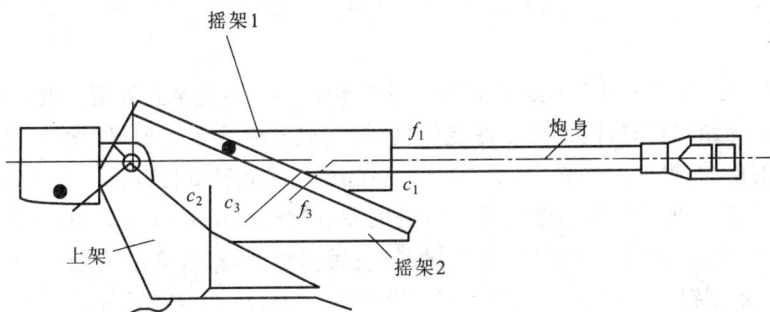

图 2-2　火炮二维后坐原理图

　　(5)变后坐长技术

　　在一些威力较大或射角较大的火炮上,为了保证射击时的稳定性和降低火线高,采用变后坐技术,即在小射角时为改善后坐稳定性而采用长后坐以减小后坐阻力,在大射角时为了解决炮尾碰地问题而采用短后坐。如 59—130 加的驻退机。为了实现变后坐,节制杆上开长后坐用的变深度沟槽,短后坐沟槽开在驻退筒内壁上,小射角时两个沟槽同时打开,获得长后坐;大射角时只有驻退筒内壁上的沟槽起作用。

2.4.2.2 轻质材料应用技术

随着现代战争的发展,陆军部队需要具有威力大、射程远、精度高、有快速反应能力的多功能的先进火炮系统,火炮轻量化技术研究越来越受到人们的重视,而广泛应用铝、镁合金等轻质材料是最容易想到的技术途径。自行火炮炮塔、车体构件、轻金属装甲车用材料的轻量化是武器发展的必然趋势。在保证动态与防护的前提下,钛合金在陆军武器上有着广泛的应用。炮口制退器采用钛合金后不仅可以减轻质量,还可以减少火炮身管因重力引起的变形,有效地提高了射击精度;在主战坦克及直升机—反坦克多用途导弹上的一些形状复杂的构件可用钛合金制造,这既能满足产品的性能要求又可减少部件的加工费用。随着铝、镁、钛等轻质合金材料冶炼技术的不断提高,其性能不断提升,成本也与钢材相差不大,越来越多地应用到火炮的结构设计中。表 2-2 为几种轻质合金材料的力学性能比较。

表 2-2 几种轻质合金材料的力学性能

材料(牌号)	强度 σ_b/MPa			塑性 δ/%		
	铸造	热成形	温成形	铸造	热成形	温成形
钛合金(TC4)	930	1 100	1 300	5	8	>10
铝合金(LD10)	300	400~450	500~550	5	7	12~15
镁合金(AZ80)	200	280	380	5	8	15
镁合金(AZ31)	170	220	300	5	9	15

(1) 铝合金

铝合金一直是军事工业中应用最广泛的金属结构材料。铝合金具有密度低、强度高、加工性能好等特点。作为结构材料,因其加工性能优良,可制成各种截面的型材、管材、高筋板材等,以充分发挥材料的潜力,提高构件刚、强度。所以,铝合金是武器轻量化首选的轻质结构材料。

铝合金在航空工业中主要用于制造飞机的蒙皮、隔框、长梁和桁条等;在航天工业中,铝合金是运载火箭和宇宙飞行器结构件的重要材料;在兵器领域,铝合金已成功地用于步兵战车和装甲运输车上,新型铝合金材料也大量应用到某榴弹炮的炮架上,减重效果明显。

(2) 镁合金

镁合金是实用金属中最轻的金属,镁的比重是 1.8×10^3 kg/m³ 左右,大约是铝的 2/3,是铁的 1/4。镁合金相对比强度(强度与质量之比)最高,比刚度(刚度与质量之比)接近铝合金和钢,远高于工程塑料。在弹性范围内,镁合金受到冲击载荷时,吸收的能量比铝合金件大一半,所以镁合金具有良好的抗振减噪性能,承受冲击载荷能力比铝合金大。镁合金的耐有机物和碱的腐蚀性能好,易于回收,可做到 100% 回收再利用,还有高的导热、导电性能和防辐射性能,电磁屏蔽性好。镁合金熔点比铝合金熔点低,具有良好的压铸成型性能,压铸件壁厚最小可达 0.5 mm。适应制造汽车各类压铸件。主要用于航空、航天、运输、化工、火箭等工业部门,最适合壳体类和轮盘类结构,在火炮轻量化方面应用前景广阔。

(3) 钛合金

钛合金具有较高的抗拉强度(441～1 470 MPa),较低的密度(4.5×10^3 kg/m³),优良的抗腐蚀性能和在 300～550 ℃温度下有一定的高温持久强度和很好的低温冲击韧性,是一种理想的轻质结构材料。钛合金具有超塑性的功能特点,采用超塑成形－扩散连接技术,可以以很少的能量消耗和材料消耗将合金制成形状复杂和尺寸精密的制品。

钛合金在航空工业中的应用主要是制作飞机的机身结构件、起落架、支撑梁、发动机压气机盘、叶片和接头等;在航天工业中,钛合金主要用来制作承力构件、框架、气瓶、压力容器、涡轮泵壳、固体火箭发动机壳体及喷管等零部件。

在过去相当长的时间里,钛合金由于制造成本昂贵,应用受到了极大的限制。近年来,世界各国正在积极开发低成本的钛合金,在降低成本的同时,还要提高钛合金的性能。在我国,钛合金的制造成本还比较高,随着钛合金用量的逐渐增大,寻求较低的制造成本是发展钛合金的必然趋势。

2.4.2.3　轻质材料整体成形技术

由于工程应用时,铝、镁合金发生焊接软化、强度降低而受到制约,中北大学攻克了这一技术难关,使铝、镁等轻质合金材料,经特殊的整体成形工艺加工后,大幅度提高了其强度、为其广泛应用开辟了途径。

该整体成形工艺依据等温逐次控制变形、省力成形及金属流动控制理论与方法,使材料的晶格大幅度细化,提高了材料的强度极限。经整体成形工艺后强度极限和延伸率可提高20%以上,尺寸精度大大提高,表面粗糙度降低,使零件的制造周期缩短了一半以上,大幅度降低了生产成本。该技术已成功应用于某轮式自行榴弹炮的铝合金轮毂、轮辋上(如图2-3所示),通过了4万千米的行驶试验、实弹射击试验,铝合金轮毂、轮辋可使该轮式自行火炮减重400 kg。

表2-3是几种轻质合金材料经整体成形后所能达到的机械性能。

表 2-3　几种轻质合金材料整体成形前后的机械性能对比

材料(牌号)	整体成形前弹性极限 σ_b/MPa	整体成形后 σ_b/MPa
铝合金(Ld10)	300	600
镁合金(AZ80)	200	380
镁合金(AZ31)	170	300
钛合金(TC4)	930	1 300

图 2-3 整体成形的铝合金轮毂、轮辋

轮式自行火炮的炮塔、车体、各种架体、壳体都可以采用轻质合金整体成形而成,甚至座圈等关键部件也可以采用此技术。

2.4.2.4 加焊接筋和压筋

为了减轻火炮的总体质量,炮塔和车体一般都采用薄壁焊接结构,钢板厚度都在 5～10 mm之间。对于这种大尺寸薄壁结构,刚度是一个要主要关注的问题。为了提高结构的刚度,可以采用增加加强筋的方式。

加强筋可以是焊接到主体结构上,也可以是直接冲压而成。焊接筋加工方便,但要增加附加质量(加强筋本身和焊条),还可能出现焊接变形和焊接软化问题。冲压筋不增加附加质量,但工艺相对复杂。

炮塔、车体、一些薄壁壳体构件,采用加焊接筋或冲压筋是一种最有效的提高其刚度的技术措施,特别是冲压筋能够在不增加质量的情况下显著提高结构的刚度。

加筋的位置、尺寸和数量,需要根据结构受力分析和刚度、强度校核来确定,要经过优化分析确定加筋方案。

图 2-4 为某轮式自行火炮压筋炮塔模型。

2.4.2.5 采用超高强度钢结构

由于现代金属冶炼技术的发展,一些高强度钢材料不断问世,如马氏体时效钢等。在火炮设计中,在成本许可的条件下采用高强度极限的钢材对于火炮总体减重是十分有利的。

所谓高强度钢,是指那些在强度和韧性方面结合很好的钢种。低合金结构钢,经调质处理后具有很好的综合力学性能。其抗拉强度大于 1 200 MPa 时叫高强度钢;其抗拉强度大于 1 500 MPa 时称为超高强度钢。高强度钢和超高强度钢的原始强度和硬度并不高,但是经过调质处理后可获得较高的强度,硬度在 HRC30～50 之间。所谓高强度钢和超高强度钢,是指

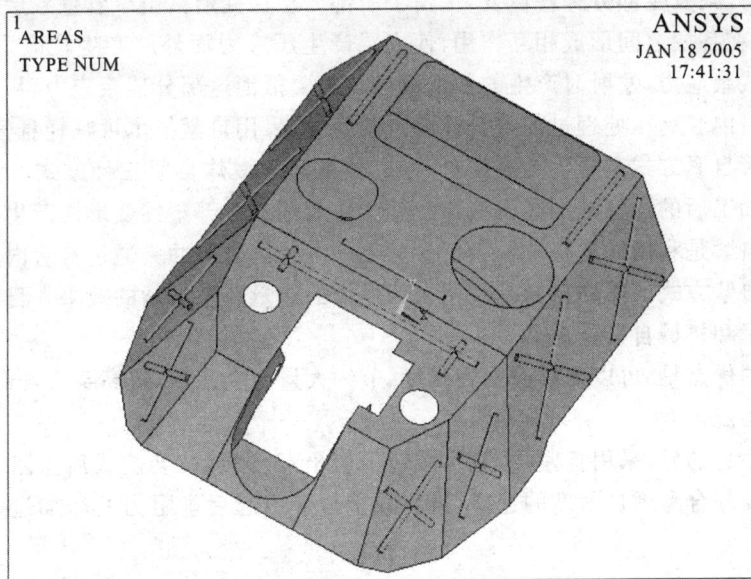

图 2 - 4　压筋炮塔的模型

综合性能而言的。超高强度钢必须具有高的抗拉强度,和保持足够的韧性,还要求比强度(强度与密度之比)大和屈强比(σ_s/σ_b)高,以减轻构件的质量,而且要有良好的焊接性和成形性等工艺性能。

马氏体时效钢是以无碳(或微碳)马氏体为基体的,时效时能产生金属间化合物沉淀硬化的超高强度钢。与传统高强度钢不同,它不用碳而靠金属间化合物的弥散析出来强化。这使其具有一些独特的性能:高强韧性,低硬化指数,良好成形性,简单的热处理工艺,时效时几乎不变形以及很好的焊接性能。因而马氏体时效钢已在需要此种特性的部门获得广泛的应用。

具有工业应用价值的马氏体时效钢,是 20 世纪 60 年代初由国际镍公司(INCO)首先开发出来的。1960 年,国际镍公司制成马氏体时效钢,抗拉强度约为 1 764 MPa,断裂韧度高达38 220 MPa。70 年代,美国在马氏体时效钢的基础上研究成 AF1410 钢,抗拉强度为1 666 MPa,断裂韧度达 3 920 MPa。中国从 50 年代开始研究和生产超高强度钢,已有多种钢号的产品,主要有 SiMnMoV、SiMnCrMoV 和加有稀土元素的 SiMnCrMoV 系列钢,抗拉强度为 1 666～1 862 MPa,断裂韧度可达 2 450～2 744 kgf/mm²(1 kgf=9.806 65 N)。因此,在一些火炮零部件上使用超高强度钢也可以明显减轻火炮的质量。

2.4.2.6　采用身管自紧技术

自紧是在身管制造时对其内膛施以高压,使内壁部分产生局部或全部塑性变形,当内压去除以后,内壁部分只发生部分弹性恢复,保留了一部分塑性变形。由于管壁各层塑性变形和恢复程度不一致,在各层之间形成相互作用,使内层产生压应力而外层产生拉应力,产生与发射时方向相反的残余应力,发射时产生的射击载荷首先要抵消这部分残余应力,从而提高了身管的强度。我们将内膛高压处理过的身管称为自紧身管,采用自紧技术可减轻身管质量。

常用的身管自紧方式主要包括液压自紧、机械自紧和爆炸自紧三种方式。液压自紧是利用在身管半精加工后的内膛施加高压液体使其产生局部或全部塑性变形而产生残余应力的自紧方式。机械自紧是利用外力将外径大于身管毛坯内径的机械冲头通过身管内腔而使身管产生残余应力的自紧方式。爆炸自紧是利用火药爆炸的能量产生自紧的效果。目前比较成熟的是液压自紧技术和机械自紧技术。

自紧身管的优点是:可以提高身管的强度,节约大量合金元素,提高身管寿命,及时发现和排除毛坯中的瑕疵。

不过需要注意的是,采用自紧技术后,减轻了后坐部分质量,会造成后坐阻力的增加。所以采用自紧时要综合考虑自紧度的选择,避免减重过多引起后坐阻力的增加过多而影响总体设计。

2.4.2.7　多功能部件技术

在总体设计时利用多功能组部件技术实现减重目标,实现"一机多能、一件多能",达到减轻火炮质量、减小火炮总体尺寸的目的。如将高低机和平衡机合二为一成为高平机,将一些空腔结构利用起来存放各种液体等。

2.5　轮式自行火炮系统总体结构

2.5.1　总体布局

一般轮式自行火炮可从总体上分为驾驶舱、动力舱和战斗舱三部分。由于自行火炮一般采用发动机前置的布置方式,因此炮塔系统置于后部,驾驶舱位于车体左前部,安装有车辆操纵装置、各种仪器仪表、报警信号装置、无线电台和三防灭火控制盒等。驾驶员应有很好的视野条件,且驾驶椅可调、方向盘角度可调,可减轻驾驶员的疲劳。

动力舱包括车体右前部和中部,室内装有发动机、离合器、变速箱、传动箱、润滑冷却系统、发动机进排气系统等。一般将发动机倒置后与变速箱刚性连接,布置在车体右前方、驾驶员右侧,在发动机左侧、驾驶员后部留有一与驾驶室与战斗室相连的通道。炮塔座圈与车体顶甲板的安装采用嵌入式座圈座的连接形式。为了便于制造和修理,采用发动机、主离合器、变速箱整体吊装的动力舱安装形式,因而在野外更换动力舱非常容易,同时整体吊装的动力舱可以在台架上进行试验,大大节省了制造和修理周期。

动力由与发动机刚性连接的变速箱后的传动箱传出后,经传动轴至分动箱,由分动箱将动力分配给各车桥,分动箱设计有轴间差速器。

战斗舱在驾驶舱之后,炮塔装在其前部,内有火力系统的大部分和全部火控系统,还有三防用具和一些工具。在驾驶舱和动力舱的地板下面,布置有各种传动部件、转向杆系、燃油及制动系统的储气罐、阀件和连接管道。炮长、瞄准手和弹药手也在战斗舱内。

弹药可布置在炮塔尾舱、车体内的左右轮舱上。12.7 mm 高射机枪弹和 7.62 mm 机枪弹也可布置在底盘轮舱上或炮塔吊篮下方的底盘上。

2.5.2　总体轮廓尺寸确定

外廓尺寸为底盘在长、宽、高方向的最大轮廓尺寸,分高度、宽度、长度三个方向来说明。

2.5.2.1　高度

全炮外廓高度一般为三个环节之和,即车底距地高、车体高和炮塔高。

车底距地高按战术技术要求,一般为 400~550 mm。由于现代悬挂装置改进,其行程加大,车速也有提高,车底距地高常用以上范围中的较大值。

车体高度由驾驶舱高度、发动机及冷却装置高度和战斗舱车体高度三个关键高度决定。驾驶舱高度,限于人的身材不可改变,很难降到 900 mm 以下。发动机及冷却装置高度,由于发动机功率日益增大,降低其高度存在一定困难,有些情况下动力舱可局部向上突出,牺牲火炮的俯角。另外还应注意发动机上、下的其他装置的高度,如悬挂装置的扭杆、顶置的风扇等。战斗舱车体高度,当火炮在最大仰角,炮尾降到最低时,保证正常工作所需的高度。此高度将随火炮的加大、仰角的加大等而加大。

而炮塔高度,塔顶高度应满足最大俯角时塔顶内壁与火炮间至少有 20 mm 以上的间隙。

对于有空运要求的轮式自行火炮,高度还受飞机舱门高度的限制。

2.5.2.2　宽度

外廓宽度是车内宽度 b_0、侧装甲厚度 h、车轮宽度 b、车轮与车体的间隙 s 之和,但决定全车宽 B_0 的最主要的还是外部因素,即铁道运输限制,当空运时则受舱门的限制。

2.5.2.3　长度

根据驾驶舱、战斗舱和动力舱的布置,车体长度由各长度环节之和构成。

驾驶舱部分长度主要取决于车首倾斜角度、驾驶员身材及坐姿。

动力舱中,动力部分长度取决于发动机的长度,包括增压器、进气管、排气管和水管等附属系统所需的长度。传动部分前段长度取决于发动机旋转中心或飞轮壳端面到侧传动中心的距离,随动力、传动的布置形式及传动形式、结构而定。

战斗舱部分长度取决于座圈直径和座圈前部到发动机隔板的距离,这个长度应该保证不吊下炮塔就能整体吊出发动机或动力传动装置。

需指出的是:对两栖作战轮式自行火炮系统,其长和宽与浮力储备密切相关,即经计算浮力储备系数应满足用户指标要求。

2.5.3 总体布置

2.5.3.1 驾驶舱布置

驾驶舱是驾驶员的活动空间,为便于观察道路,驾驶舱一般在前。驾驶舱布置首先要考虑驾驶员的活动,包括观察、操纵等的要求,在此基础上考虑整车的布置和防护性要求。基本要求:

① 适于大多数不同身材的驾驶员,能有调整的余地。

② 在开窗和闭窗两种情况下,驾驶员对外视界要开阔,死角或盲区小;对内观察仪表方便。

③ 开窗和闭窗两种情况下,都要便于驾驶员操作。

④ 空间舒适且能持久。

⑤ 驾驶员进出方便迅速。

⑥ 关窗紧密且不太费力。

⑦ 有利于防护的车体外形。

驾驶舱布置的矛盾点在于:从外部要求火炮的外廓尺寸要小且能密闭防护;从内部则要求空间舒适、方便且便于观察仪表和道路环境。而难点则在于:同时一套操纵装置的位置及操纵行程,要满足不同身材驾驶员在开窗和闭窗两种位置姿态都方便和持久驾驶的需要。车首非必要的空间布置燃油油箱,有时将蓄电池布置在驾驶舱内。

一名驾驶员工作空间所需宽度约 0.75~0.9 m。驾驶员的活动空间应该符合人体尺寸的需要。其头部的位置应该位于前倾斜甲板之后、顶甲板的最前端。在这里既可充分利用车内高度,获得较低的车体高和避免潜望镜孔削弱前装甲防护,又可以使驾驶员观察的盲区尽量小,视界尽量广。

为降低车体高度,驾驶窗可以突出于车体顶板,但受火炮俯角的限制,常只能突出 40~80 mm。底甲板至驾驶窗内壁的高度,应根据闭窗驾驶时坐椅的高度、驾驶员的坐姿等来决定。

2.5.3.2　战斗舱布置

战斗车辆的动力、传动、驾驶舱在一定意义上是为战斗舱服务的。在战斗舱,战斗员在通信联络、指挥车辆前进、观察战场搜索目标以及测定目标距离等工作之外,关键是围绕武器进行供弹装填、瞄准修正射击等战斗活动。

战斗舱的主要布置方案,要在保证最有效地使用武器的基础上,力求塔形小,质量轻,防护力强,乘员操作活动方便,空间能合理地充分利用。

战斗舱的布置主要确定炮塔座圈直径、耳轴位置、车体宽度以及炮塔体的基本长度、宽度和高度。

战斗舱空间可以分为可回转的炮塔内空间和固定的车体内空间两部分。座圈以下的车体内空间,又可分为以座圈内径为直径的圆柱形回转用空间和这个圆柱形之外的四角空间。战斗舱内主要有若干乘员,火炮、火控系统,电台和弹药等,装备多而复杂,它们一部分随火炮俯仰运动,多数还随炮塔在车体内回转。因此,布置是比较困难的。

布置的原则:

① 操作方便。常用设备应位于肘与肩之间,不常用和不重要的设备、仪表甚至开关可以布置稍远些。凡平常不需要接触的装置,位置愈远愈不致妨碍经常的工作。

② 尽量利用空间。凡是随同炮塔回转的装置,尽量布置在塔的四壁,不要向下突出到座圈以下。

③ 较重的装置应尽量布置在塔的后部,便于炮塔的平衡。

④ 保养和修理时便于接近。

⑤ 塔前尽量少开口、开小口,以提高防护性能。

在战斗中,乘员精神高度紧张,体力消耗大,很容易疲劳。保证乘员具有较便于工作的位置和空间(包括观察、战斗操作、出入等),是发挥乘员作用的重要条件。在战斗舱的平面布置中,每个乘员的活动范围应不少于 $\phi550$ mm。乘员着冬季服装后肩宽在 400 mm 以上,这个范围对抬肘姿势工作不算宽敞。车长、炮长同在一侧的前后距离最小为 450 mm。据统计,现代坦克乘员的工作空间大至为:驾驶员需 0.6 m³;车长、炮长各需 0.4 m³;装填手约 0.8 m³。现代大口径火炮的弹长达到 900 mm 以上,装填手需要的空间较大。若取弹以后要在手上颠倒炮弹的头尾才符合装弹入膛的方向,需要的空间就更大。

乘员的高度布置主要以头、眼适于观察为准,座位以上高度约为 950～980 mm。

乘员座位直径或边长约为 300～380 mm,靠背宽为 140～300 mm,长为 350～650 mm,座高距脚最好为 450～500 mm,其高低和方向要能够调整。座位的位置应便于观察光学仪器,并使身体保持自然稳定而不能依赖所设置的扶手。

为在炮塔回转过程中也能安全方便地工作,现代炮塔一般都设置吊篮或转盘。尽管炮塔座圈最小直径可以超出车体侧甲板一些,转盘或吊篮以上、座圈以下的回转圆柱空间却不能超出车体内宽。

在这个空间内,除火炮最大仰角和乘员活动所需要外,还可以布置许多战斗和火控装置。至于与驾驶、动力、传动室有管道或机电联系而不随炮塔回转的装置,就只能布置在这个圆柱空间之外的四角和前后位置。为了安全,乘员附近的圆柱外壁可以设置护板。转盘随炮塔回转,其转动惯量与炮塔为一体,但其上的重力由转盘下的滚轮支撑,不由座圈支撑。转盘较高不便于设置转轮时,由上座圈固定吊架支撑盘体,称为吊篮。这时篮上重力由炮塔座圈支撑,这些重量也参与回转体的重量平衡问题。因此,较重的东西就应该布置在后部。转盘下的空间可以利用,但需通过活动或可卸的盘板才能接近。

2.5.4　上装部分的布置

上装部分主要包括火力子系统、炮塔子系统、火控子系统和辅助武器及其他。上装部分通过炮塔组合在一起,通过座圈与底盘相连。

自行火炮一般为动力舱前置的,因而上装部分一般是后置的。

2.5.4.1　炮塔的布置和选型

炮塔是容纳火力部分和火控子系统、主要成员以及其他设施的壳体状结构。炮塔的中间是火力子系统,火控系统的各控制盒固定于炮塔四周和底板上。在布置时要尽量紧凑,同时也要考虑到操作的方便性和舒适性,也就是要注意到人机环境问题。

在战斗中,乘员在体力和精神上都高度紧张地工作,很容易疲劳。所以应保证乘员具有便于工作的位置和空间,包括观察、战斗操作、出入等,这是发挥战争中乘员积极作用的重要原因。每个乘员的活动空间应足够。装填手所需的空间要大些,还要保证在各方向取弹装填方便。

乘员座位的高度应为 900~980 mm(包括避免过障碍时头碰塔顶的距离)。装填手的位置需要随分散布置的炮弹和炮塔转动而移动,所以其全站立需 1 750~1 800 mm 的高度,现在一般保证半站半坐的姿势,最低高度在 1 450~1 550 mm 以上。

车长和炮长座位直径应在 300~380 mm 左右,靠背约宽 140~300 mm,长 350~650 mm。座高最好距地板 450~500 mm,其高度和方向要能调整。行进间和工作时应该有方便的专门把手,使用观察仪器时身体应能保持自然稳定。

炮塔的造型要在满足其功能的前提下,考虑火炮整体的美观性和协同性。为了加强防护和减轻质量,炮塔应该在保证火炮高低射界和乘员观察及操作方便的条件下,力求外形矮小。近年比较强调要求炮塔的正投影面积小,特别是火线以上的正投影面积尽量减小。

2.5.4.2　座圈的布置和选型

座圈是连接火炮炮塔火力分系统与底盘分系统的枢纽,也是火炮实现 360°回转的主要部件。座圈分为上下两部分,下座圈固定在车体顶甲板上,上座圈固定于炮塔底板上。

座圈的尺寸选择和布置应该尽量允许在炮塔转向任何方向和火炮在任何俯仰角度时都能装弹和射击。座圈直径不但与火炮口径及其炮尾、后坐长度等有关,也与座圈内乘员人数有关。为能在一定车体宽度上加大座圈,也可以将车体上部侧装甲向外倾斜,或焊接弧形装甲来局部加宽车体。

为避免火炮射击后坐时座圈回转或方向机构承受大负荷,火炮常居座圈中心线上。有时候为了调整全炮质心也可以偏一个小距离。

座圈已经有特定的系列,使用时根据需要总体尺寸和承载要求选择即可,对于中大口径火炮来说,一般节圆直径为 1 840~2 400 mm 范围内。

2.5.4.3　火力系统的布置

火力部分部件的运动幅度大,且主要集中于炮塔内,其中在塔内的布置是确定炮塔形状和尺寸的依据。其布置要力求在保证最有效地使用武器的基础上,使得塔形小、质量轻、防护力强、乘员操作灵活方便、空间能合理地被充分利用。

炮塔中火力部分的各种部件设备、各种观察仪器较多,在布置时可考虑:
- 操作要方便,不常操作的设备可远一些。
- 尽量利用空间,特别是塔的四周。凡是随同炮塔回转的物体,尽量不向下突出到座圈以下。
- 较重的部件布置应尽量靠塔的后部,以减小火炮所引起的炮塔不平衡质量。
- 保养和修理方便。
- 塔前尽量减少开口、开小口,以提高防护性。
- 费力的方向机和高低机摇把到肩部的距离应为 400~650 mm,最得力的工作条件是肘关节弯曲约成直角。手轮直径应做成 140~200 mm,握把尺寸合理,不常用和不重要的开关、把手等布置在稍远的地方。

具体布置方案为:
- 炮身由身管、炮尾、炮闩、炮口制退器、抽气装置和热护套组成。炮闩采用半自动立楔式炮闩结构。
- 为适应装车需要,采用焊接式筒形摇架。
- 高低机采用液压动力和手动两种驱动方式。
- 方向机采用齿轮齿圈式,有电动和手动两种驱动方式。方向射角取为 360°。
- 平衡机采用弹簧式辅助平衡机。

• 装填系统多采用半自动装填机构,即自动定点供弹、人工输弹的供输弹方式。

• 反后坐装置采用上置节制杆式驻退机和液体气压式复进机,考虑到俯角射击时后坐部分对全车高的影响,反后坐装置采用杆后坐方式。

火炮高低机布置时应尽量靠近火炮固定。如果在火控或高低稳定系统中另有液压油缸的话,一般在塔顶上固定且尽量靠近耳轴以减少其长度,并且尽量靠近火线,这随火炮的摇架等结构而定。此外,火炮行军固定器、射角限制器等一般固定在炮耳支板上。

方向机应该布置在炮长侧前方,用手轮工作时,乘员前臂活动范围不能碰撞座圈等物体。方向机手柄和高低机手柄不得相互干涉。凡随炮塔回转的物体,在座圈上的部分应尽量靠近塔壁。在座圈以下的部分物体,在随炮塔回转时所扫过的面积应该愈小愈好,不得与车体内任何物体相互干涉。换言之,设计和布置物体应该减小径向和高度尺寸,但允许沿座圈圆周方向加大。

2.5.4.4　弹药的布置

一般轮式自行火炮一个弹药基数为 30～40 发,总质量达几百千克,甚至达到上千千克,因此,弹药的布置对于全炮的总体布局和质心位置影响很大,特别是当通过其他手段不能将全炮质心调整到合适位置时,可利用弹药的不同布置方案来调整全炮质心,当然还要考虑弹药装填时的方便性。弹药分别布置在炮塔和底盘内,多数为炮塔和底盘各布置一半。另外。还要考虑弹药消耗对全炮质心的影响,综合满载和空载时的火炮姿态,这对两栖型自行火炮尤为重要。

由于塔内狭窄,炮弹又大又重,人工装弹约占去射击时间的 70%～75%,很不利于提高射速、打击目标。所以该火炮系统将炮弹布置在炮塔尾部,布置炮弹应满足:

• 装填手取弹方便、迅速且省力,最好在取出后不需要换手颠倒就能装弹。

• 炮弹距离装填手的位置合适。要保证炮塔转到不同方向时,仍能方便取弹。

• 炮弹位置不妨碍火炮的俯仰、战斗部分的回转和人员的操作。

• 要保证安全,炮弹的固定方法既要能迅速取用,又要安全可靠,尽量不与其他物体碰撞。

2.5.4.5　乘员的布置

轮式自行火炮的乘员一般为 3～5 人。驾驶员 1 人,位于车体左前部的驾驶舱,负责火炮的驾驶操纵,炮长位于战斗舱靠左前侧的位置,其顶部为指挥塔,有可开启的出入门;瞄准手在战斗舱靠右前侧的位置,一个或两个弹药手位于战斗舱后部,顶部有出入门和环形回转支架,回转支架上装有 12.7 mm 高平机枪和 7.62 mm 并列机枪。

2.5.5　底盘的布置

底盘分系统占全炮质量的百分之六七十,它的结构、尺寸和布置直接影响了全炮的总体性能。一般底盘的宽度就是火炮的最大宽度,底盘中发动机的布置直接影响火炮的总体布置方式,从而影响火炮的动力学特性。

2.5.5.1　发动机的布置

发动机后置方案的优点主要是底盘外形尺寸小、车体较矮、火线高较低、射击稳定性好,能满足射界要求,火炮向前射击时后坐力由中、后桥承受,驾驶员视野好,操作空间大。

发动机前置方案外形尺寸较大,火线高不宜降低,由于炮塔位于 3、4 桥之间,火炮射击时后坐阻力由 4 桥承受,易过载,另外驾驶员视野不如后置方案,操作空间小。

发动机中置方案使用较少,因为发动机是底盘内各部件中尺寸最大的部件,发动机中置后影响战斗舱的布置和火炮整体高度。

自行火炮一般采用的是发动机后置的方案。

2.5.5.2　传动、制动、转向系统的布置

I 形传动为传统的中央桥式传动;H 形传动是为了优化车体高度与运载能力而将传动部分安装在车内两侧的传动链,由主差速传动箱(实现左右差速、前后差速及动力分流)作为"H"的横臂,传动轴及侧差速减速器(或侧减速器)则构成"H"的纵臂;另外还有介于两者之间的 Y 形传动,即将前面一个或数个车桥的 I 形与后几桥的 H 形传动路线结合起来。这三种传动形式中,H 形传动与混合转向相互适应性良好。肘(单纵臂式独立悬挂的纵臂)内传动是传动系与行动系有机结合的一种结构形式,单纵臂内的齿轮组将动力由车内传至轮边,此结构大大减小非转向桥的轮舱空间。

由于结构优化要求及质量指标约束,轮式自行火炮的制动系统原则上应该采用助力液压式驱动机构。

在 8×8 等多桥车型上实现前两桥转向,当转向达到止动位置时,自行进行差速制动,对全轮(或一侧车轮)产生作用以进行附加制动转向。混合转向正作为新型 8×8 车型的主要转向方式得以广泛应用,如 X8A、Vextra、EVA 计划研制中的车型等。

2.5.5.3　车桥和行驶装置的布置

车桥和行驶装置的布置主要影响着自行火炮的轮距和轴距,从而影响火炮的总体尺寸、受力状态和稳定性。可根据总体结构以及上装部分的布置情况采用等轴距和不等轴距的布置。

　　行驶装置包括悬挂装置和车轮组成。悬挂装置要选择结构紧凑,占用空间小的悬挂系统。典型的独立悬挂方案为转向轮采用双横臂或 Mcpherson 式悬挂,非转向轮采用单纵臂(平衡肘)形式。主动(或可调)悬挂也开始得到广泛应用。

2.5.6　火控系统的布置

　　各火控装置的布置按照乘员分工而定,常用设备的高度应在肘与肩之间。应根据人机环境的要求布置在最适宜的位置,同时要考虑其布置对全炮质心的影响。

第3章 轮式自行火炮总体结构动力学仿真

3.1 概 述

3.1.1 轮式自行火炮总体结构动力学仿真的目的

轮式自行火炮总体结构动力学仿真主要目的是从轮式自行火炮武器系统的特点出发,以提高其综合性能为目标,建立该武器系统的总体结构动力学仿真模型。然后在此基础上进行总体结构动力学仿真,获得武器系统各部件和构件的质量、几何构造、连接关系和作用在构件上的主动力,求系统的运动诸元——位移、速度和加速度,从而获得武器系统的运动规律,预测系统射击时的动力学特性及其影响因素,分析系统在不同的车炮配置和系统总体布置方案下发射时的系统稳定性及动态响应,研究各总体结构参数对火炮总体和射击精度的影响。最后对其进行总体结构优化配置,为该武器系统的研制和改进提供有益的参考。

3.1.2 轮式自行火炮总体结构动力学仿真的一般步骤

轮式自行火炮总体结构动力学仿真的一般步骤:
① 根据火炮的结构特点和仿真要求确定基本仿真方案。
② 建立基本假设,进行模型简化。
③ 确定刚体和柔体以及自由度。
④ 建立坐标系,进行坐标转换。
⑤ 进行运动分析和动力学分析,建立动力学仿真方程。
⑥ 求解方程,进行结果分析。
⑦ 根据结果进行轮式自行火炮总体结构优化配置。

3.2 轮式自行火炮系统总体结构动力学仿真常用方法

轮式自行火炮系统总体结构动力学仿真常用方法有多刚体动力学方法、多柔体动力学方法、有限元法等。

3.2.1　多刚体动力学方法

多刚体系统动力学是古典的刚体力学、分析力学与现在的计算机相结合的力学分支,它的研究对象是由多个刚体组成的系统。多刚体动力学方法是常见的动力学仿真方法,基本思想是把整个系统简化为多个忽略弹性变形的刚体,各个刚体之间利用铰链或带阻尼的弹性体连接,根据各刚体的位置、运动关系和受力情况建立相应的全系统动力学方程。

常用的多刚体动力学方法有:拉格朗日方程法、凯恩法、牛顿－欧拉法、罗伯逊－维登伯格(R－W)法、力学中的变分法和速度矩阵法。

3.2.1.1　拉格朗日方程法

拉格朗日(Lagrange)方程法是分析力学的一种方法,是关于约束力学系统的动力学方程。它有两种形式:一种是第一类拉格朗日方程,用直角坐标表示的带有不定乘子的微分方程,既适用于完整系统,也适用于线性非完整系统;另一种是第二类拉格朗日方程,用广义坐标表示的微分方程,只适用于完整系统。实际应用中,由于多刚体系统的复杂性,采用系统的独立拉格朗日坐标十分困难,而采用不独立的笛卡儿广义坐标比较方便;对于具有多余坐标的完整或非完整约束系统,通常采用带乘子的拉氏方程处理;以笛卡儿广义坐标为变量的动力学方程是与广义坐标数目相同的带乘子的微分方程,这时还需要补充广义坐标的代数约束方程才能封闭。

采用拉格朗日方程建立动力学方程具有以下特点:动力学函数的计算方法规范、便于编制通用程序;动力学方程提供了完整的动力学系统的结构、惯性和受力三方面的信息;适合于处理有完整约束的动力学系统;动力学函数的求导计算繁琐。ADAMS的建模方法就是采用了第一类拉格朗日方程。

3.2.1.2　凯恩法

凯恩(Kane)方法又称为虚功形式或吉布斯形式的达朗伯尔原理。凯恩方法是建立一般多自由度离散系统动力学方程的一种方法。它提供了分析复杂机械系统动力学性能的统一方法,其特点是以伪速度作为独立变量来描述系统的运动,将矢量形式的惯性力直接向特定的基矢量方向投影以消除理想约束力,避免了繁琐的动力学函数求导运算,推导过程规范。所得结果是一阶微分方程组,既适合于完整系统,也适用于非完整系统。然而缺点是该法采用的偏速度、偏角速度概念不易被人们所接受,另外动力学方程的简洁程度与选取的伪速度有关,因而使计算机的自动推导变得复杂。凯恩方法并没有给出一个适合于任意多刚体系统的普遍形式的动力学方程,广义速度的选择也需要一定的经验和技巧,但这种方法不用计算动力学函数及其导数,只需进行矢量点积、叉积等计算,节省时间。

3.2.1.3　牛顿—欧拉法

牛顿—欧拉(Newton—Euler)法为矢量力学方法。牛顿—欧拉法中要求对每个刚体列写动力学方程,由于铰约束力的存在,使得动力学方程中含有大量的、不需要的未知变量,所以采用牛顿—欧拉方法,必须制定出便于计算机识别的刚体联系情况和约束形式的程式化方法,并自动消除约束反力。德国学者 Schiehlen 在这方面做了大量工作,他将不独立的笛卡儿广义坐标变换成独立变量,对完整约束系统用 D'Alembert 原理消除约束反力,对非完整约束系统用 Jourdain 原理消除约束反力,最后得到与系统自由度数目相同的动力学方程。

牛顿—欧拉法避免了繁琐的动力学函数求导运算,该方法将整个系统分解成许多单个物体,对每一个物体进行受力分析,用牛顿第二定律或欧拉动力学方程写出相应的运动微分方程,再把每个物体的运动微分方程组集成系统的运动微分方程。采用这种方法的推导过程比较简单,但是方程中含有约束反力,从而使未知数大大增加,必须建立相应的补充方程以消除约束反力。

3.2.1.4　罗伯逊—维登伯格法(图论(R－W)方法)

R－W 方法是由罗伯逊(Roberson)和维登伯格(Wittenburg)提出的。将图论法引用到多刚体系统动力学中,利用其中的一些基本概念和数学工具成功地描述了系统内各刚体之间的联系状况。R－W 方法以相邻刚体之间的相对位移作广义坐标,对复杂的树结构动力学关系给出了统一的数学模式,得到了系统的非线性运动微分方程。对于非树系统,则利用铰切割或刚体分割方法转变成树系统处理。

3.2.1.5　力学中的变分法

力学中的变分法是通过将真实运动和其他在同样条件下运动学上许可的运动进行比较,揭示真实运动所具有的性质和规律。在经典力学中,变分法只是对力学规律的概括,而在计算技术飞速发展的今天,变分法已成为可以不必建立动力学方程而借助于数值计算直接寻求运动规律的有效方法。变分法主要用于工业机器人动力学,有利于结合控制系统的优化进行综合分析,对于变步态系统,可以避免其他方法每次需重建微分方程的缺点。

3.2.1.6　速度矩阵法

速度矩阵法是利用速度矩阵和拉格朗日—凯恩方程导出的多体系统动力学分析的新方法,该法是利用系统的速度、角速度表达式定义速度矩阵,然后导出用速度矩阵表示的动力学方程通用公式,使推导方程的过程大大简化,为多自由度系统的建模和求解提供了简便方法。

3.2.2　多柔体动力学方法

3.2.2.1　概述

多柔体系统动力学是分析力学、连续介质力学、多刚体系统动力学、结构动力学学科发展交叉的必然。多柔体系统研究的是物体的变形和整体刚性运动的耦合问题，区别于多刚体系统动力学，它含有柔性部件，变形不可忽略，其逆运动是不确定的；与传统的结构力学也不同，部件在自身变形运动同时，在空间中经历着大的刚性移动和转动。多柔体动力学系统是一个时变、高度耦合、高度非线性的复杂系统。

在建立火炮多柔体动力学模型时，柔性体弹性位移的引入使动力学模型的阶数大为增加。即使通过弹性位移的模态展开法引入模态坐标后，动力学模型的阶数仍然很高，这样可能导致两种后果：一种由于受计算机内存容量或软件可管理的内存容量的限制无法求解系统运动微分方程；另一种由于高频成分的引入可能给微分方程的数值积分带来困难，解决的措施之一是模态截取法。

多柔体系统动力学的研究虽然取得了一些成果，但是远没有达到多刚体系统动力学的研究水平。在求解火炮多柔体系统动力学方程时常常遇到稳定性问题。解的不稳定可能是物理不稳定，也可能是数值不稳定。原因是由于多柔体系统运动微分方程往往具有高度耦合、强非线性等特点，在迭代精度、变阶、变步长的控制等方面的研究还有待深入。

3.2.2.2　基本方法

多柔体系统动力学的建模方法与多刚体系统动力学相似，也可分为绝对坐标和相对坐标两种方法，所不同的是在每种方法中均引入了有限元节点坐标或模态坐标以表示柔性体的变形。绝对坐标方法具有程式化好、编程方便的优点，但广义坐标和约束方程较多，计算工作量大，尤其对大型复杂系统，计算效率较差。相对坐标方法具有动力学方程广义坐标和约束方程少、计算效率高的优点，但是程式化较绝对坐标差。

3.2.2.3　刚柔耦合

由于轮式自行火炮结构比较复杂，包含的零部件比较多，弹丸在膛内的运动可看做是刚体与弹性体的耦合过程。当发射管和弹丸的长细比较大，材质较轻、较柔时，两者的柔性效应对于发射精度的影响就不容忽略。这时候再用一个多刚体模型来模拟一个本质上是刚柔耦合的系统时就会产生较大的误差。因此在这种情况下最好用刚柔耦合的方法来建模。

3.2.3　有限元法

有限元法把一个连续体系统离散成有限个单元,每个单元采用近似函数表示,采用"有限个单元"组成的系统来近似连续体系统。有限元法在研究构件弹性对动态响应的影响和系统结构振动问题时十分有效。采用有限元法可以分析火炮与自动武器系统的固有动态特性,武器发射过程的振动特性及主要部件的动态应力与应变结果,可深入了解武器发射过程中内部结构的微观动力学特性。有限元方法具有如下的优点:

(1) 物理概念清晰

对于力学问题,有限元法一开始就从力学角度进行简化,使初学者易于掌握和应用。

(2) 灵活性与通用性

有限差分法对于具有规则的几何特性和均匀的材料特性的问题,它的程序设计比较简单,收敛性也比有限元法好。但有限元法对于各种复杂的因素(例如复杂的几何形状,任意的边界条件,不均匀的材料特性,结构中包含杆件、板、壳等不同类型的构件等)都能灵活地加以考虑,而不会发生处理上的困难。

有限元方法是求解物理场(位移场、热场、流场、电场、磁场)问题的非常有效的数值计算方法。它最初用来求解复杂结构的应力分布,随着计算机技术的发展和有限元理论的成熟才开始广泛应用于动力学问题的求解中。有限元方法在火炮与自动武器中的应用,国外早在 20 世纪 70 年代就已经开始,国内在 80 年代后期到 90 年代才开始应用。

3.2.3.1　模型简化

火炮与自动武器系统动力学模型的简化通常从以下几个方面入手:

(1) 部件简化

根据研究的目的不同,确定哪些部件是可以忽略的,只考虑影响系统性能的部件。

(2) 结构简化

对于必须建立的部件,可对其结构进行简化。不必过分追求部件几何形体的细节部分同实际部件完全一致,只要仿真构件几何形体的质量、质心位置、惯性矩等物理特性同实际构件相同,仿真结果可视如等价。

(3) 载荷简化

武器发射过程中,载荷条件是相当复杂的,不可能完全考虑,进行载荷简化是很必要的。

(4) 系统简化

这里的系统简化是指进行模块的划分,也就是将大系统划分为若干子系统,对子系统分别进行建模。将子系统仿真过程中隐含的问题逐个排除以后,然后将各子系统的模型合并,得到整个系统的模型。在子系统的划分时,要充分考虑系统的特点,协调物理意义、独立性、动态特性和子系统间的相互关系,子系统应该具有独立的物理功能和独立性,并且要保证各个子系统之间的连接比较容易进行。

当解决一个新问题时,通常的做法是,先建立一个简化的模型,得到关于这个解的一般概念,然后再建立更详细的模型,以便进行更复杂的分析。

3.2.3.2　一般求解步骤

有限元法的一般求解的思路如下:第一步将连续体简化为由有限个单元组成的离散化模型;第二步对离散化模型求出数值解答。

3.2.4　利用 ADAMS 软件

3.2.4.1　ADAMS 软件介绍

ADAMS(Automatic Dynamic Analysis of Mechanical System)软件是美国 Mechanical Dyn-amicslnc 公司开发的机械系统动力学仿真分析软件,它使用交互式图形环境和零件库、约束库、力库,创建完全参数化的机械系统几何模型,求解器采用多刚体系统动力学理论中的拉格朗日方程方法,建立系统动力学方程,对虚拟机械系统进行静力学、运动学和动力学分析,输出位移、速度、加速度和反作用力曲线。ADAMS 软件的仿真可用于预测机械系统的性能、运动范围、碰撞检测、峰值载荷以及计算有限元的输入载荷等。

ADAMS 软件包括 3 个最基本的程序模块:ADAMS/View(基本环境)、ADAMS/Solver(求解器)和 ADAMS/PostProcessor(后处理)。另外还有一些特殊场合应用的附加程序模块,例如,ADAMS/Car(轿车模块)、ADAMS/Rail(机车模块)、ADAMS/Drive(驾驶员模块)、ADAMS/Tire(轮胎模块)、ADAMS/Linear(线性模块)、ADAMS/Flex(柔性模块)、ADAMS/Controls(控制模块)、ADAMS/FEA(有限元模块)、ADAMS/Hydraulics(液压模块)、ADAMS/Exchange(接口模块)、MechanismPro(与 Pro/E 的接口模块)、ADAMS/Animation(高速动画模块)等。

ADAMS/View 提供了一个直接面向用户的基本操作对话环境和虚拟样机分析的前处理功能,其中包括机械系统的建模和各种建模工具、模型数据的输入与编辑、与求解器和后处理等程序的自动连接、虚拟样机分析参数的设置、各种数据的输入和输出、同其他应用程序的接口等。自 ADAMS10.0 版本开始,ADAMS/View 采用了 Windows 风格的操作界面和各种操作习惯,使得 ADAMS/View10.0 版以后的程序操作界面非常友好。

ADAMS/Solver 是求解机械系统运动和动力学问题的程序。完成机械系统分析的准备工作以后,ADAMS/View 程序可以自动地调用 ADAMS/Solver 模块,求解模型的静力学、运动学或动力学问题,完成仿真分析以后再自动地返回 ADAMS/View 操作界面。因此,一般用户可以将 ADAMS/Solver 的操作视为一个黑匣子,只需熟悉 ADAMS/View 的操作,即可完成建模和整个分析过程。

3.2.4.2　一般步骤

利用 ADAMS 进行动力学仿真分析的一般步骤如图 3-1 所示。具体仿真分析过程如下:

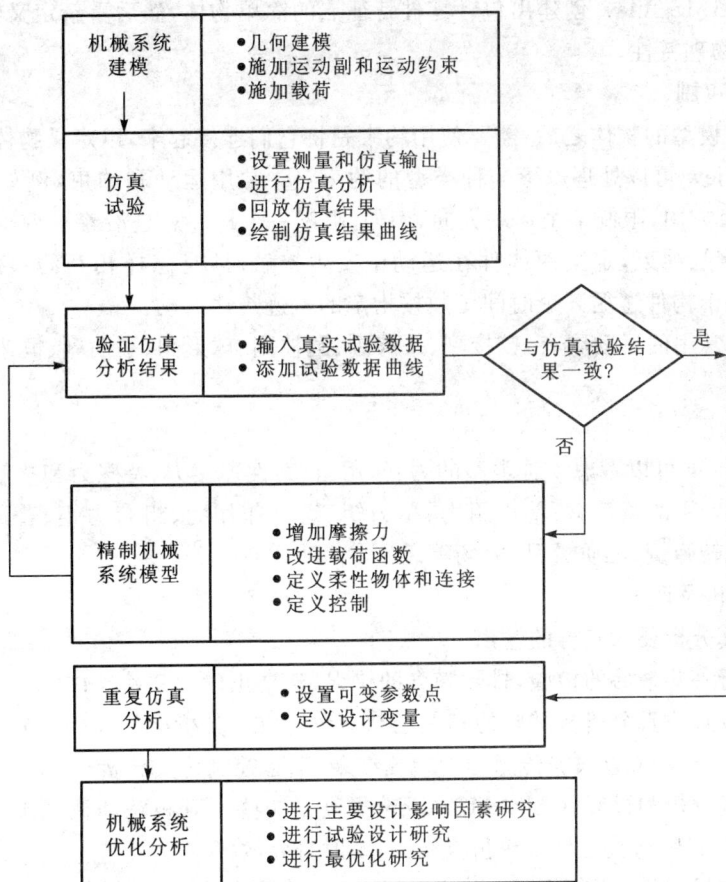

图 3-1　ADAMS 动力学仿真基本步骤

（1）设置工作环境

在 ADAMS/View 中创建模型时,首先要设置工作环境。在启动对话窗中,有两个选项栏:重力选项(Gravity)和单位选项(Units)。重力选项用于设置重力的有无及其方向;单位选项用于设置模型的单位。使用设置(Settings)菜单,可以更全面地设置模型的工作环境,如设置工作网格、单位、重力及方向、图标的大小等。

（2）创建物体

设置了工作环境以后，就可以开始创建构成模型的物体（Part）。ADAMS/View 可以产生 4 种类型的几何体：刚性形体、柔性形体、点质量体和地基形体。

ADAMS/View 提供有零件库，可以创建各种基本形状的物体。对于复杂形状的物体一种方法是使用 ADAMS/Exchange 模块从其他 CAD 软件（如 Pro/E）中输入零件模型，另一种方法是使用 ADAMS/View 创建出包含零件特征点的简单物体，然后重新定义物体的质心、质量、转动惯量等物理特性。

（3）创建约束副

创建了构成模型的物体之后，需要使用约束副将它们连接起来，以定义物体之间的相对运动。ADAMS/View 可以处理以下 4 种类型的约束：① 常用运动副约束，例如，转动副、平移副。② 指定约束方向，限制某个运动方向，例如，限制一个构件总是沿着平行于另一个构件的方向运动。③ 接触约束，定义两构件在运动中发生接触时，是怎样相互约束的。④ 约束运动，例如，规定一个构件遵循某个时间函数按指定的轨迹规律运动。

ADAMS 中常用的运动副有：铰接副、平移副、圆柱副、球形副、平面副、恒速副、螺旋副、固定副和万向副。

（4）施加载荷

ADAMS/View 可以考虑 4 种类型的力：作用力、柔性连接力、特殊力和接触力。

ADAMS 中常用的载荷有：单作用力、单力矩、组合作用力、组合力矩、普通作用力、轴套力、拉压弹簧、扭转弹簧、无质量梁、力场等。

（5）仿真分析及调试

① 确定仿真分析要求获得的输出。

② 模型进行一些最后的检验，排除隐含的错误，建立正确的初始条件。

③ 拟定和设置仿真分析和试验的有关控制参数，例如，分析类型、时间、分析步长、分析精度等。ADAMS/View 可以根据传感器的检测结果，动态控制仿真分析过程。

④ 进行仿真分析和试验。ADAMS/View 提供了一些仿真跟踪和调试工具，在进行仿真调试过程中，可以利用这些工具跟踪仿真结果，及时排除故障。

⑤ 对分析结果进行一定的管理，以便以后对仿真结果进行进一步的后处理分析。

（6）仿真结果后处理

ADAMS 仿真分析结果的后处理，可以通过调用后处理模块 ADAMS/PostProcessor 来完成。ADAMS/PostProcessor 模块，可以回放仿真结果，也可以绘制各种分析曲线。除了可以直接绘制仿真结果曲线以外，ADAMS/PostProcessor 还可以对仿真分析曲线进行一些数学和统计计算；可以输入试验数据绘制试验曲线，同仿真结果进行比较，还进行分析结果曲线图的各种编辑。

3.3　轮式自行火炮系统总体结构动力学仿真模型的建立

多刚体系统对于模拟火炮系统的某些部件的动力学和在某些条件下整个系统的动力学过程已有很高的精度。例如,对于车体运动的模拟,对于回转体和俯仰体的整体运动均有较好的精度,在发射管和弹丸有足够刚度的情况下,对发射管与弹丸的运动描述也有很好的准确度。

因此,本节采用拉格朗日方程法,以某 8×8 轮式自行火炮系统为例介绍建立其总体结构动力学仿真模型的基本过程和方法。

3.3.1　基本假设

在建模过程中,完全按照实际结构将全部细节都表现在模型中,是不可能也是不现实的,因为有些信息是很难用准确的数学模型表示的,而且模型越细,计算量越大。模型过细,每一细节上的模型误差累积到整体上就很高,反而使模型的准确度下降。因此,进行合理的模型简化是必需的,既要模型简单又要保证模型的准确度。

轮式自行火炮系统总体结构动力学仿真的主要目的是对所设计的各种总体方案进行动力学仿真,研究系统在不同的配置和系统总体布置方案下发射时的系统稳定性及动态响应。为此对系统作如下假设:

- 火炮发射时实施运动体制动。
- 车辆悬挂系统和车轮处理为线弹性和黏性阻尼系统。
- 系统所承受的主动力为后坐阻力所引起的广义力。
- 坐标按右手系确定,坐标原点在悬挂质量的质心处。

3.3.2　刚体和自由度确定

刚体和自由度数目是决定模型准确程度和复杂程度的主要因素,因此首先要根据仿真要求和基本假设确定刚体的自由度。

轮式自行火炮系统模型可用 $4+n$ 个刚体表示,即火炮后坐部分、火炮起落部分(去掉后坐部分)、炮塔、车体和 n 个车轮。

系统可用 $9+n$ 个自由度来表示,即后坐部分沿摇架的直线运动、起落部分绕耳轴的转动、炮塔绕回转中心轴的转动、车体沿三个坐标轴方向的平动、车体绕三个坐标轴的转动和 n 个车轮的垂直振动。

3.3.3　模型简化

基于以上假设,系统的物理模型可简化为图 3-2。

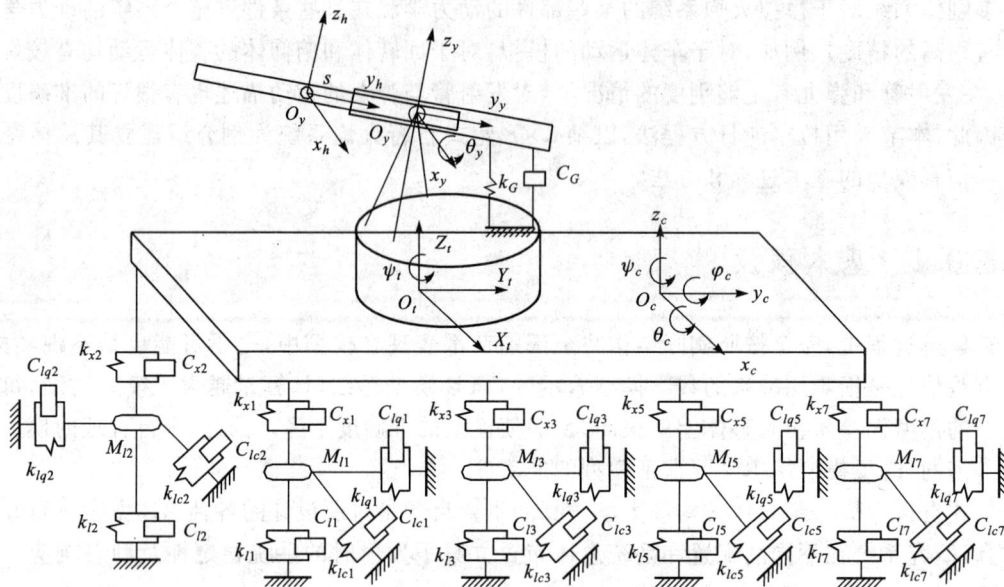

图 3-2　轮式自行火炮系统简化模型

图中,M 为等效质量,k 为等效刚度,C 为等效阻尼。各符号的意义为:

M_y、M_t、M_c、M_{li} 分别为起落部分、炮塔、车体部分和第 i 个车轮的质量。

k_G、k_F、k_{ci} 分别为高低机、方向机和悬挂系统的等效刚度。

C_G、C_F、C_{ci} 分别为高低机、方向机和悬挂系统的等效阻尼。

k_{li}、k_{lci}、k_{lqi} 分别为车轮轮胎的垂向、侧向和前向的等效刚度。

C_{li}、C_{lci}、C_{lqi} 分别为车轮轮胎的垂向、侧向和前向的等效阻尼。

θ_{y0} 、ψ_{t0} 分别为火炮发射时的高低角和方向角。

s 为后坐复进位移。

$z_{l1} \sim z_{l8}$ 分别为 8 个车轮的垂直振动位移。

x_c、y_c、z_c 分别为车体沿其三个坐标轴方向的位移。

θ_c 、φ_c 、ψ_c 分别为车体绕其三个坐标轴方向的转角。

ψ_t 为炮塔绕回转轴的转角。

θ_y 为起落部分绕耳轴的转角。

3.3.4 坐标系建立和坐标转换

3.3.4.1 坐标系建立

① 建立惯性坐标系 $OXYZ$，O 点为发射前车体质心，OY 轴水平指向车尾，OZ 轴铅垂向上，OX 轴由右手正交系确定。

② 车体固连坐标系为 $O_cX_cY_cZ_c$，射前车体固连坐标系与绝对坐标系重合。

③ 炮塔固连坐标系为 $O_tX_tY_tZ_t$，O_t 为炮塔质心，O_tY_t 指向射击负向，O_tZ_t 平行于炮塔回转轴，O_tX_t 由右手正交系确定。

④ 起落部分固连坐标系为 $O_yX_yY_yZ_y$，O_y 点为起落部分质心，O_yY_y 轴水平指向车尾，O_yZ_y 位于射面内垂直于 O_yY_y，O_yX_y 由右手正交系确定。

⑤ 各车轮固连坐标系为 $O_iX_iY_iZ_i$，O_i 为车轮和悬挂部分的质心。

⑥ 后坐部分固连坐标系为 $O_hX_hY_hZ_h$，O_h 点为后坐部分质心，O_hY_h 轴沿后坐方向，O_hZ_h 轴在射面内垂直 O_hY_h 轴向上，O_hX_h 轴由右手正交系确定。

3.3.4.2 坐标转换

图 3-3 所示为坐标系转换关系图。
其中坐标值为:

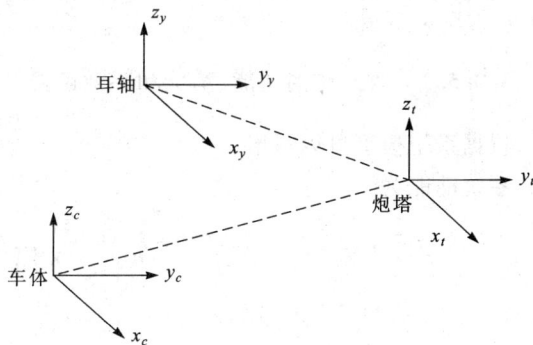

图 3-3　坐标系转换关系图

$$x_t = x_c + R_{tc}\cos\theta_0(\theta_c + \varphi_c) \tag{3-1}$$

$$y_t = y_c - R_{tc}\cos\theta_0 - R_{tc}\sin\theta_0\theta_c \tag{3-2}$$

$$z_t = z_c - R_{tc}\cos\theta_{c0}\theta_c + R_{tc}\sin\theta_{c0} \tag{3-3}$$

$$x_y = x_t + R_{yt}\cos\theta_{t0}\sin\psi_{t0} - R_{yt}\cos\theta_{t0}\cos\psi_{t0}(\theta_c + \psi_t) \tag{3-4}$$

$$y_y = y_t + R_{yt}\cos\theta_{t0}\sin\psi_{t0}(\phi_c + \psi_t) + R_{yt}\cos\theta_{t0}\cos\psi_{t0} - R_{yt}\sin\psi_{t0}\theta_c \tag{3-5}$$

$$z_y = z_t + R_{yt}\cos\theta_{t0}\cos\varphi_{t0}\theta_c + R_{yt}\sin\varphi_{t0} \tag{3-6}$$

式中

$$\theta_{t0} = \arctan\frac{R_{ytz}}{R_{yty}} \tag{3-7}$$

$$\theta_{c0} = \arctan\frac{R_{tcz}}{R_{tcy}} \tag{3-8}$$

$$R_{yt} = \sqrt{R_{ytz}^2 + R_{yty}^2 + R_{ytx}^2} \tag{3-9}$$

$$R_{tc} = \sqrt{R_{tcy}^2 + R_{tcz}^2 + R_{tcx}^2} \qquad (3-10)$$

3.3.5 建立动力学方程组

3.3.5.1 拉格朗日方程

系统的运动方程组可以用多种力学方法建立。拉格朗日方程法是其中较为常用的一种，它在解决复杂的非自由系的动力学问题时，往往要比其他的动力学普遍方程简便得多。由哈密尔顿原理所导出的拉格朗日方程如下式所示：

$$\frac{d}{dt}\left(\frac{\partial T}{\partial \dot{q}_i}\right) - \frac{\partial T}{\partial q_i} + \frac{\partial V}{\partial q_i} + \frac{\partial \Phi}{\partial \dot{q}_i} = Q_i \qquad (3-11)$$

式中，T 为系统的动能，V 为系统的势能，Φ 为系统的耗散函数，Q_i 为系统的广义作用力，q_i 为广义变量。

3.3.5.2 求系统的动能、势能和耗散函数

根据系统模型可以写出：

系统动能为

$$\begin{aligned}
T =& \frac{1}{2}M_h \dot{s}_h^2 + \frac{1}{2}I_{hx}(\dot{\theta}_y + \dot{\theta}_c)^2 + \frac{1}{2}I_{hz}(\dot{\psi}_t + \dot{\psi}_c)^2 + \frac{1}{2}I_{hy}\dot{\varphi}_c^2 + \\
& \frac{1}{2}M_y(\dot{x}_y^2 + \dot{y}_y^2 + \dot{z}_y^2) + \frac{1}{2}I_{yx}(\dot{\theta}_y + \dot{\theta}_c)^2 + \frac{1}{2}I_{yz}(\dot{\psi}_t + \dot{\psi}_c)^2 + \\
& \frac{1}{2}I_{yy}\dot{\varphi}_c^2 + \frac{1}{2}M_t(\dot{x}_t^2 + \dot{y}_t^2 + \dot{z}_t^2) + \frac{1}{2}I_{tx}\dot{\theta}_c^2 + \frac{1}{2}I_{tz}(\dot{\psi}_t + \dot{\psi}_c)^2 + \\
& \frac{1}{2}I_{ty}\dot{\varphi}_c^2 + \frac{1}{2}M_c(\dot{x}_c^2 + \dot{y}_c^2 + \dot{z}_c^2) + \frac{1}{2}I_{cx}\dot{\theta}_c^2 + \frac{1}{2}I_{cy}\dot{\varphi}_c^2 + \frac{1}{2}I_{cz}\dot{\psi}_c^2
\end{aligned} \qquad (3-12)$$

系统势能（因除后坐位移外其他位移较小，这里只计后坐部分重力势能）为

$$\begin{aligned}
V =& \frac{1}{2}K_G(\theta_y - \theta_c)^2 + \frac{1}{2}K_F(\psi_t - \varphi_c)^2 + \frac{1}{2}\sum_{i=1}^{8}k_{xi}(z_c + y_{xi}\theta_c - z_{li})^2 + \frac{1}{2}\sum_{i=1}^{8}k_{li}z_{li}^2 + \\
& \frac{1}{2}\sum_{i=1}^{8}k_{lci}(x_c - y_{xi}\varphi_c)^2 + \frac{1}{2}\sum_{i=1}^{8}k_{lqi}(y_c + x_{xi}\theta_c)^2 + M_h g s \cos(\theta_c + \theta_y)
\end{aligned} \qquad (3-13)$$

系统耗散函数为

$$\begin{aligned}
\Phi =& \frac{1}{2}C_G(\dot{\theta}_y - \dot{\theta}_c)^2 + \frac{1}{2}C_G(\dot{\psi}_t - \dot{\varphi}_c)^2 + \frac{1}{2}\sum_{i=1}^{8}c_{xi}(\dot{z}_c + y_{xi}\dot{\theta}_c - x_{xi}\dot{\varphi}_c - \dot{z}_{li})^2 + \\
& \frac{1}{2}\sum_{i=1}^{8}c_{li}\dot{z}_i^2 + \frac{1}{2}\sum_{i=1}^{8}c_{lci}(\dot{x}_c - y_{xi}\dot{\varphi}_c)^2 + \frac{1}{2}\sum_{i=1}^{8}c_{lqi}(\dot{y}_c + x_{xi}\dot{\varphi}_c)^2
\end{aligned} \qquad (3-14)$$

其中，I_{hx}、I_{hy}、I_{hz}——后坐部分对质心坐标系 x 轴、y 轴、z 轴的转动惯量；

　　　　I_{yx}、I_{yy}、I_{yz}——起落部分对质心坐标系 x 轴、y 轴、z 轴的转动惯量；

　　　　I_{tx}、I_{ty}、I_{tz}——炮塔总成对其质心坐标系 x 轴、y 轴、z 轴的转动惯量；

　　　　I_{cx}、I_{cy}、I_{cz}——车体对其质心坐标系 x 轴、y 轴、z 轴的转动惯量；

　　　　M_h——后坐部分质量。

3.3.6　载荷确定

广义力 Q_1 可用后坐运动方程来求。

$$Q_1 = P_{pt} - R \tag{3-15}$$

其中

$$R = F_f + F_{环} + F\mathrm{sgn}(\dot{s}) + f(\,|\,N_1\,|\,+\,|\,N_2\,|\,)\mathrm{sgn}(\dot{s}) - M_h g \sin(\theta_c + \theta_y) \tag{3-16}$$

　　因为在求广义力时又引入了两个未知数 N_1 和 N_2，所以需加两个补充方程。取后坐部分为研究对象，建立其垂直于炮膛轴线方向的力平衡方程和绕后坐部分质心的力矩平衡方程。

$$M_h g \cos(\theta_c + \theta_y) - N_1 - N_2 - M_h \ddot{y} \cos(\psi_c + \psi_t) \sin(\theta_c + \theta_y) -$$

$$M_h \ddot{z} \cos(\psi_c + \psi_t) \cos(\theta_c + \theta_y) = 0 \tag{3-17}$$

$$I_h \ddot{\theta}_y = P_{pt} e - N_1 x_1 - N_2 x_2 + Q_{fhz} C \tag{3-18}$$

　　其中，x_1、x_2 是 N_1 和 N_2 作用线到后坐部分质心的距离，Q_{fhz} 为反后坐装置总阻力，C 为反后坐装置总阻力作用线与后坐部分质心的距离（随反后坐装置布置不同，Q_{fhz}、C 应有不同形式）。联立可得 N_1 和 N_2。

　　其他广义力为后坐阻力 R 的函数。

3.3.7　动力学方程的建立

　　根据所求出的动能、势能和耗散函数，分别按(3-11)式要求求出各偏导和导数项，再结合各坐标系转换关系，消去非独立变量，并将求得的广义力代入，就可得到一组微分方程，这就是系统的动力学方程。其中的变量为 s、θ_y、ψ_t、θ_c、φ_c、ψ_c、x_c、y_c、z_c 和 $z_{l1} \sim z_{l8}$，共 17 个变量。

　　对于 ψ_c、x_c 和 y_c 三个自由度，当后坐阻力在 x、y 两方向的分力大于地面对车轮的摩擦力时车体将出现滑动，此时可认为 k_{lci}，k_{lqi}，c_{lci}，c_{lqi} 为零，系统在此自由度上无约束。

　　系统运动方程组也可简写为矩阵形式，有

$$[M]\{\ddot{X}\} + [C]\{\dot{X}\} + [K]\{X\} = \{Q\} \tag{3-19}$$

其中 $[M]$ 为质量矩阵，$[K]$ 为刚度矩阵，$[C]$ 为阻尼矩阵，$[Q]$ 为广义力矩阵，$\{X\}$ 为广义坐标。

$$\{X\} = \begin{bmatrix} s & \theta_y & \psi_t & \theta_c & \varphi_c & \psi_c & x_c & y_c & z_c & z_{l1} & z_{l2} & z_{l3} & z_{l4} & z_{l5} & z_{l6} & z_{l7} & z_{l8} \end{bmatrix}^T$$

$$(3-20)$$

3.3.8　几种轮式自行火炮系统总体结构动力学仿真模型

3.3.8.1　某 6×6 轮式突击炮总体结构动力学仿真模型

图 3-4 为某 6×6 轮式突击炮总体结构图。

① 车体与悬挂装置弹性连接,具有六个运动自由度,分别用车体固连基原点在惯性坐标系中的三个坐标和车体固连基相对惯性基的三个卡尔登角表示。

② 炮塔与车体的联结简化为万向节,因此炮塔相对车体具有两个转动自由度。

③ 摇架与炮塔的联结简化为圆柱铰,故摇架相对炮塔具有一个转动自由度。

④ 后坐的后半部(达到最大后坐时摇架前箍以后的后坐部分)与摇架的联结简化

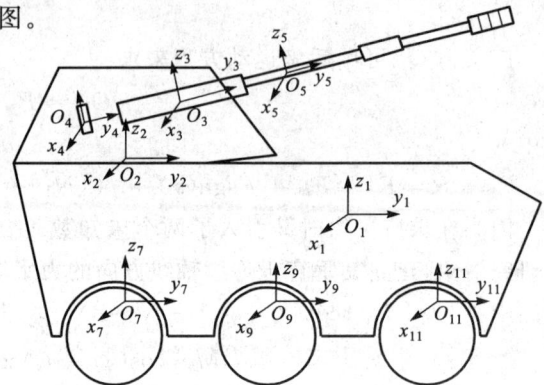

图 3-4　某 6×6 突击炮总体结构图

为滑移铰,后坐后半部相对摇架沿炮膛轴线方向做直线的后坐复进运动。

⑤ 后坐的前半部与后坐的后半部固连,取前半部的前 4 阶模态坐标为变形自由度。

⑥ 各负重轮与车体的联结简化为圆柱铰,因此各负重轮相对车体绕 O 转动。

因此,本动力学模型共有 20 个运动自由度。

3.3.8.2　某 6×6 轮式自行榴弹炮总体结构动力学仿真模型

图 3-5 所示为某 6×6 轮式自行榴弹炮总体结构动力学仿真图。

① 火炮发射时实施运动体制动。

② 系统模型用 9 个刚体表示,即火炮起落部分、炮塔、车体和 6 个车轮。系统可用 14 个自由度来表示,即起落部分绕耳轴的转动、炮塔绕回转中心轴的转动、车体沿三个坐标轴方向的平动、车体绕三个坐标轴的转动和 6 个车轮的垂直振动。

③ 车辆悬挂系统和车轮处理为线弹性和黏性阻尼系统。

④ 系统所承受的主动力为后坐阻力所引起的广义力。

⑤ 坐标按右手系确定,坐标原点在各刚体的质心处。

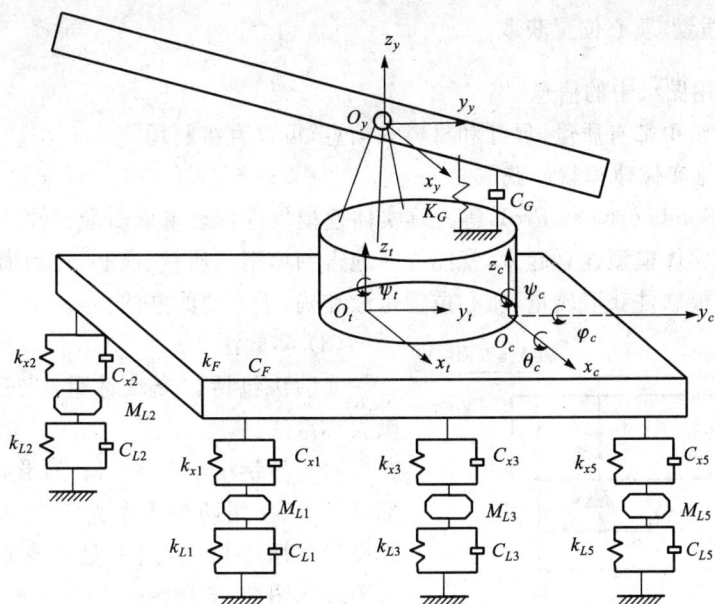

图 3－5　某 6×6 轮式自行榴弹炮总体结构动力学仿真模型

3.3.8.3　8×8 轮式自行榴弹炮总体结构动力学仿真模型

8×8 轮式自行榴弹炮总体结构动力学仿真模型参见 3.3.3。

3.4　轮式自行火炮系统总体结构
动力学仿真模型参数的获取

影响轮式自行火炮系统总体结构动力学仿真模型准确度的另一主要因素就是模型参数的准确性。一个好的仿真模型没有准确、完整的模型参数数据,仿真结果不可能正确,也不可能为工程实际提供有效参考。

3.4.1　模型物理参数获取

模型物理参数指在建立几何模型、确定构件间连接约束关系时所需要的参数,包括构件的尺寸、质量、质心、转动惯量、刚度系数、阻尼系数等。模型物理参数获取主要通过实际图纸和实体模型获取,也可用实验的方法得到。

3.4.1.1 质量、质心位置获取

（1）直接利用图纸中的信息

一般工程图纸中都有质量、尺寸和材料等信息，可以直接利用。

（2）利用三维实体建模软件获取

AutoCAD、Solidworks 和 ProE 等三维实体建模软件都有求取质量特性的功能，只要按照实际结构把三维实体模型建立起来，就能方便地得到模型的质量、质心、转动惯量等数据，所以利用三维实体建模软件获取质量、质心位置是最准确、最方便的办法。

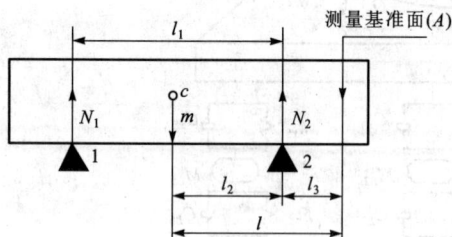

图 3-6　二支点称重法原理图

（3）实验法

实验法包括二支点称重法、三支点称重法和倾斜称重法。

对于质量小于 1 000 kg 的形状较为规则的零部件，可以使用两台质量大于 500 kg 的磅秤测量其质量及质心位置，这就是二支点称重法。其测试原理如图 3-6 所示。

所测试件质量为

$$m = N_1 + N_2 \tag{3-21}$$

质心位置为

$$l = \frac{l_1 N_1}{m} + l_3 \tag{3-22}$$

式中　N_1、N_2 ——分别为 1、2 号磅秤称得的净质量读数，kg；

l_1 ——1、2 号磅秤承力支点间的距离，m；

l_2 ——质心 c 到 2 号磅秤承力支点间的距离，m；

l_3 ——2 号磅秤承力支点到测量基准面之间的距离，m；当测量基准面在支撑支点右侧时取正值，反之取负值。

l ——质心 c 到测量基准面之间的距离，m。

当测得一个方向的质心位置后，将试件转动 90°。用同样方法可测得其他方向的质心位置。

对于体积较大，形状较复杂的火炮部件或组件，无法使用磅秤称重时，可采用三支点称重法，用三个拉压力传感器测量三个支撑点的力，然后按图 3-7 的原理计算出质量和质心位置。

所测试件质量为

$$m = N_1 + N_2 + N_3 \tag{3-23}$$

质心位置为

$$x_c = h_2 + h_3 - \frac{N_2 h_2}{m} \tag{3-24}$$

$$y_c = \frac{N_2 l_2 + N_3 l_3}{m} + l_4 \qquad (3-25)$$

对于形状非常复杂的零部件,无法用上述两种方法求得质心位置时,可用倾斜称重法求得某方向上的质心位置。

具体测试时,首先用二支点称重法或三支点称重法测出质心位置距某一支点的水平距离 l_{Hc},然后将另一支点垫高,使部件倾斜一定的角度 α。测量倾斜状态下质心位置在原测量基准面上的投影距离 l_1。由两次测量的质心位置和倾斜角即可求出垂直方向上的质心位置。其原理如图 3-8 所示。

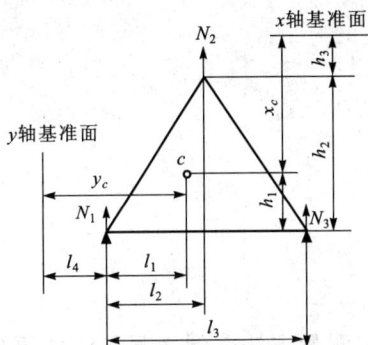

图 3-7　三支点称重法原理图　　　　　　　　　图 3-8　倾斜称重法原理图

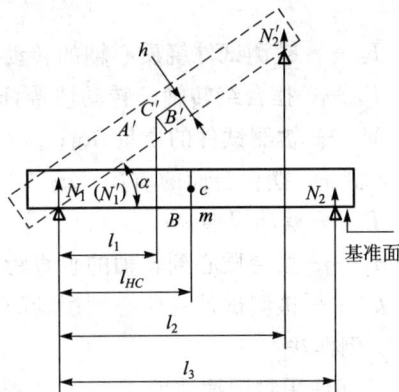

水平距离和投影距离的求解如下:

$$l_{HC} = l_3 N_2 / m \qquad (3-26)$$

$$l_1 = l_2 N_2' / m \qquad (3-27)$$

垂直方向质心位置为

$$h = \left(l_3 N_2 - \frac{l_3 N_2'}{\cos\alpha} \right) \cdot \frac{\cos\alpha}{m} \qquad (3-28)$$

式中　α——倾斜角,(°);

　　　h ——质心位置距下基准面的垂直高度,m;

　　　N_1、N_2 ——二支点在水平状态下测得的质量,kg;

　　　N_1'、N_2' ——二支点在倾斜状态下测得的质量,kg。

3.4.1.2　转动惯量获取

转动惯量无法从二维图纸得到,只能利用三维实体建模软件或实验的方法获取。

(1)利用三维实体建模软件获取(同 3.4.1.1)

（2）物理摆测试方法

物理摆测试方法的原理如图 3-9 所示。

实际测量时，首先给物理摆一定的初始角位移，然后释放，使物理摆绕摆轴支点摆动。摆动周期 T 可用安装在摆台台面上的高灵敏度伺服式加速度传感器测得。也可以使用光电通断记数方法测得。

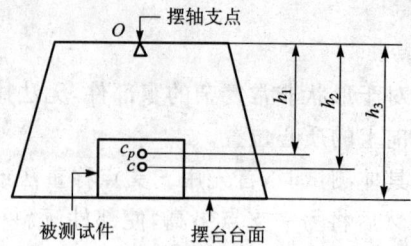

图 3-9　物理摆测试原理图

$$J_c = \frac{T^2 (h_1 m_p + h_2 m) g}{4\pi^2} - m h_2^2 - J_p \qquad (3-29)$$

式中　J_c ——被测试件绕质心轴的转动惯量，$\mathrm{kg \cdot m^2}$；

$\quad\quad\ J_p$ ——摆台绕转轴的转动惯量，$\mathrm{kg \cdot m^2}$；

$\quad\quad\ M$ ——被测试件的质量，kg；

$\quad\quad\ m_p$ ——摆台台面的质量，kg；

$\quad\quad\ T$ ——摆动周期，s；

$\quad\quad\ h_1$ ——摆台质心到转轴的垂直距离，m；

$\quad\quad\ h_2$ ——被测试件的质心到摆轴的垂直距离，m。

（3）倒摆法

有些部件用物理摆法测量很不方便，可以采用倒摆测量方法。倒摆测量法的原理如图 3-10 所示。测试时，将试件放置到钢管上，两边用弹簧托住试件。在试件一端加力使试件有一定的初始角位移，然后释放，使试件沿钢管上沿摆动。如果试件不好直接放置，可将试件放置到一标准板块上，用弹簧托住标准板块。同样可用高灵敏度伺服式加速度传感器测量出摆动周期。

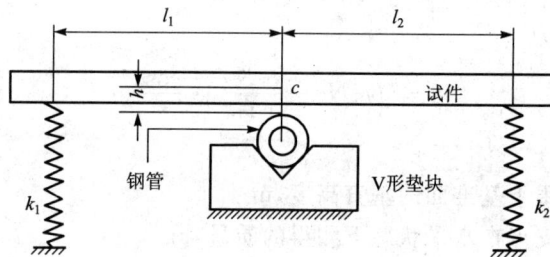

图 3-10　倒摆测试原理图

$$J = \frac{T}{4\pi^2} (k_1 l_1^2 + k_2 l_2^2 - mgh) - m h^2 \qquad (3-30)$$

式中　T ——摆动周期，s；

$\quad\quad\ m$ ——被测试件的质量，kg；

h——被测试件质心到钢管上沿的垂直距离,m;

l_1 ——被测试件至左托承试件距离,m;

l_2 ——被测试件至右托承试件距离,m;

k_1、k_2 ——托承试件所用的弹簧刚度,N/m。

（4）三线摆装置测试方法

三线摆测试原理如图 3-11 所示。

用三根等直径、等长度的平行绳或者钢丝将被测试件悬挂在一个平面内,三根平行绳与被测试件连接点所组成的外接圆的圆心与被测试件的质心重合（质心必须事先测出）。当试件绕圆心作小角度微摆动时,就构成了一个三线摆。测得三线摆的摆动周期 T,测量出三根绳的长度 l 以及绳子与试件连接点到圆心的距离 R,就可以按下式求出试件绕过质心垂直轴的转动惯量。

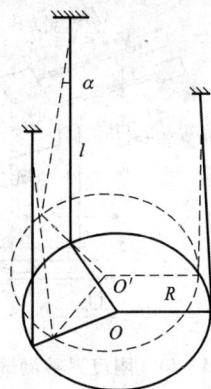

图 3-11　三线摆测试原理图

$$J = \frac{R^2 T^2 mg}{4\pi^2 l} \qquad (3-31)$$

式中　J——被测试件绕过 O 点（质心）垂直轴的转动惯量,kg·m²;

m——被测试件的质量,kg;

l——三线摆摆长,m;

R——三个连接点外接圆的半径,m;

T——测得的摆的摆动周期,s。

3.4.1.3　刚度系数获取

（1）利用刚度示意图

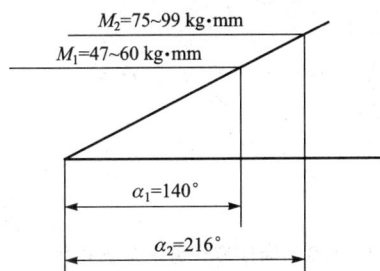

图 3-12　击锤簧刚度示意图

通常在二维工程图中,不会直接标出刚度系数,而是画出刚度示意图（力－位移或力矩－角度曲线）,可以通过计算得到大致的刚度系数。

如图 3-12 为某击锤簧刚度示意图,M_1、α_1 是扭簧初始状态下的力矩和角度值,M_2、α_2 对应某个状态下的力矩和角度值。取各项参数的平均值,通过下面的公式得到击锤簧的刚度估计值。

$$k = \frac{M_2 - M_1}{\alpha_2 - \alpha_1} \qquad (3-32)$$

（2）实验获取方法

图 3-13 为火炮高低机刚度系数的测试原理图。

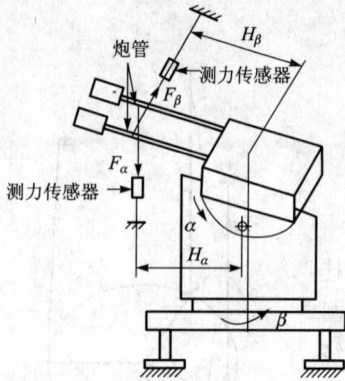

图 3-13 刚度系数测试原理图

用钢丝绳（中间加接一个测力传感器）系在炮管上，测出作用力点到高低机回转中心的水平距离 H_α 以及摇架的角位移 α，即可用下式求出高低机的刚度系数。

$$k_\alpha = \frac{H_\alpha F_\alpha}{\alpha} \tag{3-33}$$

式中 F_α ——由测力传感器通过测试系统测得的力值，N；

H_α ——作用力点到高低机回转中心的水平距离，m；

α ——转角，(°)。

同理在炮管侧向系上钢丝绳，中间加上测力传感器，测出作用力点到回转中心的距离 H_β 及转角 β，即可求得回转体的角刚度系数 k_β。

$$k_\beta = \frac{H_\beta F_\beta}{\beta} \tag{3-34}$$

式中 F_β ——由测力传感器通过测试系统测得的力值，N；

H_β ——作用力点到回转体回转中心的水平距离，m；

β ——转角，(°)。

武器各部件刚度系数的测试原理非常简单。关键的问题是如何实施加力方案和测量变位参数。加力方案一般用标准质量块加载法或卷扬机加载法。变位测量一般用电涡流位移传感器、电容式位移传感器进行测量。

3.4.1.4 阻尼比获取

阻尼比通常是通过实验方法来获取的。阻尼比的测量分为自由振动法和强迫振动法两种。

（1）自由振动法

在构件的前端分别沿垂直方向或侧向施加一作用力，然后突然释放。或者用冲击锤沿垂直方向或侧向敲击构件前端部，使构件在俯仰方向或侧向产生一种衰减振动。用加速度传感器测出该衰减波形，波形如图 3-14 所示。

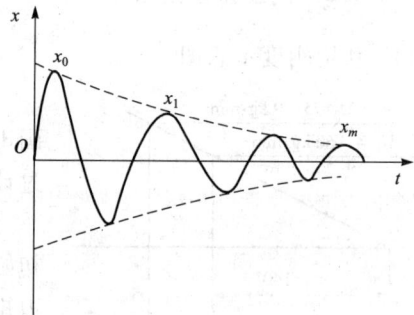

图 3-14 实测加速度衰减振动波形图

可按下式求出阻尼。

$$\frac{2\pi m\xi}{\sqrt{1-\xi^2}} = \ln\frac{x_0}{x_m} \tag{3-35}$$

当 ξ 很小时，可改写为下式

$$\xi = \frac{1}{2\pi m} \times \ln \frac{x_0}{x_m} \qquad (3-36)$$

式中　x_0——初始振动的最大振幅值；

　　　m——衰减振动的周期数；

　　　x_m——第 m 个周期的振幅值。

当阻尼比较大时，衰减曲线呈一次性衰减振荡，此时可取 $m=1/2$，即可取半个周期的振幅，可按下式求得阻尼比。

$$\frac{\pi \xi}{\sqrt{1-\xi^2}} = \ln \frac{x_0}{x_m} \qquad (3-37)$$

不考虑二次项，则有下面的近似计算式。

$$\xi = \frac{1}{\pi} \ln \frac{x_0}{x_m} \qquad (3-38)$$

（2）强迫振动法

对武器部件或整体进行稳态强迫振动，可以用下述三种方法求出阻尼比。第一种方法是利用幅频曲线求出阻尼比；第二种方法是从能量关系求出阻尼比；第三种方法是按照激振力与位移响应之间的相位差角计算出阻尼比。下面介绍第一种方法。

阻尼对共振峰的影响非常大，可以从共振峰的特性反过来求取阻尼比。当采用位移共振峰时，求取阻尼比的计算公式为

$$\frac{2\pi m \xi}{\sqrt{1-\xi^2}} = \frac{\pi}{\sqrt{3}} \times \frac{\omega_2 - \omega_1}{\omega_0} \qquad (3-39)$$

当 ξ 很小时，可改写为下式

$$\xi = \frac{1}{2\sqrt{3}} \times \frac{\omega_2 - \omega_1}{\omega_0} \qquad (3-40)$$

式中　ω_0——对应于最大振幅处的频率；

　　　ω_1 和 ω_2——相应于最大振幅一半处的两个频率值，并且 $\omega_1 < \omega_0 < \omega_2$。

此外，也可以用加速度共振峰计算出阻尼比。实际使用时，可根据所选择的测试分析系统灵活应用。

3.4.2　模型载荷参数获取

火炮动力学仿真的模型载荷主要是指膛内火药燃气产生的压力和其他相关阻力。一般通过理论计算（内弹道计算或后坐运动分析计算等）得到理论值（关于理论计算的方法和过程可参考火炮专业的相关教材），或通过实弹射击试验测得实测值。

射击试验中的压力测量主要是膛内压力测量、导气装置中气体压力的测量以及炮口冲击

波压力的测量。根据不同测量要求可以采用不同的传感器。常用的压力传感器有铜柱(球)测压器、应变式测压传感器、压电测压传感器、冲击波测压传感器和电子测压弹等(这部分内容可参考火炮测试方面的资料)。

3.4.3 模型运动参数获取

轮式自行火炮各机构运动过程中,有些机构的运动轨迹和运动特性是要受到限制的,因此模型的运动参数是必不可少的。各构件的运动参数包括位移、速度和加速度等。

常用的运动参数有弹丸速度、自动机运动诸元。

弹丸速度测定一般采用测试仪、区截装置(网靶、线圈靶、声靶、光电靶、短路靶和天幕靶)。自动机运动诸元包括自动机机构的位移、速度等,常用感应测速传感器测量。这些参数的测量方法可参考测试技术和火炮现代实验技术方面的资料。

3.4.4 模型验证参数获取

由于建模和分析过程中的假设和简化,模型和实际结构之间必定存在差别,会造成模型误差,因此需要利用实验等手段进行模型验证,从而修正和完善仿真模型。模型验证参数获取是为修改和验证动力学仿真模型提供实验数据。主要包括结构振动参数和射击精度测量相关参数。这部分内容也不作详细介绍,可参考测试方面的资料。

3.5 轮式自行火炮系统总体结构动力学仿真

3.5.1 动力学方程组求解

在建立了动力学仿真模型后,可用 MATLAB 语言等进行编程计算。只要按照前述方法进行建模就可得到动力学方程组。

求解微分方程 $[M]\{\ddot{X}\}+[C]\{\dot{X}\}+[K]\{X\}=\{Q\}$ 有多种方法,可以用龙格库塔法通过数值求解,求得各广义坐标、后坐阻力、N_1 和 N_2 等。

3.5.2 算例

根据以上模型和仿真方法对某轮式自行火炮进行动力学仿真,部分仿真曲线如图 3-15

所示。

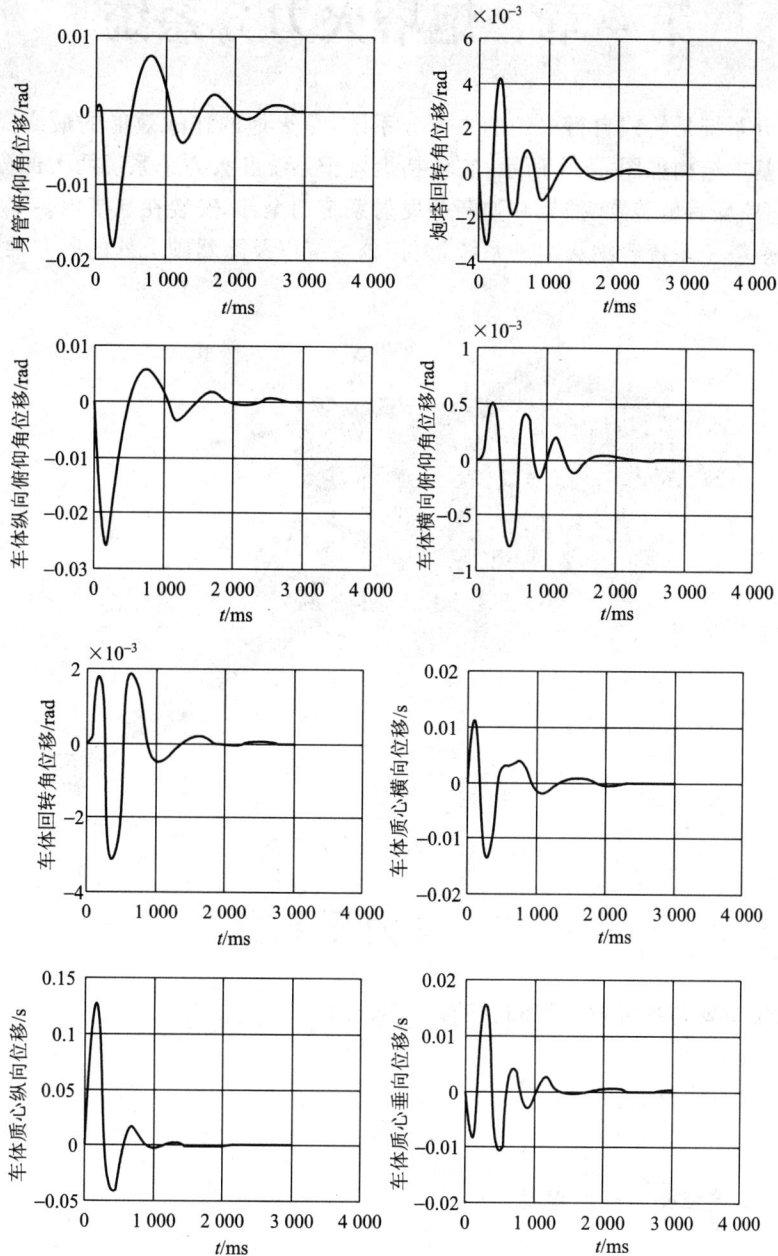

图 3 - 15　某轮式自行火炮动力学仿真部分仿真曲线

第4章 炮塔火力分系统

炮塔火力分系统是轮式自行火炮的主要分系统,是火炮的作战效能的最终实现者。炮塔火力分系统的基本结构如图4-1所示,它包括炮塔子系统和火力子系统两大部分。火力子系统主要包括炮身、反后坐装置、摇架和弹药等发射系统的全部,安装在炮塔内,一般可整体从炮塔前部吊装。炮塔子系统容纳火力子系统、火控分系统以及除驾驶员外的所有乘员,是战斗舱的主要部分。

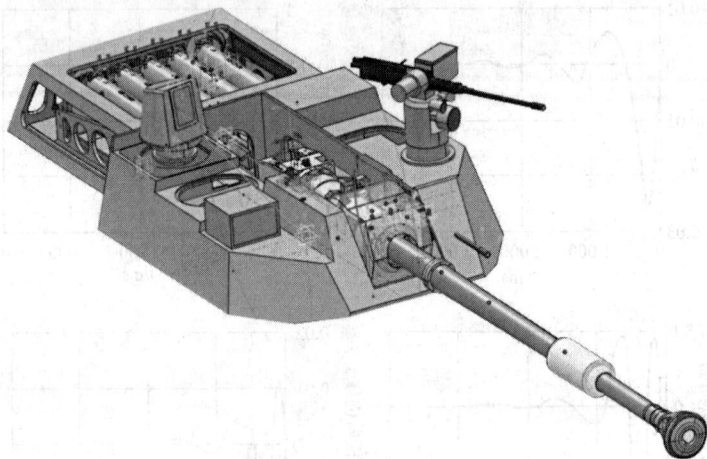

图 4-1 炮塔火力分系统

4.1 火力子系统

火力子系统主要包括发射系统和弹药两大部分。

4.1.1 发射系统

4.1.1.1 主要结构和参数确定

(1) 后坐长

通过第二章的分析已经知道,火炮的后坐长的大小直接影响着火炮的后坐阻力和火炮总体结构尺寸,从而影响全炮的总体方案。因此,后坐长是火力部分设计首先要确定的参数。

一般来说,突击类武器如轮式自行突击炮等用于一线作战,其后坐长在 400～700 mm 之间,而中大口径榴弹炮的后坐长在 700～900 mm 之间。

（2）炮口制退器效率

炮口制退器效率也是影响火炮的后坐阻力和火炮总体结构尺寸的主要参数,目前一般在40％左右。下一步可以通过独特的结构设计,在炮口冲击波和噪声满足国军标要求的前提下,大幅度提高火炮的炮口制退器效率;也可应用轻质材料并经整体成型等工艺制造炮口制退器以减轻其质量。

（3）反后坐装置布置方式

由于自行火炮的炮塔内部空间一般都比较紧张,所以炮塔内的零部件尽量要小,而且自行火炮都有三防的要求,因此,自行火炮的反后坐装置一般采用杆后坐,这样只有驻退杆和复进杆在炮塔内后坐复进,占用空间小,而且也便于密封炮塔,保证三防要求。

（4）摇架式

摇架有筒型、槽型和混合型三种。其中,筒型摇架结构紧凑、体积小,被多数自行火炮所采用,而且采用筒型摇架也便于密封炮塔。

4.1.1.2　部件结构

火力部分一般结构如图 4-2 所示,主要由炮身、摇架、反后坐装置、高低机、自动装填机等部分组成。火力系统可以整体从炮塔前边的开口抽出来,便于战场维修和保养。

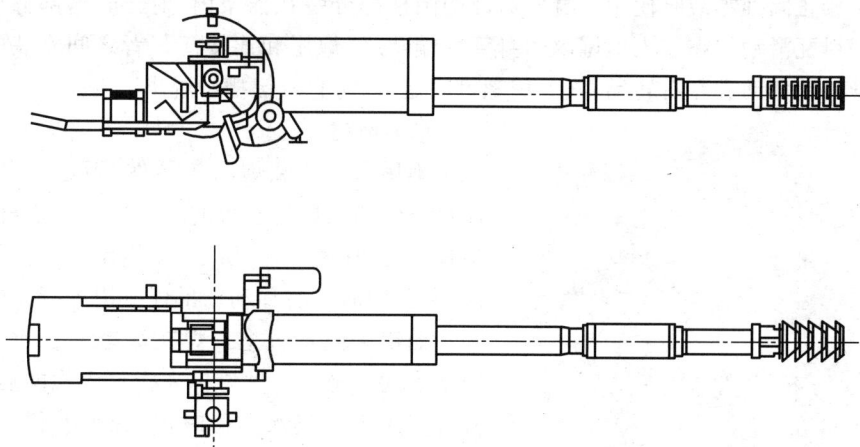

图 4-2　火力系统结构图

1. 炮身

1）功用

在火药气体的作用下,赋予弹丸一定的运动速度和飞行方向。

2) 构造

炮身主要的组成零件是身管、炮尾和炮闩,有的还有炮口制退器、抽气装置和热护套,如图 4-3 所示。

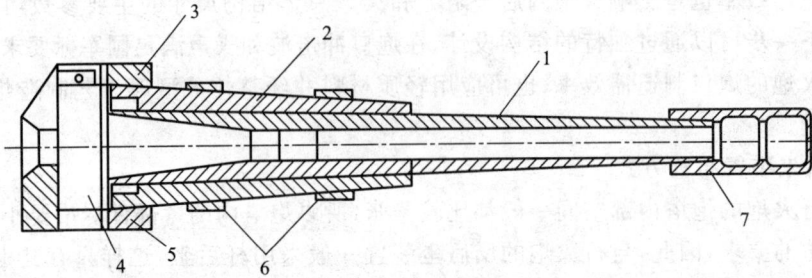

图 4-3　炮身的组成

1—身管;2—被筒;3—制转键;4—闩体;5—炮尾;6—导箍;7—炮口制退器

(1) 身管

身管是炮身的主要零件,发射时承受高压火药气体的作用。

身管一般采用高强度钢、内腔表面镀铬方法制造,有些要采用自紧工艺处理,发射寿命大于 500 发。身管内分为药室部、坡膛部和膛线部(或直膛部)三部分。药室部用于装填炮弹,坡膛部用于保证弹丸定位准确,直膛用于赋予弹丸速度和方向。身管前端面(即炮口)上刻制的十字线用于校正瞄准零线时使用。身管后部的圆柱部分装在摇架内,射击时这部分可以沿着摇架内青铜衬瓦滑动。在装入炮尾内的身管后端凸缘、炮尾和连接筒三者之间安装的平键用于防止身管前后移动和左右转动,该键用螺钉固定,以防它从键槽中脱出。

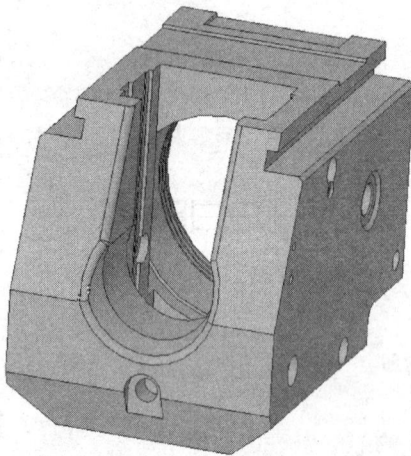

图 4-4　炮尾

(2) 炮尾

炮尾用于安装炮闩各零件、固定半自动装置、连接身管和反后坐装置的驻退杆和复进杆及冲爪、吊杆座等(如图 4-4 所示)。炮尾上的闩体室供闩体开、关闩时左右移动。吊杆座用于行军时使用吊杆和插销来固定火炮。焊在炮尾下右前角的冲爪用于推动后坐指示器游标来指示火炮的后坐距离。检查座用于校正水准器时,放置水准仪。此外,炮尾上还有安装驻退机杆、复进机杆的两个孔及射击时防止炮身转动的导向板槽等。

有的炮身上还带有被筒。采用被筒的目的是为了增加火炮后坐部分的质量,还起到身管同炮尾的连接作用。被筒和身管有的是有过盈的套合,有的是有间隙的套合。可以设计成在发射时使其间隙消失(此时被筒也承受压力的作用);也可以设计成在发射时不使其间隙消失。为防止发射时身管相对于炮尾转动,在二者之间设有一制转键。

身管同炮尾可以用螺纹或断隔螺纹连接,也可通过连接筒连接。发射时身管导引弹丸右旋,使身管受到一个左旋力矩的作用。

连接筒:在身管装入炮尾后,用连接筒的外螺纹拧入炮尾而将身管轴向固定。同时使用驻板卡在螺纹末端齿槽内防止射击时炮身转动。

由于后坐和复进的需要,炮身上需要有相应的结构,如导箍、定向环或光滑圆柱面等。

(3) 炮闩

炮闩用于火炮发射时闭锁炮膛、击发炮弹底火和发射后抽出药筒。

炮闩由闭锁装置、击发装置、发射装置、保险装置、复拨器、半自动开关闩装置、抽筒装置和装弹盘总成等部分组成,如图 4-5 所示。

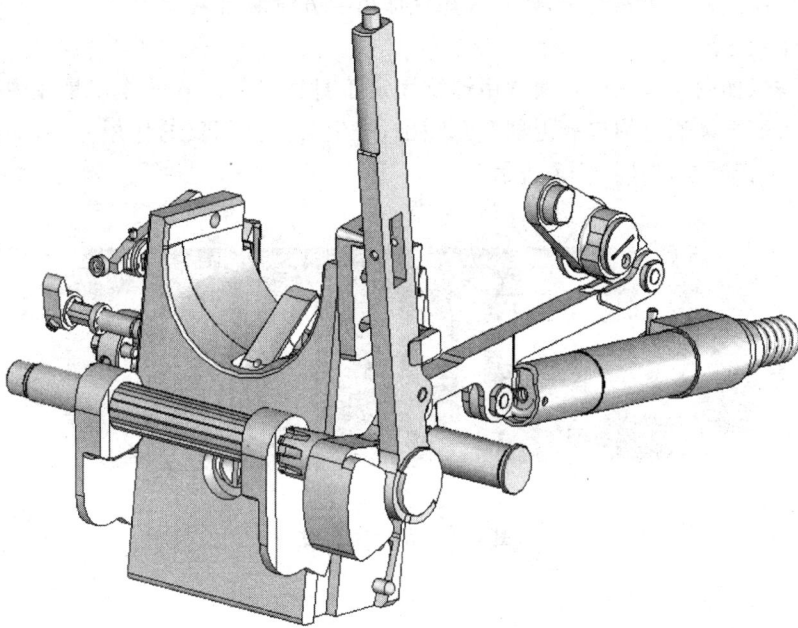

图 4-5　炮闩结构

闭锁装置:发射时闭锁炮膛。由闩体、开闩柄、曲臂轴、曲臂和闩体挡杆组成。

击发装置:用于击发炮弹药筒的底火。由击针、击针弹簧、击针盖、拨动子、拨动子轴、驻栓、杠杆、顶铁、炮尾触点等组成。同时还装有电动、手动发射的转换闭锁装置。

发射装置:用于实施发射的机构。由电动点火发射和机械发射两套机构组成。其中电点火发射的同时,机械发射装置进行补充发射。断电时则只能采用手动机械发射。

保险装置:用于防止闩体未关到位的过早击发或击针自行击发。它由保险机驻栓、驻栓弹簧和保险筒、保险杠杆、杠杆轴、杠杆弹簧、弹簧筒等组成。

复拨器:在击发不发火时,不打开炮闩而将击针拨回待击发状态。由复拨器、复拨器轴、拨动子等组成。

半自动开关闩装置:借助装在摇架上卡锁的作用,实现装弹后自动关闩和发射后自动开闩。由冲杆、传动头、传动块、套筒弹簧、关闩压筒、关闩卡板等组成。

抽筒装置:用于发射后将弹底壳抽出,并使闩体成开闩状态。由各两个抽筒子、抽筒子轴、抽筒子压簧、挂臂和放闩装置等组成。

装弹盘总成:防止装弹时炮弹和主药筒从闩体凹槽上滑下或者撞击身管端面及下抽筒子爪。

炮闩、炮尾共同承受火药气体向后的作用力并使炮身后坐。它们还同药筒或紧塞装置一起,在发射时可靠地密闭火药气体,防止火药气体由后方泄漏出来。

(4)炮口制退器

炮口制退器(如图4-6所示)通常用螺纹固定于身管口部。它的作用是在弹丸飞出炮口后,使一部分火药气体通过炮口制退器侧孔喷出,产生与后坐相反的作用力,从而减小发射对炮架的作用力工作原理,如图4-7所示。

图4-6　炮口制退器

(5)抽气装置

抽气装置位于身管中前部,由身管单排上若干个前倾式喷气孔、钢制储气筒和固定零件等组成。其作用是抽出火炮发射时残留在身管内的部分火药气体,降低火炮开闩时进入车内的火药气体,以减少有害气体对乘员的危害和避免炮后焰的产生;同时迅速扩散炮口前火药气体,以免影响乘员对战场的观察。常见的抽气装置有引射式炮膛抽气装置、高压空气式抽气装置和炮口抽气装置三种。

引射式炮膛抽气装置如图4-8所示,在身管上距炮口端面一定距离处固定有贮气筒,贮气筒腔通过身管上若干个小喷气孔与炮膛相通,喷气孔与炮膛轴线成一定倾角(一般为10°～

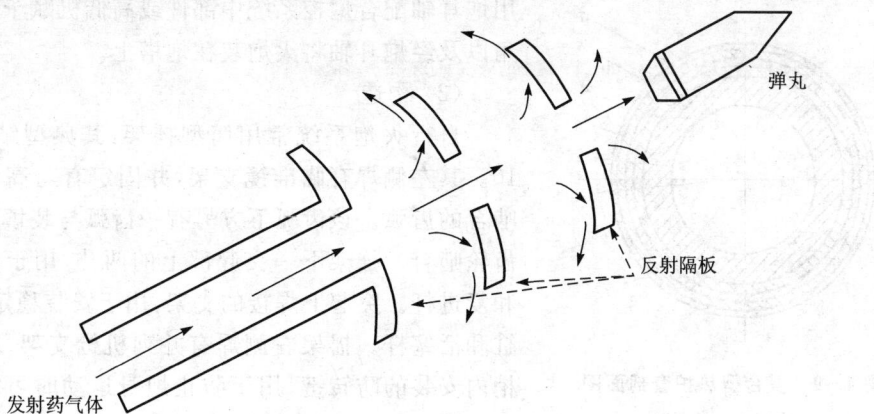

图 4 - 7　炮口制退器的工作原理

20°)，并均匀分布在身管的同一个剖面上。发射时，弹丸经过喷孔剖面后，部分火药燃气进入贮气筒内，并具有一定的压力，当筒内的压力与膛内压力相等时，燃气不再进入贮气筒内。弹丸出炮口后，膛内压力很快下降，贮气筒内火药燃气经过喷孔高速冲入炮膛，膛内在此高速气流的后部形成一个压力很低的稀薄

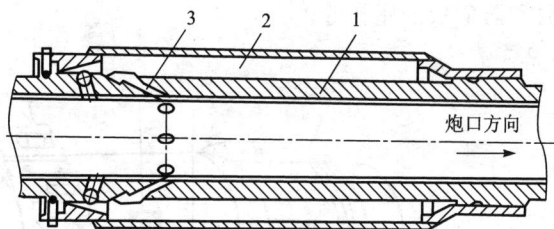

图 4 - 8　引射式炮膛抽气装置
1—身管；2—贮气筒；3—喷气孔

气体的锥体，残留的火药燃气及残渣便被吸引向前方，喷射到炮口外面。这种抽气装置结构简单，作用可靠，多用在大、中口径坦克炮和自行炮上。

（6）热护套

20 世纪 60 年代，英、法坦克首先采用热护套。采用热护套后，可显著减小身管弯曲度，从而减小炮口振动，提高射击密集度。也可减小发射弹丸时，由于阳光照射、雨雪、风吹等外界影响因素在身管上产生的热量分布不均匀所引起的身管弯曲变形，提高火炮射击时的命中率。

热护套按原理可分为绝热型、散热型和复合型三种。绝热型热护套内充绝热介质，使身管上、下表面由于太阳辐射产生的温度效应不能影响身管产生弯曲；而散热型热护套其内填充散热效果好的介质，将身管上、下表面由于太阳辐射产生的温差迅速传递，上下均匀；而复合型热护套，前两者兼而有之。该装置主要用于坦克炮和轮式突击炮，图 4 - 9 是复合型热护套剖面图。

2. 摇架

（1）功用

摇架可固定和组装炮身、反后坐装置和平衡机等构件；为炮身后坐与复进提供运动方向；

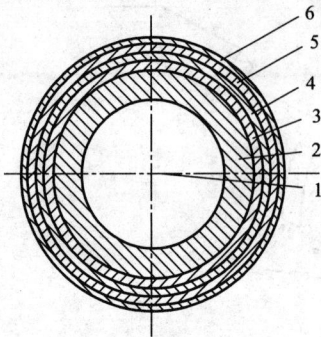

图4-9　复合型热护套剖面图

1—炮膛；2—身管壁；

3、5—玻璃纤维；4、6—铝

防盾和防危板的座孔等。

用炮耳轴配合炮控系统中部件或高低机赋予火炮高低射角以及经炮耳轴将火炮装在炮塔上。

（2）构造

自行火炮系统常用筒型摇架,其典型结构如图4-10。其左侧焊有瞄准镜支架,并固定有与高低机齿轮啮合的齿弧。该齿弧下方另有一齿弧与装填角引导装置齿轮啮合。摇架下一突起部上的两孔,用于固定驻退杆和复进杆。突起上焊接的支架,用于安装稳定器、动力油缸和活塞杆。摇架右侧焊有并列机枪支架,摇架上部纵梢内安装的防转键,用于防止炮身运动时可能发生的旋转;摇架前部两侧的耳轴室,在插入装有滚针轴承的耳轴后,再用螺栓固定在火炮支架上。此外,摇架上还有固定

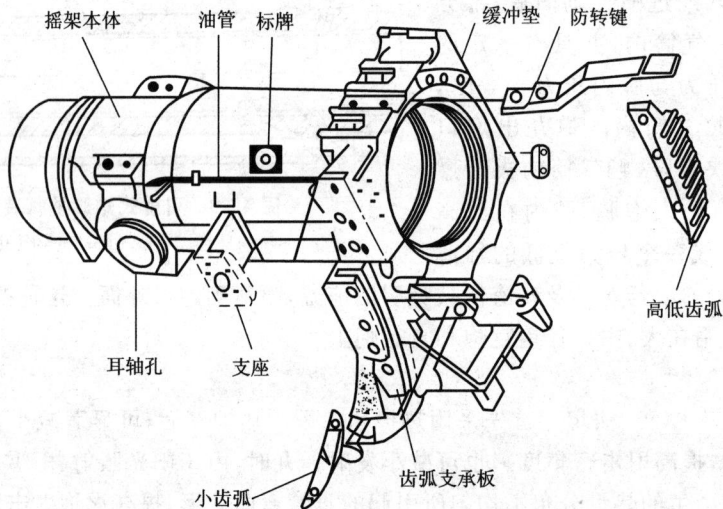

图4-10　摇架结构

3. 反后坐装置

1）功用

消耗火炮发射时大部分后坐动能,后坐结束后再使火炮平稳回复到原位。

2) 构造

反后坐装置由驻退机和复进机组成。驻退筒和复进筒固定在摇架下方反后坐装置连接座内,驻退杆和复进杆固定在炮尾下方。

（1）驻退机

典型的节制杆式驻退机的结构如图 4-11 所示,驻退机由驻退机筒、驻退杆、节制杆、紧塞器及调节装置等组成。驻退机筒固定在摇架右侧,其前端装有调节器,后端装有紧塞器,机内装 7.7L 火炮驻退液。驻退杆为一空心杆,前端是有六个斜孔的活塞,活塞内经螺纹装有节制环,后端用螺母固定在炮尾上,杆内壁加工有两条浅、两条深的导液沟槽。节制杆装在驻退杆内,是一个变直径的金属杆,前端固定在驻退筒端盖上,后端装有八个斜孔的调速筒,筒后部还装有比驻退杆内径略小、能前后移动的活瓣。

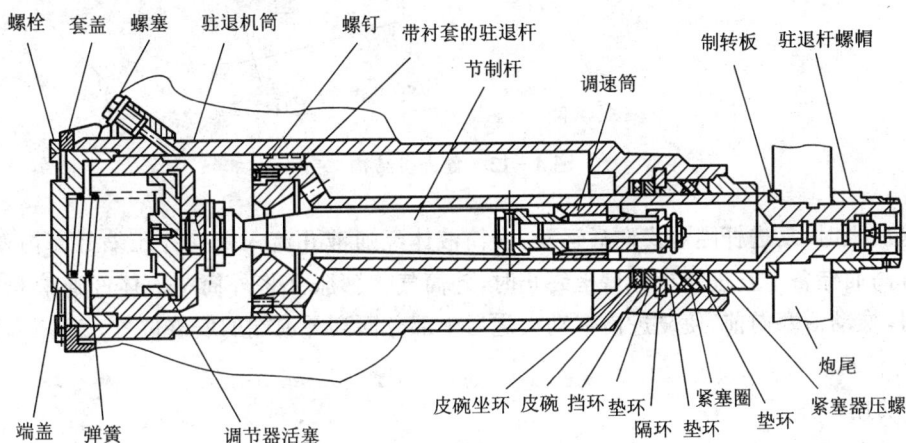

图 4-11　驻退机结构

火炮后坐时,驻退杆随炮身向后移动。筒内大部分液体经活塞斜孔、节制孔流到驻退筒前部,小部分液体经节制杆和驻退杆间隙、调速筒斜孔、活瓣、充满驻退杆后腔。后坐动能绝大部分消耗在液体流经间隙所产生的阻力上。变直径的节制杆主要用于调节后坐过程中的过流阻力大小。复进时,驻退杆随炮身向前运动,驻退杆后腔液体只能经驻退杆上四条导液坡槽流回前腔,因此产生阻力减缓了复进速度,使炮尾不致以高速撞击摇架。

（2）复进机

典型的气体液压式复进机的结构如图 4-12 所示,由外筒、内筒、复进杆和密封装置等组成。它可使火炮后坐部分在火炮任何仰角位置上都能保持在安装位置上。外筒固定在摇架连接座的左侧,机内充有 6.28 MPa 压力的氮气。内筒中装有 5～5.25L 驻退液,前后端均拧在焊在外筒的前、后盖上,内筒上还加工有流液孔。复进杆前端有活塞,后端固定在炮尾上。

开口销　复进杆螺母　圆螺母　螺栓　皮碗　"O"形圈　复进杆总成　复进机外筒

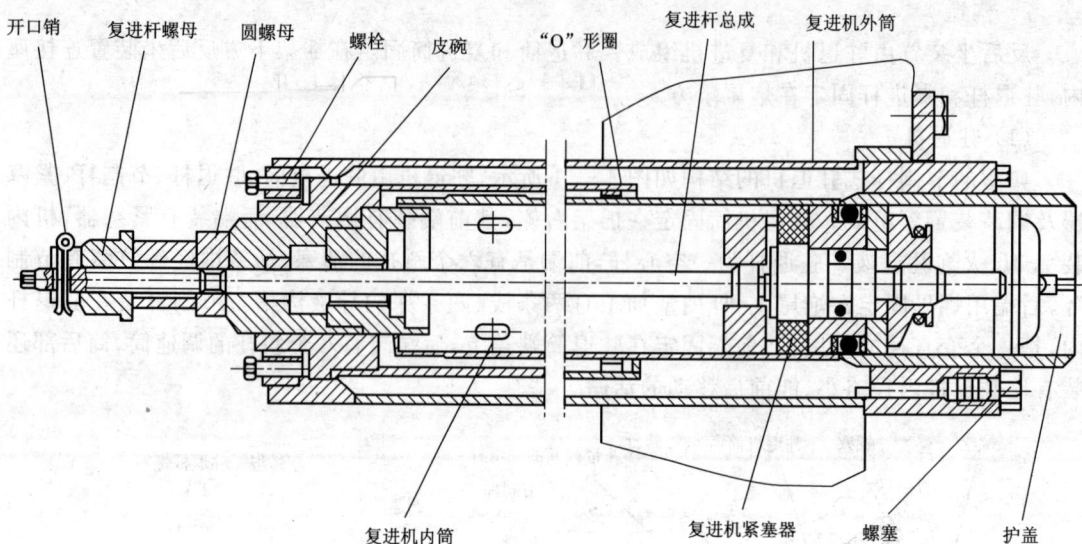

复进机内筒　　复进机紧塞器　螺塞　护盖

图 4 – 12　复进机结构

火炮后坐时,复进杆随炮身向后运动,内筒液体经通液孔流入外筒并压缩外筒内氮气,使其压力升高而储备了复进能量。后坐终止时,外筒气体膨胀又将外筒中液体经通液孔压回内筒。同时,推动活塞向前,使复进筒带动火炮后坐部分回到最前端的安装位置。

4. 高低机

（1）功用

赋予火炮和高射机枪高低射角。

（2）构造

高低机被固定在火炮左托架上。它由减速装置、保险离合器、解脱装置等部分组成。其结构如图 4 – 13 所示。

减速装置由转轮、蜗杆、蜗杆轴、蜗轮、高低齿轮轴及高低齿弧等组成,如图 4 – 13(a)所示。蜗杆用键固定在蜗杆轴上。蜗轮通过保险离合器与高低齿轮轴连接在一起。高低齿轮与固定在摇架上的高低齿弧相啮合。

保险离合器由离合器、中间离合器、齿端离合器、碟形弹簧、压紧套筒和螺帽组成,如图 4 – 13(b)所示。在火炮解脱固定状态,由于坦克运动而使火炮剧烈振动时,冲击力矩经高低齿弧传到高低齿轮轴。当该力矩值超过保险离合器安装力矩时,离合器、中间离合器与高低齿轮轴之间将产生相对滑动,以达到保护机件的目的。

解脱装置由偏心衬筒和转换开关握把组成。在手动瞄准转换为用稳定器瞄准时,使蜗杆和蜗轮分离。偏心套筒的偏心孔内装有蜗杆和蜗轮轴,后端装有转换开关握把。当手控瞄准

（a）

蜗杆轴　　蜗杆　　　　偏心套筒

转轮

离合器　蜗轮　　　碟形弹簧　齿端离合器
　　　　中间　箱体
　　　　离合器

压紧套筒

箱盖

高低齿轮轴　　　　　　　　　　　　　蜗帽

（b）

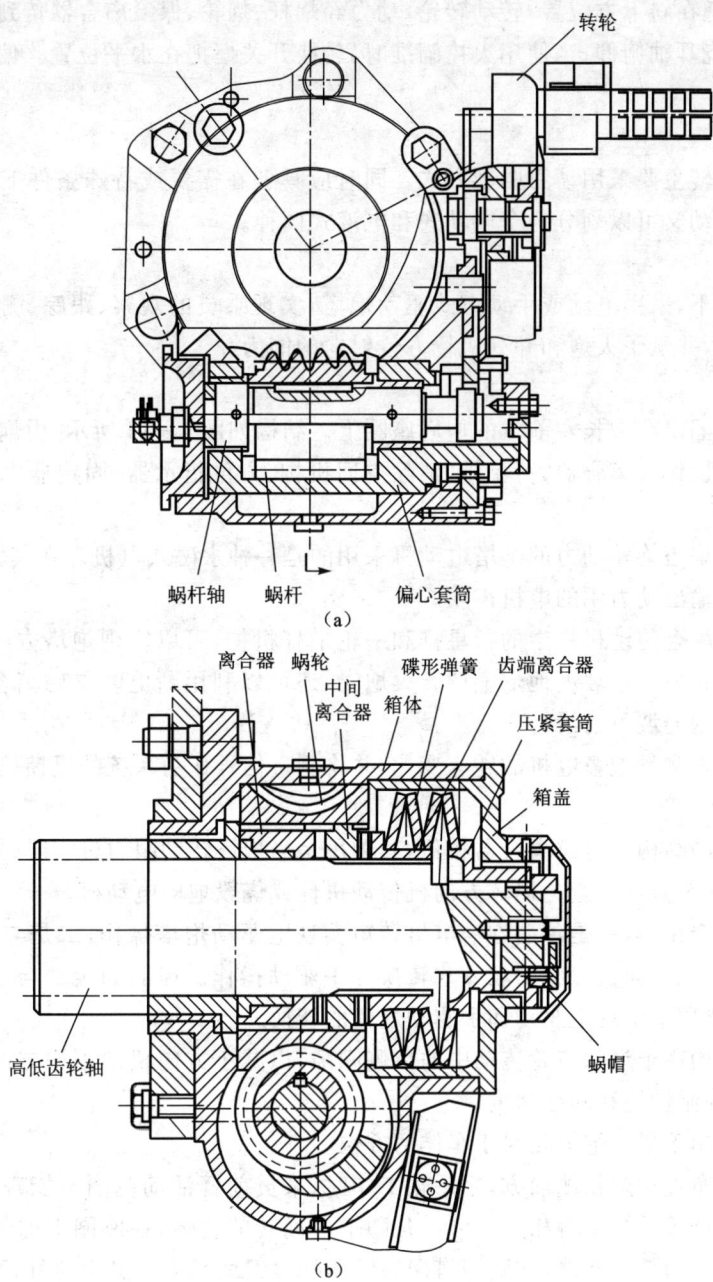

图 4 - 13　高低机结构

时,转换开关握把在斜下方位置,转动转轮,动力经蜗杆、蜗轮、保险离合器传到高低齿轮轴、高低齿弧,使火炮绕耳轴俯仰;当使用火控瞄准时,转换开关握把在水平位置。偏心套筒使蜗杆、蜗轮分离。

5. 方向机

驱动炮塔旋转主要采用动力驱动方式。同时应具备在需要或特殊条件下,采用手动驱动的功能。动力驱动又可以划分为全电动式和电液式两种。

(1)功用

在各种条件下,采用电动或手动方式驱动炮塔,实现乘员的观察、跟踪、测距、瞄准及并列机枪射击等操作,并赋予火炮和并列机枪方位射向的能力。

(2)构造

炮塔方向机固定在炮长左前方的炮塔座圈上。结构如图 4-14 所示,由炮塔电动机、电磁离合器、测速电机、保险离合器、行星排、消除空回机构、方位指示器、固定器手柄、箱体等部分组成。

作为电驱动炮塔旋转动力的炮塔电动机采用的是一种永磁式电机。在其轴上通过平键和止动螺钉固定着输出动力用的电机齿轮。

电磁离合器配合传动机构中的行星排和蜗轮蜗杆机构,可以实现炮塔方向机电驱动与手驱动两种方式的转换。在坡度地形上调转火炮时,还可以利用断电时电磁离合器的自锁特点来防止或减缓火炮向坡下的滑动。

测速电机用来测量炮塔电机的转速变化,并将测量信号作为系统的反馈信号,以提高稳定器低速性能。

保险离合器的结构与电磁离合器相似,其功用是当炮塔转动阻力过大时(如身管碰到障碍物,未拔出行军固定器等),避免损坏方向机传动机件或烧毁炮塔电动机。

行星排有两个作用,一是传递炮塔电机转矩实现电驱动炮塔操作;二是与电磁离合器、齿圈固定器配合,实现方向机由电驱动方式转换为手驱动操作。齿圈固定器与手驱动机构安装在下箱体上,主要用于实现电驱动和手驱动炮塔的转换。

消除空回机构用于消除齿轮传动中的齿侧间隙,以减小方向机向不同方向转动时的空回量,提高系统的控制性能和瞄准精度。

方位指示器用于指示炮塔相对于车体的方位。

方向机应该布置在炮长侧前方,用手轮工作时,乘员前臂活动范围不能碰撞座圈等物体。方向机手柄和高低机手柄不得相互干涉。凡随炮塔回转的物体,在座圈上的部分应尽量靠近塔壁。在座圈以下的部分物体,在随炮塔回转时所扫过的面积应该愈小愈好,不得与车体内任何物体相互干涉。换言之,设计和布置物体应该减小径向和高度尺寸,但允许沿座圈圆周方向加大。

图中文字标注（由上至下、由左至右）：

N—N 旋转
固定螺钉
D—D 旋转
齿圈固定器
方位指示器
C
A—A 旋转
C 向
B 向
N A
N
D—D 旋转
电磁离合器
测速电机
齿轮轴
B 向
保险离合器
花键套 D
电机齿轮
手轮
炮塔电动机
花键齿轮
摩擦片
太阳齿轮
齿圈
行星齿轮
行星框架

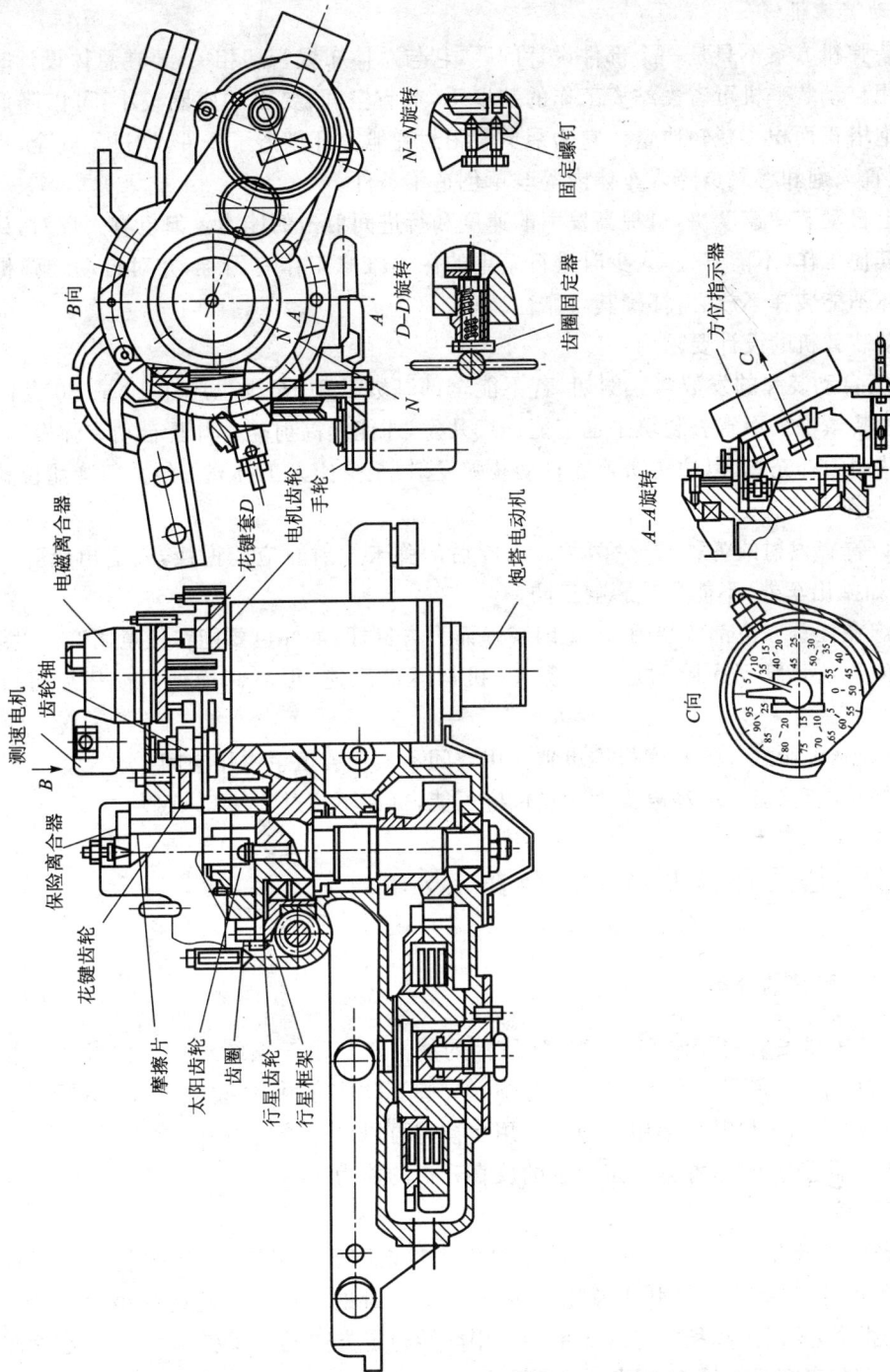

图 4 - 14 炮塔方向机

6. 自动装填机

自动装弹机方案不只是一个部件设计问题,它与总体布置密切相关,要在总体设计时同时进行。采用自动装弹机可省去站姿工作的装填手,节省空间,要求的座圈较小,可以降低炮塔高度缩小炮塔正面积和减轻质量。它为乘员与密封弹舱分开创造了条件,增进了安全,也为取消炮塔、顶置火炮和将乘员降入车体内等改革创造了条件。

理论上自动装弹速度快,可提高发射的速度和行进间射击的能力。但也有人反对,认为装填手还有其他工作,不能省去,人少时进行繁重的保养维修工作有困难,并对自动装弹机构在战斗中损坏不能装弹不放心,怀疑其可靠性。

对自动装弹机的设计要求为:

① 连续自动装弹的发数多。例如,若不能全部基数自动,至少也应在 10 或 20 发以上才有希望省去装填手。不省去装填手也应能连续几发,才能提高射速。并且自动装弹发射后,应能进行机械动力补充弹,以便再次连续自动装弹发射,至少比人工补充方便。但弹舱位置应较安全,最好与乘员隔离。

② 可以选择发射的弹种,至少两种。入膛后的弹未发射时应能退换,或退出废弹。弹壳应能处理,如抛出车外,不能严重影响三防。

③ 火炮在任意方位都能装弹,以免因装弹而丢失目标,最好也要能在任意俯仰角度装弹。

④ 每发弹从弹舱到入膛的运动次数少,机构运动迅速,可靠和简便。损坏后可以人工装弹。

⑤ 体积小,弹舱之外的装弹机构单独占用空间不大于装填手占用空间。

⑥ 最好是电动,但不能耗电太大超过供应可能,例如不超过 5~10 kW。

4.1.2 轮式自行火炮主用弹药

4.1.2.1 弹药的分类

弹药系统提供发射的能源和对付各种目标的战斗部。由于系统承担的作战任务复杂多样,系统配有穿甲弹、多用途榴弹、破甲弹和炮射导弹。动能穿甲弹、破甲弹和炮射导弹主要对付主战坦克,也可以对付其他装甲目标。多用途榴弹可以对付较远距离上的野战工事,对敌军有生力量和火器进行压制,并有一定程度的反直升机的能力。

(1) 穿甲弹

穿甲弹于 19 世纪 60 年代问世,当时主要用于攻击舰艇。后来,穿甲弹就变成了攻击坦克、装甲车辆的主要弹种。穿甲弹弹托约占弹丸总质量的 50%,普通炮弹该值仅为 5%~15%。另据报道,采用尾翼稳定方式比单纯采用旋转稳定方式的穿甲弹穿甲能力提高 30% 左右。尾翼稳定脱壳穿甲弹结构如图 4-15 所示。

弹丸　袋装发射药　药筒　带底火的传火管　发射药　保护托

穿甲块　前紧固环　弹芯　弹托　外弹带　内弹带　密封环　后紧固环　尾翼　曳光管

风帽

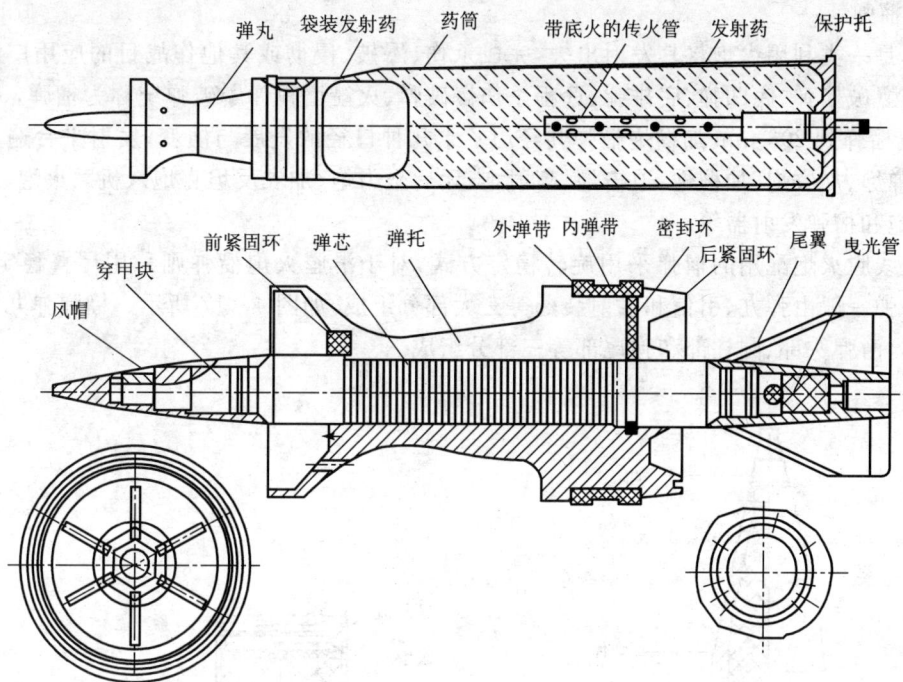

图 4 - 15　尾翼稳定脱壳穿甲弹结构图

（2）破甲弹

破甲弹又称聚能破甲弹或空心装药破甲弹。20 世纪 60 年代德国首先使用。它是一种采用空心装药方式,以爆炸时产生的高温熔解金属药罩所产生的聚能金属射流,进行穿甲的炮弹。也是目前主战坦克和突击武器必备的弹种之一。破甲弹的破甲厚度一般为火炮口径的 5～8 倍。图 4 - 16 所示是一种滑膛炮发射的破甲弹。其弹丸由弹头激发的弹底引信、风帽、药罩、空心装药、闭气环、尾翼装置等组成。

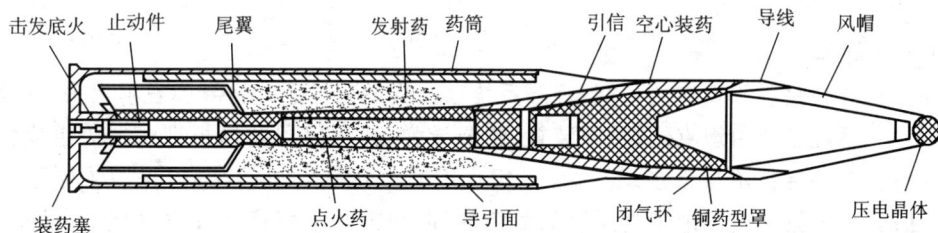

击发底火　止动件　尾翼　发射药　药筒　引信　空心装药　导线　风帽

装药塞　点火药　导引面　闭气环　铜药型罩　压电晶体

图 4 - 16　破甲弹结构图

(3) 榴弹

榴弹是一类利用火炮将其发射出去,完成杀伤、爆破、侵彻或其他作战目的应用广泛的弹药。杀伤爆破榴弹、底凹弹、底排弹、远程杀伤爆破弹、火箭增程弹爆破弹统称为榴弹,榴弹从20 mm枪榴弹到203 mm加榴炮榴弹共经历了十几种口径的发展与演变,发射平台遍及地面火炮(榴弹炮、加农炮、加榴炮、迫击炮、高射炮、无后坐力炮、加农反坦克炮)、机载火炮、舰载火炮、火箭炮和榴弹发射器等。

一般线膛火炮配用的榴弹采用旋转稳定方式,对于滑膛火炮榴弹则采用尾翼稳定方式。榴弹全备弹一般由弹丸、引信和发射装药等三大部分组成,如图4-17所示。榴弹弹丸的外形为回转体,由弹头部、圆柱部和弹尾部等三部分组成。

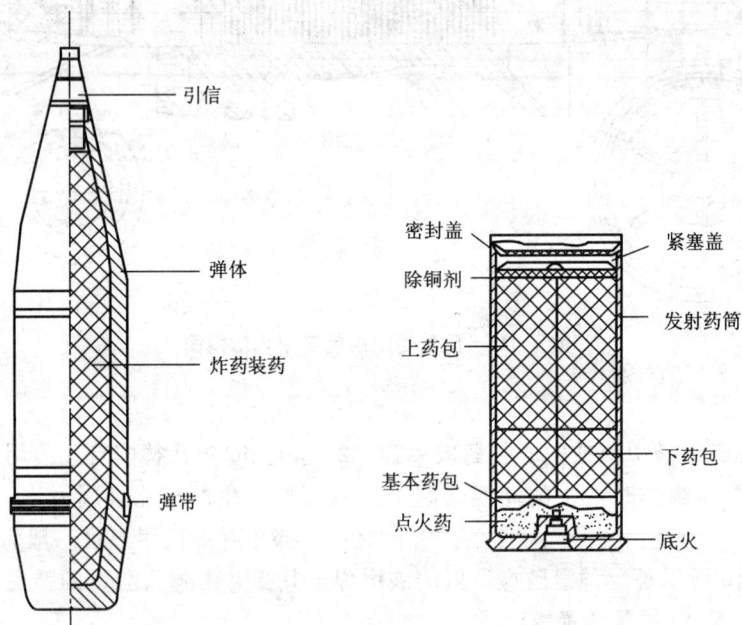

图 4 - 17　榴弹结构

(4) 炮射导弹

坦克炮射导弹是利用坦克的火炮、观瞄系统以及指挥制导系统将导弹发射出去,并导向目标。炮射导弹系统主要由坦克炮、控制装置、整装导弹、检测仪器及模拟训练器等组成。炮射导弹就是使精确制导技术与常规坦克炮、反坦克炮系统达到有机的结合,保留了原系统反应快、火力猛的特点,且不过多地增加系统的复杂性,但却拓宽了坦克和反坦克炮的远距离对抗能力,作战距离由2 000 m提到4 000 m以上,使火炮可以在野战中攻击武装直升机、防御坦克歼击车以及在隐蔽阵地上对敌坦克实施远距离射击。图4-18为炮射导弹结构图,图

4 - 19 为某炮射导弹外形图。

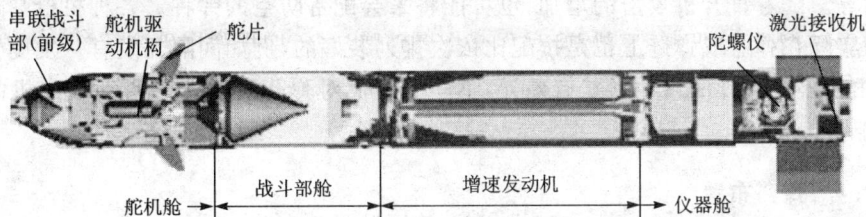

图 4 - 18　炮射导弹结构图

图 4 - 19　某炮射导弹外形图

4.1.2.2　弹药基数

单炮一次携带的炮弹、枪弹等弹药额定数量称为弹药基数。它对作战持久能力影响很大。中、大口径现代自行火炮的炮弹基数一般为 30～50 发。机枪弹药基数现在一般为几千发,有的达到一万发。高射机枪弹常为几百发到一千多发。

携带反坦克导弹为辅助武器时,一般只要求几发。多管自行高炮由于射速很高,一般要求弹药基数较多,对 20～40 mm 口径武器常达 500～2 200 发,其中口径愈大基数愈小。

4.1.2.3　弹药配比

火炮的弹药基数内,各种炮弹额定数量的比例称为弹药配比。这是按弹药效能随作战对象预定,并随弹药技术的发展而改变的。当代坦克弹药配比中,超速脱壳穿甲弹和爆破(榴)弹的比例一般较大,破甲弹的比例较小。有的用多效能弹替代爆破弹和破甲弹,或配备少数碎甲弹、烟幕弹等。随着直升机攻击的增加,也可能将来会配备防空的弹种。各种机枪弹通常不表示配比,但实际在弹盒或弹链上也是按配比依次排列装好的,例如间隔几发有一发曳光弹或燃烧弹等。由于不同炮弹的尺寸形状有差异,不同的配比对弹药的储存和自动装弹机的设计可能带来影响。

4.1.2.4　弹药布置

由于车体内部空间很紧凑,现代火炮的炮弹又长又重,就使得现在要求的弹药基数逐步减小,30~60 发炮弹及其存放或固定装置的体积约需 $1.6~2.4\ m^3$,加以布置的要求较多,它们在车内的布置是一个突出的困难问题。

炮弹布置的要求如下:

① 位置尽量低和不靠车前,以免被命中后出现"二次效应"破坏,不容易和其他物体碰撞。要能可靠安全地固定。

② 取弹方便、迅速、省力。距装填手最好在一个手臂远处,炮塔转到不同方位时也能取到不同的弹种,取出后不需换手颠倒头尾就能装弹入膛。

③ 允许少部分炮弹布置在需要先搬动其他部件或设备才能取出的位置,这要求在战斗间隙中倒换一次位置。

④ 不妨碍火炮俯仰、战斗部分回转和人员的操作。

因此,炮塔后部的尾舱是储存弹药最方便的地方,既可以对炮塔起平衡作用,取用也方便。但这里也是不安全的地方,无论从正面、侧面、后面和顶部,被命中的几率较多,一般射击时首先使用这部分弹药。

当动力传动装置前置时,最好弹药布置位置是在战斗舱之后的车尾,可能需要占有一定火炮长度。当动力传动装置后置时,最好的弹药布置位置是在战斗舱和动力舱之间。

战斗舱的下部也可以储存炮弹,其次是装填手一侧。车内前部驾驶员侧不是很好的地方,但有很灵敏的防火抑爆装置和弹药架油箱时,也能储存一些。

考虑车内空间、取放难易、弹药供给急需程度以及能否自动装填,弹药在车内的贮存一般放置在三个不同的弹舱内,即待发弹舱、应急弹舱和备用弹舱。其中,待发弹舱是离装填手最近的弹舱,装填速度最快,通常位于炮塔尾舱右侧。应急弹舱和备用弹舱则可能位于其他位置,由车长或其他乘员装弹,装填速度没有保证。乘员可利用战斗间隙将其中的弹药补充到待发弹舱中。

4.1.2.5　弹药装填

常用的弹药装填方式有:非自动供输弹(人工供弹、人工输弹),半自动供输弹(人工供弹、自动输弹),全自动供输弹(自动供弹、自动输弹)。

（1）非自动供输弹

非自动供输弹就是人工完成全部供弹和输弹过程。这种供输弹方式不需要增加附加的装置,结构最简单,工作最可靠,但是装填速度较慢,而且需要在战斗舱内增加装填手的工作空间。

（2）半自动供输弹

这种方式是部分工作自动装填,即人工供弹、自动输弹,除了装填手的工作外要专门设计半自动输弹机。理论上能提高一定的装填速度,但要增加一套输弹机,可靠性降低,而且要在炮尾后部增加一块输弹机工作的空间,会增加炮塔的尺寸。

（3）全自动供输弹

全自动装弹的优点是省去站姿工作的装填手,节省空间。车长和炮长可不在火炮一侧前后排列,要求的座圈较小;可以降低炮塔高度,缩小炮塔正面积和减轻质量。它为乘员与密封弹舱分开创造了条件,增进了安全,也为取消炮塔、顶置火炮和将乘员降入车体内等改革创造了条件。

4.1.2.6　弹药补给

弹药消耗后要及时补弹,一般从弹药车上补弹。补弹可从侧门、后门补弹。炮塔尾舱内弹药也可以采用集装箱式供弹。把炮塔尾舱内的弹药架做成集装箱结构,打开其顶部的弹药补给安全门后,可以从炮塔顶部与装好的弹药一起整体吊装,来实现弹药的迅速补给,当然弹药车内的弹药也是事先装到弹药架内整体相当于一个集装箱,这样可大大提高补弹的速度。

4.1.3　新型火炮和弹药的发展

4.1.3.1　反武装直升机弹种

如在 2 000 m 以远目标附近几十米处引爆的辗弹,只需稍触及螺旋桨就能将直升机击落。

4.1.3.2　液体发射药火炮

液体发射药的能量密度高、装填密度大、燃烧温度低、炮膛烧蚀小、排烟少,它可将初速提高到 2 000 m/s 以上。液体发射药火炮不用药筒,发射药在车内的布置方便,有利于实现自动装弹。射速和弹药基数都可以提高。成本也较低。据美国用 105 mm 炮和 155 mm 炮试验,其稳定性和点火及控制燃烧问题在不久将有望解决,它将对火炮和坦克总体布置都带来相当大的变化。

4.1.3.3　电磁炮

利用电磁力加快弹丸飞行速度的新概念炮,在各试验室多次将小质量弹丸加速到 4000~20 000 m/s,原理上没有障碍。弹丸加速度与所需瞬时大电流的平方成正比,因而电源的技术难点(如正在取得突破的超导体等)解决后,前景很吸引人。其加速均匀,发射无声。但短期内,这种技术不可能成熟,装配到车辆上也有困难。

4.1.3.4　电热化学炮

在常规炮的身管上安装一个与炮尾燃烧室相连的电极,用电脉冲向燃烧室燃料放电,使其过热产生高压去推动弹丸加速运行的火炮。该炮正在研制中,比电磁炮重,但体积小 50%,具有初速高、射程远、磨损小、结构简单的特点。

4.1.3.5　激光武器

激光武器前景光明,但在坦克装甲车辆上应用为时尚远。它初期只能攻击飞机、导弹等薄壳目标。激光致盲武器较容易配备,但不可能代替主要武器。

4.1.3.6　末端制导炮弹

如美国的"铜斑蛇"等正在发展。将来高初速火炮若能发射"自动寻的"炮弹,火炮的作战距离和命中率将得到提高。从价格上考虑,提高命中率只需储存较少的炮弹。

4.2　炮塔子系统

现代轮式自行火炮一般都有炮塔。火炮武器系统的主要武器——火炮和机枪,都安装在炮塔上,火控系统的大部分也都在炮塔内。炮塔通过座圈安装在车体上,可相对车体作 360° 的旋转,使火炮获得圆周方向射界。炮塔内有 1~3 名乘员。炮塔一般结构如图 4-20 所示。

4.2.1　炮塔设计的总体要求

炮塔内集中了轮式自行火炮的主要战斗人员和战斗设备,其特点是孔口多、受力大、需要灵活回转运动.并且处在最暴露的位置。因此,炮塔一般应满足以下要求:
① 具有全炮最强的防护性,包括较厚的装甲和较好的倾斜角以及矮小而流线的外形。
② 塔内空间要满足乘员战斗和部件布置的需要。
③ 具有足够的刚度和强度。自行火炮由于受空间限制后坐长不能太大,使得射击时的后坐力较大。因此,必须注意保证从炮耳轴一直传到座圈的各受力部分的强度和刚度足够。

图 4 - 20　炮塔系统

④ 质量轻而平衡。炮塔轻不但可减小全炮质量,并且使回转时操作轻便;平衡性的要求主要是指包括火力部分在内的整个炮塔回转部分的重心应尽量接近回转中心,否则会调炮困难,在水上航行时调炮到横向时车体会倾斜,甚至炮口入水。炮塔体一般前轻后重,装上火炮以后可取得基本平衡。

⑤ 回转可靠,即使被命中也不易被卡住或楔住而不能回转。

⑥ 拆装火炮方便。

⑦ 出入门开关要方便可靠。

⑧ 密封满足三防和浮渡的要求,特别是座圈、枪炮安装口等处。

炮塔设计所要满足的以上要求许多是相互矛盾的。例如防护性强与质量轻的矛盾;矮小流线的外形与塔内空间要求的矛盾;前部装甲厚和火力部分质心靠前与要求平衡的矛盾;为满足火炮俯仰运动和便于拆装要求,塔前开口较大与防护性及密封性的矛盾等等。设计中必须相互协调,综合考虑。

对炮塔防护力、质量的要求,在火炮全系统总体方案设计阶段就已经确定,其主要尺寸(长、宽、高和回转半径等)也已初步确定。

4.2.2　炮塔的结构形式

炮塔的结构形式有多种,从生产方法来看,主要分为焊接和铸造炮塔两种。

（2）确定炮塔体的基本长度和高度

从火炮出发，塔顶高度应满足最大俯角时塔顶内壁与火炮间至少留出 20 mm 以上的间隙。间隙不能太小是因为要保证塔体等大件的较大制造公差。

一些观点认为，塔顶应保证装填手有足够的站立高度以便于装弹操作。这个要求难以充分满足。考虑到装填手两脚在转盘上分开、身体向后斜靠在座圈上的非完全站直的姿态，塔顶高度　般也应该大于 1 550 mm。若弹药布置位置便于取弹，有的观点较多考虑半坐姿装填。这个高度由炮塔高度和车体高度一起决定。

但为保证炮长能环视战场，指挥塔顶还应比火炮背部的塔顶最高处高出一个适当距离。这个距离可由光学仪器以及指挥塔门等的设计而定。由此得到至指挥塔顶的高度 H。

（3）确定炮塔宽度 B 和炮塔最小回转半径 R_{min}

从顶视图上布置塔裙应适当地大于座圈，以便连接和保护座圈。炮塔顶视图往往不全呈圆形。最小半径不一定在横宽 B 处。有的炮塔的最小半径，小到往往难于安装座圈螺钉。在座圈整周中允许有些小段无连接螺钉。

当炮塔的最小半径 R_{min} 处转到发动机位置方向时，车体的布置长度应该保证不先拆炮塔就能吊出发动机等部件。

以上是按照获得最小的炮塔来总结的布置原则。适当扩大任何部分都是可以的，缩小外廓尺寸的可能性也是存在的。图 4 - 26 所示为炮塔尺寸的确定。

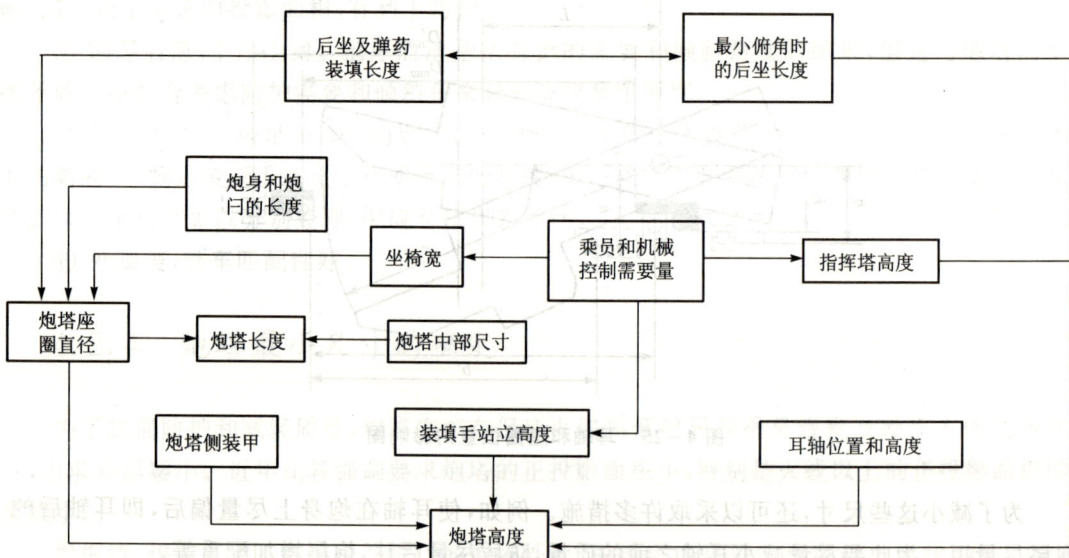

图 4 - 26　炮塔尺寸的确定

4.2.5　炮塔刚、强度分析计算

炮塔刚强度分析用有限元法来进行。

4.2.5.1　模型简化

将炮塔上的各种窗、孔、门简化为直接从钢板上挖出的窗、孔、门,将它们处理为和周围的基板一样的板,并处理为一体。将各块钢板之间的焊缝处理为粘接,而不采用简单的加法,这样处理后建模和计算方便。

用 SHELL63 壳单元来模拟板单元,用 SOLID45 实体单元来模拟筋单元。三维实体结构模型用八节点实体单元 SOLID45 模拟。实体单元 SOLID45 的每个节点有三个自由度,在节点上可以传递三个方向的平移量。

图 4-27 为某轮式自行火炮压筋炮塔有限元模型。

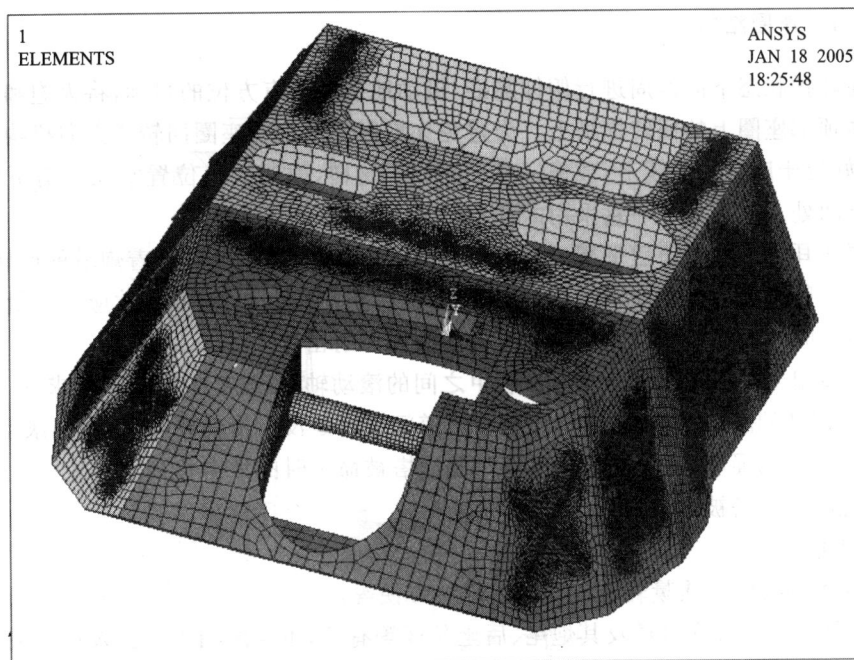

图 4-27　压筋炮塔有限元网格

4.2.5.2　约束条件

假定座圈与车体是一个刚体,而炮塔是与座圈的上座圈用许多个螺钉连接在一起,则炮塔

4.2.6.2　座圈刚、强度分析计算

由于座圈结构复杂,一般采用有限元软件来进行刚、强度分析。

首先,对座圈作必要的简化。可用 ANSYS 等有限元软件进行分析,建立其有限元分析计算模型。由于座圈为对称结构,所以只取座圈一半进行建模。

然后,进行有限元网格的划分。由于座圈和滚珠都是实体,所以均采用 8 节点的 45 号实体单元,对各部分分别划分网格。图 4 - 29 为某自行火炮座圈有限元模型。

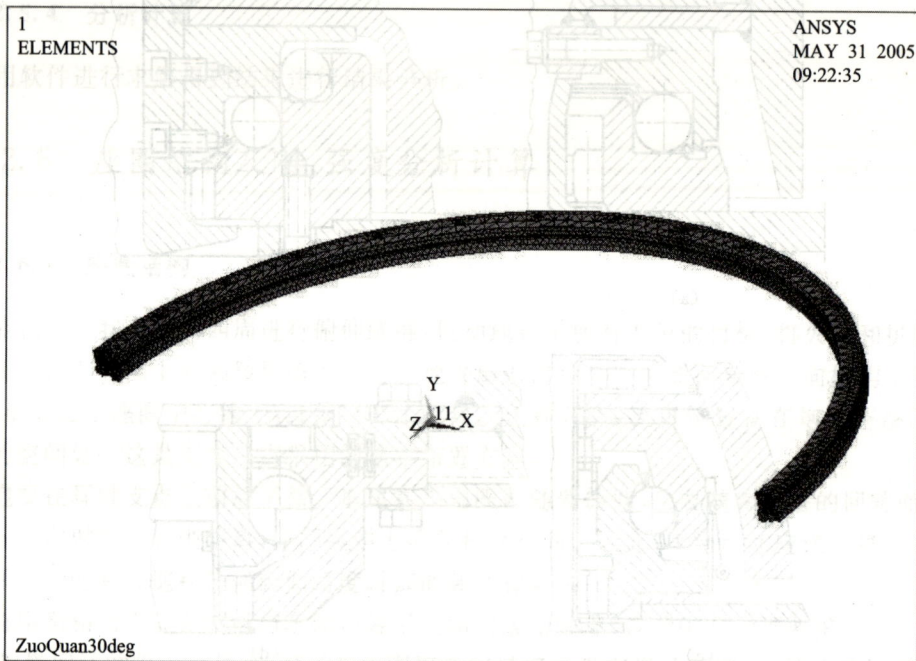

图 4 - 29　某自行火炮座圈有限元模型

接着,施加边界条件。鉴于座圈结构为对称结构的特点,模型建立时取一半进行分析,所以在分界处横向变形为 0,限制分界面的法向变形,车体是刚体,下座圈与车体紧固在一起。

最后施加载荷。载荷主要是火炮后坐阻力和上装部分的重力传递到座圈上的作用力。可根据射界范围对 0°射角、最大射角和最小射角进行计算。

进行解算,对结果进行分析。

4.2.7　尾舱式弹药架结构和力学性能分析

4.2.7.1　尾舱式弹药架结构

尾舱式弹药架一般是框架结构,固定在炮塔尾舱里。弹药纵向布置在弹药架内,通过压弹器将弹丸或药筒固定,还有一套锁紧装置防止其活动。

图 4-30 为某自行火炮弹药架模型。

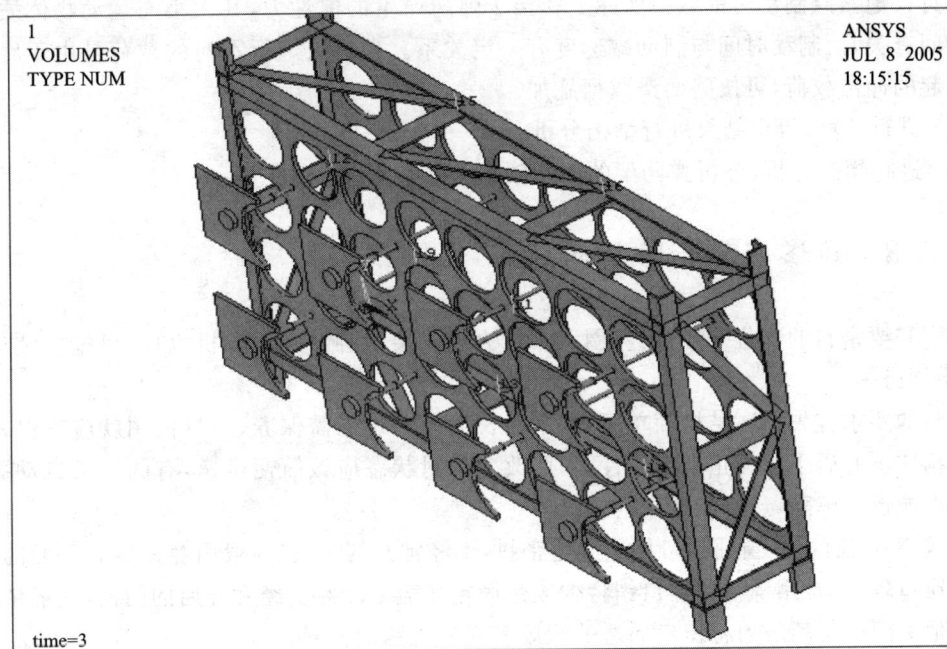

图 4-30　某自行火炮弹药架模型

4.2.7.2　尾舱式弹药架力学性能分析

对于尾舱式弹药架可采用有限元的方法来进行力学性能分析。

(1) 模型简化

对弹药架这种结构比较复杂的结构,在满足精度的条件下,需作必要的简化。弹药在自行火炮紧急制动情况下,会产生巨大的惯性力,这些力主要作用在压紧器上,在一个压紧器上同时受几个弹丸或药筒的惯性力的作用。在这里,我们主要关心的是弹药架的刚度、强度,所以认为弹丸和药筒是刚性的,把它们产生的惯性力直接加在压紧器上,就可以省略它们来简化模型,同时对弹丸和药筒起定位作用的弹丸支撑管和药筒支撑管加以省略。

（2）有限元模型建立和网格划分

由于弹药架和压紧器都是实体,所以均采用 8 节点的 45 号实体单元,对各部分分别划分网格。

（3）边界条件的施加

弹药架是放入炮塔尾舱的轨道上,受炮塔尾舱底钢板支撑,所以就约束弹药架前部角钢的 z 向位移,弹药架支撑角钢的底面 y 向位移。

（4）载荷施加

自行火炮紧急制动时的载荷实际上相当于弹药产生的惯性力,其大小与运动物体质量和制动时间有关,而制动时间与制动减速度有一定关系。自行火炮行军时的载荷是由于路面不平度引起的冲击载荷,可按路面谱数据施加。

（5）进行计算,得出结果进行结构分析

（6）进行模态分析,分析弹药架的固有频率和固有模态

4.2.8　炮塔密封和防护问题

炮塔需要密封的部位一般有:座圈、炮口、火炮安装口、瞄准镜孔、机枪口、机枪安装口、出入门、指挥塔等。

密封的要求首先是要结构简单可靠,平时长期不用也不需保养,一旦使用就应确保密封。密封结构应不妨碍平时的正常工作性能,而改变密封状态应该简便迅速,有的要求自动关闭,有的要求能迅速解除,最好能从车内操纵。

① 对于有盖的门、窗、孔、口用橡胶垫密封,不经常开的窗、孔一般用螺钉压紧下面的橡胶垫。若窗口较大,常用螺钉或开口销将橡胶垫固定在盖上。对于经常开启的门窗,一般依靠把手或其他关闭机构的压力将窗口周边的橡胶密封圈压紧到密封。

② 为防止枪管进水,机枪孔的密封可从车外向装甲孔中塞橡胶密封圈,也可从车内用橡胶塞密封。为保证射击要求,又要防止放射性尘埃进入车内,有的用挠性布筒密封枪管周围。

③ 密封炮口一般是罩密封罩。火炮安装口常用不透水的伸缩布套密封,可以保证火炮的俯仰运动。

④ 炮塔座圈平时经常需要转动,要求摩擦阻力小。有时用气袋密封,在需要密封时充气使胶带膨胀起到密封作业,不需要时放气即可。

⑤ 对有三防功能要求和水陆两栖型自行火炮既有组件密封要求,又有整车密封要求。且具有具体的超压值要求(舱内气压高于舱外气压)。

第5章 底盘分系统

5.1 驱动方式选择

根据我军各兵种武器装备发展方向和对轮式自行火炮需求的调查统计,各兵种规划装备与发展了多达 50 多种车型。这些车型要求底盘承载质量为 0.7～7 t,对驱动形式要求基本为 4×4、6×6、8×8 三种全轮驱动,也有 4×2、6×4、8×6、8×4 等驱动形式。承研单位可以根据用户需求进行自行火炮的总体布置,根据底盘承载能力选择适合的驱动方式。

5.2 主要技术性能指标

1. 外廓尺寸

外廓尺寸是指车辆在长、宽、高方向的最大轮廓尺寸。每个方向的外廓尺寸都有多种算法,其原因是受影响的因素很多,例如随炮塔回转的外伸炮管、可俯仰或卸下的高射机枪以及一些可卸装置,如侧面的屏蔽装甲板等。

(1) 车长

车长是车辆的最大纵向尺寸。当火炮可以回转时,车辆的车长可分为:车长(炮向前)、车长(炮向后)、车体长(不计外伸火炮)。两栖车辆按照车前防浪板打开或收回的两种情况计算车长。一些特殊作业车辆按照作业机械的不同状态来计算车长。

车长影响车辆在居民区、森林和山区等地域的机动性及运输装载空间和车库大小。

车体长是车辆的基本实体尺寸,主要由驾驶舱、战斗舱、动力传动舱 3 个长度环节组成,包括在炮塔回转到最小半径方位时不干涉吊装动力传动装置所需的间距,有时也不计焊在车体前后的附座、支架、牵引钩和叶子板等。

车长是外廓尺寸中受限制较小、变化幅度较大的一个尺寸。

(2) 车宽

车宽是车辆的最大横向尺寸,一般有包括和不包括侧面可卸屏蔽装甲的两种计算方法,各适用于战斗和运输等状况。

车宽影响车辆的通过性和转向性。为了通过窄道,希望车宽小些;为利于通过松软地面,提高两栖型轮式自行火炮的浮力储备和抗风浪能力,则希望加大车宽。对于空投空降装备,则受飞机舱门尺寸的限制。车宽也不能超过铁道运输宽度限制标准,否则会受到桥梁、隧道、月台、信号设施等的阻碍,给运输造成困难。我国铁道运输标准宽度为 3.4 m。在欧洲大陆,多数国家符合伯尔尼国际轨距标准规定的最大宽度 3.15 m。按 TZ 轨距标准则为 3.54 m。不少国家有自己的规定,如苏联为 3.414 m,英国为 2.74 m,美国为 3.25 m 等。然而车宽也不能受到铁道运输的绝对限制。车宽还受自行火炮拖车运输及舰船运输的限制。

(3) 车高

车高是指车辆在战斗全重状态下,停在水平坚硬的地面上,车底距地高为额定值时,由地面到顶点的高度。对不同车辆或同一车辆的不同顶点,车高有不同的计算方法。例如具有炮塔的车辆,计算到炮塔体顶、指挥塔顶、瞄准镜顶、高射机枪支座顶、高射机枪在水平位置或最大仰角时的最高点等,分别适用于计算命中率、比较车高、进入库房门及通过立交桥下等不同情况,其中常用的是地面到炮塔顶的高度。

车高是最重要的外廓尺寸。车高较高,目标显著,防护性差。

(4) 车底距地高

车底距地高是指车辆在战斗全重状态下,停在水平坚硬地面上时车体底部最低的基本平面或最低点到地面的距离。但不考虑接近轮子的向下突出物,如平衡肘支座等。

车底距地高表示车辆克服各种突出于地面上的障碍物(如纵向埂坎和岩层、石块、树桩等)的能力。车底距地高较小时,车辆在深耕水田、沼泽、松雪、松沙地行驶时会下陷造成托底及车轮打滑,影响装备的越野机动性。

(5) 轮距

轮距是指轮式自行火炮两侧车轮中心线之间的距离。它与车辆的通过性和转向性能等有关。轮距愈大,车辆在侧倾和急转弯时防止倾覆的稳定性愈好,转向也更容易。增大轮距受车宽限制。

2. 机动性能

轮式自行火炮的机动性能通常包括动力装置性能、单位功率、最大速度、平均速度、加速性、制动性、转向性、通过性、水上性能、最大行程和百公里耗油量等。广义机动性能也包括环境适应性和运载适应性等。对两栖型轮式自行火炮的水上机动性多指水上航行速度、航行加速度、转弯半径等。

从使用观点看,自行火炮的机动性可以分为战役机动性和战术机动性。战役机动性指自行火炮沿道路行军和移动时的快速性、最大行程及运载适应性,对装甲部队和机械化步兵部队战役计划方案的实施和成败起重要的作用,以平均速度及最大行程等性能为主。战术机动性指自行火炮在各种气候、地形和光照条件下,在战场上灵活运动和克服障碍的能力,以加速性、转向性、制动性和通过性等性能为主。

轮式自行火炮的机动性,主要取决于装在车辆底盘上的动力、传动、操纵及行走等装置的性能及其性能匹配,也受外廓尺寸、战斗全重等因素的影响。

(1) 动力装置性能

提供车辆行驶所需原动力的动力装置,包括发动机及其辅助系统。在战术技术性能中,表示其特点和性能的重要项目有发动机类型、主要特征(如气缸直径、冲程数、气缸数、气缸排列方式、冷却方式、燃料种类等)、主要工作特性(如额定功率、额定转速、燃油消耗率、最大转矩和相应转速等)、发动机外形尺寸和质量、燃料和润滑油箱容量、辅助系统的类型等。

(2)单位功率

单位功率是车辆发动机额定功率与车辆战斗全质量的比值,又称吨功率。它代表不同车辆间可比的主要动力性能。单位功率影响车辆的最大速度、加速度、爬坡速度及转向角速度等。

(3)最大速度

最大速度是在一定路面和环境条件下,发动机达到最高的稳定转速时,车辆在最高挡时的最大行驶速度。理论上为在接近水平的良好沥青或水泥路面上,发动机在额定转速时车辆最高挡的稳定车速。它是车辆快速性的重要标志。

随着单位功率的提高,传动装置和悬挂装置的发展,最大速度也在不断提高。

(4)平均速度

平均速度是在一定比例的各种路面和环境条件下,车辆的行驶里程与行驶时间的比值。在各类公路上行驶的各平均速度的算术平均值,是公路平均速度。在各类野地行驶的各平均速度的算术平均值,是越野平均速度。它们代表在该类条件下车辆能够发挥的实际速度效果,是车辆机动性的重要综合指标。

影响平均速度的因素很多,有最大速度、转向性、加速性、平稳性及通过性等。平均速度需通过实车实验得到。公路平均速度一般按最大速度的 $60\% \sim 70\%$ 估算。

(5)加速性

加速性是指车辆在一定时间内加速至给定速度的能力。轮式自行火炮加速性的评价指标有:加速过程的加速度大小,由原地起步或某一速度加速到预定速度所需要的时间或所经过的距离,由起步达到一定距离所需要的时间等。车辆的加速性愈好,在战场上运动愈灵活,分散和集结愈迅速,可以减少被敌人命中的机会,提高生存力。

(6)转向性

转向性是指自行火炮改变或修正行驶方向的能力。运行速度对转向性能的影响较大。转向有陆上转向和水中转向两种工况。评价转向性的内容包括转向半径能够准确稳定地无级变化、任意半径转向功率损失小等。转向性与车辆结构、动力装置及转向机构等有关,常用具有一定性能特点的转向机构类型及其半径等来表示。

(7)制动性

利用制动器或减速机构,从一定行驶速度降低车速或制动到停车的性能称为制动性。不包括实际可能使用的一些其他辅助制动方法,例如分离离合器利用地面阻力使车辆减速,或利用发动机制动等。制动性常用制动机构的类型、一定车型的制动功率或制动距离来表示。

(8)通过性

通过性又称越障能力或越野能力,指车辆不用辅助装置克服各种天然和人工障碍的能力。它包括单位压力、最大爬坡度、最大侧倾行驶坡度、过垂直墙高度、越壕宽度、涉水深度、潜水深度等性能。

通过性往往决定车辆适用的范围,影响车辆发挥作用的大小,也影响到工程保障任务的规模和时间等许多方面。克服障碍的时间愈短,机动性愈有保证。通过性主要取决于车辆的动力传动性能、结构几何参数及正确的驾驶方法。

5.3 底　　盘

5.3.1　底盘的构成

底盘主要由四个系统组成:① 传动系。传动系的作用,是将发动机输出的动力传给驱动车轮。传动系由离合器、变速器、万向传动装置、驱动桥等组成。② 行驶系。行驶系的作用,是将车体各总成及部件连接成一体,并支撑全车;通过车轮与地面的附着作用,使车行驶;缓和道路的冲击和振动。行驶系由车架、车桥、悬挂、车轮等组成。③ 转向系。转向系的作用,是使车能够按照驾驶员给定的方向行驶。转向系由转向操纵机构、转向器、转向传动机构等组成,但在有些车上还装有转向助力装置。④ 制动系。制动系的作用,是使车减速或停车;在下长坡时维持一定的车速;保证可靠地驻车。制动系由制动器、控制装置、传动装置、供能装置等组成。

车身用于安置驾驶员、乘客和装载货物。车身还应包括内、外附属设备。车身是整个车的基础。它接受发动机的动力、使车产生运动,并保证车体按驾驶员的操作正常行驶。

发动机是底盘的动力装置,目前轮式自行火炮所用发动机主要有汽油发动机和柴油发动机,发动机一般由缸体部分、曲轴连杆机构、配气机构、燃油供给系、冷却系等组成。

电器设备是用于发动机启动、点火、车体照明、信号、车内温度调节以及改善自行火炮底盘性能的自动控制装置。电器设备主要由电源系统、启动系统、点火系统、照明与信号系统、发动机电子控制系统、底盘电子控制系统和车身电子控制系统等组成。电器设备要遵循电磁兼容的原则,现代战争电磁环境十分复杂,随着电子产品在自行火炮上的广泛应用,电磁兼容性已成为影响轮式自行火炮性能和作战使用的重要因素。轮式自行火炮车体电器设备的电磁兼容性要求如下:

① 电线和电缆布线。必须根据电线或电缆的干扰与敏感度特性,把信号导线、电缆与强电路分开设置,并注意走线方式,尽量减少耦合现象产生。

② 电源。电源在运行中的稳态、纹波和浪涌电压应符合电气系统特性规定,不得出现电源设备与用电不匹配造成的非稳态运行状态,更不允许产生用电设备敏感的浪涌电压。

③ 尖峰电压。电气系统运行中出现抛载或突然加载的瞬态过程时,系统产生的尖峰电压不得超过±250 V。当±250 V 尖峰电压输入到电气系统时,系统工作也不得出现异常。

④ 搭接和接地。搭接是指自行火炮金属结构部件、设备、附件与车体之间有低阻抗通路的可靠连接;接地是指把设备的负线、壳体或结构部件连接到车体,为设备与车体之间提供低阻抗通路,以防止产生电磁干扰电平,也是防止电击、静电防护、雷电防护以及保证电台天线性能最佳的必要措施。

⑤ 雷电防护和静电防护。对人员、燃料、武器和军械分系统应采用雷电防护和静电泄放的措施。

⑥ 人体防护。为保证人员不受射频、电磁、静电荷电击危害,要求分系统和设备的设计必须满足对人体的安全规定。

⑦ 外界环境。系统设计应考虑到系统外部的电磁环境,因为外界电磁环境可能降低系统效能。

⑧ 抑制元件选型。应选择符合系统要求的、对电磁干扰抑制效果好的抑制元件。

5.3.2　底盘减重

现代战争对火炮的威力、机动性、生存能力提出了愈来愈高的要求,火炮轻量化技术研究,成为国内外火炮界共同关注的研究课题。而车体减重也是火炮轻量化技术研究的一个主要方面,其成果对提高火炮武器系统的战略战役机动性、提高其战场生存能力和快速突击能力有突出的意义。为了减轻车体质量,现在主要从工艺、材料和结构上进行减重。

(1) 采用轻质材料和整体成形工艺

采用轻质材料代替钢材是近年车身制造常用的方法,铝合金材料已经广泛应用在发动机、轮圈、仪表板装饰及其他零部件上,也大量用于车身上。现在,还有一种镁合金已经出现在车上。镁除了质量比铝轻以外,还具有比强度和比刚度高、导热导电性能好、阻尼减震和电磁屏蔽性好、易于加工成形、可以回收等优点,是理想的金属结构材料。车上有 60 多种零部件适合采用镁合金,例如发动机零件、变速器零件、仪表板、轮圈等。由于镁是地球储量最丰富的金属元素,加上它的合金材料优点明显,越来越受到汽车业的重视。

但在工程应用时,铝、镁合金发生焊接软化,强度降低而受到制约。目前出现了一种新的技术,使铝、镁等轻质合金材料,经整体成形工艺加工,避免了焊接软化,并可大幅度提高强度。

(2) 采用“拼焊”工艺

车身各部分结构的形状、受力不一样,对强度、刚度、拉延和塑性变形的要求各有不同,一般要根据构件的形式、要求和使用材料来选择冲压工艺。过去的冲压工艺首先把钢板剪裁成冲压板料,然后冲压成为冲压件,再将各个冲压件焊接成所需要的部件。一种新的工艺方式则将这种顺序颠倒过来,它称为“拼焊”,就是将不同厚度和不同性能的钢板剪裁后拼焊起来的一种钢板,这种拼焊钢板可以冲压加工。采用拼焊钢板可以按照车体的不同部位对应采用不同的板材,更好地发挥其作用。例如在负荷大的地方采用较厚的高强度钢板,而在其他部位则使用较薄的高强度钢板。拼焊采用激光焊接,经过激光焊接的拼焊钢板允许进行冲压加工,经冲压成型而成为车身上的冲压件。拼焊钢板的应用简化了生产工艺、改善了构件性能,从而减轻了构件质量。

(3) 采用新结构

车身采用新结构是车体轻量化技术的另一个技术途径,新结构通常就是使部件在保证刚度、强度的前提下实现薄壁化、中空化和小型化以及将多个部件的功能集成在一个部件上形成多功能部件。

总之,减轻车体质量,可以减少燃油消耗,提高轮式自行火炮的性能。

5.4 发 动 机

发动机历来有轮式自行火炮的心脏之称,对轮式自行火炮的机动性能影响很大。国内外的经验表明,具有性能优良的发动机,是设计出优良车辆底盘的前提,而底盘又是安装一切战斗和作业装置的前提。轮式自行火炮设计之前,对已有发动机进行选择,如没有完全合适的发动机,则应预先提出设计或改进要求。

对发动机及其附属系统组成的动力装置的主要要求是:

① 车辆行驶需要的功率、转矩和转速要求。

② 提高单位体积功率。轮式自行火炮的单位功率是车辆机动性的主要标志,因此发动机功率是决定车辆机动性的主要因素。现代轮式自行火炮的发动机功率高达 1 103 kW,单位体积功率高达 $800 \sim 1\,400$ kW/m^3,单位功率质量为 $1.5 \sim 2$ kg/kW。在自行火炮内部空间和整车质量一定时,提高发动机的单位体积功率,可提高机动性能,扩大战斗部分空间,提高火力性能;降低发动机的高度,能降低自行火炮的高度,从而减小被对方炮火命中的概率,提高防护性能。由此可见,自行火炮发动机的单位体积功率直接影响到自行火炮的三大性能。

③ 低耗油率。降低燃油及机油的消耗,不仅具有经济意义,更具有军事意义,即自行火炮携带同样数量的燃油和机油,其行驶里程就可以增大,而当行驶里程一定时,油箱的体积就可缩小。就柴油发动机而言,燃油箱体积约占动力装置体积的 17.5% 左右,占车辆内部空间的 7%,因此油箱体积对减小车体外廓尺寸、质量和增加携带的弹药数量有重要影响。此外,减少油料消耗,可以减轻后勤供应负担。现代自行火炮发动机的比燃油消耗量小于 240 g/(kW·h)。

④ 宽适应性。应能在高温、严寒、高原、山地、泥泞、潮湿、振动、冲击、潜渡等各种气候和环境条件下长期可靠工作;能使用多种燃料,需要换另一种燃料时,发动机不需要重新进行机械调整,并且性能和寿命不会因此而降低。

⑤ 高可靠性、维修性和耐久性。就是要求较高的平均无故障间隔时间,较少的平均维修

时间及较长时间的持续工作能力。

⑥ 良好的启动性能。发动机启动性能的好坏直接影响到自行火炮进入战斗的准备时间。在任何环境条件下,特别是在低温条件下,发动机都必须能迅速、可靠地启动。

⑦ 低噪声。降低噪声可改善乘员的工作环境和提高隐身防护性能。

⑧ 采购费用及维修保障费用低。

5.4.1　发动机选型

(1) 动力种类的选择

一般车辆的动力有电气、热机和混合动力三类。目前自行火炮上以汽油机、柴油机和燃气轮机为主,随着技术的发展,电气动力和混合动力会逐渐应用到自行火炮上。

战斗车辆采用汽油机或柴油机,从 20 世纪 20 年代就开始有争论。俄罗斯在第二次世界大战时已选定专用柴油机,西方直到 50 年代才统一用柴油机。尽管柴油机的比质量和比体积大于汽油机,但在具有同样容量的燃料时,车辆最大行程是汽油机的 1.3 ~ 1.6 倍,在战场上被击中后也不易着火,且没有电火花影响通信和电子装置。同时实践证明,为经济而采用现成的航空发动机或其他民用大功率发动机都不适用,60 年代以来发展成功的专用发动机,差不多都是适用多种燃料的高速柴油机,即在必要时也可以喷射煤油、汽油甚至机油等。不过,在拥有大量汽车的一些炮兵或步兵部队中,为了后勤简便、与汽车通用,又欢迎在他们的数量较少的自行火炮上采用汽油机。有的轻型车辆也采用大量生产的民用发动机。

在 20 世纪 60 年代的自行火炮上就已开始应用燃气轮机,与柴油机相比,虽然燃气轮机有燃油消耗率偏高、耗气量大和空气滤清器体积大、研制成本高和系列化难度大等缺点,但是它具有结构简单、质量轻、体积相对较小、振动和噪声小等许多优点,特别是具有较大的转矩变化范围,可改善车辆的牵引特性,减少排挡数目,越来越引起人们的重视。

当前世界自行火炮发动机的装备和研制现状是:柴油机仍然处于统治地位,通过基本结构、燃烧系统、冷却系统、涡轮增压、中冷等新技术的应用,柴油机正在继续发展,还具有强大的生命力;燃气轮机实现了突破,20 世纪 70 年代末首次作为主动力装置进入自行火炮发动机行列,80 年代初功率就达到了 1 103 kW。

从 20 世纪 80 年以来,国外自行火炮主要生产国研制的高比功率柴油机都已先后付诸装备并进行了诸多改进和新的研发。德国 MTU 公司的 880 系列和美国康明斯公司的 AIPS(先进整体式推进系统)代表当前自行火炮柴油机最先进水平。目前发达国家自行火炮柴油机的比功率已经达到 70 kW/L 以上,新研制产品 HPD(高功率密度柴油机)高达 92 kW/L。

我国自行火炮用柴油机主要经历了类比、改进和创新三个阶段。经过半个世纪的发展,取得了很大进步,尤其是单一功率指标方面接近了国际先进水平。目前的产品包括 E32V150ZAL、8V150ZAL、BF6V150 和 SLl50。自行火炮柴油机功率由一代的 382 kW 发展到三代的 883 kW；SLl50 柴油机可达 1 176 kW，功率密度达 34.6 kW/L。但从总体性能上看，距国际先进水平还有很大差距。

（2）柴油机冲程数的选择

有少数自行火炮采用二冲程发动机，二冲程发动机的单位体积功率比四冲程发动机高得多。但燃料经济性不好，低速特性差，影响最大行程，不适于在困难路面上行驶。当采用增压器以后，一些缺点得到改善。现在多数自行火炮采用四冲程发动机。

（3）气缸排列形式的选择

发动机的气缸排列形式中，直列气缸在一般缸径时的功率不够大，缸数过多会使机体过长。星形和 X 形排列的发动机高度大，曲轴中心过高不便于连接传动部分，保养接近向下方的一些气缸有困难。对置活塞发动机的活塞顶和燃烧室的热负荷大，导致壳体和缸套易裂，立式对置活塞发动机高度影响车体高度，卧式对置发动机影响车体的宽度或长度，它们都较难再继续加大功率。20 世纪 70 年代以来所研制的自行火炮发动机几乎都采用 V 形结构的气缸排列形式，包括许多轻型车辆也如此，V 形夹角一般为 90°或 60°，气缸数多为 12 或 8。

现在发展趋势，发动机不但与传动装置组装为一体，冷却装置和空气滤清器等也都固定为一体，这样可取得最紧凑的空间和工作可靠性，整体拆装和调整所需时间也大幅度地减少 90%以上。

（4）动力机组

用两台以上发动机来组成动力机组，可以获得分别工作和联合工作的不同功率及最低的油耗，但得到所需功率所占用的体积和质量大，并且不必要具有多份附属装置和连接结构。

5.4.2　发动机布置

根据现有各底盘总体布置的特点，发动机布置可归纳为四类基本方案。

1. 发动机和传动后置

这类方案又可分为发动机纵放、横放及斜放等三种方案，如图 5-1 所示。

（1）发动机纵放

这是最典型的总体布置形式。其特点如下：

① 工作条件。可以较好地将发动机和传动部件与乘员隔离，使得动力传动系统的温度、油料蒸气、废气、振动和噪声对乘员的影响减小；驾驶室空间较大，能够合理地布置操纵件，便于观察和驾驶。

② 防护性。车体前部窗口少且小；车首没有传动部件，装甲可以倾斜较大，有利于车辆正面的装甲防护。乘员与动力传动系统之间的隔板最短，截面积较小，易于保证驾驶室、战斗室的密封布置，利于集体三防的设置。主动轮在后部，在战场上不易被击中，比较安全。

③ 拆装与维修性。动力和传动室空间较大，较易满足拆装与维修的需要及日益增大的大

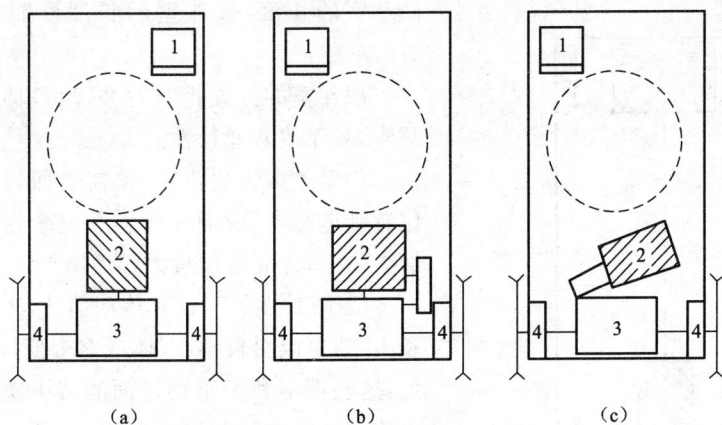

图 5－1　发动机和传动后置

（a）发动机纵放；（b）发动机横放；（c）发动机斜放

1—驾驶室；2—发动机；3—传动装置；4—侧传动

功率发动机的需要；易于实现动力和传动的整体吊装；易于合理地布置发动机的辅助系统。

（2）发动机横放

它是保持车辆较小、较轻的重要措施之一。在防护性和工作条件方面同发动机纵放。其他特点如下：

① 结构紧凑。传动装置与发动机在长度上有所重叠，可缩短所占车体长度。当采用气缸V形排列的发动机时，可以利用发动机侧下方凹入的空间。

② 散热困难。由于结构紧凑，散热器的面积受到限制，冷却系易于过热；风扇布置受限制，占去一段车体长度，并使车尾装甲较垂直，风扇传动机构较复杂；增加了连接发动机和变速箱的前传动箱，这样齿轮啮合对数就增加了，从而降低了传动系统的总效率，增加了散热量。

③ 拆装与维修性。拆装、调整和保修困难。

（3）发动机斜放

这是介于以上二者之间的布置方案，利用对角线的最大长度来布置发动机，可节省占用车长，而比横放也减少了传动箱的啮合次数，只用一对锥齿轮。

2. 发动机后置、传动前置

这种方案曾在第二次世界大战时期，被美国、德国、日本等国家采用，如图 5－2 所示。其特点如下：

① 工作条件。发动机和传动部件分置在前后端，容易保证纵向平衡，车辆绕横轴的转动惯量较大，纵向角振动周期增长，有利于改善乘员的工作条件。另一方面，驾驶室和传动室相邻，致使驾驶员工作条件恶劣。

② 外廓尺寸分配。驾驶室和传动室的长度重叠，可缩短车体长度，减轻车体质量，或扩大

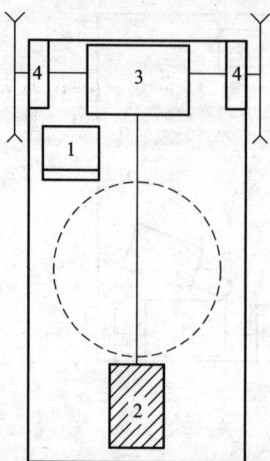

图 5-2　发动机后置、传动前置

1—驾驶室；2—发动机；3—传动装置；4—侧传动

战斗室的长度，战斗室的长度可能扩大到车长的2/5 左右。

战斗室的位置相对后移，炮口伸出车体的长度减短，利于改善通行性能。

传动轴穿过战斗室，使需要回转的战斗室部件位置被迫提高，因而使车体和整个自行火炮的高度加大，并引起底盘质量大幅度增加。

③ 防护性。车首有传动部件，车体前部窗口多和大，装甲倾斜较小，车体或整个自行火炮的高度加大，这些都不利于车辆正面的装甲防护。乘员与动力传动系统之间的隔板较多，不利于集体三防的设置；主动轮在车体前方易于被击毁。

④ 拆装与维修性。传动操纵拉杆或管道的距离短，甚至操纵装置可以直接伸向驾驶员而不必经过甲板上的支座，简便可靠，便于调整。车内可能接近传动和操纵部件，在战场上排除故障可以不到车外。这类方案现已被淘汰，未被再采用。

3. 发动机和传动前置

所有的履带式装甲输送车和步兵战车、多数现代自行火炮和轻型坦克以及少数主战坦克采用这种方案。发动机和传动前置又可分为几种方案，如图 5-3 所示。

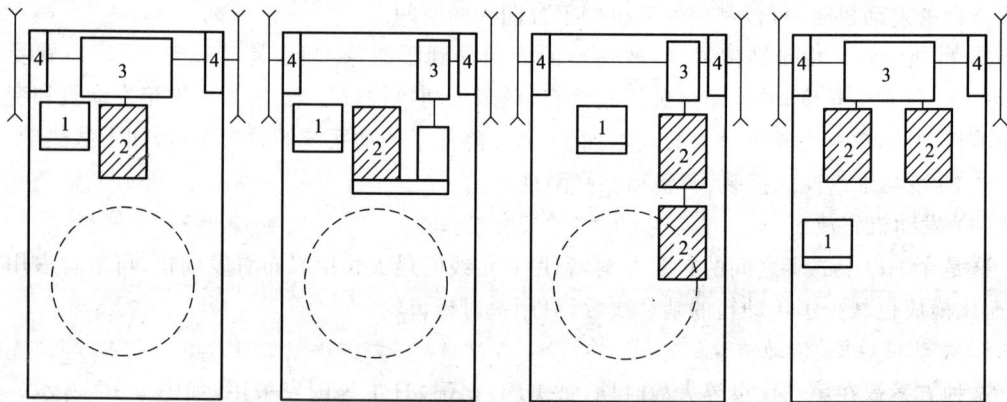

图 5-3　发动机和传动前置

1—驾驶室；2—发动机；3—传动装置；4—侧传动

① 空间的利用。动力、传动、驾驶室在长度上结合，得到最短也是最轻的车体和最大的可用空间。可用空间在后，宽敞完整，便于改装成各种变形车，成为系列车族，降低成本，便于

通用。

　　② 拆装与维修性。能在车内接近发动机、传动和操纵部件,战场排除故障可以不到车外以减少危险。发动机、传动和驾驶室密集紧凑,保养维修不方便,缺少战斗室以外的弹药和油料储存空间。发动机冷却系等也难于合理布置。

　　③ 防护性。车首有动力传动部件,车体前部窗口多且大,装甲倾斜较小,车体或整个自行火炮的高度加大,这些都不利于车辆正面的装甲防护;但另一方面,驾驶员在动力传动部件的反面,又多了一道防护墙。在向前的主要方位上,火炮的俯角可能受到限制,为此增加炮塔高度将增加防护的正面积,也会增加质量。乘员与动力传动系统之间的隔板长度大而曲折,不利于集体三防的设置。主动轮在车体前方易于被击毁。

　　④ 工作条件。发动机和传动部件的温度、噪声、气体、振动等对乘员的影响较大。较厚的前装甲和发动机及传动部件都集中在前,车辆易于前重后轻不平衡,特别是较重的火炮更易发生这种情况。乘员在车尾,行进间的振幅较大,影响射击和易于疲劳。

　　对于装甲输送车和步兵战车及指挥车、救护车等辅助车辆,需要在靠近前沿的阵地迅速而隐蔽地上、下车,即需要在车辆后部的装甲上开设出入门。因此,人员或战斗空间只能在车体后部。这些车辆现在全都采用发动机和传动前置的方案。

　　为数众多的各类自行火炮,战斗室在后的布置适于人员活动和由弹药输送车不断地补充弹药;也有利于使大口径炮口伸出车体较少而便于通行。

　　轻型战斗车辆因质量轻才称其为轻型。在具有一定装甲防护前提下,只能争取车体尽量小,才能达到质量轻的目标。而采用动力和传动前置的方案比较有利。

　　4. 发动机前置、传动后置

　　用于一些非装甲的牵引车和越野车辆的方案,如图 5-4 所示。主要特点如下:

　　① 利于冷却。风冷发动机本身或冷却水散热器的布置,便于在车辆前进时得到迎风冷却。对一定道路条件来说,冷却风量和车速或功率成比例,符合需要。这可以节省风扇功率,减轻、减小及简化风扇及其传动机构。

　　② 防护性。车首有动力部件,车体前部窗口多且大,装甲倾斜较小,车体或整个自行火炮的高度加大,这些都不利于底盘正面的装甲防护。

　　综上所述,每种总体布置方案有自己独特的特点,各部分空间可以分合变动,应根据用户需求而选定。方案设计时,原则上应考虑如下要求:

　　① 人员工作空间要大,车辆外廓尺寸要小,质量要轻。

　　② 大部件拆装要方便,同时窗口不影响防护。

　　③ 动力、传动部件尽量集中而车辆又前后平衡。

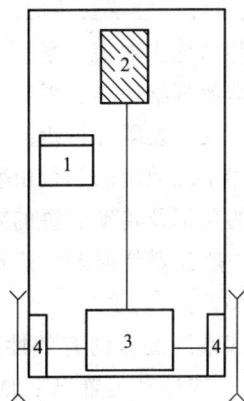

图 5-4　发动机前置、传动后置

1—驾驶室;2—发动机;
3—传动装置;4—侧传动

④ 车内易于接近发动机、传动部件进行维修保养,同时它们又较少影响乘员的工作环境,易于三防密封。

5.4.3　冷却方式

发动机用水冷的经验较多。与风冷比较,水冷发动机工艺要求较低,成本较低,容易防止局部过热,机体表面的温度较低,噪声较小,在水上行驶和潜渡时能利用车外的水来冷却。但是水冷发动机不利于在缺水地区使用,需要更多的冷却空气才能带走相同的热量。水冷式冷却系比较容易损坏和漏水,水垢多。特别是,水冷式的整个动力部分所占体积、质量都比风冷式的大。美国、日本、德国等一些厂家具有风冷发动机的传统经验。现代自行火炮发动机功率日益增大,需要冷却的热量也越来越大,风冷式难于满足要求,但风冷式发动机对于中、轻型车辆还是适用的。

5.4.4　冷却装置的布置

轮式自行火炮底盘需要散热的项目主要有发动机冷却水、发动机机油、发动机燃油、综合传动装置润滑油、液力变矩器油、发动机增压中冷器、风扇传动及液压转向机等的液压油、空调或制冷装置、大功率电动机或其他辅助设备、发动机及传动箱体。

轮式自行火炮的工作环境非常恶劣,工作环境气温变化范围可达$-40\sim50$ ℃,动力舱处于半封闭状态,潜渡时处于全封闭状态,发动机除通常工作外,还经常在低速、重负荷下长时间工作,如爬坡、沙地、泥泞地等,这时发动机发热量很大,大多数自行火炮都不同程度存在过热现象,这是设计中经常要考虑的问题。

冷却系统主要由水系统、换热装置和有关的通风装置组成。水系统用来将发动机的热量通过冷却液带给换热装置,换热装置完成冷却液向空气或空气-空气的散热,通风装置使冷却空气通过换热装置并带走热量。如图 5-5 所示。

冷却系统散出的热量由发动机和传动装置的热流量来确定,与发动机和传动装置的形式、发动机的功率及传动装置的效率等有关。一般情况下,对于往复活塞式发动机,进入冷却系统的热量为燃油燃烧时产生热量的 $15\%\sim31\%$,传动装置进入冷却系统的热量为发动机热量的 $20\%\sim25\%$。

冷却系统工作的有效性用从动力传动装置出来的介质温度与周围空气温度的差值来表征,发动机或传动装置出来的介质温度达到许用极限时的环境温度称为系统的效能极限。对于往复活塞式发动机,传热介质允许极限温度范围为 $115\sim125$ ℃,机械传动装置润滑油的允许极限温度范围为 $120\sim125$ ℃,液力机械传动装置润滑油的允许极限温度范围为 $130\sim140$ ℃。对于燃气轮机,机油温度允许到 150 ℃。

（1）风扇选择

现在常用的内燃机热效率不太高。一般柴油机的热量利用和排热情况约为：输出功率 34%，排气 31%，冷却 31%，辐射 4%。由于需要从密闭的车体中带走的热量很大，因此发动机轴功率的 12%～14% 将用以驱动风扇，发动机实际输出净功率不超过 30%。

风扇由发动机直接带动，以保证只要发动机运转就能有冷却气流。风扇传动形式有：带传动、齿轮传动、液力传动及液压传动。带传动和齿轮传动结构较简单，成本低，但不能进行无级调速；液力传动可进行无级调速，但结构较复杂，成本高；液压传动布置自由，可进行无级调速，但传动效率较低。

风扇本身尺寸应该小，风量和风压适应于要求。冷却风扇从入口到出口的压力变化是属于 10% 大气压以下的低压头风扇。

冷却系采用的通风装置有风扇和废气引射抽风装置两种，如图 5-6 所示。风扇有离心式、轴流式和混流式三种。

离心式风扇：离心力造成空气的静压头，风扇周围的蜗形风道内的空气动能也转换为

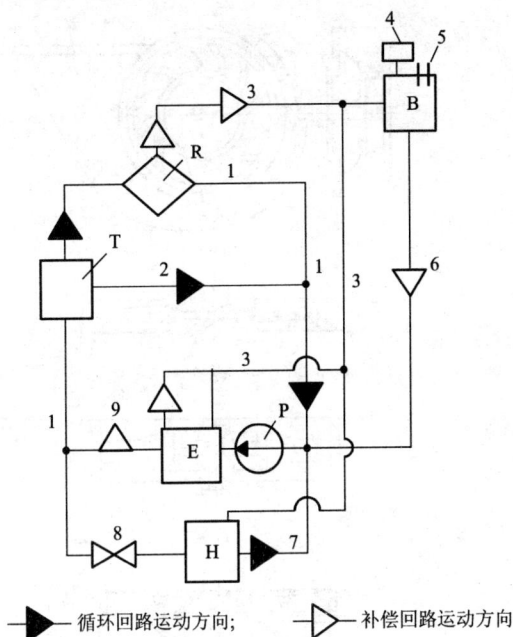

▶ 循环回路运动方向；　▷ 补偿回路运动方向

图 5-5　冷却系统的主要组成

R—散热器；B—膨胀水箱；P—水泵；
H—加温器；E—发动机；T—恒温器；
1—循环管路；2—小循环管；3—蒸汽-空气管；
4—加水口；5—蒸汽-空气阀；6—补偿管；
7—加温系管路；8—放水阀；9—温度表

静压力。总的气压可达 1 500～3 000 Pa。其特性在较大程度上取决于叶片弯曲形式与角度，因此，又分为三种。叶片前弯的离心风扇的空气压头高，但效率较低。常用的是叶片后弯的，其效率较高、压头较低；为提高压头，需要提高转速。径向的直叶片的性能介乎二者之间。

轴流式风扇：空气流量大，效率较高，但空气压头一般低于 1 800 Pa。低压头风扇的叶片数目可以少到两个；需要较高的压头须增加叶片数。用风扇罩管可引导空气使部分切向分量速度转换为静压头。而风量与压力成正比，从而提高了效率。当在叶轮的前、后或只在一侧装有固定的导向叶片时，可以把动压头在切向上的分量转换成静压头，从而提高效率。

混流式风扇：可以产生轴向和径向气流分量，兼有轴流风扇流量大和离心风扇静压头高的综合性能，效率较高。

废气引射抽风是利用发动机排气压力，经喷嘴喷射，并扩张引流来抽风。这样，可利用废气余压做功来降低风扇消耗功率，效果较好，曾在一些自行火炮上应用。但现代发动机利用废气对涡轮增压器做功，就不能再做抽冷却风用。

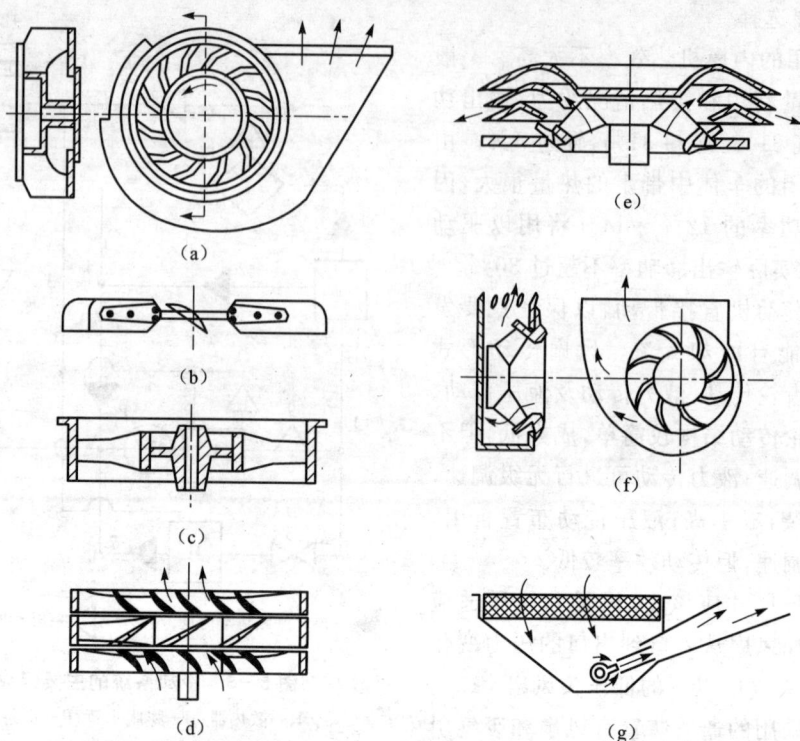

图 5-6　风扇和废气引射抽风装置
(a) 离心式风扇;(b) 螺旋桨式轴流风扇;(c) 管式轴流风扇;(d) 叶片式轴流风扇;
(e) 带径向扩压百叶窗的混流式风扇;(f) 带蜗壳的混流式风扇;(g) 废气引射抽风装置

　　选用风扇需要能克服风道的阻力提供足够的空气流量。风扇的数量和最大直径要与散热器尺寸相配合,而速度则与传动比有关。风道阻力为冷却系静压力降的函数,随流量而变,近似于抛物线关系。它与风扇提供的静压头曲线的交点,决定空气的流量,如图 5-7 所示。试验证明,风扇流量正比于速度乘直径的三次方,而压力正比于速度的平方乘直径的平方,并和空气密度成正比变化。风扇消耗的功率则随速度的立方变化,也与空气密度成正比变化。

　　冷却系风道阻力产生于百叶窗、金属网、各散热器、发动机及一些妨碍空气流通的部件。在大多数冷却系中,气流是扰动的,静压力损失随风量的平方而变。通常需要通过实验决定,也可以类比计算。

　　当可利用的车内空间不受限制时,一般可选用专业生产的成品。当可利用的车内空间受限制不能用一个大风扇时,可以:① 用两个较小的风扇并列;② 用三个风扇并列;③ 用单独的进风风扇和排风风扇。

（2）风扇布置

当采用风扇式冷却系统时,散热器可放在吸入端,直接放在进气百叶窗下面,也可放在压缩端（风扇后面）。在系统中可采用一个、两个或几个风扇,这与动力装置的功率和动力传动舱的布置特点有关。而且工作叶轮的旋转平面可以是垂直的、水平的或倾斜的。当在引射冷却的系统中,散热器只能放在吸入端。

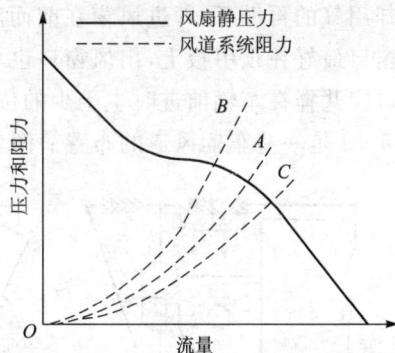

图 5-7　风扇压力、风道阻力与空气流量的关系

风扇布置在动力室进风窗处鼓风,动力室内的气压高于环境大气压,称为正压动力室。

风扇布置在动力室排风窗处抽风,动力室内的气压低于环境大气压,称为负压动力室。

由于在三防状态下战斗舱呼吸用气不允许污染,而动力舱的燃烧和冷却用气量大,又不能三防滤毒,因此,要求战斗舱和动力舱间完全密封,如果隔板在行驶中变形,或战斗中损坏时,正压动力舱中的气体就通过隔板向战斗舱泄漏,给乘员造成威胁;而负压动力室较好。负压动力室的隔板上应该设置可开闭的窗,以保证战斗舱平时通风和潜渡时发动机燃烧用气等。

（3）风道设计

风扇与主要散热器的布置可以相邻近,特别是静压头较高的鼓风风扇,其间的间隙应该较严,以减少旁通漏风（不通过散热器）。相距较远时,应该有密封的风道或隔板,保证空气有效均匀经过散热器。

风扇最好在主要散热器之前,所扇的是冷风,效率较高。若在散热器之后,所扇的是升温膨胀后的空气,需要较大的风扇才能保证同样的风量。不同压力和温度的动力室布置形式如图 5-8 所示。

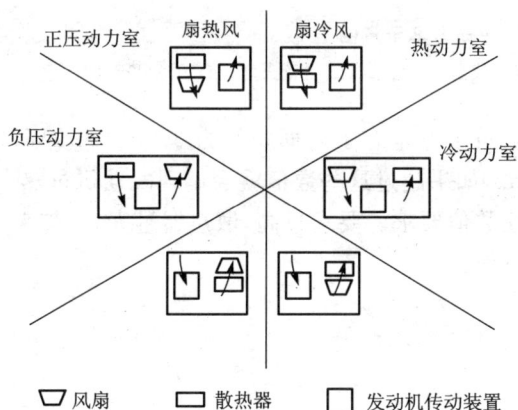

图 5-8　不同压力和温度的动力室布置形式

主要散热器如果在冷却空气的进口处,散热效果好,但进入动力室的是热空气,不利于其他低温部件热量的散发。理想的气流顺序为:先经过低温部件,再经过高温的部件,最后流出车外,以充分发挥冷却的效果。另外还要考虑发动机的空气滤清器不能在热的动力室内吸气,必要时可在装甲上专门设窗和吸气道,以保证发动机具有较高的进气系数。

整个风道应该没有狭窄的断面、急拐弯和过长、过多的曲折,这样可以减少阻力,使风扇所需功率小而风量大。总体布置中要尽可能利用车辆前进时的自然气流帮助通风及防止冷却用气的再循环,即进风窗在前而出风窗在后,至少进风窗和出风窗并列,而不能后进前出。窗口最好在顶甲板上,出风窗口也可开设于后甲板或两侧,但应注意防护性和防尘土,进风窗口应选择在车辆前进时尘土少的位置。

图5-9是一些车辆风道的布置简图。

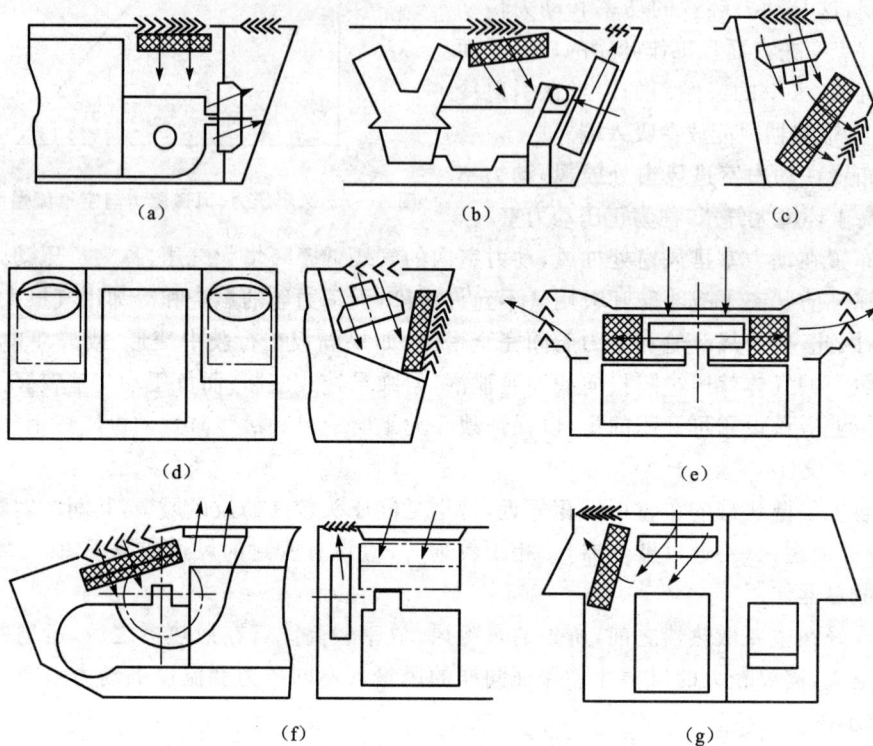

图 5-9　一些车辆的冷却方案示意图
(a) 伊朗狮;(b) T-72;(c) TAM;(d) 黄鼠狼步兵战车;(e) 豹1;(f) 自行火炮;(g) AMXl0P

对于水冷式发动机,其散热器的平均尺寸是:每平方米芯子表面积约为 350～420 kW,每立方米芯子约为 3 400 kW,芯厚约 75～175 mm。如果超过这些数值就会出现发动机过热。

散热器面积应该在一般的夏季温度满足上述数值要求。要求过高,散热器过大,又带来布置和尺寸等一系列问题,而多数时间用不上,得不偿失。

5.4.5　油箱布置

现代轮式自行火炮的动力装置功率在不断增大,作战半径也在日益增加,所需携带的燃油也就越来越多,其结果就是燃油箱容积不断加大,给设计布置带来困难。图5-10为自行火炮的单位质量燃油储量分布图,一般在 15～25 L/t 左右。公路最大行驶里程约由 600 km 提高到 1 000 km。

　　油箱工作先从附加油箱开始,而后是车外油箱,先从有侧甲板的后油箱开始,最后是内部油箱。随着燃油的消耗,油箱经放气油箱用空气进行填充。与车外油箱的截止阀的位置有关,空气进入右后车外油箱或左后车外油箱,而后再由此沿排气管路到其他油箱。

　　箱的形状可根据空间情况而变化,在布置工作中可以有一定的用以填充其他装置布置剩余空间的异形油箱,如弹架油箱。

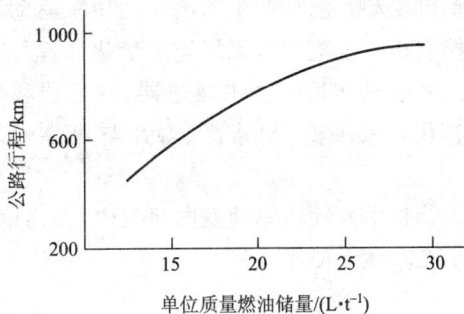

图 5 - 10　自行火炮的单位质量燃油储量分布图

　　布置油箱的基本原则是:

　　① 油箱在平时不需要保养接近,应该尽量利用不容易接近的空间,包括离发动机较远的部位。

　　② 油箱的高度应较高,避免扁平,以免在车体振动和倾斜时吸入空气,引起发动机熄火。

　　③ 加油口应该开设在顶装甲上。在侧、后部位时,应保证防护和密封。

　　④ 油箱下部要有一定深度的"底油",以免吸入沉淀物。

　　⑤ 应该有从油箱最低点通向底装甲的放油口,才能放尽沉淀。

　　⑥ 油箱应该分组,以免一个油箱在战斗中损坏后全部油都漏损。

　　⑦ 最大行程所需燃油尽量在车内储存,一般应不少于 60%。

5.5　传动系统

5.5.1　传动系统组成

　　传动系统用来将发动机的动力传给驱动车轮。按照能量传递方式的不同,传动系统可分为机械传动、液力传动、液压传动、电传动等。

　　机械传动系统一般由离合器、变速器、万向传动装置、主减速器、差速器和半轴等机件组成。

　　液力传动也叫动液传动,其特点是传动系统中装有液力元件(液力耦合器或液力变矩器)。由于在液力元件之后还要串联安装一个机械变速器,因而多将这种传动系统叫做液力机械传动。

液压传动也叫静液传动,其特点是传动系统中装有液压元件(液压油泵和液压马达)。油泵由发动机驱动。油泵产生的高压油用来驱动液压马达的转子轴。油泵的供油量可由液压控制装置控制在一定范围内无级连续变化,因而液压马达转子轴的转速也可以在一定范围内连续变化。液压马达用来经主减速器、差速器和半轴驱动车轮运动。液压传动虽有许多优点,但由于其传动效率低、价格高、寿命与可靠性均还有待提高等缺点,目前只在极少数车上采用。

电传动是由发动机驱动发电机发电,再由电动机驱动底盘。电传动由于电机总质量过大,目前极少在车体上使用。

5.5.2　传动系统布置

传动装置的形式与悬挂装置有关,传动形式主要有"T"形、"H"形和"X"形三种。"X"形传动只装有一个中央差速器,适合 4×4 车辆。缺点是车底甲板太高,减小了车内空间,所以目前已不采用。

独立悬挂装置具有越野速度快、乘坐舒适和车底距地高的优点,因此使用越来越广泛。刚性车轴由于可以利用批量生产的民用部件,因此仍应用于轻型装甲车辆。装有刚性车轴的悬挂装置的车辆只能采用复式"T"形传动,目前广泛应用于 4×4、6×6、8×8,乃至 10×10 的军用自行火炮。为有利于驾驶员在作战条件下集中精力操作车辆,越来越多的车型开始采用传动系自动控制系统。这些控制系统利用多个传感器对行驶状况进行持续控制,并视情况自动闭锁或解脱各个差速器,改善车辆机动性能,减轻传动系部件承受的压力,避免驾驶员误操作造成危险。从战术因素考虑,最具有吸引力的还是"H"形传动。这种配置方式采用一种中央差速器,传动轴通过车辆两侧连接到车轮,目前已应用在一些 4×4、6×6、8×8 和 8×6 自行火炮上。"H"形传动大大简化了机械结构,差速器通过锤形传动齿轮和万向轴与车轮连接。其诸多优点包括:车体底甲板平展,有利于灵活安排负载;车辆每侧的车轮直接连接在一起,越野行驶时很少发生车轮丧失全部啮合力的现象,从而减少了使用差速器闭锁和传动系自动控制系统的次数;大部分传动系部件安排在车外部,便于维修;可在横向传动箱的动力输出端加装制动器,实现打滑转向。"H"形传动的缺点是由于每侧的所有车轮以机械方式连接在一起,具有相同的角速度,容易在车轮转向或车轮在负载情况下转向半径不同时出现拖动现象,加剧轮胎磨损和擦伤,尤其在硬质和石质地面上。

5.5.3　变速器

变速器的功用是根据底盘在不同行驶条件下的要求,改变发动机传到驱动轮上的转矩和转速,使底盘具有合适的牵引力和速度,保证发动机在最佳的工况范围内工作。同时,在发动机旋转方向不变的条件下,能保证底盘倒车行驶及在发动机工作的情况下能够切断其动力输出。

在现代底盘传动系统中,变速器的结构类型是多种多样的,若按操纵方式划分,变速器可分为手动变速器和自动变速器。

5.5.3.1　手动变速器

(1)手动变速器的基本结构

手动变速器的基本构造包括变速传动机构和操纵机构两部分。按齿轮传动方式可分为两轴式和三轴式。

所谓两轴式变速器是指变速器只有输入轴和输出轴,它的特点是:在前进挡位工作时只有一对齿轮副(倒挡为两对齿轮副)工作,而当需要较大的速比时,只能增大被动轮的尺寸,从而使变速器的径向尺寸增加。因此,这种结构只适用于速比不大的轿车变速器,特别是发动机前置前驱动或发动机后置后驱动的轿车变速器。

所谓三轴式变速器是指除输入轴和输出轴外,还有一中间轴,其中输入轴和中间轴是通过常啮合齿轮相连接的,而输出轴和中间轴之间设有若干对齿数不同的齿轮副,通过输出轴上的滑动齿轮,让其中的一对齿轮分别啮合,就可得到相应的速比值。由于三轴式变速器中每个挡位是经由两对齿轮传动的,故输入轴和输出轴的旋转方向是相同的(倒挡时为三对齿轮传动,故输入轴与输出轴的旋转方向相反)。三轴式齿轮变速器与两轴式齿轮变速器相比,其突出的特点是:在同样的径向尺寸条件下可获得较大的传动比,且可获得直接传动。因此在载货底盘变速器和大部分轿车变速器上广泛采用。

(2)齿轮传动的变速原理

在一对啮合的传动齿轮中,设小齿轮的齿数 $Z_1 = 17$,大齿轮的齿数 $Z_2 = 34$,则在相同的时间内,小齿轮转过一圈,大齿轮只转过半圈,大齿轮转速为小齿轮的一半。如果小齿轮是主动轮,它的转速经大齿轮传出时就降低了一倍。如果大齿轮是主动齿轮,它的转速经小齿轮传出时就提高了一倍。这就是齿轮传动的变速原理。底盘变速器就是根据这一原理,利用若干个大小不同的齿轮副啮合传动而实现变速的。

图 5-11 所示为三轴四挡变速器的齿轮传动简图。

当变速器处于空挡时,输入轴 1 上的常啮齿轮 2 与中间轴 4 上常啮齿轮 7 处于常啮状态,但输出轴 5 上没有齿轮与中间轴上的齿轮相啮合,故输出轴不转,没有转矩输出。

当变速器处于 1 挡时,输出轴上的齿轮 13 与中间轴上的齿轮 14 相啮合,动力从输入轴的齿轮 2 经中间轴上的常啮齿轮 7 和齿轮 14 传递到齿轮 13,从而传给输出轴,其传动比为

$$i_1 = \frac{Z_7}{Z_2} \times \frac{Z_{13}}{Z_{14}}$$

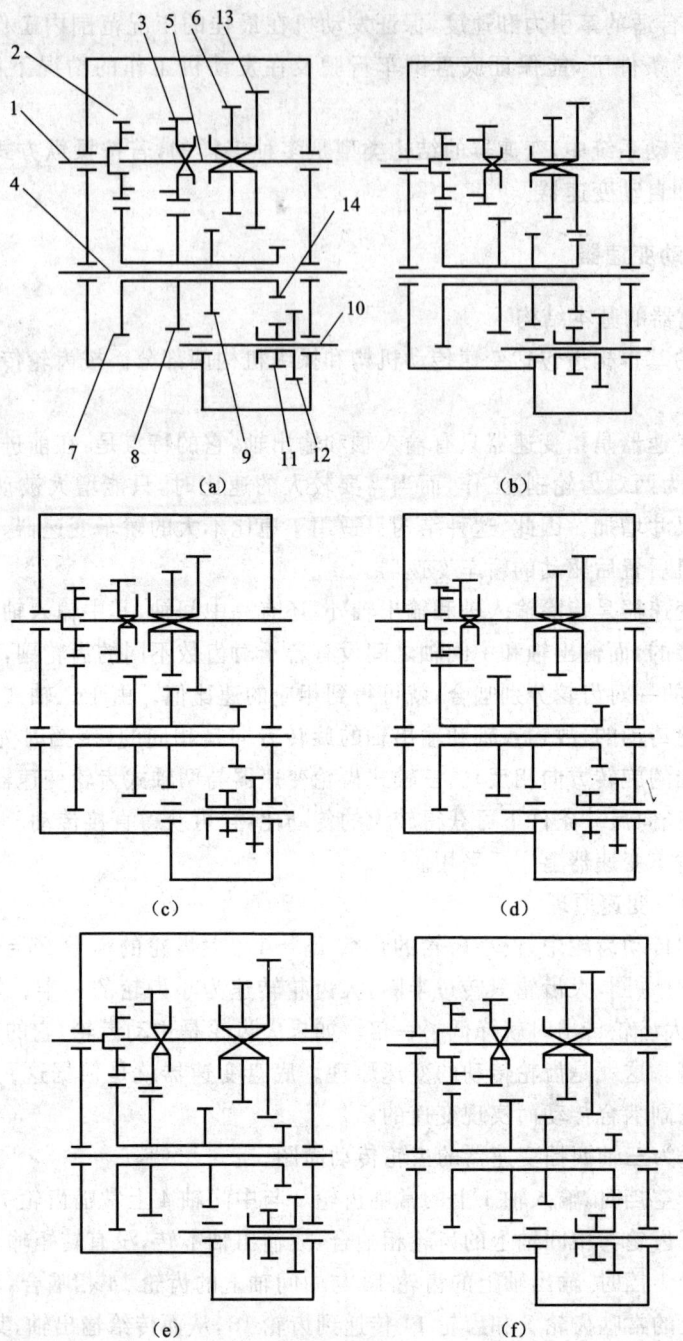

图 5-11　三轴四挡变速器传动原理

(a) 空挡;(b) 1 挡;(c) 2 挡;(d) 3 挡;(e) 4 挡;(f) 倒挡

当变速器处于 2 挡时,输出轴上的滑动齿轮 6 被移至与中间轴上的齿轮 9 相啮合,则动力传递为齿轮 2→7→9→6,最终传到输出轴,其传动比为

$$i_2 = \frac{Z_7}{Z_2} \times \frac{Z_6}{Z_9}$$

当变速器处于 3 挡时,滑动齿轮 3 与齿轮 8 相啮合,动力经齿轮 2→7→8→3,传到输出轴,其传动比为

$$i_3 = \frac{Z_7}{Z_2} \times \frac{Z_3}{Z_8}$$

当变速器处于 4 挡(直接挡)时,输出轴上滑动齿轮 3 左移,使啮合套与输入轴齿轮 2 的齿轮啮合,动力则直接由输入轴传至输出轴,其传动比为 $i_4 = 1$。

当变速器挂入倒挡时,倒挡轴 10 上的齿轮 12 被移至与中间轴上的齿轮 14 相啮合,同时倒挡轴上的齿轮 11 与输出轴上的齿轮 13 相啮合,此时动力经齿轮 2→7→14→11→12→13,传到输出轴,由于是经奇数个齿轮副传递,故输出轴与输入轴的旋转方向相反,传动比为

$$i_倒 = \frac{Z_7}{Z_2} \times \frac{Z_{11}}{Z_{14}} \times \frac{Z_{13}}{Z_{12}}$$

由于各挡啮合的齿轮副齿数不一,所以输出轴传出的转矩和转速不同。挡位越低,输出的转矩越大,转速越低;而挡位越高则输出的转矩越小,转速越高。

目前各类底盘上采用的变速器有不同的挡位。一般轿车和轻型底盘上采用 3～5 挡变速器;中型载货底盘采用 5～8 挡变速器;超重型载货底盘采用 6～10 挡变速器。而且重型和超重型载货底盘多数采用副变速器。

5.5.3.2　自动变速器

众所周知,手动变速器由于结构简单、工作可靠且传动效率高,长期以来一直被人们广泛采用。但是,在驾驶车时,既要操纵变速杆,又要交替踩离合器和加速踏板,特别是在交通繁忙、城市道路阻塞时,这种频繁地换挡,对于驾驶员来说是一种精神和体力上的负担。经过艰辛的研制、开发和改进,目前应用的液压式自动变速器,能够根据各种行驶条件的变化进行自动、适时地换入高速挡或低速挡,从而大大减轻了驾驶员的劳动强度,同时也提高了底盘行驶的机动性及安全性。

1. 自动变速器的特点

自动变速器与手动变速器相比,具有以下优点:

① 消除了离合器操作和频繁换挡,从而减轻了驾驶员的疲劳。

② 能自动适应各种行驶条件的变化,从而降低了对驾驶员驾驶技能的要求。

③ 因采用液力传动,能够避免发动机超载运转,有利于延长有关零件的使用寿命。

④ 由于减少了换挡冲击与振动,使底盘起步加速更加平稳,从而提高了乘坐的舒适性。

尽管很多人认为自动变速器存有结构复杂、价格昂贵、耗油量高、维修困难等缺点,但由于

其具有优良的操作性能和出于对行驶安全性的考虑,目前世界各国自动变速器的装车率越来越高,特别是大排量、高档次的轿车,已达到普及的程度。

2. 自动变速器主要部件及其功能

自动变速器的形式很多,其结构不尽相同,但其基本功能和原理大致相同。

自动变速器主要由液力变矩器、行星齿轮系统、液压控制系统、手控连杆机构等组成。

(1) 液力变矩器

液力变矩器安装在变速器的最前端,通过驱动板用螺栓固定在发动机的后端。它将发动机转矩增大后传给行星齿轮系统。

液力变矩器的作用:

① 增大由发动机产生的转矩。

② 柔和传递(或不传递)发动机转矩至变速器。

③ 缓冲发动机和传动系统的扭转振动。

④ 起到飞轮作用,使发动机运转平稳。

⑤ 驱动油泵工作。

(2) 行星齿轮系统

行星齿轮系统安装在由铝合金制成的变速器壳体内,位于液力变矩器的后面。

行星齿轮系统的作用:

① 根据行驶条件和驾驶员的需要,提供几种传动比,以获取适当的转矩。

② 必要时为车辆提供倒挡或空挡。

(3) 液压控制系统

液压控制系统与行星齿轮系统并联安装在自动变速器壳体内,一般位于行星齿轮系统下方。它将发动机的节气门信号和车速信号转换为液压信号,施加于行星齿轮系统上,以根据各种行驶条件自动变换传动比。

液压控制系统的作用:

① 为行星齿轮系统提供液压,以控制其操作。

② 向变速器内所有元件提供工作液和润滑液。

③ 调节油泵产生的液压。

(4) 手控连杆机构

手控连杆机构贯穿于自动变速器的内外两部分。驾驶员可通过它操纵行车方式,限制最高挡位,同时还可以提供停车挡。

除此之外,自动变速器还包括散热系统、滤油系统、最终传动装置(用于前轮驱动桥)和电控系统等。

5.5.4　离合器

5.5.4.1　概述

离合器一般布置在发动机与变速器之间,用来切断或接合动力的传递。它的功用如下:

① 作为定轴式变速器的辅助机构,可以使换挡轻便。在换挡时,分离离合器,切断发动机传到变速器的动力,有时可利用离合器减轻换挡时的打齿现象(如用"两次分离离合器"或"两次分离离合器空挡加油"方法换挡),因而可使换挡轻便。

② 使车辆起步和加速平稳。如果在车辆起步时,使发动机曲轴与传动系统突然接合,由于车辆及传动系统中许多旋转零件的巨大惯性,可能使发动机受过大负荷而熄火,也可使机件受过大负荷而损坏,还会使车内站立人员安全得不到保障。传动系统装有离合器,在车辆起步或换入高挡后加速时,驾驶员可柔和地接合离合器而使底盘起步和加速平稳。起步和加速的平稳对车内乘员的舒适、安全和延长机件的使用寿命都是很重要的。

③ 作为保险机构,可以限制发动机及传动系统机件受过大负荷而损坏。当车速急剧改变时(如紧急制动或猛然加速时),由于惯性的原因,负荷将大大增加。这时,由于离合器所能传递的扭矩有限而打滑,就可将机件所受负荷限制在一个允许的范围内,以免损坏机件。

④ 便于启动发动机。底盘发动机启动时,将变速器放在空挡状态,往往不分离离合器也能启动。但若在启动时将离合器分离,便可减小启动电动机的负荷,有利于发动机启动。这对大功率发动机以及启动困难、蓄电池电量不足的发动机来说,还是有意义的。

离合器有摩擦式离合器、液力耦合器、电磁离合器等。摩擦式离合器按照其从动盘数目又分为单片式、双片式和多片式三种。摩擦式离合器按照其压紧弹簧的布置特点可分为周布弹簧离合器、中央弹簧离合器、膜片弹簧离合器等。

5.5.4.2　摩擦式离合器的工作原理

摩擦式离合器的工作原理如图 5-12 所示。

发动机飞轮与压盘是离合器的主动部分。带有摩擦片的为其从动部分。发动机工作时,压盘与飞轮同步旋转,如放松踏板,压紧弹簧即推动压盘,将从动盘紧压在飞轮上,使离合器经常处于接合状态,这时在飞轮、压盘与从动盘接触面之间即产生摩擦力矩。发动机的转矩就靠飞轮、压盘与从动盘接触面之间的摩擦作用而传到从动盘上,再由此经从动盘毂传给变速器输入轴,然后再依次经传动系统其他装置传给驱动车轮。

当需要离合器分离时,踏下踏板,分离套筒驱动压盘克服压紧弹簧的张力右移而离开从动盘,同时从动盘因被解除压力也与飞轮脱离接触,离合器便处于分离状态,于是摩擦力矩消失,转矩的传递即被中断。

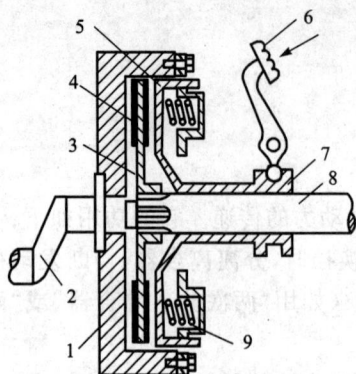

图 5 - 12　摩擦式离合器工作原理
1—飞轮；2—曲轴；3—从动盘毂；
4—从动盘；5—压盘；6—踏板；7—分离套筒；
8—变速器输入轴；9—压紧弹簧

当需要离合器重新接合时，可缓慢松开踏板，使压盘在压紧弹簧张力作用下向左移动，并推动从动盘左移与飞轮恢复接触。随着踏板的逐渐松开，从动盘与飞轮及压盘接触面间的压力逐渐增加，相应的摩擦力矩也逐渐增加。当从动盘与飞轮及压盘接合还不很紧密时，从动盘与飞轮及压盘不能同步旋转，即离合器处于打滑状态。随着从动盘与飞轮、压盘接合紧密程度的逐渐增大，从动盘与飞轮及压盘的转速差逐渐减少，直到同步旋转，离合器完全接合。

由工作原理可知，摩擦式离合器所能传递的最大转矩取决于摩擦面间的最大摩擦力矩，若转矩超过离合器的最大摩擦力矩，则离合器打滑。因此，对于一定结构的离合器来说，其最大摩擦力矩必须要满足传递转矩的需要，但又不能过大，以防止传动系统过载。

离合器的最大摩擦力矩由摩擦面上的最大压紧力、摩擦面尺寸、摩擦副的材料及摩擦面数等决定，可用式(5-1)表达。

$$M_c = \sum P \cdot \mu \cdot R_c \cdot Z \qquad (5-1)$$

式中　M_c——离合器的最大摩擦力矩；

　　$\sum P$——作用在摩擦面上总的压力；

　　μ——摩擦系数；

　　R_c——摩擦面的平均摩擦半径；

　　Z——摩擦面数，$Z=2n$（n 为从动盘数）。

在上述因素中，R_c 受到飞轮尺寸的限制，μ 因摩擦副材料的性能也有一定的限度。因此在某种情况下，可从 $\sum P$ 和 Z 两方面采取措施来满足传递转矩的需要。

当摩擦副材料、从动盘数及其平均工作半径相同时，离合器所能传递的最大转矩，取决于压紧弹簧的压紧力。压紧力越大，离合器的最大摩擦力矩越大，所能传递的最大转矩也越大。但过分加大弹簧的压紧力，在采用螺旋弹簧的条件下，将使操纵费力。

增加摩擦面数可增大离合器的最大摩擦力矩。增加摩擦面数也就是增加从动盘数。只有一个从动盘的称为单片式离合器，有两个从动盘的称为双片式离合器。某些重型车辆，因要求离合器传递的转矩相当大，故多采用双片式离合器。虽然增加从动盘数可提高离合器传递转矩的能力，但从动盘数越多，摩擦面越多，工作温度越高，因而压盘易受热变形，并且零件较多，结构复杂，运转中不适于高速。

可见，在采取某项措施来提高离合器传递转矩的能力时，可能会产生一些其他弊端。因此，为了满足各种自行火炮对离合器的要求，在离合器结构上采取的措施是多方面的。所以也就出现了多种形式的离合器,如膜片弹簧式离合器、中央弹簧式离合器等。

5.5.5　分动器

在多轴驱动的底盘上,为了将变速器输出的动力分配给各驱动桥,设有分动器。分动器一般都设有高低挡,以进一步扩大在困难地区行驶时的传动比及排挡数目。

图 5-13 是某自行火炮底盘分动器。分动器用四个螺栓固定在车架中部横梁的支座上。输入轴前端的凸缘盘通过短万向传动装置与变速器第二轴相连接。后桥输出轴的后端和前桥输出轴的前端各通过凸缘盘连接着后桥和前桥的万向传动装置。

变速器第二轴将动力传给凸缘盘后,经花键驱动输入轴及主动齿轮。主动齿轮将动力传给中间轴双联齿轮的大齿轮,并驱动轴上滑套着的高速挡齿轮。图 5-13 所示位置是分动器空挡位置,后桥动力输出轴及前桥动力输出轴均无动力输出。若将滑动齿轮向后移动以与中间轴小齿轮啮合时,与后桥输出轴花键连接的滑动齿轮将带动后桥驱动后桥输出轴转动。若此时前桥接合套向前移动以其内花键与花键轴相套合时,便可将动力输往前桥。若将滑动齿轮向前推动使其内花键与高速挡齿轮后部外花键相套合时,分动器便挂上了高速挡。若各齿轮转速 n 及齿数 Z 分别以其下标相区别,分动器高、低挡传动比可以由各齿轮齿数比求出:

$$i_{低} = \frac{Z_{11}}{Z_2} \times \frac{Z_{10}}{Z_4}$$

$$i_{高} = \frac{Z_{11}}{Z_2} \times \frac{Z_9}{Z_{11}}$$

分动器输入轴前端用固定螺母将垫圈、凸缘盘、前圆锥滚子轴承内环、主动齿轮、间隔套等机件轴向固定在输入轴的台阶上。输入轴用两个圆锥滚子轴承支撑在壳体上。这种轴承可以承受较大的轴向和径向力,但一个轴承只能承受一个方向的轴向力,因而往往成对使用,其安装方向相反以分别承受两个方向的轴向力。这种轴承的配合间隙即轴承的松紧度是靠装配调整的:后端轴承后边的轴承盖与壳体间的调整垫的厚度改变即可改变两个圆锥滚子轴承的松紧度。一般的调整原则是:使轴能在轴承上灵活转动的前提下轴承配合间隙尽可能小。

中间轴与壳体配合较紧,用后端的切口与固定板相互作用来防止中间轴转动和轴向移动。双联齿轮 4 与 11 通过滚针轴承支撑在中间轴上,两端面与壳体间放有止推垫圈。双联齿轮中部有润滑滚针轴承的径向孔。

后桥输出轴也用前后两个圆锥滚子轴承支撑在壳体上。轴承的松紧度用中央制动器底座与分动器壳体之间的调整垫调整。前桥输出轴后边通过滑动轴承支撑在后桥输出轴前端孔内,前边通过球轴承支撑。

为了便于各齿轮的拆装,壳体上部有窗口,用盖盖住。

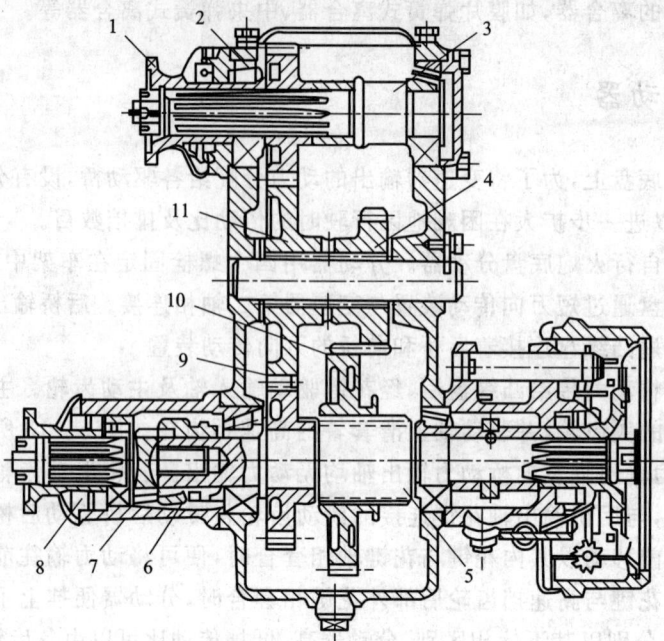

图 5-13 某自行火炮底盘分动器

1—凸缘盘；2—主动齿轮；3—输入轴；4—中间轴小齿轮；5—后桥输出轴；
6—前桥接合套；7—花键轮；8—前桥输出轴；9—高速挡齿轮；10—滑动齿轮；11—中间轴大齿轮

5.6 制动系统

5.6.1 制动方式选择

为了提高自行火炮的作战效率，应尽可能提高自行火炮的行驶速度。但是，由于自行火炮行驶条件的复杂多变，经常要求自行火炮迅速减速甚至停车。例如，在自行火炮即将转向或行经不平地面，或两种自行火炮交会时，都应减小车速，特别是在有碰撞行人、其他障碍物危险时，自行火炮必须能在最短的距离内将车速降至很小，甚至完全停止运动。为了具备这一性能，在底盘上装有制动系统。

用以使车辆在行驶中减速或停驶的制动系统叫做行车制动系统（也叫常用制动系统）。在底盘上还应有使停驶的自行火炮（包含坡道停车）以机械作用保持其不动的驻车制动系统。行车制动系统一般由驾驶员通过脚踏制动踏板控制制动系统工作，而驻车制动系统一般由驾驶员通过手操纵杆(或手柄)来控制其工作。前者俗称脚制动,后者俗称手制动。若制动力矩与制动力的大小可由驾驶员控制在一定范围内变化的制动,叫做渐进制动。显然,行车制动系统应能实现渐进制动,而驻车制动则无此必要。

除了上述底盘上必须具有的行车制动系统与驻车制动系统之外,有的底盘上还具有应急制动系统(或叫做第二制动系统),用来在行车制动系统失效时,仍能使行驶中的自行火炮减速或停车。这种制动系也应具有渐进制动性能。

在山区或丘陵地区使用的自行火炮,在下长坡时不能单靠行车制动系统来防止车速过快,因为长期制动器打滑摩擦会使制动效能降低,甚至烧毁制动器。所以,在这类底盘上,往往装有辅助制动系统,或叫缓速制动系统。

在制动系统中,产生制动力矩的部件叫做制动器。除辅助制动系统外,其他制动系统的制动器多装在车轮内,叫做车轮制动器。有的底盘驻车制动系统的制动器装在传动轴前端,叫做中央制动器。

5.6.2　制动系统组成

任何制动系统一般都由制动器和制动器的操纵装置两部分组成。

按照制动操纵的能源分类,制动系统又可分为人力制动系统、伺服制动系统(助力制动系统)和动力制动系统三种。

按照制动能量传递方式,制动系统又可分为机械式、液压式、气压式和电磁式等。若同时采用两种以上传能方式的制动系统(机械式除外)叫做组合式制动系统。

按照液压式或气压式制动系统的液压或气压回路多少,制动系统又分为单回路、双回路和多回路制动系统三种。单回路制动系统中,若有一处发生漏油或漏气故障,所有车轮制动器均无法制动,安全性差,现已较少应用。在双回路制动系统与多回路制动系统中,各车轮制动器的气压或液压管路,分属于两个或多个彼此隔绝的回路。在其中一个回路失效时,另外的回路还能使底盘制动。

5.6.3　制动系统操纵

自行火炮制动原理可以用图 5-14 所示液压制动系示意图来说明。固定在车轮轮毂上随车轮一起转动的制动鼓,其内圆柱面为工作表面。在固定不动的制动底板上,通过两个支撑销,铰接支撑着两个弧形制动蹄的下端。两制动蹄上部的制动底板上,还固定着有两个活塞的制动轮缸。制动轮缸以油管与固定在车架上的制动主缸相连接。在制动系不工作时,回位弹簧使制动鼓的内圆柱面与制动蹄之间留有一定大小的间隙,车轮及制动鼓可以自由转动。

当驾驶员踏下制动踏板时,通过推杆推动主缸活塞后移,主缸将产生高压油液经油管流入

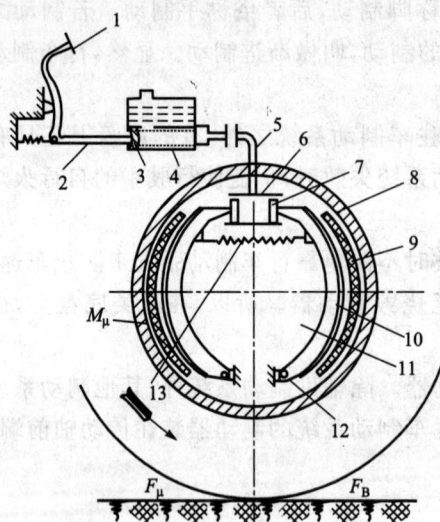

图 5-14　制动系工作原理示意图

1—制动踏板；2—推杆；3—主缸活塞；4—制动主缸；5—油管；
6—制动轮缸；7—轮缸活塞；8—制动鼓；9—摩擦片；10—制动蹄；
11—制动底板；12—支撑销；13—回位弹簧

制动轮缸中，推动两活塞外移而使两制动蹄绕各自的支撑销转动，制动蹄上的摩擦片将压紧在制动鼓的内圆柱面上。这时不转动的制动蹄对旋转的制动鼓作用一个与其转动方向相反的摩擦力矩（也叫制动力矩）M_μ。由于制动力矩 M_μ 的作用，使车轮对地面作用着一个向前的圆周推力 F_μ，同时地面也对车轮作用着一个向后的反作用推力 F_B。这个反作用推力 F_B 是使底盘制动的外力，叫做制动力。制动力经车轮、车桥、悬架传给车架、车身，迫使自行火炮减速。制动力越大时，底盘的减速度也越大。但是，与底盘牵引力类似，底盘制动力的大小不仅取决于制动力矩 M_μ 的大小，还受轮胎与地面附着条件的限制。当驾驶员放松制动踏板时，回位弹簧将制动蹄拉回原位，制动力矩 M_μ 和制动力 F_B 即行消失。

5.7　转向系统

5.7.1　转向系组成

车体在行驶时，常常需要改变其行驶方向。车体行驶方向的改变是通过改变转向轮（一般是前轮）的偏转角度实现的。驾驶员用来改变车体行驶方向的机构叫做车体转向系。

按照转向系能源的不同，车体转向系又分为机械转向系（人力转向系）与动力转向系（助力转向系）两大类。机械转向系完全靠驾驶员的手力操纵，转向系所有机件都是机械的。动力转向系实际上是一种助力转向系，即转向系兼用驾驶员手力和发动机动力作为操纵能源。在正常情况下，底盘转向系的操纵能量，只有一小部分由驾驶员提供，大部分能量是由发动机通过转向加力装置提供的。

机械转向系由转向操纵机构、机械转向器和转向传动机构三部分组成。驾驶员操纵转向器工作的机构叫做转向操纵机构，机械转向器是一个减速增扭矩机构，用来解决转向阻力矩很大而驾驶员体力小的矛盾。转向传动机构是用来将转向器输出的力和运动传给两转向节，从而使两侧转向轮按一定关系进行偏转的机构。转向传动机构一般包括：转向摇臂、转向主拉杆、转向节臂、转向梯形臂和转向横拉杆等机件。

动力转向系是由机械转向系加转向加力装置组成。转向加力装置包括转向油罐、转向油泵、转向控制阀、转向动力缸等机件。

5.7.2　转向系性能

过去，车体的转向器一般是与转向盘同轴线的，因而其间没有转向万向节和转向传动轴。目前，许多新车型在转向操纵机构中采用万向传动装置，这有助于转向盘和转向器等部件和组件的通用化和系列化。只要适当改变转向万向传动装置的几何参数，便可满足各种变形车的总布置要求。即使在转向盘与转向器同轴线的情况下，其间也可采用万向传动装置，以补偿由于部件在车上的安装误差和安装基体（驾驶室、车架）的变形所造成的二者轴线实际上的不重合，使转向系的性能大幅度提高。

5.7.3　转向系选型

由于轮式自行火炮转向阻力矩大，机械转向系无法兼顾转向操纵省力和转向灵敏这两个互相矛盾的要求，因而在这类车体上必须采用动力转向系。

按照传能介质不同，动力转向系又可分为气压式与液压式。气压式动力转向系由于气压较低（一般不高于 $0.7 N/mm^2$）、有噪声、工作滞后时间长而只用于少数前轴轴载质量为 $3\sim7 t$ 并采用气压制动系的车上。液压式动力转向系被广泛应用于各类车体上，其工作压力可高达 $10 N/mm^2$ 以上，因而其部件尺寸较小。

轮式自行火炮转向系选型时，要根据具体的功能和要求进行选择。

5.8　操纵系统

操纵系统是指驾驶员驾驶自行火炮时，用以改变动力和传动装置各部件、组件状态和工况的装置与机构的总称。借助操纵装置可以实现自行火炮的起步、匀速和变速运动，改变行驶方向、转向、制动、停车以及驻车等功能。

操纵系统性能的好坏对于充分发挥动力与传动装置的技术性能，提高自行火炮的机动性，以及提高乘员的战斗力都有很大的影响。

轮式自行火炮驾驶员操纵系统有下列三大部分：

① 发动机及其各辅助系统的操作机构。例如，节气门踏板、手节气门和启动开关等。

② 传动装置各部件的操纵机构。例如，主离合器踏板、变速杆、转向操纵杆和制动踏板

等。如为自动变速箱,则需操作转向盘、换挡选择手柄等。

③ 其他操纵机构。例如,机枪射击、两栖轮式自行火炮的水上行驶操作机构等。操纵装置中主要是发动机和传动装置的操纵,其中传动装置的操纵通常包括主离合器、变速箱、转向机构和制动器的操纵等,重点是变速操纵或称换挡操纵。换挡操纵的发展与传动技术的发展密不可分。随着轮式自行火炮传动装置技术的不断发展,换挡技术及其操纵装置也不断地变革,其发展大致上经历了手动(力)机械换挡、液压换挡、液压自动换挡及电液自动换挡四个阶段;而且逐渐由手动换挡操纵发展成为自动换挡操纵。目前电液自动换挡技术在发达国家的轮式自行火炮中已占主导地位。

5.8.1　操纵系统的分类

操纵装置按不同的特征可以分为许多的种类。

1. 按换挡操纵时所用的能量形式分类

1) 机械操纵装置

利用机械能完成换挡操作动作的操纵装置称为机械操纵装置,由变速杆、拉杆、杠杆、凸轮、拨叉和弹簧等机械元件组成。其动力源是驾驶员的手动力,又可分为:直接作用式、弹簧助力式。

(1) 直接作用式

换挡操纵时所需要的能量完全由驾驶员的体力来承担,也称无助力式操纵。

(2) 弹簧助力式

换挡操纵所需要的能量部分由辅助弹簧预先储存的能量来供给,驾驶员只付出换挡操纵所需要的部分能量。

机械操纵装置相对于其他操纵装置来说,制造简单,工作可靠,成本低廉,机构常处于工作准备状态;这种形式的元件很容易改变传导比,很容易从一种运动形式转换为另一种运动形式。其主要缺点是体积大、质量重,作用在控制件上的操纵力较大,并且在使用摩擦元件时需要调整。

2) 液压操纵装置

利用液压能来完成换挡操纵动作的操纵装置称为液压操纵装置,又可分为:无随动作用式、随动作用式。

(1) 无随动作用式

执行机构的行程或力的大小不能相应地随控制机构的行程或力的大小而改变;一般情况下用于换挡离合器、换挡制动器和动液传动闭锁离合器的操纵。

(2) 随动作用式

执行机构的行程或力的大小能相应地随控制机构的行程或力的大小而改变;一般用于主离合器、驻车制动器、转向制动器等装置的操纵。因为控制主离合器分离结合的快慢、制动力的大小以及转向半径的大小对于满足传动装置性能是非常必要的。

要进一步提高轮式自行火炮的机动性、持久战斗力和改进驾驶员的工作条件,用轻便的操纵装置来代替机械操纵装置和弹簧助力式的操纵装置是必要的。各种省力的操纵装置形式很多,而用得最广泛、技术上较为完善的是液压操纵装置。

3) 气压操纵装置

利用高压空气来完成换挡操纵动作的操纵装置称为气压操纵装置。

4) 复合式操纵装置

复合式操纵装置,如机械—液压式、电—液式和机—电—液式等。

2. 按完成换挡操纵的方法分类

1) 简单换挡操纵装置

通常是直接作用式机械操纵机装置,相应的变速箱称为机械变速箱。

2) 半自动换挡操纵装置

在这种装置中,为了改变行驶工况,驾驶员仅仅发出主控指令,通常只发给一个操纵件,往后操纵装置将会按照预先规定的程序自动地完成各项功能操作。输出信号为力、位移、速度等形式,按所要求的大小、形式和持续时间,并按严格的逻辑关系连续输送给相应部件的执行机构。相应的变速箱称为半自动变速箱。

3) 自动换挡操纵装置

这种装置与半自动换挡操纵装置的区别仅仅在于它的主控指令是由操纵装置自身确定的。相应的变速箱称为自动变速箱。

自动换挡操纵是动力换挡操纵中更加完善的一种,所谓自动换挡是指在变速箱的升挡和降挡过程中挡位是自动变换(换挡)。操纵挡位自动升挡和降挡的机构为液压机构的,称为液压操纵自动换挡;操纵挡位自动升挡和降挡的机构为电液机构的,称为电液操纵自动换挡;操纵挡位自动升挡和降挡的机构为电液气机构的,称为电液气操纵自动换挡。

5.8.2　操纵系统组成

换挡操纵系统一般可由四部分组成:能源、控制机构、传导机构、执行机构。

1. 能源

换挡操纵的能源有两大类,驾驶员的体力和由发动机或传动装置带动的液压泵或压气机的动力,液压泵和压气机将机械能转化为液压能和气压能,作为液压操纵及气压操纵的能源。换挡操纵按能源来分,可分为两大类:手动力换挡、机动力换挡。

(1) 手动力换挡

换挡时首先需要分离主离合器切断动力传递;然后进行摘挡及换挡的操作。切断动力、摘挡及换挡的操作动作都是通过驾驶员的体力操作完成的,所以又叫人力换挡或手动力换挡(简称手动换挡)。例如,滑动齿轮换挡、滑动齿套换挡以及同步器换挡等。

（2）机动力换挡

换挡时无需切断动力，在变速箱有负荷的状态下进行换挡，通过液压机构（气压机构或电液机构）操作两个摩擦部件（离合器或制动器）的分离与结合实现动力换挡；而液压机构的动力源是由发动机带动的油泵提供的，也就是说离合器的分离与结合是靠发动机的动力来实现的，所以叫动力换挡，即机动力换挡。例如，液压操作的动力换挡以及电液操作的动力换挡等。

2. 控制机构

控制机构是换挡操纵装置的输入机构，是驾驶员的主动操作直接作用的部分，如按钮、手操纵杆、手柄、拉杆、踏板、转向盘和阀门等。

3. 传导机构

传导机构是控制机构和执行机构之间的连接机构，将驾驶员操作的力、行程和信号直接地或经过放大后，转换、传递给执行机构。对机械操纵装置讲，是杠杆、连杆和凸轮等机械元件。对液压操纵、气压操纵装置讲，是油管和气管等。有的传导机构还包含有其他保证正常工作需要的元件和部件，如储存工质的容器、泵、滤清器、配电设备和各种仪表等。

4. 执行机构

执行机构是换挡操纵装置的输出机构，是与被操纵件直接发生作用的机构。例如在机械式操纵中的拨叉、拉杆或推杆；在液压操纵和气压操纵中，使离合器分离或结合、使制动带拉紧或松开的油缸或气缸等。

5.9　车桥和悬挂系统

5.9.1　车桥

当底盘采用非独立式悬架时，左右两侧车轮安装在两个整体的实心或空心梁（轴）上，然后再通过悬架与车架相连接。这个实心或空心梁便叫做车桥。它是整体式车桥。

现代车体上，越来越多地采用独立式悬架，即每个车轮单独通过悬架与车架（或承载式车身）相连接。这时，有的车体左右车轮还通过一个断开式车桥（即分成互相铰接的两段的车桥）相连接，大部分车体左右车轮之间实际上没有车桥，而是通过各自的悬架与车架相连接。然而在习惯上，我们将它们也都叫做断开式车桥。

根据车桥上车轮的作用，车桥又可分为转向桥、驱动桥、转向驱动桥、支持桥四种。转向桥与支持桥都是从动桥。一般底盘多以前桥为转向桥，而以后桥或中、后两桥为驱动桥。

5.9.1.1　转向桥

一般轮式自行火炮的前桥是转向桥。转向桥除了支持底盘外，在自行火炮转向时，前轮应能偏转一定角度以实现转向。因此,转向桥一般由前梁(前轴)和两个与前梁用主销相铰接的转向节所组成.。

图 5-15 是某车转向桥。前梁是工字形断面的锻钢件,两端有拳形加粗部分。主销即插入拳形部分中心通孔内,用带有螺纹的楔形销将主销固定在拳形部分的孔内,使主销既不能转动,也不能轴向移动。前梁中部两端有两处支撑钢板弹簧的加宽面——弹簧座(图中未画出)。前梁中部向下弯曲以降低发动机安装高度。转向节通过两个衬套与主销相铰接。青铜衬套压入转向节销孔内。为了转向灵活轻便在前梁拳形部下表面与转向节之间装有滚子推力轴承。为了使该轴承所受冲击力减小,在装配时应当用调整垫片调整该处轴向间隙不大于0.15 mm。带转向梯形臂的下盖用螺栓及一矩形键与转向节下耳相固定,在左转向节上耳的上表面上用螺栓及矩形键固定着带转向节臂的上盖。当转向节臂被转向系中转向主拉杆带动时,将带动转向节绕主销转过一定角度,并通过转向梯形臂带动转向横拉杆使另一侧转向轮也转过一个角度。

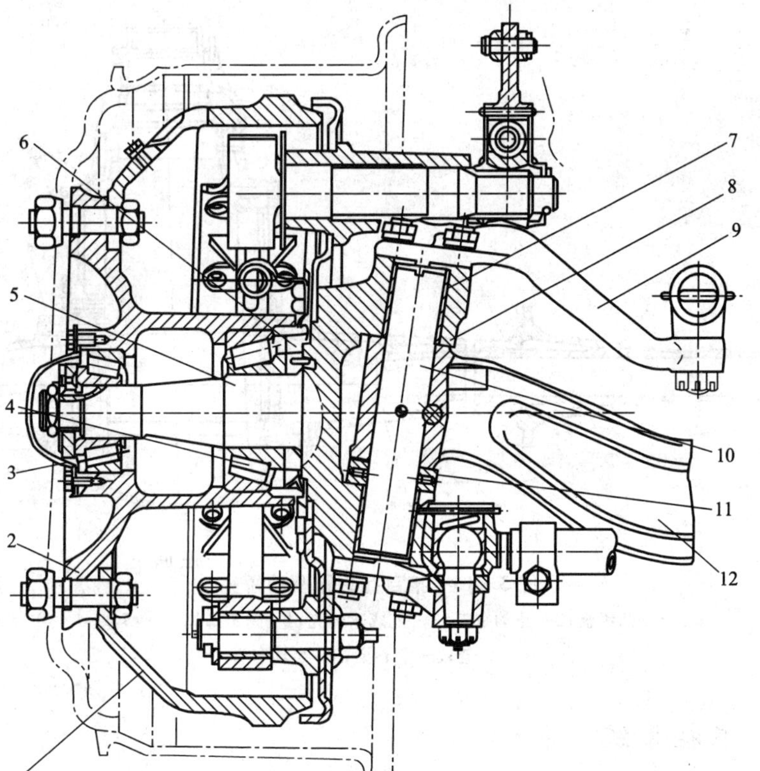

图 5-15　某车转向桥(前桥)

1—制动鼓;2—轮毂;3—轮毂轴承;4—轮毂轴承;5—转向节;6—油封;7—衬套;
8—调整垫片;9—转向节臂;10—主销;11—滚子推力轴承;12—前梁(工字梁)

转向节外端轴颈上,通过两个圆锥滚子轴承 3 和 4、安装着车轮的轮毂。轴承的松紧度用轴承 3 外端的调整螺母调整。调整时应用 150~200(N·m)力矩拧紧调整螺母后,再松回锁紧垫圈 1~2 个孔位。轮毂外端用冲压的金属罩盖住,内端装有油封。制动底板与防尘罩一起都固定在转向节上。

5.9.1.2 驱动桥

驱动桥除了支撑底盘车架之外,还装有主减速器、差速器和半轴等传动系机件,因而驱动桥一般做成一个空壳叫做驱动桥壳。驱动桥壳一般由主减速器壳和半轴套管组成。

图 5-16 是某自行火炮驱动桥壳。在整体式空心梁的中部开有大圆孔。主减速器壳用螺钉固定在空心梁中部大圆孔前端面上。大圆孔后端面用后盖盖着,供检查主减速器及差速器用。两个半轴套管压入空心梁两端孔内,并用止动螺钉限位。空心梁上的凸缘盘用来固定制动底板,半轴套管的外端安装车轮轴承。这种驱动桥壳也叫整体式驱动桥壳。它是铸造桥壳。

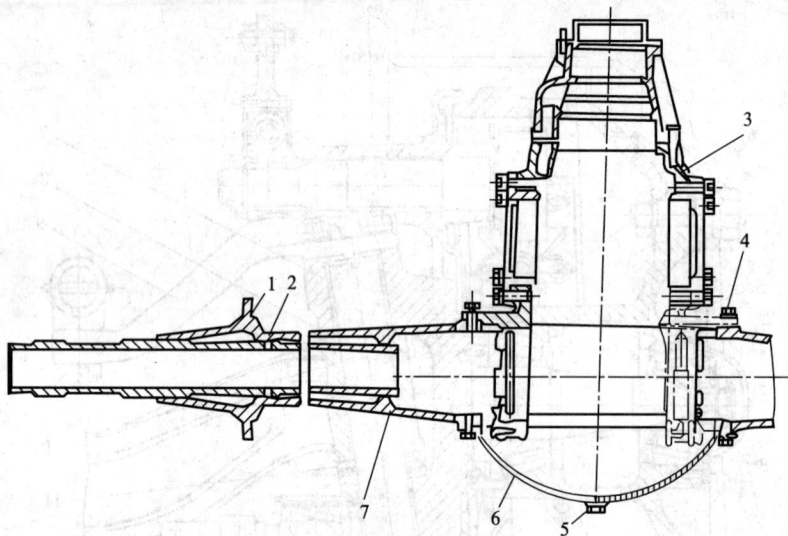

图 5-16　某自行火炮驱动桥壳

1—凸缘盘;2—止动螺钉;3—主减速器壳;4—固定螺钉;5—螺塞;
6—后盖;7—空心梁;8—半轴套管

5.9.2　悬挂系统

悬架是车架(或承载式车身)与车桥(或车轮)之间的一切传力连接装置的总称。路面作用于车轮上的垂直反力(支撑力)、纵向反力(牵引力和制动力)和侧向反力以及这些反力所造成的力矩都要通过悬架传递到车架(或承载式车身)上,以保证自行火炮的正常行驶。

底盘悬架分为两大类:非独立式悬架与独立式悬架。非独立式悬架是左右两侧的车轮装在一个整体式车桥上,车桥通过悬架与车架(或承载式车身)相连接。独立式悬架是每一个车轮独立地通过悬架与车架(或承载式车身)相连接。非独立式悬架由于结构简单,制造成本低,至今仍然用于许多车体上。

但是随着自行火炮行驶速度不断提高,非独立式悬架已不能满足行驶平顺性与操纵稳定性等方面的要求。现代自行火炮越来越多地采用了独立式悬架。与非独立式悬架相比较,独立式悬架具有以下优点:

① 大大减小了底盘的非簧载质量(即不由悬架中弹性元件支撑的质量),使底盘行驶时所受地面传来的冲击负荷大大减小,有利于自行火炮以较高速度行驶。对非独立式悬架而言整个车桥、车轮以及部分悬架的质量都是非簧载质量。对于独立式悬架来说,非簧载质量只包括车轮的全部质量和悬架的部分质量(对驱动轮而言,还包括半轴的部分质量)。显然,采用独立悬架时,非簧载质量大大减小。当自行火炮在不平路面上高速运动时,将使非簧载质量产生很大的加速度。非簧载质量小就可使此加速度造成的惯性力较小。

② 由于独立式悬架的左右车轮没有一个共同的车轴或桥壳相连接,因而可以使发动机总成的安装位置降低和前移。这将使底盘重心下降,提高自行火炮行驶的稳定性。

③ 由于独立式悬架的底盘非簧载质量小,自行火炮行驶时所受地面冲击力小,又由于独立式悬架的车轮,其上下活动空间较大,这些都使悬架刚度可以设计得较小。当悬架刚度小时,车身振动频率小,自行火炮行驶平顺性就好。

④ 当悬架的弹性元件变形不太大时,两侧车轮可以单独上下运动,基本上互不影响。这可使自行火炮在不平道路行驶时,车架与车身的振幅较小,而且有助于消除转向轮不断偏摆的不良现象。

独立式悬架也有一些缺点:结构较复杂,成本较高,某些独立式悬架当车轮上下跳动时,车轮轮距及车轮外倾角变化较大,轮胎磨损较严重。

在自行火炮行驶中,由于路面不可能绝对平坦,路面作用于车轮上的垂直反力往往是冲击性的,特别是在坏路面上高速行驶时,这种冲击力将达到很大的数值。冲击力传到车架和车身时,将使乘员感到极不舒适,货物也可能受到损伤,并引起自行火炮机件的早期损坏。为缓和冲击,除了采用弹性的充气轮胎以外,在悬架中还必须有弹性元件,使车架和车身与车轮或车桥之间作弹性联系。但弹性系统在受到冲击后,将产生振动。持续的振动易使乘员感到不舒适和疲劳。故悬架应当有减振作用,使振动迅速衰减(振幅迅速减小)。为此,许多结构形式的自行火炮悬架中设有专门的减振器。

通常将自行火炮在不平路面上行驶时车身免受冲击和振动的能力称为行驶平顺性,将车辆按驾驶所定方向行驶的能力称为操纵稳定性。

车轮相对于车架和车身跳动时,车轮(特别是转向轮)的运动轨迹应符合一定的要求,否则对自行火炮某些行驶性能(特别是操纵稳定性)有不利的影响。因此,悬架中的某些传力构件同时还承担着使车轮按一定轨迹相对于车架和车身跳动的任务,因而称为导向机构。在多数高级和中级车以及个别微型小车上,为防止车身在转向等情况下发生过大的横向倾斜,还设有辅助的弹性元件——横向稳定器。

5.9.2.1　一般结构

多数结构形式的悬架主要由上述的弹性元件、减振器和导向机构三部分组成。这三个组成部分分别起缓冲、减振和导向的作用,然而三者的共同任务则是传力。

应该指出,悬架只要具备上述功能,在结构上并不是非设置上述三套单独的部分不可。例如常见的钢板弹簧,除了作为弹性元件起缓冲作用外,当它在车上纵向安置,并且一端与车架作固定铰链连接时,即可担负起传递所有各向力和力矩以及决定车轮运动轨迹的任务,因而就没有必要设置其他导向机构。此外,一般钢板弹簧是多片叠成的,它们之间的摩擦即具有一定的减振作用,因而当对减振要求不很高时,在采用钢板弹簧的悬架中,也可以不装减振器。

5.9.2.2　独立悬挂

随着自行火炮速度的不断提高,非独立悬架已不能满足行驶平顺性和操纵稳定性等方面提出的要求。因此独立悬架获得了很大的发展。

独立悬架中多采用螺旋弹簧和扭杆弹簧作为弹性元件,钢板弹簧和其他形式的弹簧用得较少。独立悬架的结构类型很多,主要可按车轮运动形式分成三类。

① 车轮在底盘横向平面内摆动的悬架,即横臂式独立悬架,如图5-17(a)所示。

② 车轮在底盘纵向平面内摆动的悬架,即纵臂式独立悬架,如图5-17(b)所示。

③ 车轮沿主销移动的悬架,包括烛式悬架,如图5-17(c)所示;麦弗逊式悬架,即滑柱连杆式悬架,如图5-17(d)所示。

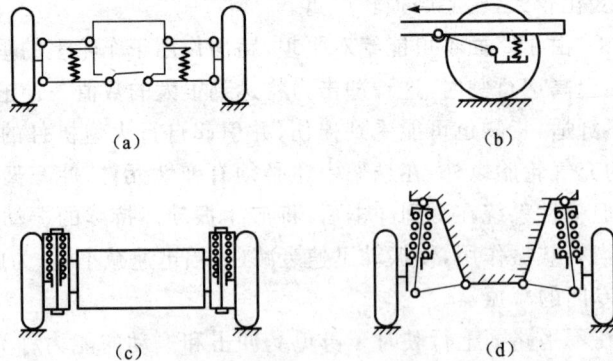

图5-17　三种基本类型的独立悬架

(a) 横臂式独立悬架;(b) 纵臂式独立悬架;(c) 烛式悬架;(d) 麦弗逊式悬架

（1）横臂式独立悬架

横臂式独立悬架分为单横臂式和双横臂式两种。

单横臂式独立悬架的特点是当悬架变形时，车轮平面将产生倾斜而改变两侧车轮与路面接触点间的距离——轮距，致使轮胎相对于地面侧向滑移，破坏轮胎和地面的附着。此外，这种悬架用于转向轮时，会使主销内倾角和车轮外倾角发生较大的变化，对于操纵性有一定影响，目前很少采用。图 5-18 所示为某自行火炮前轮单横臂扭杆弹簧独立悬架。

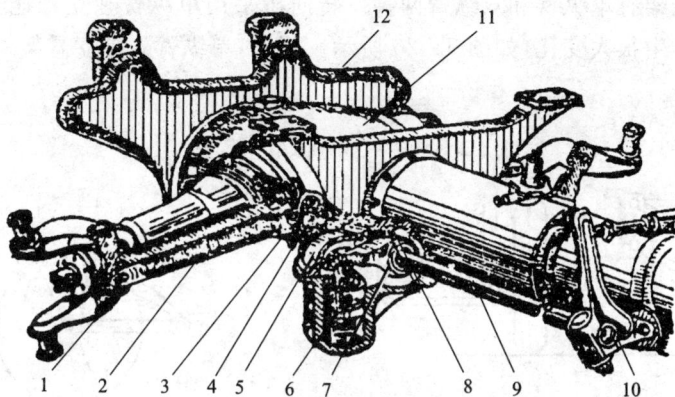

图 5-18　某自行火炮前轮单横臂扭杆弹簧独立悬架

1—吊耳；2—摆臂；3—楔形销；4—扭杆弹簧前托架；5—减振器盖；6—减振器活塞；
7—减振器摇臂；8—套筒（与摆臂一体）；9—扭杆弹簧；10—扭杆弹簧后托架；
11—前桥壳；12—发动机前支架横梁

扭杆弹簧纵向安置，其后端通过楔形销固定在后托架的孔中，前端则用楔形销与横向摆臂固定连接。摆臂外端用吊耳与可摆动的半轴套管连接；其内端有套筒，以其轴颈支于托架的孔中，用以承受径向力，以免扭杆弹簧受到径向力所造成的弯矩。

当车轮上下跳动时，垂直载荷经半轴套管和吊耳传到摆臂的外端，使摆臂外端上移，于是扭杆弹簧便产生扭转变形，从而实现了车轮与车架之间的弹性连接。摆臂外端之所以必须用吊耳而不能直接装在半轴套管上，是因为半轴套管与摆臂二者的摆动并非绕同一轴线，且半轴套管又是不能伸缩的整体。

由于扭杆弹簧本身没有减振作用，故此独立悬架中装有减振器，用螺栓固定在扭杆支架上。减振器的摇臂通过两个长键固定在与摆臂制成一体的驱动套筒的后端，摆臂摆动时即带动减振器摇臂，从而驱动减振器活塞，而使减振器起作用。该减振器是单向作用的，即仅在伸张行程中产生起减振作用的阻尼力。

双横臂式独立悬架分为等长双横臂式和不等长双横臂式。

图 5-19（a）所示为等长双横臂式独立悬架示意图，当车轮上下跳动时，车轮平面没有倾

斜,但轮距却发生了较大的变化,这将增加车轮的侧向滑移;摆臂不等长的独立悬架如图5-19(b)所示,如将两臂长度选择适当,可以使车轮和主销的角度以及轮距的变化都不太大。不大的轮距变化在轮胎较软时可以由轮胎变形来适应,而不致使车轮沿路面滑移。目前轿车的轮胎可容许轮距的改变在每个车轮上达到4~5 mm。因此,不等长的双横臂式独立悬架在车的前轮上应用得较广泛。

(2)纵臂式独立悬架

纵臂式独立悬架有单纵臂和双纵臂两种。转向桥采用单纵臂独立悬挂时,车轮上下跳动将使主销后倾角产生很大变化,如图5-20所示。因此,单纵臂式独立悬架一般多用于不转向的后轮。

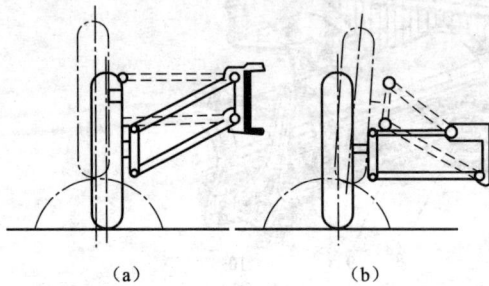

图5-19　双横臂式独立悬架示意　　　　　图5-20　单纵臂式前独立悬架

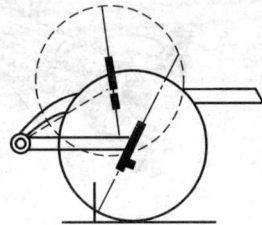

图5-21所示为双纵臂式扭杆弹簧独立悬架。两个等长的纵臂形成平行四连杆机构,当车轮上下跳动时,主销后倾角保持不变。因此,这种悬架可用于转向桥悬架。扭杆弹簧由弹簧钢片叠合而成并装在管状的横梁内,两端固装在纵臂轴上。

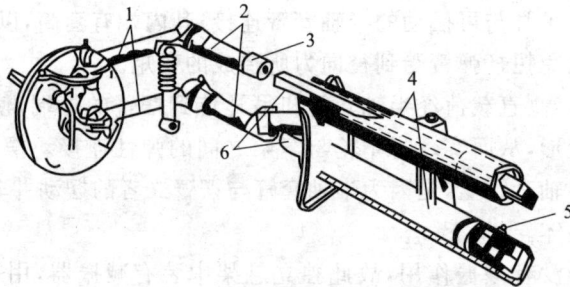

图5-21　双纵臂式扭杆弹簧独立悬架

1—纵臂;2—纵臂轴;3—衬套;4—横梁;5—螺钉;6—扭杆弹簧

5.9.2.3　主动悬挂

传统底盘悬架刚度和阻尼不会随底盘行驶状态而变化,当底盘运动状态及道路条件发生变化时会对底盘的一些性能产生影响。例如提高自行火炮的乘坐舒适性,要求悬架做得要软些,但自行火炮行驶在不平路面上时,车轮的空间运动较大,结果必将导致自行火炮在行驶过程中,由于路面的颠簸而使车身位移增大,对车的操纵稳定性带来不利影响;反之,为提高车的操纵稳定性,要求较大的弹簧刚度和较大的减振器阻尼力,以限制过大的车身运动(如自行火炮转弯行驶时的车身侧倾、自行火炮紧急制动时的点头和加速行驶时的后蹲现象),但这时即使自行火炮行驶在较平坦的道路上,也会使车身产生颠簸,从而影响自行火炮的行驶平顺性。这种刚度和阻尼不会随自行火炮行驶状态而变化的悬架称为被动悬架。

随着电子技术、传感器技术的飞速发展,智能控制悬架在一些车上开始应用。最早是用于车身高度可调的空气或油气弹簧悬架以及阻尼可随路面条件、车辆工况分级快慢变化的自适应悬架,其后发展为具有可快速切换或连续可控阻尼的半主动悬架,进而发展到有自身能源、连续可控的主动悬架系统。如果悬架系统的刚度和阻尼特性能根据轮式自行火炮的行驶条件(车辆的运动状态和路面状况等)进行动态自适应调整,使悬架系统始终处于最佳减振状态,则称为主动悬架。

主动悬架系统按其是否包含动力源可分为全主动悬架(有源主动悬架)和半主动悬架(无源主动悬架)系统两大类。

从各种理论分析和试验的结果可以证明,主动悬架的各种性能显著优于被动悬架。特别是随着微型电路技术的发展,主动悬架的发展前景更为可观。洛特斯(LOTUS)汽车有限公司开发的一种全主动悬架系统,由于零部件取自航空工业产品,故价格昂贵,并且对于中型车,还需较大的能量。此外,该系统对输入谱高频端未能进行衰减,还会导致噪声引起的车身振动。日产汽车公司开发的一种电控液压主动悬架系统主要有液压和电子控制两大系统。电子控制系统设有由悬架所提供的抵消相应车辆干扰所需的能量(液压能)装置以及能有效控制车辆姿势为目的而设置于各轮的执行元件。液压系统由油泵、贮油罐、各轮压力控制阀、工作缸液压控制系统以及安全阀等组成,具有控制车辆侧倾、俯仰、跳动所必需的响应性,具有柔和吸收路面输入干扰的悬架特性,并通过调整控制阀内的各种参数达到车辆性能的最佳状态。

与主动悬架相比,半主动悬架结构简单,造价较低,工作时几乎不消耗车的动力,而且还能获得与全主动悬架相近的性能。因此,尽管主动悬架的提出早于半主动悬架,但在商业应用上,半主动悬架却早于主动悬架,故有较好的应用前景。

(1) 全主动悬架

全主动悬架是在被动悬架系统中增加一个可控调整装置。调整装置由能源系统、控制系统及执行机构等组成。能源系统的作用是为该装置各部分提供能量;控制系统的作用是测量悬架系统各种状态信息,为调控悬架系统的性能(刚度、阻尼力)提供依据,以及处理数据和对执行机构发出各种控制指令,主要由电子计算机及各种传感器组成。执行机构的作用是执行控制系统的指令,一般为力发生器或转矩发生器(液压缸、气缸、伺服电动机、电磁铁等)。

目前,全主动悬架系统包括主动空气悬架、主动油气悬架和主动液压悬架三种。

（2）半主动悬架

半主动悬架在自行火炮运动状态及道路条件变化时，只考虑改变悬架的阻尼力，不改变悬架的刚度，它无动力源，只由可控制的阻尼系统组成。

半主动悬架按阻尼级又可分成有级式和无级式两种。

① 有级式半主动悬架是将悬架系统中的阻尼力分成两级、三级或更多级，可由驾驶员选择或根据传感器信号自动进行选择所需要的阻尼级。也就是说，可以根据路面条件和车的行驶状态来调节悬架的阻尼级，使悬架适应外界环境的变化，从而可较大幅度地提高底盘的行驶平顺性和操纵稳定性。

② 无级式半主动悬架是根据自行火炮行驶的路面条件和行驶状态，对悬架系统的阻尼在几毫秒内由最小变到最大进行无级调节。

图 5 - 22 所示为一种无级悬架示意图。微处理机从速度、位移、加速度等传感器处接收信号，计算出系统相应的阻尼值，并发出控制指令给步进电动机，经阀杆带动调节阀门转动，使其改变节流孔的通道截面积，从而改变整个系统的阻尼力。该系统虽然不必外加能源装置，但所需的传感器较多，故成本较高。

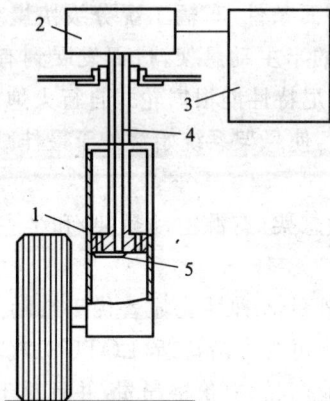

图 5 - 22 无级半主动悬架示意图

1—节流孔；2—步进电动机；3—微处理机；4—阀杆；5—阀门

5.10 轮　　胎

轮胎不但直接影响底盘各种行驶性能，而且轮胎在整个轮式自行火炮成本及使用维修费用中都占相当大的比例。因此，轮胎是底盘上最重要的机件之一。

轮胎直接与地面接触，它要承受并传递底盘与地面间各方向的力。橡胶及轮胎中的压缩空气可缓和地面对车轮及自行火炮的冲击并可衰减自行火炮的振动，可和悬架一起保证自行火炮具有良好的行驶平顺性。轮胎与地面的良好纵向附着可以保证自行火炮具有良好的牵引性、制动性及通过性。轮胎与地面横向附着对底盘抗侧滑的能力也起着重要作用。此外，不同轮胎在地面滚动时还会产生大小不同的滚动阻力，因而轮胎对自行火炮的动力性及经济性也有很大影响。因此，轮胎必须具有适宜的弹性和承受载荷的能力。同时，在其与路面直接接触的胎面部分，应具有用以增强附着作用的花纹。车轮滚动时，在所分担的底盘一部分质量和由于道路不平而产生的冲击载荷作用下，轮胎受到压缩。消耗于压缩的功，在载荷去除后并不能完全回收，有一部分消耗于橡胶的内摩擦，结果使得轮胎发热。温度过高将严重地影响橡胶的性能和轮胎的组织,从而大大增加轮胎的磨损而减少轮胎的使用寿命。从试验和理论分析中可知,轮胎发热的程度随轮胎的结构、内部压力、载荷、行驶速度和所传递扭矩大小而改变。这些因素在轮胎设计、制造和使用时,必须充分考虑,以不断提高轮胎使用性能和使用寿命。

按组成结构不同,充气轮胎分为有内胎的和无内胎的两种。充气轮胎按照胎体中帘线排列方向的不同可分为普通斜线胎、带束斜交胎与子午线(又叫径向帘线胎)胎等几种。

按胎内的空气压力大小,充气轮胎可分为高压胎、低压胎和超低压胎三种。过去,一般气压在 0.49~0.69 MPa 者为高压胎,0.15~0.44 MPa 者为低压胎,0.15 MPa 以下者为超低压胎;但由于制造轮胎用的原材料不断发展,轮胎负荷能力大幅度提高,相应的气压也提高了,而轮胎的缓冲性能仍在某种程度保持了原来同规格"低压胎"的性能,因此,按过去标准来讲,已属于高压胎气压范围者,现在国内外还是将其归于"低压胎"这一类。如国产 9.00—20、1 层级锦轮胎,负荷能力为 2 185 kg,气压 0.66 MPa,仍属低压胎。

由于低压胎弹性好,断面宽,与道路接触面积大,壁薄而散热好,使底盘行驶平顺性及转向操纵的稳定性较好,而且也使轮胎道路寿命延长。所以,目前车上大都采用低压轮胎。

近来不少自行火炮上采用无内胎的轮胎。这种轮胎的特点是轮胎与轮辋之间不漏气。无内胎轮胎在外观上和结构上与普通轮胎近似,所不同的是无内胎轮胎的内壁上附加了一层厚 2~3 mm 的专门用来封气的橡胶密封层(如图 5-23 所示),它是用硫化的方法黏附上去的。在密封层正对着胎面下面贴着一层用未硫化橡胶的特殊混合物制成的自黏层 2。当轮胎穿孔时,自黏层能自行将刺穿的孔黏合,故名有自黏层的无内胎轮胎。

在胎圈上做出若干道同心的环形槽纹。在轮胎内空气压力作用下,槽纹能使胎圈可靠地紧贴在轮辋边缘上,以保证轮胎与轮辋之间的气密性。但最近有的胎圈外是光滑的而没有槽纹。

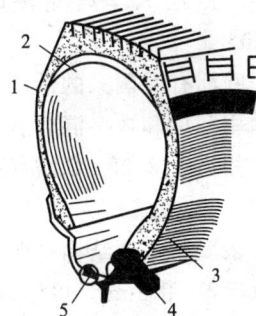

图 5-23 无内胎轮胎
1—橡胶密封层;2—自黏层;
3—槽纹;4—气门嘴;5—铆钉

安装无内胎轮胎的轮辋应该是不漏气的,故有着倾斜底部和平匀的漆层。气门嘴直接固定在轮辋上,其间垫为密封用的橡胶衬垫。铆接轮辋和轮盘的铆钉自内侧塞入,并涂上一层橡胶。

无内胎轮胎只在轮胎爆破时才会失效,而在穿孔时,压力不会急剧下降,仍能安全地继续行驶。在无内胎轮胎中不存在因内、外胎之间的摩擦或卡住而致损坏。与普通轮胎比较,它的气密性较好;由于可直接通过轮辋散热,所以工作温度较低,使用寿命较长。此外。无内胎轮胎的结构简单,质量较小。

无内胎轮胎的缺点是途中修理较为困难。此外,自黏层只有在穿孔尺寸不大时方能黏合。天气炎热时自黏层可能软化而向下流动从而破坏车轮平衡。因此,一般多采用无自黏层的无内胎轮胎。它的外胎内壁只有一层密封层,当轮胎穿孔后,由于其本身处于压缩状态而紧裹着穿刺物,故能长期不漏气。即使将穿刺物拔出,亦能暂时保持胎内气压,这就部分地代替了自黏层的功能。

5.10.1　轮胎型号规格

轮胎尺寸规格标记目前一般习惯仍用英制表示,也有用公制或公制英制混合表示的,法国则采用字母符号表示轮胎尺寸。

低压轮胎常用 B-d 表示其尺寸规格。如 9.00-20 表示断面宽度为 9 in,轮辋直径为 20 in。如为子午线轮胎,则以 9.00R20 作标记,我国也有用公制英制混合标记的,如 175SRl4,表示轮胎宽度为 175 mm,轮辋直径为 14 in,R 表示为子午线轮胎,S 表示轮胎为快速级的(d 大于 13 in 时,最大车速可达 180 km/h)。轮胎标记为 195/70HRl4 是表示轮胎宽度为 195 mm,轮辋直径为 14 in,R 表示为子午线轮胎,H 表示为高速级轮胎(轮辋直径大于 13 in 时,最大车速允许达 210 km/h,70 表示轮胎断面的扁平比(高宽比即 H/B 比值)为 70%。

欧洲有些国家的低压轮胎用 B×d 表示,单位则用 mm。如 185×400 轮胎等。法国钢丝轮胎用字母和数字混合表示轮胎尺寸,如 A-20 轮胎相当于 7.50-20 轮胎,B-20 轮胎性能参数相当于 8.25-20 轮胎。C-20 相当于 9.00-20 轮胎,D-20 轮胎相当于 10.00-20 轮胎等。

俄罗斯普通结构轮胎,则用英制和公制混合表示,例如,260-20 轮胎,其中 260 为轮胎断面宽度 B,用 mm 为单位,而 20 为轮辋直径 d,单位为英寸。这种 260-20 轮胎相当于 9.00-20 轮胎。

高压胎是用 D×B 来表示,其中 D 为轮胎直径的英寸数,B 为轮胎断面宽度的英寸数,例如,34×7 即表示轮胎外径 D 为 34 in,断面宽度为 7 in。安装外胎的轮辋直径 d=D-2H,式中断面高度 H 随外胎的结构特点而不同,其值约等于 B。拱形轮、椭圆形轮胎及某些车的超低压轮胎也用 D×B 表示,但以 mm 为单位,如 1 140×700、725×400、165×380 等。

第6章 火控分系统

随着科学技术的不断发展和战争的需要,现代火炮(如牵引炮、自行炮、坦克炮、航炮、舰炮等)几乎都配备了火力控制系统。火力控制系统(Fire Control System,FCS),简称火控系统,是现代武器系统必不可少的重要组成部分,是武器系统的"大脑"和"眼睛",而且是武器系统先进性的重要标志。配备不同档次的火控系统,会使武器系统的性能和价值相差甚远。轮式自行火炮武器系统配备火控系统的目的是提高瞄准、射击目标的快速性与准确性,增强对恶劣战场环境的适应性,以充分发挥武器对目标的毁伤能力。

6.1 火控系统的发展概况

火力控制系统一般由目标跟踪和测量装置、火力控制计算机、接口及系统控制台等组成,其核心是计算机,它为火炮、导弹等武器计算射击诸元和控制信号,控制火炮、导弹等的射击和飞行。因此火力控制系统的发展是随着计算装置的发展而发展的。

1923年英国的"埃里奥特"(Elliott)公司研制成具有摩擦积分器的机械式模拟计算机,分别装在英国的"纳尔森"(Nelson)号和"罗德尼"(Rodny)号舰上,协助火炮射击运动目标。到20世纪30年代,对如何计算火炮射表进行了数学研究,并提高了机械计算机的解题精度,同时光学器材也有了长足的发展,于是光学观测器材和机械计算机相结合,初步组成了机械式火力控制系统,并一直延续到50年代还在使用。

第二次世界大战中,由于海上战斗有了新的特点,主要作战武器除了火炮外,还有鱼雷、飞机等,并逐步使用了新型传感器——雷达和声呐。在第二次世界大战后期,开始研制机电和电子模拟式计算机,并应用于武器系统的控制中,由此而产生了模拟式火力控制系统,直至整个50年代可以说是模拟式火力控制系统占主要地位,特别是1940年前后,柯尔莫哥洛夫和维纳独立总结和研究的维纳滤波的估计方法,经过他们和后人十余年的努力,对有理谱密度过程在有限的观察时间内,得到了最佳质量函数的显式解。这一研究成果,为机电式和电子模拟式火力控制系统的设计奠定了理论基础。加之机电模拟解算装置的问世,电子的器件和应用电路已发展成熟,致使整个20世纪50年代成为这一类火力控制系统发展、完善和装备部队的时代。

在20世纪50年代后期,由于晶体管技术的发展,使电子计算机在体积、质量、耗电和可靠性等方面有了质的飞跃,从而使数字式电子计算机有可能在火力控制系统中得到应用。电子计算机具有记忆功能、逻辑判断能力、综合处理数据能力和强大而又灵活的计算能力。但在火力控制系统中的应用,从50年代中期到70年代初期,数字计算机经过一番激烈的竞争,才战胜了模拟计算机而取得优势地位。这是因为在一开始时,模拟计算机具有理论成熟,元件、工艺较为完善,造价低廉,操作简单,可靠性和可维修性较好,百分级的精度已满足与观察器材配套的要求等优点。但是随着晶体管技术的发展,特别是集成电路的研制成功,使数字机的体积、质量、功耗和可靠性有了非常明显的改善,造价也迅速下降,这就为数字计算机的发展和广泛应用创造了很有利的条件。例如在 60 年代研制成功的 31 种火力控制系统产品中有 17 种是数字式的,占 55%,而在 70 年代研制成功和正在研制的 76 种火力控制产品中,有 61 种是数字式的,约占 80%,可见 70 年代以后数字式火力控制系统已占绝对优势,并随着时间的推移而进一步增强,时至今日,几乎所有研制成功和正在研制的火力控制系统都是数字式的。

在第二次世界大战后,尤其是 20 世纪 50 年代末期,传感器和武器的类型与性能都有显著的变化,形成了现代海战的一系列新特点:多目标、多批次、多方向、空海潜立体战的攻击形式;攻击的隐蔽性、突然性、破坏性都比过去大大增强。因而就要求我们先敌发现、反应迅速、指挥得当、打击有力,为此对来自各个传感器的目标信息,要求能迅速地识别、分类,向指挥员提供清晰、全面的作战态势,并且能协助指挥员迅速、准确地制订作战方案,控制各种武器打击目标。显然,仅仅以火力控制系统是不能完成该使命的,必须有一套以计算机为核心进行必要的情报处理和辅助作战指挥的系统,即综合火力控制系统。

从火力控制系统本身来讲,综合火力控制系统是其发展方向。综合火力控制系统,是指综合使用观察器材,综合控制多种同类型和不同类型的武器,且能自行作出目标指示的火力控制系统。此处所谓"能自行作出目标指示",是指这种系统具有简单的战术处理能力,即在一定程度上可以完成敌我识别、威胁判断和(或)武器分配的功能,从而使系统具有简单的战术处理能力。

6.2　火控系统基本概念、任务和性能指标

6.2.1　火控系统基本概念

火力控制是指控制武器自动或半自动地实施瞄准与发射(抛射)的全过程,简称火控。深入地讲,火控包括:为瞄准目标而实施的搜索、识别、跟踪目标;为命中目标而进行的依据目标状态测量值、弹道方程(或射表)、目标运动假定、实际弹道条件、武器运载体运动方程计算射击诸元;以射击诸元控制武器随动系统驱动武器线趋近射击线,并依据射击决策自动或半自动地执行射击程序。目的是控制武器发射射弹,击中所选择的目标。

火控系统是指为实现火控全过程所需的各种相互作用、相互依赖的设备的总称。

瞄准矢量是指以观测器材回转中心为始点,目标中心为终点的矢量。瞄准矢量常用球坐标 D,β,ε 表示,其中 D,β,ε 分别表示目标现在点的斜距离、方位角、高低角。

瞄准线是指以观测器材回转中心为始点,通过目标中心的射线。

跟踪线是指以观测器材回转中心为始点,通过观测器材中某一基准点的射线。

武器线是指以武器身管或发射架回转中心为始点,沿膛内或发射架上弹头运动方向所构成的射线。

射击线是指为保证弹头命中目标,在武器发射瞬间,武器线所必需的指向。

现在点是指将目标视为一个点,在弹头每次发射瞬间,目标所处的空间点。

未来点又称命中点,是指目标与弹头(视为一点)相碰撞的空间点。

射击诸元主要指射击线在大地坐标系中的方位角 β_g 和射角 φ_g。

由于弹道的弯曲、气象条件影响、目标的运动、武器载体的运动,致使瞄准矢量与射击线不一致。射击线相对瞄准矢量的夹角定义为空间提前角。空间提前角一般分解为方位提前角和高低提前角。提前角取决于弹头的外弹道特性与目标和武器载体的运动状态。瞄准矢量、射击线与提前角间的相互关系如图 6-1 所示。应当指出,在跟踪目标过程中,总是使跟踪线趋近于瞄准线,二者存在的偏差称为跟踪误差,分为方位及高低跟踪误差。未来点是相对现在点而言的,在火控问题有解范围内,二者是一一对应的。武器线与射击线一般是不重合的,存在偏差,称为射击诸元误差。只有当射击诸元误差小于希望值时,才允许射击。

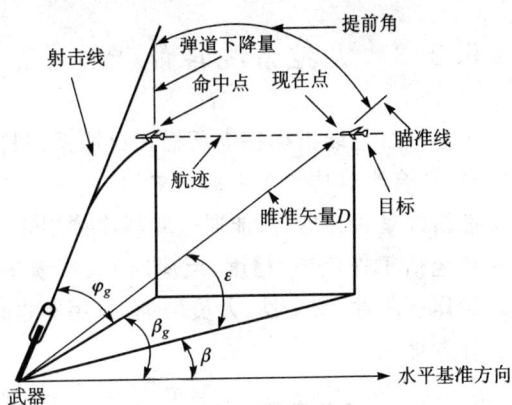

图 6-1　瞄准矢量、射击线与提前角相互关系图

6.2.2　火控系统任务

在不同的武器系统中,火控系统完成的任务不尽相同,一般而言,有如下诸项任务:

① 利用各种探测、跟踪器材,搜索、发现、识别、跟踪目标,并测定目标坐标。

② 依据目标运动模型、目标坐标的测量值,估计目标的运动状态参数(位置、速度、加速度)。

③ 依据弹头的外弹道特性、实际气象条件、地理特征、武器载体及目标运动状态,预测命中点、求取射击诸元。

④ 依据射击诸元,利用半自动或全自动武器随动系统驱动武器线趋近于射击线,并根据指挥员的射击命令控制射击程序实施。

⑤ 实测脱靶量,修正射击诸元,实现校射或大闭环火控系统。

⑥ 实时测量武器载体的运动姿态或其变化率,用于火控计算及跟踪线、武器线稳定。

⑦ 实施系统内部及外部的信息交换,使武器系统内部协调一致工作及使火控系统成为指挥控制系统的终端。

⑧ 实施火控系统的一系列操作控制,使火控系统按战术要求及作战环境要求工作。

⑨ 实施火控系统的故障自动检测和性能自动检测。

⑩ 实施操作人员的模拟训练。

某一实际火控系统的任务,依据作战要求可多可少,但最基本的搜索及跟踪目标、求取射击诸元、驱动武器线任务是必不可少的。

6.2.3　火控系统性能指标

火控系统性能指标是定量描述火控系统特征的一组参数。是在武器系统论证阶段根据作战需求,结合当时技术水平提出来的,是设计和检验火控系统的主要依据。而最终检验火控系统性能指标是否合理,只能通过靶场实弹射击试验或实战统计数据证明。火控系统的性能指标主要包括工作范围、精度、反应时间、环境适应性、可靠性、维修性、电磁兼容性、尺寸、质量等。操作使用性、安全性、人员培训、费用等也是限制充分发挥火控系统性能的重要因素,应引起设计者重视。

6.2.3.1　工作范围

工作范围主要取决于作战需求、技术水平、生产工艺水平、成本等。直接影响火控系统的使用性能、先进性等。工作范围主要包括以下三类:

(1) 与系统的最大作战空间有关

如作用距离、高低角、方位角范围等。作用距离分最大作用距离和最小作用距离。最大作用距离一般指能使武器在最大有效射程上击中目标,火控系统必须至少具有的搜索目标距离、跟踪目标距离和最大激光测程。如果小于这些距离,将减少武器的可交战范围。

最小作用距离取决于:

① 装置的最小工作距离,如脉冲式雷达、激光测距机只能在大于某一距离时才能使用。

② 武器的最小作用距离,如导弹只能在大于某一距离时才能投入战斗。又如,击中目标的同时也可能是武器自身或人员受伤的距离。

火控系统的高低角和方位角工作范围是根据武器系统对目标实施攻击的空间范围和安全性决定的,在技术上还受武器和跟踪装置可允许的工作角度范围限制。方位角工作范围一般为 $360°$;高低角工作范围一般为:高炮火控 $-6°\sim+87°$,坦克火控 $-4°\sim+18°$。跟踪系统高低方向的最低角度值和最高角度值均略低于武器高低角射击诸元的最低角度值和最高角度值。

(2) 与系统反应时间有关

如跟踪装置及武器随动系统的最大调转速度、最大调转加速度、自动调转时间,火控计算机起始工作时间,目标搜索与截获时间等。

最大跟踪速度、最大跟踪加速度和调转时间是跟踪系统和武器随动系统二者的属性,在技术上受跟踪系统、武器随动系统响应能力的限制。最大跟踪速度、最大跟踪加速度取决于目标运动的角速度和角加速度。

调转时间,通常指系统的方位角从静止开始以最大调转速度、加速度调转 2800 密位所需的时间。它由最大调转速度、最大调转加速度来确定。

(3) 与系统本身的品质有关

如武器随动系统及跟踪系统的最小平稳跟踪速度,激光发射频率,激光束宽角,激光回波率,跟踪雷达扫描周期,雷达波束宽度,搜索雷达虚警概率,光学镜或(可见光或红外、微光)摄像机的倍率、视场与分辨率等。

激光发射频率依火控系统的类型不同而不同。一般来说,高炮火控系统为 3~l0 次/s 或更高;坦克火控系统为 8~10 次/min;而地炮火控系统则更低。

光学镜以及可见光、红外、微光摄像机的倍率、视场与分辨率等是相互制约的。

具体指标取决于搜索能力、最大作用距离及自动跟踪系统精度等。根据系统需要,有时倍率和视场又是可变的,有连续变倍和分档变倍两种。

6.2.3.2　精度

精度分为火控系统总体精度与单体精度。

总体精度是单体精度的综合体现。单体精度是依据总体精度分配得到的。在满足总体精度指标要求的约束条件下,提出各单体(分系统或设备)精度指标,谓之火控系统精度分配。

确定总体精度指标的依据是:战术要求及使用需求、总体技术方案、单体可达到的技术水平、实现指标的经济性限制。总体精度指标是在武器系统方案论证阶段根据特定的作战目标进行作战效能分析由命中概率得到的。

确定火控系统总体精度指标的原则是:

① 可实现性原则:即考虑单体的技术状况及水平限制。

② 经济性原则:即以最小资金投入来达到总体精度指标。

③ 重要性原则:即采用正交法等,找出对总体精度指标影响最大的单体精度指标加以严格控制。

④ 匹配原则:火控系统精度应与火力系统精度相匹配,二者精度相差甚远是不合理的。不能要求火控系统的某些单体精度过高,而某些单体精度过低,火控系统的系统误差与均方差应相匹配。

⑤ 最优化原则:即采用总体优化方法,使系统总体精度最好,而单体精度不一定都最好。

火控系统的总体精度最终影响弹目偏差的大小,精度指标一般有三种形式:

① 系统误差、均方差,即误差的均值和均方根值。如系统误差≤4密位,均方差≤6密位。

② 最大绝对值误差,即最大误差的绝对值。如方位角最大跟踪误差 $\Delta\beta$≤1密位;

③ 百分比,即某诸元误差小于给定值的点数与诸元总点数之比。如火控系统某诸元误差≤5密位的点数不小于总点数的95%。

火控系统的总体精度指标一般用武器线实际指向与理想指向间的角偏差表示,是一项最重要的性能指标,设计者必须作为首项任务来完成。

6.2.3.3 反应时间(响应时间)

反应时间又称响应时间。火控系统的反应时间指目标突然临空时,从目标搜索系统发现目标起,到允许武器发射或射击所需的时间。

不同类型的火控系统,反应时间不同。例如,用机械向量瞄准具控制高炮,其反应时间是从连、排长下达射击准备命令算起的,包括测距、瞄准目标、装定航向和航速等炮手动作所经历的时间,其中,炮手的反应时间占相当大的比例。全自动火控系统控制高炮,其反应时间包括搜索雷达发现与识别目标、炮瞄雷达(或其他目标探测跟踪设备)截获和跟踪目标、火控计算机解算射击诸元、随动系统协调等动作所占的时间(扣除重叠的时间)。其中,炮手的反应时间所占比例相当小。坦克火控系统的反应时间一般包括瞄准目标(第一次)、测距、跟踪目标、计算补偿角、驱动装表系统、自动调炮等动作所用的时间。具有射击门的火控系统,还应包括使目标稳定进入射击门的时间及按下击发按钮至弹头出膛的时间。合理地使过程重叠可以缩短反应时间。

各过程所需的时间与各分系统的性能、操作人员的熟练程度以及环境条件有关,是一种统计平均值。

在实际作战中,缩短反应时间可以提供较长的可射击时间。在敌我双方均具有攻击能力的条件下作战时,反应时间越短,越能先敌开火,击毁对方的概率和自身的生存率均越大。因此,在这种作战状态下,反应时间是首先考虑的因素,它是火控系统的主要战术技术指标之一。

6.2.3.4 环境适应性

火控系统的环境适应性指火控系统在规定的使用环境中保持其固有性能的能力。环境分以下四类:

① 气候环境:包括云、雨、雾、雪、气温、相对湿度、气压、太阳辐射、霉菌、盐雾、砂尘、爆炸性大气等。

② 地理环境:包括平原、高原、丘陵、沼泽、寒带、热带、亚热带等。

③ 地形地物环境:包括道路,桥梁、涵洞、建筑物、沟渠、江、河、湖、海、水网、植被、灌木丛、森林等。

④ 人为环境:包括振动、冲击、噪声、冲击波、浸渍、核污染、生物和毒剂沾染等。

火控系统的主要环境适应性指标——高温、低温、湿热、冲击、振动、淋雨、浸渍、霉菌、盐雾、砂尘等。

在现代战争中,噪声、冲击波、核生物和毒剂沾染等性能要求也日益迫切,设计者应引起高度重视。

适应全天候作战能力也是火控系统的一项重要指标,所谓全天候作战能力是指武器能在恶劣气候环境下,昼夜作战的能力。

一般采用多探测、跟踪传感器使火控系统具有全天候作战能力。火控系统只有在以上环境中能可靠工作,才有实际意义。

6.2.3.5　可靠性

火控系统的可靠性指火控系统、分系统、单体或部件在规定的条件下和规定的时间内完成规定功能的能力。可靠度是可靠性的概率度量。火控系统可靠性指标要求一般分为定性要求和定量要求。

可靠性定性要求包括:制定和贯彻可靠性设计准则;制定和实施元器件大纲;确定关键件和重要件;工程保证及生产质量保证。

可利用简化设计、余度设计、降额设计、环境防护设计、热设计、软件可靠性设计、包装、装卸、运输、存储设计等达到可靠性定性要求。

可靠性定量要求包括:选择和确定装备的可靠性参数、指标以及验证时机和验证方法。

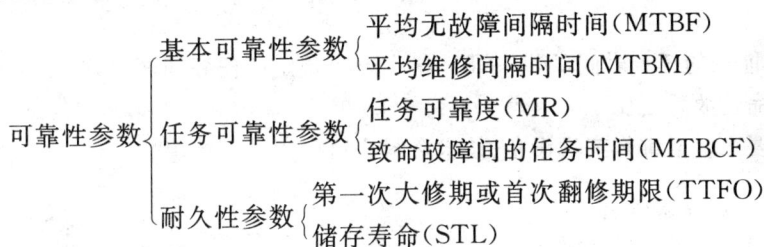

$$
可靠性参数
\begin{cases}
基本可靠性参数
\begin{cases}
平均无故障间隔时间（MTBF）\\
平均维修间隔时间（MTBM）
\end{cases}\\
任务可靠性参数
\begin{cases}
任务可靠度（MR）\\
致命故障间的任务时间（MTBCF）
\end{cases}\\
耐久性参数
\begin{cases}
第一次大修期或首次翻修期限（TTFO）\\
储存寿命（STL）
\end{cases}
\end{cases}
$$

平均无故障间隔时间指在规定的条件下和规定的时间内,产品的寿命单位总数与故障总次数之比。

平均维修间隔时间指在规定的条件下和规定的时间内,产品的寿命单位总数与该产品计划维修和非计划维修事件总数之比。

任务可靠度指产品在规定的任务剖面内完成规定功能的概率。

致命故障间的任务时间指在一个规定的任务剖面中,产品任务总时间与致命故障总数之比。

第一次大修期或首次翻修期限指在规定的条件下,产品从交付(或开始使用)到首次经基地或工厂大修(或翻修)的工作时间和(或)日历持续时间。

储存寿命指产品在规定的条件下储存时,仍能满足规定质量要求的时间长度。

6.2.3.6　维修性

维修性是火控系统、分系统、单体或部件在规定条件下和规定时间内,按规定的程序和方法进行维修时,保持或恢复其规定状态的能力。维修性要求包括定性要求、定量要求和维修保障要求。

维修性的定性要求是维修简便、迅速、经济。主要包括:① 良好的维修可达性,即在维修产品时,能够迅速、方便地达到维修部位。② 标准化和互换性。③ 完善的防差错措施及识别标记。④ 维修安全。⑤ 检测诊断准确、快速、简便。⑥ 重视关键件的维修性。

维修性的定量要求,即各项维修性指标,是维修性参数的要求值。它们反映了装备的使用要求和维修性工作的目标,即提高战备完好性(或可用性)和任务成功性,降低维修人力和其他消耗的要求。常用的参数有:

① 平均修复时间(MTTR),指排除一次故障所需修复时间的平均值。

② 平均预防性维修时间(MPMT),指产品每项或某个维修级别一次预防性维修所需时间的平均值。

③ 维修停机时间率,指产品单位工作时间内所需停机时间的平均值。

④ 维修工时率,指单位工作时间内所需的维修工时平均值。

⑤ 平均系统恢复时间(MTTRS),指在规定的条件下和规定的时间内,由不能工作事件引起的系统修复维修总时间(不包括离开系统的维修和卸下部件的修理时间)与不能工作事件总数之比。

⑥ 恢复功能用的任务时间(MTTRF),指在一个规定的任务剖面内,产品致命性故障的总维修时间与致命性故障之比。

维修保障要求包括维修工具设备、技术资料、备件、人员训练等。

6.2.3.7　电磁兼容性

电磁兼容性(Electromagnetic Compatibility,简称 EMC)指设备或系统在预定的电磁环境中,不受电磁干扰(Electromagnetic Interference,简称 EMI)而降低性能,同时其所产生的干扰也不大于规定的极限电平、不影响其他设备正常工作,从而达到所有设备或系统都能互不干扰地协调运行。

随着高科技在军事上的应用,诸多机电、电子设备集成为一体,相互间的电磁干扰加剧;电子战造成了恶劣的外部电磁环境。战争实践证明:火控系统若不具备电磁兼容性,就会降低性能乃至失效。EMC 已成为火控系统的重要技术指标。

1. EMC 对火控系统的影响

(1)使系统性能降低或失效

EMC 设计不当时,系统内关键设备将对电磁干扰敏感,导致系统精度降低或功能丧失。

如探测灵敏度降低、通讯信噪比降低、火控精度下降、控制系统失灵等。

（2）使设备可靠性降低

EMI 可使敏感设备产生故障，从而使设备失效率增加、完成规定功能的概率降低、平均无故障间隔时间（MTBF）缩短。

（3）影响设备的安全性

当 EMI 电平超过预定的敏感阈值或规定的安全系数时，会造成敏感电路破坏，直接影响设备的安全性。

2. 火控系统的主要电磁兼容性指标

（1）电磁敏感阈值

电磁敏感阈值是使系统、分系统或设备不能正常工作的干扰临界电平值，是衡量系统、分系统或设备受电磁干扰的易损性参数。电磁敏感阈值越低，系统、分系统或设备越容易受干扰而不能正常工作。

（2）敏感度限值

电磁敏感度限值是给系统、分系统或设备规定的抗电磁干扰能力的电磁敏感电平值。敏感度值越大，则抗电磁干扰的能力就越强。敏感度限值通常小于敏感阈值一个安全裕度值。

（3）电磁兼容性安全裕度值 $m=S-I$

它用于衡量系统、分系统及设备的电磁兼容性的高低。

式中　　m——安全裕度，dB；

　　　　S——电磁敏感阈值，dB；

　　　　I——实际干扰电平值，dB。

当 S 小于 I，则 m 小于 0，设备或系统与环境不兼容。

当 S 等于 I，则 m 等于 0，设备或系统处于临界状态。

当 S 大于 I，则 m 大于 0，设备或系统与环境兼容。

从可靠性看，设备或系统的安全裕度越大越好。但安全裕度越大，电磁兼容设计的费用就成倍增加。

（4）电磁发射限值

电磁发射限值是允许系统、分系统或设备在工作时给环境带来的电磁发射电平值。

6.3　火控系统的组成与功能

现代，几乎所有的发射与投掷武器都配有相应的火控系统。由于火控系统所控制的武器多种多样，相应的火控系统类型与构成也就难以概全。不同武器的火控系统虽然作战使命与控制任务不同，但其功能和实现这些功能的分系统却大体相同。本节仅从火控系统应完成的功能出发，就轮式自行火炮的火控分系统的构成与分类作一概述，简要叙述火控系统的基本组成。组成火控系统的各分系统及它们之间的信息传递关系如图 6 - 2 所示。

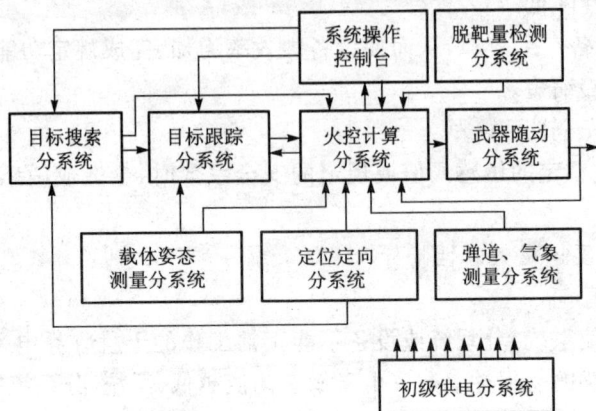

图 6 - 2　火力控制系统信息传递关系

应当指出,并不是所有的火控系统都必须具备图中所有的分系统,而是可以增减的。但目标跟踪分系统、火控计算分系统、弹道与气象测量分系统、操作控制台和供电分系统是必不可少的。

6.3.1　目标搜索分系统

目标搜索分系统的功能是:独立实施防区内的目标搜索或依据上级给出的目标指示实施指定区域内的目标搜索;概略估计搜索到的目标类型、数量、位置、运动参数,显示目标航迹;完成目标敌我识别与敌方目标对我方目标的威胁度估计;测量目标粗略坐标,并为目标跟踪分系统指示目标,引导其截获目标。一般由目标搜索分系统的敌我识别器识别敌、我目标。概略估计目标的特征与性质由计算机自动完成。这里所以是概略估计,则是由于搜索装置的测程大、搜索区域广,难以得到准确测量所致。

完成目标搜索任务的装置种类繁多,主要有:警戒与搜索雷达、无人侦察飞机、侦察校射雷达、红外预警系统、声测系统、变倍大视场光学观测器材等。

6.3.2　目标跟踪分系统

目标跟踪分系统的功能是:在搜索分系统的导引下截获目标;从背景中识别目标;精确地跟踪目标;测量并输出目标现在点坐标(距离、方位角、高低角);显示目标与目标航迹;实现自行武器跟踪线的独立与稳定。

完成目标跟踪的主要装置有:各种跟踪雷达,白光、微光、电视、远红外(热成像)跟踪仪及激光跟踪仪或激光测距仪等。对回波跟踪体制,目标识别靠的是检测回波;对图像跟踪体制,靠的是图像处理技术;目标运动参数的求取主要使用计算机的滤波软件。跟踪线的独立与稳定则主要用惯性器件。

6.3.3　火控计算分系统

火控计算分系统的主要功能是:接收目标指示数据、敌我识别标志、目标现在点坐标值、载体位置和姿态、弹道及气象修正和射击校正量等信息;求取目标运动参数、射击诸元、跟踪线和射击线稳定控制策略、武器随动系统控制策略、火控系统管理控制策略、最佳射击时机及射击时间;输出射击诸元、各种控制信号及系统控制面板的显示信息,检测火控系统功能、诊断其故障。应着重指出,现代火控计算分系统的主要任务是完成火控系统的各种控制功能,火控解算功能仅是其中之一。

对集中式火控系统而言,这一分系统一般是一台数字式计算机及火控软件。模拟计算机在新研制的火控系统中早已不用。

对分布式火控系统而言,其计算任务将被分解为若干个软件,分散地插入相关的分系统之中。独立的火控计算机有可能不再存在。

6.3.4　武器随动分系统

武器随动分系统的功能是:接收计算分系统给出的射击诸元,驱动武器身管或发射架;按照射击控制程序,进行击发射击。

主要射击诸元有:射角与方位角。而对时间引信分划(弹头飞行时间)、水面或水中武器的转向角、爆炸深等,则在弹头发射前由相应控制机构完成。武器随动系统通常用直流或交流机电随动系统,功率较大时,则采用液压式随动系统。对自行武器,该分系统还应具备武器线稳定功能。为提高武器随动系统的快速性及平衡性,有的武器随动系统采用了前馈补偿原理,因此,还必须接收射击诸元的一阶导数及二阶导数。

6.3.5　定位定向分系统

定位定向分系统的功能是:测量载体纵轴相对正北方向的偏航角、载体的地理经纬坐标。用于外部目标指示及载体驾驶导航。

自动寻北的主要设备有陀螺寻北仪、磁或电磁寻北仪。如再配以计程仪,即可完成武器定位任务。卫星定位系统(美国为 GPS,俄罗斯为 GLONASS)的地面接收器可给出武器的地理经纬坐标,如使用其差分工作方式,还可完成自动寻北任务。该分系统是武器协同作战时必不可少的,如仅考虑独立作战且不考虑车辆导航时则不需要定位定向分系统。

6.3.6　载体姿态测量分系统

载体姿态测量分系统的功能是:在载体运动中测量载体旋转运动的三个分量:偏航角、纵倾角、横滚角或它们的角速度。载体静止状态下,载体相对地面的倾斜角常用倾斜传感器测量。用惯性陀螺仪可很方便地测量出载体的三个旋转角度或角速度,这些量不仅用于射击诸元计算,而且还可用于稳定跟踪线和武器线。

6.3.7　弹道与气象条件测量分系统

弹道与气象测量分系统的功能是:测量并输出为修正射击诸元所必需的全部弹道与气象条件。它包括弹头初速、药温等弹道条件及气温、空气密度、湿度、风速、风向等气象条件。各种气象传感器既可分散单独使用,也可组成气象站。弹头初速测量雷达与气象测量雷达则是日益广泛应用的先进弹道与气象条件检测设备。

6.3.8　脱靶量检测分系统

脱靶量检测分系统检测出来的脱靶量主要用于评估射击效果,实施校射。地炮校射雷达用跟踪弹道末端的弹头轨迹来推算落点,从而计算出脱靶量。对空中活动目标,需要用能同时跟踪目标与弹头的观测器材来检测脱靶量,如相控阵雷达、大视场光电实时成像系统均可完成这一任务。因能实时测量脱靶量,则可构成大闭环火控系统,提高射击精度。

6.3.9　通信分系统

该分系统在图6-2中并未示出,但它却与图中各分系统相关联。通信分系统的功能是:实施火控系统内部各个分系统间的信息传递以及它同外部的信息交换。各种有线与无线、模拟与数字式通信装置都能承担这一任务。但是,自行武器与外部交换信息只能采用无线通信方式。数字计算机的局域网通信技术也已进入这一领域。各种机电与数、模变换器件,如自整角机、旋转变压器、数模变换器、模数变换器、轴角编码器等,用于信息类型的自动转换。

6.3.10　系统操作控制台

火力控制计算机靠人进行操作,通过操作控制台按钮、开关、键盘使火力控制计算机完成相应的计算和控制动作,操作控制台还通过数码管、指示灯或显示器把文字、图像、声音等以多媒体手段直观形象将交互信息提供给操作员。操作员可通过控制台控制武器发射,还可以实现显示设备自控状态,指示故障部位,指导模拟训练等功能。

6.3.11　初级供电分系统

初级供电分系统的功能是:向各个分系统初级供电,并显示、检测初级供电的品质。它主要由汽油或柴油发电机组构成。对耗电较少的火控系统,也可使用蓄电池供电。

火控系统的构成不是唯一的,需根据武器系统战术技术要求,选择火力控制系统的技术设备。构成不同档次、不同销售价格的火力控制系统,以满足不同用户在不同使用环境下的需求。

6.4　轮式自行火炮武器系统火控分系统特点

自行武器将火控系统、火力系统和运载体集于一体,用于在运动中独立作战。因此,这种结构配置使得自行武器火控系统应具有如下特点:

(1)单体分散配置,结构小型化

火控系统配置在空间狭小的炮塔内,为了充分利用空间,一般将其各单体分散配置在炮塔的各部位,且各单体尽量小型化。否则,会因炮塔内容纳不下火控系统的各单体而导致火控系统方案失败。由于各单体分散配置,在炮塔内导致电缆增多、可靠性下降、维修困难。

(2)自动化程度高,操作人员少

一般炮塔内只有两名操作人员(坦克有车长和炮长)。这就要求火控系统的操作控制尽量简单、自动化程度高。常采用计算机自动控制逻辑,简化操作;采用战术参数、设备状态的综合显示,减少显示装置。

(3)耐冲击振动

车辆长途行军颠簸和火炮发射,都会造成较大的振动和冲击。火炮发射时,炮塔某些部位受到的冲击较大。因此,火控系统的各单体设备应有减振措施。光学设备应布置在冲击、振动较小的部位。发动机引起的振动亦不可忽视,它影响目标跟踪精度和射击精度。因此,设计载体时应注意悬挂减振问题。

(4)电磁环境恶劣,抗电磁干扰能力强

火控系统各电子设备密集在炮塔内,相互间辐射电磁干扰增大;自行武器的所有电子设备共用车内直流电源,传导干扰增加;火控系统各设备分散配置,接地点增多。因此,要求火控系统的各单体设备应有良好的电磁屏蔽和接地。地线一般分为信号地、设备地、公共地。激光电源、火炮随动系统电源、计算机电源常采用单独供电方式,以减少电源线、电源地线的传导干扰。

（5）充分考虑维修性

炮塔内维修空间小，常采用吊篮非密闭方式，以便维修人员能在车内维修而不是在吊篮内维修。维修时，常采用整件置换。为方便维修，必要时可在炮塔上开窗加盖，以便维修人员在炮塔外维修。

（6）能测量载体姿态

要求自行武器在载体任意倾斜状态下都能精确射击目标，就必须测量载体的姿态角。载体姿态角一般包括横滚角、纵倾角和航向角。测量载体姿态一般用位置陀螺、阻尼摆、炮耳轴倾斜传感器、小型稳定平台等。

（7）跟踪线独立

跟踪系统的跟踪镜（或雷达天线）安装在炮塔上，当炮塔进行方位转动时，会因牵连运动对跟踪线造成空间扰动。自动消除这种扰动称跟踪线独立。习惯上称"瞄准线"独立。其实质是：当炮塔转动一个方位角提前量时，同时使跟踪线相对于炮塔反向转动相等的角度。常用机械差动和电气差动方式实现。应注意，在火炮加入方位角提前量过程中（包括暂态过程），应实时保持跟踪线独立。如果在暂态过程中跟踪线独立误差较大，有可能使自动跟踪丢失目标，或对半自动跟踪造成较大瞬间扰动。

（8）采用多环方位跟踪系统

自行武器方位跟踪系统的工作原理可等效为图 6-3，图 6-4。图中，β_t 为目标方位角；$\Delta\beta$ 为方位角提前量；$\beta_q = \beta_t + \Delta\beta$，$\beta_q$ 为提前方位角；β 为跟踪线方位角。

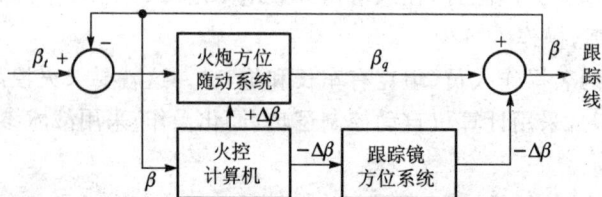

图 6-3 跟踪镜同步于火炮的等效方位跟踪系统

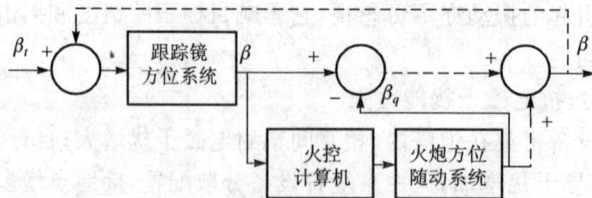

图 6-4 火炮同步于跟踪镜的等效方位跟踪系统

可见,方位跟踪系统包含跟踪镜方位系统、火炮随动系统和火控计算机,是一个多环路跟踪系统。它们的性能及存在的炮塔传动空回都将影响跟踪精度,如果设计不当,虽然各部分都能正常工作,但却难以跟踪目标。还应特别指出,方位角提前量的加入时机不同,对跟踪精度影响也不一样。

(9) 充分考虑烟雾遮挡

自行武器的跟踪镜与火炮身管相距较近,火炮发射时的烟雾和火焰将影响半自动、电视和红外自动跟踪。对速射炮而言,由于烟雾和火焰遮挡,往往会使电视或红外自动跟踪在一段时间(一秒左右)内丢失目标,应引起重视。

除在炮口上加装消烟装置和结构配置上采取措施外,跟踪系统应具有短暂记忆跟踪能力,以便烟雾和火焰消失后,能重新跟踪目标。

当要求自行武器能在运动中精确射击目标时,火控系统又应具有以下特点:搜索雷达天线稳定;跟踪线稳定;武器线稳定。

当考虑自行武器集群作战时,为满足作战指挥和行军的需要,火控系统又必须增加:导航定位分系统;无线通信分系统。导航定位分系统用于实时确定自行武器本身的地理位置和行驶方向,以便驾驶员根据指定路线行军。当上级或其他火力单元向自行武器指示目标或自行武器向其他单元指示目标时,自行武器本身的地理位置和行驶方向也是必不可少的,否则将无法相互指示目标。无线通信分系统用于与上级和其他火力单元联络和相互指示目标,是火控系统与指控系统连接的纽带。特别是在移动中作战时无法使用有线通信系统,必须用无线全向通信分系统。无线通信分系统的体制应与指控系统协调一致。

6.5　目标坐标测定

火力控制分系统首先需要解决的基本问题是搜索发现目标及测定目标的坐标,以获取解决命中目标问题所必需的目标坐标信息。

在敌我双方交战中,为击毁敌目标,首先必须知道它在哪里。这就需要在指定的空间范围内寻找目标,谓之搜索目标。在搜索空间内,感知潜在的目标谓之探测。早期由人完成搜索、探测目标任务,现代多用搜索系统自动搜索、探测目标。由于作战区域内可能存在我方目标,为避免误伤,需要在搜索、探测到目标后识别敌友,谓之敌我识别。当确认是敌目标后,还需进一步确认是否是我方应首先打击的目标。一旦确定是首先打击的目标,就将该目标的粗略位置指示给目标跟踪系统,谓之目标引导。搜索、探测、识别、引导目标是搜索系统的任务。

精确地知道目标坐标是解决命中目标问题的第一步。因此,必须用跟踪系统或其他手段测定目标坐标。目标坐标常用球坐标(距离、方位角、高低角)描述,因此,目标坐标测定分为测距和测角。当目标与武器相对静止时,理论上只需单次测距和测角即可解决命中目标问题。

当存在相对运动时,则必须实时测定目标坐标。实时测定目标角坐标是通过角跟踪系统跟踪目标实现的。所谓跟踪目标是驱动跟踪系统的跟踪线实时地追随瞄准线的过程。一般二者不重合,存在方位角和高低角误差。测距则是在跟踪目标达一定精度状态下,由测距装置进行的。测距装置一般和观测器材安装在一起,共同组成具有测距和测角功能的跟踪系统,或称目标坐标测定器。

搜索、探测和跟踪目标的设备是根据物体辐射和反射能量的原理制成的。众所周知,只要在绝对零度以上,物体都要辐射能量。能量辐射有多种形式,如红外辐射、微波辐射、激光辐射、声波辐射等。且目标越大、表面越粗糙、运动速度越快,辐射强度越大,反射能量就越大,目标也就越容易被发现。目标与背景反差越大时,也越容易被发现。常用的目标搜索、探测和跟踪设备有:可见光设备、微光设备、红外成像设备、雷达设备、激光设备、声学设备等。

可见光设备依据目标对白光的反射特性制成,经光学仪器放大目标图像,使人能看到清晰的远距离目标。微光设备依据目标对月光、星光、大气辉光等微弱光的反射特性制成,微光设备将人眼看不到的目标图像电子增强,放大为人眼能看到的目标图像。红外成像设备依据目标因红外辐射温差不同而形成的图像制成。雷达设备依据目标对雷达发射的无线电波的反射特性制成,利用雷达发射的无线电波和雷达接收到的由目标反射回来的无线电波的时间差计算目标至雷达的距离,通过测定回波的方向测量目标的方位角和高低角。通过测量回波强度,还可确定目标的大小。激光设备的工作原理与雷达基本相同,只是其发射与接收的是激光,由于激光波束窄,所以比雷达测角精度高,但与雷达相比受气候条件影响大。声学设备依据目标运动时产生声波或地震波制成,将多元声波探测器分布在不同地点上探测同一声源,依据声波到达各声波探测器的时间差和声源的方向测定声源的坐标。

6.6　搜索与引导

6.6.1　搜索与引导的作用

搜索目标的作用是使武器系统尽早地发现敌目标,以免贻误战机。因此,要求搜索系统的视场要大、作用距离要远。对高炮防空而言,要求能在距离 10～30 km(甚至更远)、方位 360° 范围内搜索多批目标。但对其测量目标方位角坐标和距离精度要求不高,一般要求方位角误差小于跟踪观测器(目标检测传感器)视场的二分之一、距离误差为 50～100 m 即可。在战区内,为增加预警时间,还需配置远程警戒雷达。

搜索系统搜索到目标并识别确认为应首先打击的敌目标后,便立即给跟踪系统引导目标。其作用是使跟踪系统尽快捕获并跟踪指定的目标。

测定目标坐标一般由跟踪系统完成。为保证跟踪系统作用距离远、分辨率高、测量目标坐标精度高，跟踪系统的视场不宜过大。因此，它不适于搜索目标，一般需要各种搜索系统给其引导目标。

6.6.2　搜索方式

随着科学技术的发展和作战的需要，出现了各种搜索系统和设备。从最简单的目视搜索，到概略瞄具搜索、可见光搜索、雷达搜索、头盔式搜索等。为了增强夜间发现目标的能力，又使用了红外搜索和微光夜视搜索。针对雷达搜索目标易受电子干扰的缺陷，近年来出现了全景光电搜索。现代火控系统，一般都采用多种搜索手段，以适应复杂的战场环境和提高搜索目标的可靠性。同时，还将火控系统作为指挥控制系统的控制终端，充分地利用战场上各种探测器测得的目标信息。

（1）雷达搜索

雷达已广泛用于发现敌目标，在战区内使用远程警戒雷达，而武器系统则使用搜索雷达。自 1936 年以来，雷达已经历了三次技术革命，特别是 20 世纪 80 年代以来，新一代雷达脱颖而出，超视距雷达、大型相控阵雷达、合成孔径雷达等相继问世。发现目标距离达数千千米，搜索和跟踪目标达数百批，合成孔径雷达还能将目标成像，以适应导弹战略防御的需要。这里所谓的跟踪是指在每个搜索周期内对已发现的目标数据进行相关、互连、平滑、滤波和外推处理，以确认目标并建立各自的航迹。

雷达搜索的优点是空域大、作用距离远、全天候使用、能确定粗略的目标方位角和距离信息。缺点是隐蔽性差、易受电子干扰。抗电子干扰能力已成为其主要的战术技术要求。

（2）可见光搜索

可见光搜索仪器是传统的搜索设备，各种指挥镜、变倍跟踪镜、光环镜和坦克的车长镜都属此类。其显著特点是视场大、操作简便、获得信息直观、能确定目标的粗略方位角和高低角。因此，得到广泛的应用。如对空指挥镜（大倍率、大视场目视望远镜）能输出方位角和高低角信息。由于其视场较大，也可用于观察弹目偏差。

其缺点是只能给出目标角坐标，作用距离较近，仅能白天使用且对能见度要求高，不能同时搜索多批目标。

（3）概略瞄准具搜索

概略瞄准具由准星、照门构成。高炮和高射机枪的概略瞄准具大都把准星改成同心圆环，可用其捕获并引导目标。只要能将目标导入跟踪视场内即可。

其致命缺点是精度差、作用距离近、且只能给出目标角坐标。

（4）目视搜索

目视搜索用于早期的阵地高炮防空系统。360°方位空域由 3～4 人分别监视，发现目标后口报指挥所,再用光学器材测定目标高低角及方位角。

其致命缺点是作用距离近、口报误差大、耗时长。

(5) 头盔式搜索镜搜索

头盔式搜索镜通常由头盔、准直式瞄准镜、激光测距机、测量头盔与载体相对位置的传感器、微型计算机及输出设备等组成。微光夜视头盔、红外成像头盔也已广泛使用。使用时,瞄准手转动头部搜索目标,用瞄准镜分划对准目标后,位置传感器自动把目标坐标输入到计算机中,计算机计算出控制火炮的信息。

头盔式搜索镜搜索目标充分发挥了人的作用,大大提高了火控系统的反应速度。飞机驾驶员已广泛采用。头盔式搜索镜的角输出精度为 $0.5°\sim0.1°$ 之间,可望达到 $0.1°$ 之内。

(6) 红外搜索

使用红外热成像仪搜索目标,给出目标的方位和高低角坐标。红外热成像仪主要由光学聚焦与扫描系统、红外探测器、信号处理电路和显示器组成。分为被动式和主动式,目前,以被动式为主。

优点是不易被敌方探测和干扰,能在白天和黑夜搜索目标,但受气候条件影响大。

(7) 微光夜视搜索

简称夜视系统,分为微光夜视仪和微光电视,能在低照度下夜间观察和跟踪目标,给出目标的方位和高低角坐标。通常由物镜、夜视成像器件和目镜组成。夜视成像器件包括微光变像管、像增强器、摄像机和电荷耦合成像器件等。

微光夜视搜索隐蔽性好、体积小、质量轻、耗能少,但受气候影响较大,在阴天和漆黑无光或烟雾条件下很难发挥作用。

(8) 全景光电搜索

随着光电技术的发展和战场电子干扰的增强,出现了全景光电目标搜索系统。

其特点是:能昼夜搜索目标、抗电子干扰能力强。一般采用红外热成像全景光电目标搜索系统。一种是采用大视场的红外热成像仪进行方位等周期搜索,如同目标搜索雷达;另一种是由多个大视场的红外热成像仪分区监视整个搜索区域,构成全搜索区域的景象,进行全景监视。

6.6.3 引导方式

按其传输信息的方式分为口报引导、有线引导和无线引导。

(1) 口报引导

这是高炮阵地防空在目视搜索目标下的目标引导方式。通常由作战人员用口报方法将目标距离、角坐标信息传给跟踪系统。

有三种口报引导方式:① 由观察员直接指示目标;② 依据环视雷达或上级指挥所指示目

标,进行图板作业,按一定间隔不断报出目标的方位角、高低角和距离等;③ 由指挥镜操作手报出目标的方位角和高低角。这种引导方式耗时长、易出错。

（2）有线引导

搜索设备将搜索到的目标信息通过有线模拟或数字传输方式传给跟踪系统。它仅适用于近距离、阵地作战。

（3）无线引导

搜索设备将搜索到的目标信息变换成无线电信号发射出去,跟踪系统通过其无线电接收机接收目标信息。它适用于远距离、移动中作战,缺点是易受电子干扰。

6.7　跟踪与跟踪系统

跟踪通常指以人工或自动方式驱动跟踪线,尽量使跟踪线与瞄准线重合,进而测量目标的坐标。对武器和目标都处于静止状态时,过去常用"瞄准"来描述。而"跟踪"却隐含着武器和目标存在着相对运动。现代,通常采用包含距离和角度在内的三维跟踪方法。跟踪系统采用误差控制原理,其输入是目标的实际空间位置,其输出是目标坐标的测量值。

跟踪并测量目标坐标的装置称为跟踪系统,包括角跟踪系统和测距装置(或称距离跟踪系统),亦称目标坐标测定器。其角跟踪系统的分类如下:

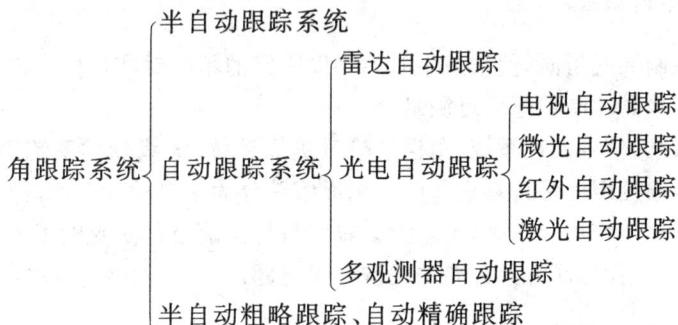

```
                     ┌ 半自动跟踪系统
                     │              ┌ 雷达自动跟踪
                     │              │                ┌ 电视自动跟踪
                     │              │                │ 微光自动跟踪
角跟踪系统 ┤ 自动跟踪系统 ┤ 光电自动跟踪 ┤ 红外自动跟踪
                     │              │                └ 激光自动跟踪
                     │              │ 多观测器自动跟踪
                     └ 半自动粗略跟踪、自动精确跟踪
```

6.7.1　半自动跟踪系统

在跟踪控制回路中,主要依靠人检测并消除跟踪误差的跟踪系统称为半自动跟踪系统。其跟踪精度和反应时间在很大程度上取决于人的特性和熟练程度。半自动跟踪系统分为高低和方位跟踪系统,分别由指示器、人、驱动装置和测角传感器组成。其示意图如图 6-5 所示。

跟踪目标时,人观察指示器中的跟踪误差(目标中心与标志中心的偏差),依据跟踪误差,手动手柄(或摇把、滚球)产生高低、方位控制量,经功率放大后驱动指示器标志(如十字

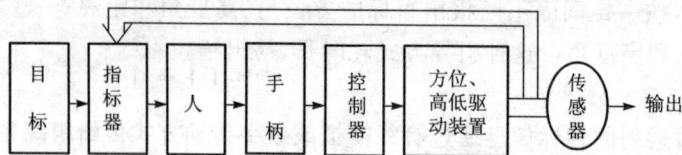

图 6-5   半自动跟踪系统示意图

分划）。

当标志中心与目标中心重合时，跟踪误差为零，即认为瞄准目标。实际跟踪目标过程中，瞄准目标的机会是很少的，多数状态存在跟踪误差。

6.7.2   自动跟踪系统

主要依靠自动检测并消除跟踪误差的跟踪系统称为自动跟踪系统。一般来说，它比半自动跟踪系统精度高、频带宽、快速性好。缺点是跟踪视场小，一旦丢失目标后，想再度转入自动跟踪就非常困难。这时，一般需要将自动跟踪模式转入半自动跟踪模式，等待半自动跟踪达到一定跟踪精度后再转入自动跟踪模式。

6.7.2.1   雷达自动跟踪

雷达能自动控制天线指向，使波束中心始终以一定的精度对准目标。连续测量目标距离、方位角、高低角（多普勒体制雷达尚可测量径向速度）。

雷达由跟踪天线、信号处理系统、角误差信号提取系统、天线随动系统等组成。包括距离跟踪和角度跟踪。角度跟踪是自动进行的。距离跟踪分为半自动和自动两种。

雷达跟踪的优点是作用距离远，可全天候跟踪目标。缺点是易受电子干扰，在电子战异常激烈的时代，抗电子干扰已成为其首要的关键技术难题。

6.7.2.2   光电自动跟踪

（1）可见光电视自动跟踪

可见光电视自动跟踪的重要组成部分是视频信号处理器。简要原理如图 6-6 所示。目标通过摄像机物镜将其光学像呈现在摄像管靶面上，通过摄像机的水平和垂直扫描，将物像展开成一维的时间 t 信号，即视频信号。该视频信号经过视频信号预处理器和提取电路，用 x-y 视频分析器计算出目标相对参考基准中心的偏离 Δx、Δy 值。将 Δx、Δy 值送到伺服系统，控制摄像机随目标做方位和俯仰运动。

可见光电视跟踪系统一般由定焦或变焦望远镜、摄像机、视频信号处理器和伺服系统组成，如图 6-7 所示。采用变焦望远镜，为的是保持目标在视场内像的大小基本不变，以免充满

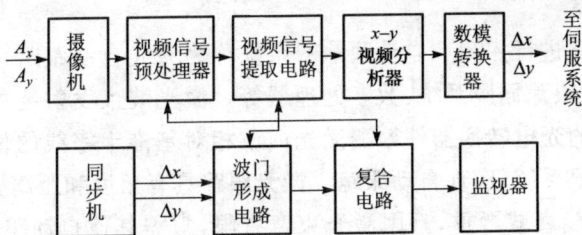

图 6 - 6　视频信号处理器原理图

视场。为使摄像管靶面上的照度不超出其工作范围或使靶面上的照度保持恒定,通常在望远镜内还装有光强控制器。如可控光栏或自动减光板(光密度盘)。为了能清晰识别不同背景下的目标,望远镜内还设置不同颜色的滤光片。摄像机可采用电荷耦合器件(CCD)固体摄像机,也可采用硅靶管或碲镉锌等摄像机。但应具有平像场、低噪声及高增益等特点。可见光电视跟踪系统的跟踪精度可达零点几毫弧度,对空中目标(如飞机),跟踪距离可达二十几千米,甚至更远。

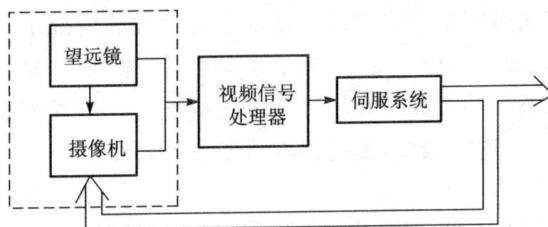

图 6 - 7　可见光电视自动跟踪系统原理框图

可见光电视跟踪的优点是直观、工作隐蔽、不受无线电干扰。缺点是受气候影响较大、夜间不能使用。可见光电视跟踪技术比较成熟,跟踪方式有矩心跟踪、边缘跟踪、相关跟踪等,我国已广泛使用。

(2)微光自动跟踪

利用微光像增强管、高敏感度电荷耦合器件及它们的耦合器作为光电传感器构成微光自动跟踪系统跟踪目标,谓之微光自动跟踪。这种跟踪能完成在月光、星光等微弱光线下的夜间跟踪目标任务。

(3)红外自动跟踪

红外自动跟踪是利用红外热成像器件,作为目标检测传感器而实现的自动跟踪。其工作原理与可见光电视跟踪基本相同,只是传感器用的是红外热成像器件。红外自动跟踪主要用于夜间跟踪目标,也可白天跟踪目标,使火控系统具有昼夜作战能力。现在,国内红外自动跟踪技术已不断趋于成熟,但价格较贵。

（4）激光自动跟踪

利用激光束对目标进行探测和自动跟踪的系统称为激光自动跟踪系统，其组成包括激光波束发射与接收装置、跟踪伺服系统、数字处理器等。激光波束发射装置发射激光；接收装置借助于四象限内放置的光电转换器件检测激光回波相对基准十字线的偏差。检测出的方位、高低偏差送到跟踪伺服系统，实现自动跟踪。激光跟踪具有角度和距离分辨率高，抗干扰能力强等优点。缺点是大气衰减严重，且因激光束宽有限，常需其他自动跟踪方式精确跟踪目标后，再转入激光自动跟踪。它属于精密跟踪，精度一般为几十至几百微弧度，适于控制激光武器。现阶段在光电火控系统中应用较少，而主要用于靶场测量系统中，如国产 778 光电跟踪经纬仪。

6.7.2.3　多观测器（目标检测传感器）自动跟踪

利用同一驱动装置自动驱动两种以上观测器（目标检测传感器）构成跟踪系统，进行自动跟踪目标，谓之多观测器（目标检测传感器）自动跟踪。因为它能实现多种跟踪方式、适应不同作战环境、成本低、结构简单，所以被现代火控系统广泛采用。比如，将电视摄像机与雷达天线共轴，既可实现雷达跟踪又可实现电视跟踪。在雷达受干扰的情况下，可转入电视自动跟踪，提高抗电子干扰能力。又如，将电视、红外、光学镜置于同一框架上实现共轴，可适应昼夜跟踪和多方式跟踪，提高跟踪系统的可靠性和战场环境适应能力。多观测器自动跟踪的另一优点是可将多探测器测得的信息进行融合，提高跟踪精度和可靠性。

6.7.3　半自动粗略跟踪、自动精确跟踪系统

这种跟踪系统是半自动跟踪系统和自动跟踪系统的组合，在半自动跟踪系统的框架上设置方位和高低自动跟踪系统。跟踪时先由人在大范围内进行粗略跟踪，一旦达到一定的跟踪精度和跟踪范围，启动自动跟踪系统。其原理框图如图 6-8 所示。图中，由取差器、控制器、驱动装置 2 构成自动跟踪系统。由取差器、人、驱动装置 1 组成半自动跟踪系统。半自动跟踪系统驱动框架相对于固定坐标系运动，自动跟踪系统驱动观测器件相对于框架运动或驱动电子波门跟踪目标。因此，观测器件或电子波门相对于固定坐标系的运动是二者运动之和。

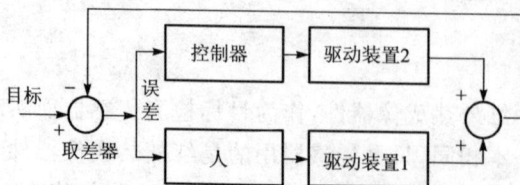

图 6-8　半自动粗略跟踪、自动精确跟踪系统

这种系统由于较大惯量的框架由半自动跟踪系统驱动,而惯量小的观测器件或电子波门由自动跟踪系统驱动,所以,自动跟踪系统的精度和快速性容易做得好,适于某些半自动跟踪系统的改造。实质上,这种跟踪系统是复合轴控制系统的简单应用。

6.8　测　　距

现代火控系统中,一般将测距和测角功能组合在一起构成跟踪系统。因此,跟踪系统具有三维坐标测量功能。但应指出,测距是在精确角跟踪状态下进行的,特别是采用激光测距机测距更是如此。它要求激光束宽角应与角跟踪精度相匹配,如果角跟踪误差比激光束宽角的二分之一大很多,则漏测现象严重,甚至无法测距。一般,要求最大跟踪误差小于激光束宽角的1/2,以减少漏测现象。

早期,地面炮兵曾用过声测技术测量目标距离。但由于方法相当复杂、实战中不易使用而未被推广。现代,基于直升机发音频谱特征的声测技术,已用于测量直升机的坐标。声呐技术早已广泛用于测量水面和水下目标。

火控系统中,也曾用过根据等腰三角形原理,先测得一个视差角(顶角),再根据已知基线(底边)求目标距离的光学体视测距机。但由于其结构复杂、精度差、无夜间测距能力,在新研制的火控系统中实际上已不再采用。

现代火控系统中,常采用雷达或激光发射脉冲信号测量目标距离。雷达和激光虽已广泛使用,但也有其局限性。即要求其发射的脉冲能量必须能从目标反射回来;还需要精确地测量其往返时间,才能精确地测量目标距离。

雷达因其工作频段的特殊性,其发射的脉冲能量在空间被吸收和散射得较少,因而适于全天候测距,且测量距离较远。但是,由于雷达波束宽,如果目标不孤立的话,回波就不完全来源于单个目标。特别是目标接近地面或在地面上时,雷达常常还需敏感目标运动参数,以便将目标从地“杂波”中提取出来。利用雷达测距最不利的是易受电子干扰。

激光测距因其精度高、体积小、成本低而被广泛使用。但应当指出,由于激光的波束窄,所以要求激光发射、接收光轴和跟踪线要严格一致。且要求必须在精确的角跟踪之后,才能进行激光测距,以减少漏测现象。因此,使火控系统的反应时间增加。激光测距能将误差保持在5 m 以内,足以满足火控系统的需要。但是,激光“漏测”(无回波)和“假距离”(野值)却需要用一个预处理滤波器来进行处理。经处理后的距离信息才能用于火控问题解算。

漏测和野值处理是比较棘手的问题。对防空火控系统而言,特别是在开始测距的一段时间内,由于目标距离较远,激光能量在空间的衰减大,激光回波弱,容易出现漏测和野值。较长时间出现漏测和野值,对建立预处理滤波器初值是十分不利的。随着目标距离的减小,漏测和野值迅速减少,直至目标飞至航路捷径附近时,因角跟踪误差增大,漏测和野值又开始增多。应指出,激光回波率与激光的能量、束宽角、各光轴的同光度、目标特性、大气衰减、跟踪系统精度有关,是一项综合指标。

激光发射频率是影响火控问题解算的一个重要因素。一般来说,由于能量限制,其发射频率较低,这就限制了火控系统的数据处理。现在激光发射频率一般为 $4\sim20$ Hz,新的二氧化碳激光器和拉曼激光器的发射频率可以更高。二氧化碳激光器能与热成像兼容,并具有在恶劣气候条件下测距和人眼安全的优点。激光发射频率应与火控系统的采样频率相匹配。

6.9　目标运动状态估计

凡是能够表征目标运动规律的常数或变量,都叫做目标运动参数。现代控制理论中称,在某一坐标系下,能够完全描述目标运动规律、且数目最少的一组目标运动参数为目标运动状态。

预测运动目标的未来位置,除需测定目标当前的和历史的坐标外,还需假定目标的运动规律,假定的目标运动规律称为目标运动假定。常用的目标运动假定有:匀速直线假定、匀加速假定、俯冲假定、圆弧运动假定等。目标运动状态的数目取决于解命中问题时所采用的目标运动假定。目标运动状态由测量或通过已测得的目标坐标进行数学运算求得。

目标运动的描述依赖于选择的坐标系。坐标系直接影响目标运动方程和测量方程的繁简及滤波器的性能。目标做匀速直线运动或匀加速运动时,直角坐标系能使目标运动方程的形式最简单。因此,火控系统常选用直角坐标系描述目标运动。坐标测定器测得的目标坐标都叠加了某种噪声,这些噪声有目标的背景噪声,也有坐标测定器的内部噪声等。目标状态估计是运用适当的方法去消除噪声,恢复真实的目标状态。将目标状态用于预测目标和弹头的相遇位置。预测的目标未来位置是否准确,除取决于预测模型是否符合目标实际运动外,很大程度上还依赖于目标状态估计算法是否准确。因此,目标运动参数的滤波是十分必要的,滤波性能的好坏直接影响火控系统的反应时间、武器身管或发射架运动的平稳性和射击精度。现代火控系统常用的数字滤波方法有:Kalman 滤波、α-β-γ 滤波、最小二乘滤波等,本节仅介绍累加形式的最小二乘滤波方法,对其他滤波方法感兴趣的读者可参阅有关文献。

假设目标做等速直线运动,这种假设也称为"一次假设"。在这种假设下目标的绝对直角坐标 x,y,h 都是时间 t 的一次函数,各坐标值的滤波计算是一样的。这里,只以 x 坐标的滤波计算为例。按最小二乘滤波原理来计算只有两项的多项式目标运动模型滤波。设

$$x(t)=a_0+a_1t \qquad (6-1)$$

设 $z_1,z_2,\cdots,z_n$ 为 n 个对 $x(t)$ 的测量值。观测是按等间隔时间 Δt 进行的,各个时刻的残差为

$$\varepsilon_i=(a_0+a_1t_i)-z_i,i=1,2,\cdots,n \qquad (6-2)$$

残差的平方和 Q 为

$$Q = \sum_{i=1}^{n} \varepsilon_i^2 = \sum_{i=1}^{n} \left[(a_0 + a_1 t_i) - z_i \right]^2 \tag{6-3}$$

对 a_0 和 a_1 求偏导,并令其为零,即:

$$\begin{cases} \dfrac{\partial Q}{\partial a_0} = 2 \sum_{i=1}^{n} \left[(a_0 + a_1 t_i) - z_i \right] = 0 \\[3mm] \dfrac{\partial Q}{\partial a_1} = 2 \sum_{i=1}^{n} \left[(a_0 + a_1 t_i) - z_i \right] t_i = 0 \end{cases} \tag{6-4}$$

移项,并代入 $t_i = i\Delta t$,得

$$\begin{cases} \sum_{i=1}^{n} (a_0 + a_1 i \Delta t) = \sum_{i=1}^{n} z_i \\[3mm] \sum_{i=1}^{n} (a_0 i \Delta t + a_1 i^2 \Delta t^2) = \sum_{i=1}^{n} z_i i \Delta t \end{cases} \tag{6-5}$$

$$\begin{cases} a_0 n + a_1 \Delta t \sum_{i=1}^{n} i = \sum_{i=1}^{n} z_i \\[3mm] a_0 \Delta t \sum_{i=1}^{n} i + a_1 \Delta t^2 \sum_{i=1}^{n} i^2 = \Delta t \sum_{i=1}^{n} i z_i \end{cases} \tag{6-6}$$

令

$$\begin{cases} \sum_{i=1}^{n} 1 = n = S_0 \\[3mm] \sum_{i=1}^{n} i = \dfrac{n(n+1)}{2} = S_1 \\[3mm] \sum_{i=1}^{n} i^2 = \dfrac{n(n+1)(2n+1)}{6} = S_2 \end{cases} \tag{6-7}$$

将式(6-7)代入式(6-6),得

$$\begin{cases} a_0 S_0 + a_1 S_1 \Delta t = \sum_{i=1}^{n} z_i \\[3mm] a_0 S_1 \Delta t + a_1 S_2 \Delta t^2 = \Delta t \sum_{i=1}^{n} i z_i \end{cases} \tag{6-8}$$

用行列式解此联立方程,则

$$\begin{cases} a_0 = \dfrac{\Delta_0}{\Delta} \\[3mm] a_1 = \dfrac{\Delta_1}{\Delta} \end{cases} \tag{6-9}$$

式中

$$\Delta = \begin{vmatrix} S_0 & S_1\Delta t \\ S_1\Delta t & S_2\Delta t^2 \end{vmatrix} = \Delta t^2\,\frac{n^2(n^2-1)}{12}$$

$$\Delta_0 = \begin{vmatrix} \displaystyle\sum_{i=1}^{n} z_i & S_1\Delta t \\ \displaystyle\Delta t\sum_{i=1}^{n} iz_i & S_2\Delta t^2 \end{vmatrix} = \frac{n(n+1)(2n+1)}{6}\Delta t^2\sum_{i=1}^{n} z_i - \frac{n(n+1)}{2}\Delta t^2\sum_{i=1}^{n} iz_i$$

$$\Delta_1 = \begin{vmatrix} S_0 & \displaystyle\sum_{i=1}^{n} z_i \\ S_1\Delta t & \displaystyle\Delta t\sum_{i=1}^{n} iz_i \end{vmatrix} = n\Delta t\sum_{i=1}^{n} iz_i - \frac{n(n+1)}{2}\Delta t\sum_{i=1}^{n} z_i$$

这样，$\hat{a}_0$ 与 $\hat{a}_1$ 的表达式即为

$$\hat{a}_0 = \frac{n(2n+1)}{n(n-1)}\sum_{i=1}^{n} z_i - \frac{6}{n(n-1)}\sum_{i=1}^{n} iz_i \qquad (6-10)$$

$$\hat{a}_1 = \frac{6}{n(n-1)\Delta t}\sum_{i=1}^{n} z_i - \frac{12}{n(n^2-1)\Delta t}\sum_{i=1}^{n} iz_i \qquad (6-11)$$

因为

$$\dot{\hat{x}}_n = \frac{\mathrm{d}}{\mathrm{d}t}(\hat{a}_0 + \hat{a}_1 t) = \hat{a}_1 = \frac{6}{n(n-1)\Delta t}\sum_{i=1}^{n} z_i - \frac{12}{n(n^2-1)\Delta t}\sum_{i=1}^{n} iz_i \qquad (6-12)$$

这里的 $\hat{a}_1$ 等于目标的估计速度。因为目标等速运动，故 $\hat{a}_1$ 就是 t_n 时刻的估计速度。目标在 t_n 时刻的估计坐标为

$$\hat{x}_n = \hat{x}(t_n) = \hat{a}_0 + \hat{a}_1 n\Delta t$$

$$= \frac{n(2n+1)}{n(n-1)}\sum_{i=1}^{n} z_i - \frac{6}{n(n-1)}\sum_{i=1}^{n} iz_i + \left(\frac{6}{n(n-1)\Delta t}\sum_{i=1}^{n} z_i - \frac{12}{n(n^2-1)\Delta t}\sum_{i=1}^{n} iz_i\right)n\Delta t$$

$$\qquad\qquad\qquad\qquad\qquad\qquad\qquad\qquad\qquad\qquad\qquad (6-13)$$

$$= \frac{-2}{n}\sum_{i=1}^{n} z_i + \frac{6}{n(n+1)}\sum_{i=1}^{n} iz_i$$

式中，$\hat{x}_n$ 和 $\dot{\hat{x}}_n$ 分别表示对时刻 t_n 的目标坐标和目标速度的估计值。

上述算法要根据测量数据的累加值 $\left(\displaystyle\sum_{i=1}^{n} z_i,\ \sum_{i=1}^{n} iz_i\right)$ 来计算，因而称为累加格式。同理可推导目标作等加速运动的最小二乘滤波公式。

　　从 $i=1$ 到 $i=n$ 这段采样时间称为观测时间。观测时间越长,采样点数越多,对消除误差越有利。但是,并非观测时间越长越好,例如,在目标运动规律与假设不符合或运动不稳定时,若选用较长的观测时间,则必然会使滤波计算对目标的机动反应迟钝,从而造成系统误差,所以这时应该选择较短的观测时间。因此,观测时间的选择要结合战术技术论证,权衡利弊,适中为好。

　　累加格式的最小二乘滤波需要记忆大量的测量数据,计算比较复杂。

　　为了避免记忆大量的测量数据,实际应用时,只使用最新的、等间隔时间的有限 n 个输入值。这样,只记忆有限个样本就称之为有限记忆数字处理。

　　这种算法的一个重要性质是:它是绝对稳定的。这就是说,当输入量有界时,由于累加值是有界的,系数也是有界的,因而滤波值也一定是有界的。这种处理方法绝不会使滤波值达到无穷大,即有限记忆的最小二乘滤波绝不会发散。

　　例如,$n=9$ 的有限记忆处理过程,如图 6-9 所示。图中随着时间的推移,每次只取 9 个样本值作为累加值进行计算。这相当于有一个窗口,宽度为 8 个采样周期,随着 i 的增长而向右移,它只能套住 9 个样本。

　　这种滤波的暂态过程只要经历 $8\Delta t$ 即结束,这也是有限记忆处理的一个特点,即滤波的观察时间是有限的。

　　以上推导了不同假设下的有限记忆最小二乘滤波公式。若假定目标做等速直线运动,且目标真的做等速运动时,滤波器会获得较高的估计精度;而当目标机动时会因为滤波器反应较慢,会出现系统误差。反之,若假定目标做等加速运动,且目标真的机动时,滤波器估计精度较高;而当目标做等速直线运动时,由于估计的加速度误差混入其中,使本可以提高的估计精度得不到提高。为了兼顾这两方面,可引入如下简单

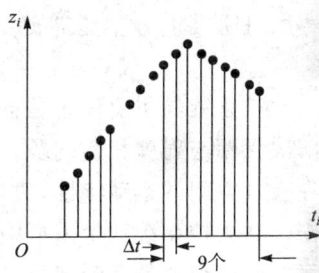

图 6-9　有限记忆处理过程

自适应方案:即设置等速假定和等加速假定两个滤波器,使其同时工作,并预先设定加速度门限值 TH。当判定等加速假定滤波器所估计的目标加速度幅值小于 TH 时,则输出等速假定滤波器的值;反之,输出等加速假定滤波器的值。为了防止加速度估计值在门限 TH 附近波动时,滤波器频繁切换所带来的输出不平稳,设置了两个门限值 $TH1$ 和 $TH2$,且满足 $|TH2|>|TH1|$。若原来输出等速假定滤波器的值,则只有在等加速假定滤波器输出的加速度估计值的绝对值超过 $TH2$ 时,才切换到等加速假定滤波器,使其为输出滤波器;否则,仍保持等速假定滤波器为输出滤波器。反之,若原来输出等加速假定滤波器的值,则只有在其加速度估计值的绝对值小于 $TH1$ 时,才切换到等速假定滤波器,使其为输出滤波器;否则,保持等加速假定滤波器为输出滤波器,这一过程如图 6-10 所示。图中,L、Q 分别表示等速、等加速假定滤波器。

　　此外,为了提高滤波效果,还可在滤波器之前采用测量值预处理技术,如对连续 6 点的测

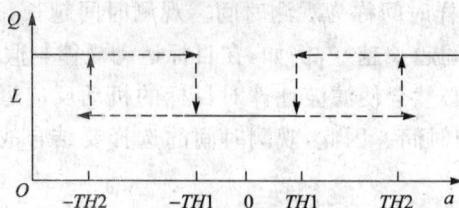

图 6 - 10　等速、等加速假定切换示意图

量值(球坐标下)进行等权平均,经处理后作为滤波器的输入。如果目标坐标的测量周期为 0.04 s 经 6 分频后,则滤波器的采样与输出周期为 0.24 s。由于测量频率较高,这样处理会大大减小滤波器输出的随机误差,同时,也不至于引起大的动态滞后误差。

6.10　火控弹道模型

6.10.1　火控弹道模型的地位与作用

火控系统的主要作用是自动或半自动地解决在实际条件下火炮射击命中目标问题,或者说解决目标与射弹相遇问题。为解决射击命中问题,需要研究火炮和目标的运动规律,以及弹丸在大气空间的运动特性,建立火控系统数学模型,求解火控系统所需各种参数,控制与指挥射击。在火控系统数学模型中,主要解决两方面问题:一是目标的运动规律,二是弹丸的运动规律。研究弹丸的运动规律,即火控弹道模型问题。火控弹道模型研究在实际条件下的弹丸运动微分方程组,根据实际条件计算弹丸的运动规律,并把计算结果转换为火炮的射击诸元;根据射击条件偏差量计算射击诸元修正量。因此,火控弹道模型是用来解决命中问题的。在火控系统数学模型中,它是关键问题之一。没有精确实用的火控弹道模型,就不能很好解决命中问题。根据不同的条件,火控弹道模型应是多种多样的。它可以是运动微分方程组、解析表达式和数值表以及曲线图。

理论分析与实际计算都证明,火控弹道模型对火炮系统的射击精度与反应时间都有较大影响。火控弹道模型误差在诸元误差中占较大比例,对于地面火炮,模型距离误差占总距离误差的 20% ~ 50%,模型方向误差占总方向误差的 15% ~ 30%,可见火控弹道模型在火控系统中的地位与作用的重要性。

对某 122 mm 火炮精密法准备射击诸元,弹道模型误差占总诸元误差的比例如表 6—1 所列。

表 6 - 1　某 122 mm 火炮的诸元误差

误差名称	距离误差/%	方向误差/%
测地误差	1	17
目标位置误差	3	7
内弹道误差	19	0
气象诸元误差	37	56
弹道模型误差	40	20

6.10.2　火控弹道模型发展概况

火控弹道模型随着战术要求和技术水平的发展而发展。它与战术要求和技术可行性紧密相关。

战术要求与技术可行性必须结合考虑。在火控弹道模型的发展过程中,火控弹道模型与科学技术水平、目标性质、战术要求有关。影响火控弹道模型发展的科学技术背景,包括数学力学和弹道学的发展,测试手段与计算技术的发展。用于火控弹道模型的弹道微分方程在不断发展,相继出现了质点弹道方程、修正质点弹道方程、刚体弹道方程和简化刚体弹道方程。弹丸空气动力测定与计算,起始扰动的测定与计算和气象诸元的测定与计算都出现了新的方法。数学、力学与计算方法的发展,推动了弹道方程组成与弹道解法的发展与完善。

弹道测试手段的发展更是迅速,测速装置、测阻力系数装置、测章动角装置、遥测系统,各种靶道的建成与使用,为精确得到所需参数提供了条件。计算机的发展,高性能、快速运算与小型化,为火控计算机的使用创造了条件。在此基础上,有可能编制精确的射表,也为其他形式的火控弹道模型的发展提供了条件。

目标的性质与火控弹道模型也有密切关系。对高机动性飞机射击,对武装直升机射击,对地面活动目标射击(如坦克和自行火炮),对远程固定目标射击,这些对火控弹道模型的共同要求是计算时间要短,精度要高,对目标的命中概率要高,但是,对具体的目标,在选择弹道模型时,又有差别。例如,对高机动性的飞机射击,在选择火控弹道模型时,计算时间与计算精度相比较,计算时间对命中概率的影响更为重要。对远程固定目标射击,则计算精度对命中概率的影响将比计算时间的影响要大。因此,目标性质将影响火控弹道模型的复杂程度。

炮兵战术、射击法则也与火控弹道模型的选择有关。炮兵战斗原则,试射与效力射的方法,要求首发命中率的高低,都是发展与选择火控弹道模型的依据。

迄今为止,世界上已出现了各种各样的火控系统。从第一次世界大战前出现的简单光学瞄准具,发展到今天的综合性多功能火控系统的发展,战场上出现了各种各样的目标,特别重要的是出现了各种快速活动目标,如飞机和坦克等。由于各种战场探测器材的使用,火力对抗的加剧。为了提高生存能力,提高对目标的毁伤效果,就要求火控系统,经历从低级到高级,从简单到复杂的演变过程。

有火控装置就要有火控弹道模型。与火控系统的发展相同,火控弹道模型的发展也经历了从低级到高级,从简单到复杂的发展过程。外弹道学本身的发展就是如此,从真空弹道发展到空气质点弹道,从简单质点弹道发展到修正质点弹道与刚体弹道。射表编制方法的发展也是如此,射表射击试验,射表编制用的弹道方程,射表符合计算和射表计算都在不断发展中。火控弹道模型发展的主要特点是,在火控系统开始设计时,以具体的火控系统为对象,大都由火控系统的设计者,针对具体火控系统的实际要求,进行选用和改进火控弹道模型,此时并没有对火控弹道模型进行较深入的研究。

随着火控系统的发展及使用范围的扩大,要求火控弹道模型有完整系统的理论体系和方法;火控系统的设计者对火控弹道模型应当有系统全面的知识;在火控系统设计时,能够根据战术技术要求,合理选择和灵活运用火控弹道模型,改进与发展火控弹道模型;根据实际情况,处理各种火控弹道模型及与火控弹道模型有关问题;根据战术技术要求与战场目标的特点,发展新的火控弹道模型,如弹道探测,简易弹道修正模型等。

6.10.3　火控弹道模型的种类及对火控弹道模型的要求

目前火控系统使用的火控弹道模型有以下 5 种类型:弹道微分方程组、弹道诸元的解析表达式、射表、射表诸元的逼近表达式、射表与弹道微分方程组联合使用。

(1) 弹道微分方程组

弹道微分方程组作为火控弹道模型,可以考虑多种因素,可以提高计算精度,但是,由于弹道微分方程组比较复杂,对多种参数和初始条件有很大的依赖性,参数的精度将直接影响计算结果的精度。在火控计算机中,采用比较复杂的弹道方程组,要进行大量的弹道计算,计算时间过长,影响火控系统的反映时间。如果弹道计算所需参数的误差较大,也很难保证计算精度。因此,到目前为止,刚体弹道方程组用于火控弹道模型还只能是在极特殊的条件下。随着科学技术的发展,远程大口径火炮对固定目标射击,有可能采用刚体弹道模型作为火控弹道模型。

(2) 弹道诸元的解析表达式

利用弹道诸元解析表达式作为火控弹道模型是最理想的,因为它的函数关系表达明确,计算精度高,计算速度快。问题的关键是弹道微分方程组积分成简洁的解析表达式并不是一件容易的事情,只有在一些特殊条件下,才可以做到。例如,在平射弹道,空中射击弹道,小速度弹道,近距离弹道等情况下。在特殊条件下,利用弹道参数变化的某些特殊性,能消除弹道方程组联解性,分离变量,使微分方程能单独积分,得到解析表达式。因此,解析表达式的使用有很大的局限性,只有满足特定的条件,才能保证较高的计算精度,否则误差较大。或者在某些特殊条件下,要求计算速度快,但允许有一定计算误差时,可以利用解析表达式作为火控弹道模型,如对活动目标射击。可见解析表达式作为火控弹道模型,使用上有较大局限性。

(3) 射表

在弹道微分方程组不易精确求解,有些参数未知的条件下,要求有较精确的射角与射程的关系,并有较精确的修正量计算,此时利用射表数据是最好的办法。由于射表是在理论计算与试验数据相结合的条件下编制的,射表精度可以满足火控系统弹道解算的精度要求。一个完整的射表,可以给出精密法确定射击开始诸元的所有数据。利用完整射表作为火控弹道模型的主要缺点是射表的篇幅过大,在火控计算机中,查表计算的时间过长,而且要求计算机容量要大。

(4) 射表诸元的逼近表达式

利用射表数据,可逼近成经验公式,或分段逼近成经验公式,从而克服了直接利用射表数据作为火控弹道模型的缺点,使射表成为目前较普遍采用的火控弹道模型。

(5) 射表与弹道微分方程组联合使用。

为了提高火控弹道模型的计算精度和计算速度,目前有的大口径远程火炮系统将弹道方程与射表数据相结合,作为火控弹道模型。

综上所述,对火控弹道模型的主要要求是计算精度和计算速度,应当以对目标的命中概率为基准,综合优化,提出火控弹道模型的计算精度、与计算速度。火控弹道模型的技术指标的提出,既要考虑战术要求的需求,也要考虑技术的可行性,二者较好地结合,才能达到先进而可行的火控弹道模型的指标要求。

6.10.4　弹道微分方程组

在火炮射击中,因弹道特性的不同,地炮与高炮的弹道解算方法也不同。具体应用弹道方程时,请参阅有关文献。高炮射击的是快速运动的目标,所以要求反应迅速,不宜用解弹道方程来确定射击诸元。一般利用射表来确定射击诸元。现在,由于计算机计算速度快,高炮也开始用弹道方程解射击诸元。地炮一般采用求解弹道方程来确定射击诸元,常用的弹道方程为质点弹道方程和刚体弹道方程。

质点弹道基本假设:

① 在弹丸整个飞行期间,假设章动角(攻角)$\delta = 0°$。

② 弹丸是对称体。

③ 地球表面为平面。

④ 重力加速度的大小不变($g = 9.8 \text{ m/s}^2$)、方向始终铅垂向下。

⑤ 科氏加速度为零。

⑥ 气象条件是标准的,无风雨。

　　质点弹丸在飞行过程中,只受到空气阻力和重力两个力。空气阻力矢量必然与弹轴重合,又由于质量分布对称,故质心必在弹轴上。由以上两点可知空气阻力必定通过质心。而重力总是通过质心的。这样,作用在弹丸上的力都过质心,弹丸便可作为质点处理,以研究它的运动规律。此时的弹道成为平面曲线。质点弹道是实际弹道的最简单模型,一般作为研究实际弹道的基准。在火控弹道模型中,对活动目标射击时,有时用质点弹道模型。

　　下面给出无风条件下地面直角坐标系内的质点弹道方程组:

$$\begin{cases} \dfrac{dv_x}{dt}=-cH(y)G(v)v_x \\[2mm] \dfrac{dv_y}{dt}=-cH(y)G(v)v_y-g \\[2mm] \dfrac{dx}{dt}=v_x \\[2mm] \dfrac{dy}{dt}=v_y \\[2mm] \dfrac{dp}{dt}=-\rho g v_y \end{cases} \tag{6-14}$$

$$G(v)=\frac{\pi}{8}\cdot\rho_{0N}\cdot10^{-3}vC_{x0N}\left(\frac{v}{c_s}\right)=4.737\times10^{-4}vC_{x0N}\left(\frac{v}{c_s}\right)$$

$$H(y)=\frac{\rho}{\rho_{0N}}\qquad \rho=\frac{p}{R_1\tau}\qquad v=\sqrt{v_x^2+v_y^2}$$

$$c_s=\sqrt{kR_1\tau}\qquad \theta=\arctan\frac{v_y}{v_x}\qquad c=\frac{id^2}{m}\times10^3$$

式中　d——弹头直径,m;

　　　　m——弹头质量,kg;

　　　　i——弹形系数;

　　　　g——地面重力加速度值;

　　　　τ——虚温的表达式,$\tau=\dfrac{T}{1-\dfrac{3}{8}\cdot\dfrac{e}{p}}$;

　　　　T——气温,K;

　　　　R_1——气体常数,$R_1=287$(J/kg·K)

　　　　p——气压,Pa;

　　　　e——水汽分压,Pa。

初值:$t=0,x=y=0,v_{x0}=v_0\cos\theta_0,v_{y0}=v_0\sin\theta_0,p=p_{0N}=10^5$ Pa

　　限于篇幅,有风条件下地面直角坐标系内的质点弹道方程组、考虑地球表面曲率及重力加速度随高度变化时的质点弹道方程组、考虑科氏加速度时的质点弹道方程组、修正质点弹道方程和刚体弹道方程请参阅相关弹道学著作。

6.11　轮式自行火炮命中目标分析

轮式自行火炮武器系统的火控分系统主要任务是实时地精确求解满足命中公式系的精确射击诸元,并赋予武器身管正确的指向。对具有时间引信的炮弹而言,还应计算引信时间,以确保弹头在指定区域内破裂而击毁目标。这时,火炮的射击诸元,除火炮的射角和方位角外,还包括引信时间。发射的弹头与目标相遇或到达指定的区域谓之命中目标。命中目标分为直接命中和弹头碎片(或钢珠等)命中。直接命中必须使弹头与目标相撞;弹头碎片命中则仅需将弹头送抵指定区域,在指定区域内弹头破裂,靠弹头碎片(或钢珠等)与目标相撞而击毁目标。

依据目标和武器系统载体的空间运动状态,命中目标问题分为:目标与武器均静止、目标运动而武器静止、目标静止而武器运动、目标与武器均运动四种。显然,第四种命中目标问题是最复杂的,也是最具代表性的:当武器的运动速度为零时,命中目标问题便蜕化为第一种或第二种;当目标运动速度为零时,命中目标问题便蜕化为第一种或第三种。

轮式自行火炮和坦克等自行武器在运动中射击运动目标就属于第四种命中目标问题。由于武器载体也在运动,武器载体的运动可分为载体平移运动和载体姿态运动。载体平移运动是指载体平面保持水平且不旋转的载体运动。载体姿态运动是指载体平面相对于以武器为原点的大地惯性坐标系的纵向倾斜、横向滚动和方位旋转。载体姿态运动具有随机性。

6.11.1　轮式自行火炮和目标均静止状态下的命中问题

在这种状态下,由于目标和武器均静止,只要知道武器与目标的相对位置,火力控制问题就将简化为一个外弹道学中的二点边值问题。

众所周知,弹头的外弹道取决于下述因素:① 武器和弹药种类;② 武器与目标的相对位置;③ 射角和初速;④ 大气特性。对一个具体武器而言,武器种类和弹种是已知的,武器与目标的相对位置可通过直接观测或间接观测后得到,初速可由试验测量或用炮口初速传感器实时测量得到,大气特性可由气象测量设备测得。因此,只有武器的射角是待求量。这时的火力控制问题实质上是已知弹道上的两点,求弹头运动的初始方向问题。只要知道弹道方程(或射表或射表逼近函数),再利用上述的已知条件,即可解决火控问题。由于这时的火控问题仅涉及外弹道学,所以,过去的地炮火控计算机通常被称为弹道计算机。

地炮射击固定目标时的火控问题通常属于这种情况。射程较近时,常利用炮上的观测器材测量目标相对于火炮的坐标,称为直接瞄准;射程较远或目标被遮挡时,常利用前方观测哨测量目标相对于观测哨的坐标,称为间接瞄准。观测哨一般设在阵地前沿,也可能位于敌后或进行空中侦察。观测哨将测得的目标相对于观测哨的坐标和观测哨相对于火炮的坐标一并传给指挥中心,指挥中心依据计算得到的目标相对于火炮的坐标、气象测量设备测得的大气特性、弹头的弹道方程或射表,计算射击诸元并赋予火炮。观测哨自身相对于火炮的坐标,由导航定位设备或测地设备测量。

　　这时的火力控制问题可用考虑了方位角—$\Delta\beta$修正的图 6-11 描述。

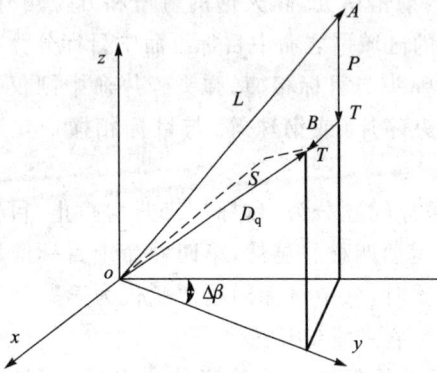

图中,T 为目标;oxy 为选定的大地坐标系;A 为虚拟射击点,它位于能使弹头命中目标 T 的武器线上。$\overrightarrow{oA}$ 称为射击矢量 $\boldsymbol{L}$;$\boldsymbol{P}$ 为弹道下降量,主要由重力引起,方向沿铅垂方向向下;$\boldsymbol{B}$ 为弹头自旋效应(称偏流)、风等因素引起的弹道横向线偏移量;$\Delta\beta$ 为弹道横向线偏移量所对应的水平面内的弹道横向角偏移量;$\overrightarrow{oT}$ 称为命中矢量,记为 $\boldsymbol{D}_q$。

图 6-11　静对静状态下的命中问题图解

　　当火炮指向 A 点发射弹头时,弹头脱离炮身管后,由于重力作用,弹道在铅垂面内下降 P 值,等效于降至 T' 点。又因为弹头自旋效应(偏流)、风等因素的影响,弹头将实际到达 T 点而命中目标。弹头在空间的实际运动,既不到达 A 点,也不经过 T' 点,而是经过空间的一条曲线 S 而到达 T 点。

　　显然,射击矢量 $\boldsymbol{L}$ 和命中矢量 $\boldsymbol{D}_q$ 在方位和高低方向上均不重合。$\boldsymbol{L}$、$\boldsymbol{P}$、$\boldsymbol{B}$、$\boldsymbol{D}_q$ 满足下述矢量方程:

$$L = D_q - L - B \qquad (6-15)$$

　　将矢量方程投影在 x,y,z 方向上,即可用火控计算机求解射击诸元。而在实际应用中,仅在 oyz 平面内解火控问题,而将 $\Delta\beta$ 作为修正补偿项处理。

6.11.2　轮式自行火炮静止而目标运动状态下的命中问题

　　在这种情况下,由于目标是运动的,当直接向观测到的目标射击时,则 t 时刻发射的弹头到达 t 时刻目标所在位置时,目标已前进了一段距离 $|Q(t)|$($|Q(t)| \neq |S(t)|$),因而不能命中目标。要使弹头命中目标,武器的射击方向必须前置。如果将目标看做一个点(称点目标),且武器和坐标测定器的位置重合,则 t 时刻的命中目标问题可用图 6-12 描述。图中,O 为武器和目标坐标测定器的位置;T 为弹头发射瞬间的目标位置,称目标现在点;T_q 为命中目标时刻的目标位置,称目标未来点;$\overrightarrow{OT}$ 为瞄准矢量,记为 $\boldsymbol{D}(t)$;$\overrightarrow{OT_q}$ 为命中矢量,记为 $\boldsymbol{D}_q(t) = \boldsymbol{D}(t + t_f)$;$\overrightarrow{TT_q}$ 为提前矢量,记为 $\boldsymbol{S}(t)$;N 为航路或航迹;$\overrightarrow{OM}$ 为斜航路捷径。M 称捷径点,是武器至航路的最近点。对图中的直线航路,M 点以左,随时间 t 的增大,$\boldsymbol{D}(t)$ 越来越小,称目标临近;

M 点以右,随时间 t 的增大,$D(t)$ 越来越大,称为目标临远。M 点以左称为航前,M 点以右称为航后。

瞄准矢量、提前矢量和命中矢量构成的三角形称为命中三角形。其矢量方程为:$D_q(t) = D(t) + S(t)$。命中三角形是解决火力控制问题追求的理想三角形。该三角形随时间 t 而不断变化。很明显,在武器、弹药、目标航迹、气象条件完全已知的条件下,命中三角形是 $D(t)$ 与 $D_q(t)$ 的约束条件。

已知 $D_q(t)$ 求 $D(t)$,称为求命中三角形的逆解问题,其求解方法称为逆解法。即在武器有效射程

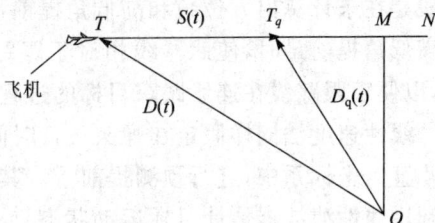

图 6 – 12　静对动状态下的命中问题图解

之内的航迹上指定一点 T_q,该点至武器的距离为 $D_q(t) = D(t + t_f)$;依据外弹道学公式或射表及气象条件,计算弹头从发射瞬间 t 起至飞抵 T_q 点止所需的飞行时间 t_f(称为弹头飞行时间);以 T_q 点为起始点,在航迹上沿目标飞行方向逆行,寻找与 T_q 点相差 t_f 时间的航路上的点,该点的位置就是发射瞬间 t 目标所在的位置 $D(t)$,即现在点位置。据此方法,可求得航路上在武器有效射程之内的所有未来点所对应的现在点位置。逆解法只有在目标航迹已知时使用。如靶场已测得准确航迹数据,为了求解火控问题的理论值(或称真值、标准值)时使用,或设计者给定航迹后求解火控问题的理论值时使用。目的在于利用逆解法求得的理论值检验实际火控系统的精度。

应当指出,当利用射表逆解现在点 $D(t)$ 时,有可能射表上没有 $D_q(t)$ 的对应点,这时应采用插值方法求现在点 $D(t)$。插值法有两点插值法和三点插值法,应根据精度要求而定。

当已知 $D(t)$ 求 $D_q(t)$ 时,称为求解命中三角形的顺解问题,其方法称为顺解法。所有火控系统求解命中问题都只能用顺解法而不能用逆解法。具体做法是:用跟踪系统连续测量目标坐标,依据测量的目标坐标的历史值和当前值求目标运动状态,再根据发射某发弹瞬间 t 的目标坐标和运动状态以及所假定的在弹头飞行时的目标运动规律及外弹道特性和实际气象条件,进行预测提前矢量 $\hat{S}(t)$。由于 $\hat{D}(t)$ 已测得、$\hat{S}(t)$ 由预测已知,则 $\hat{D}_q(t)$ 可由 $\hat{D}_q(t) = \hat{D}(t) + \hat{S}(t)$ 计算得到。

常用的预测提前矢量 $\hat{S}(t)$ 的方法有:角速度法、线性速度法、非线性法。

角速度法假定在弹头飞行时间内,目标做等速直线运动,而提前矢量 $\hat{S}(t)$ 所对应的空间提前角用 $\Delta A \approx \vec{\dot{A}} t_f$ 近似求得。其中,t_f 是 $\hat{D}(t)$ 的近似函数,$\dot{A} = \omega_\beta + \omega_\varepsilon$。式中 ω_β、ω_ε 是跟踪系统测得的目标方位角速度和高低角速度矢量。实际上,在弹头飞行时间 t_f 内 $\dot{A}$ 一般不是常量,t_f 也应该是 $\hat{D}_q(t)$ 的函数,所以角速度法是一种近似的方法。这种方法具有快而简单的优点,其缺点是精度差、修正量引入困难。在坦克火控系统中,由于目标速度低、射程近,采用角速度法仍能满足精度要求,所以被广泛使用。在高炮火控系统中,如果精度要求不高,它适

于对高速、近距离目标射击,以达到先敌开火之目的。该方法一般不需要知道目标的角坐标,只需知道目标距离 $\dot{D}(t)$、方位角速度 ω_β、高低角速 ω_ε 即可。采用角速度预测法的火控系统,一般是在未计算出方位角和高低角提前量时,使武器线与跟踪线二者重合。当计算出方位角和高低角提前量时,使武器线相对于跟踪线偏离方位角和高低角提前量,且不允许扰动跟踪线,以便于跟踪线在连续跟踪目标的过程中,使武器线连续指向相应的虚拟射点。

线性速度法同样假定在弹头飞行时间内目标做等速直线运动,而通常将矢量方程投向笛卡儿直角坐标系中,进行预测提前量。其优点是滤波和预测问题简单,修正量引入方便。可直接利用线性滤波器估计目标运动状态和运用线性预测器预测提前矢量 $\dot{S}(t)$。线性预测法的精度,很大程度上取决于目标的实际运动是否与目标运动假定相符。如果不符,则造成较大误差,该误差称为原理误差或假定误差。由于现代空中目标速度快、近距离作战时弹头飞行时间短,因而,目标机动的可能性较小。所以,高炮火控系统通常采用这种方法解决非机动目标的火控问题。如果目标运动存在机动,则火控系统存在原理误差(假定误差)。所谓目标机动是指目标的运动存在明显的加速度及其变化率。

非线性预测法假定在弹头飞行时间内目标的运动不仅存在一阶导数,而且存在高阶导数。国内外对非线性预测法进行了大量的研究。研究表明:在提前量预测中,要想仅根据测得的目标坐标数据直接通过滤波器求得精确的目标运动加速度或加速度的变化率是很困难的。如果求得的加速度精度越高,则滤波器的平滑时间就越长,这就会造成整个火控系统的反应时间增加。当目标运动存在明显的机动时,非线性预测方法是非常合理的,而在目标机动不明显的情况下,反而使问题变坏,这已被实践所证明。工程上常用的解决办法是:仅检测目标运动的加速度估值,根据加速度估值的大小,决定采用线性预测法还是采用修正的线性预测法,或者采用降阶法求目标运动加速度的非线性预测法。现代火控系统中,即使采用非线性预测法,也仍然保留线性预测法。根据对加速度估值的检测,自动或人工转换两种预测方法,以适应射击机动目标和非机动目标。为了射击转弯机动目标,有的火控系统还采用等速圆弧运动假定预测提前矢量;有的火控系统还假定目标在高低方向上做"蛇形"运动,以适应目标在高低方向的机动;为了射击俯冲直线段目标,有的火控系统采用能量守恒定律求俯冲飞机在俯冲直线段的加速度。总之,射击机动目标至今仍是待深入研究的问题。

不管用什么方法预测提前量,都是根据测得的目标坐标预测的。由于测得的目标坐标存在测量误差,且滤波、预测器本身也存在误差,所以,预测的提前量即使不存在原理误差也仍然存在噪声误差。由测得的目标坐标矢量 $\dot{D}(t)$、预测矢量 $\dot{S}(t)$ 和顺解法求得的 $\dot{D}_q(t)$ 三者所构成的三角形称为提前三角形,以区别于命中三角形。所有火控系统实际解算的都是提前三角形,而不是命中三角形。提前三角形与命中三角形之差,就是火控系统的解算误差。

上述的命中目标问题分析,只孤立地分析了 t 时刻的命中三角形。根据分析所得的结论,可以这样射击目标,即假设目标航路已知,先将武器线指向未来点 T_q 所对应的虚拟射击点 A,且使武器线静止不动,而让目标严格按假设航路飞行,等待目标飞至 T 点时开始射击目标,则此时发射的弹头依据上述分析必然命中目标。实际上,火控系统解提前三角形是沿航路连续进行的。即目标飞至时,跟踪线和武器线都在运动着,而不是静止的。根据上述命中三角形分析结论,这时发射弹头,武器线仍应指向 T_q 所对应的虚拟射点 A。但这种射击状态和前述的射击状态是不同的,由于武器身管在运动,会赋与子弹头横向速度 $V=\omega R$。其中,ω 是武器身管运动的横向角速度、R 是身管长度。因此,弹头脱离炮口的速度等于初速 v_0 与 V 的合成,造成弹头不沿武器线方向飞行而产生射击误差 $\Delta A=\arctan(V/v_0)\approx V/v_0$。这一误差是一种超前误差,在斜航路捷径附近表现最明显。设发射弹头瞬间,武器线运动的角速度 $\omega=30°/\mathrm{s}$,武器身管长度 $R=2\ \mathrm{m}$,弹头初速 $v_0=1\ 000\ \mathrm{m/s}$。则 $\Delta A=1$ 密位(1 密位=360/6 400 或 1 密位=360/6 000)。在实际火控系统中,由于各环节的惯性作用,火控系统的误差常呈现滞后,而上述误差是超前误差,它将起抵消火控系统滞后误差的积极作用,且该误差很小,所以常予以忽略。当射击高速目标时,应引起重视。

由于弹头在空中不沿直线飞行,且目标坐标测定器与武器不一定总在同一位置,这时,命中目标问题不是用三角形描述,而是被多边形所代替,如图 6-13 所示。

图中,T 为目标现在点,T_q 为目标未来点,O 为目标坐标测定器位置,O' 为武器位置;$D(t)$ 为瞄准矢量,$S(t)$ 为提前矢量,$L(t)$ 为射击矢量,$P(t)$ 为弹道 F 降量,$E_q(t)$ 为非标准气象条件引起的修正量与弹头自旋效应引起的横向线偏移

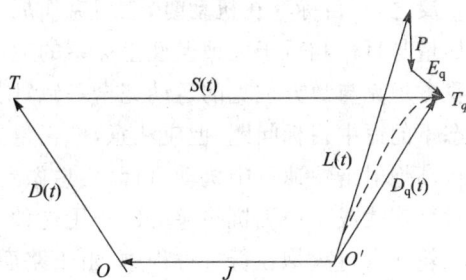

图 6-13　静对动状态下的命中多边形

量之和,$D_q(t)$ 为命中矢量,J 为目标坐标测定器与武器之间的距离,称为观炮基线。相应的矢量方程为

$$L(t)-D(t)-S(t)-J+P(t)-E_q(t)=0 \tag{6-16}$$

轮式自行火炮运动而目标静止与火炮静止而目标运动状态下的命中问题类似。

6.11.3　轮式自行火炮和目标均处于运动状态下的命中问题

6.11.3.1　轮式自行火炮载体运动

轮式自行火炮载体运动包括载体平动和载体姿态运动两部分。如果在大地惯性坐标系内解命中问题,则必须考虑载体平移运动,载体平移运动无疑将对解命中问题带来影响。如果在以武器为原点的大地惯性坐标系中解命中问题,当不考虑载体姿态运动时,跟踪系统测得的目标坐标将是相对于以武器为原点的大地惯性坐标系的坐标。因此,测得的目标坐标数据中已含有载体平移运动因素。即这时的目标相对运动速度是目标相对大地惯性坐标系的运动速度

和武器载体相对大地惯性坐标系的运动速度之矢量和。

　　例如,目标相对于大地惯性坐标系的速度为零,即目标静止,在载体平移运动状态下,跟踪系统测得的目标速度将是武器载体相对于大地惯性坐标系运动速度的负值。所以,依据跟踪系统的测量值解命中问题时,载体的平移运动已自然地包含在预测问题之中,无需另外考虑,但目标运动规律假定却与武器载体平移运动有关。

　　坦克和自行高炮一般在以武器为原点的大地惯性坐标系内解命中问题,所以,这种状态下解命中问题与前述解命中问题基本相同。但是,如风速之类的修正量应当是相对于以武器为原点的大地惯性坐标系的量。这一点必须引起设计者高度重视。

　　但应当说明,如果目标运动不存在机动,而武器载体存在机动,则在解命中问题中,就相当于目标运动存在机动。这将使预测问题变得复杂,使火控系统精度变差。因此,当目标运动不存在机动时,要求武器载体的运动最好也不存在机动而保持等速直线运动。

　　反之,当目标存在机动时,在坦克作战中,可以驾驶坦克,使其相对于大地惯性坐标系的运动尽量与目标相对于大地惯性坐标系的运动相一致,这样可使预测问题变得简单。例如,如果使我方坦克与敌方坦克的运动完全一致,则命中目标问题就简单地变成了目标和武器均静止状态下的命中目标问题,但应注意,修正量应是相对于以武器为原点的大地惯性坐标系的。对自行高炮射击快速空中机动目标,要想做到这一点是困难的,一般要求其保持等速直线运动。舰对舰作战或空中飞机格斗可以采用这种方法。

　　轮式自行火炮在行进过程中,由于路面的起伏,其载体平面不可能永远保持水平状态,而产生纵向倾斜、横向滚动;由于武器载体不可能永远沿直线行进,而载体平面将发生方位旋转。其载体姿态运动可分解为图 6-14 所示。

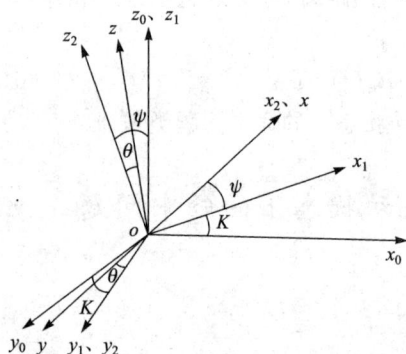

图 6-14　载体姿态运动的坐标转换关系

　　图中:$ox_0y_0z_0$ 为以武器为原点的大地惯性坐标系;$ox_1y_1z_1$ 为载体水平状态下的坐标系,与 $ox_0y_0z_0$ 坐标系仅差航向角 K;$ox_2y_2z_2$ 为载体平面从水平状态绕 y_1 轴纵向倾斜 ψ 角后的坐标系;$oxyz$ 为 $ox_2y_2z_2$ 坐标系绕 x_2 轴横滚 θ 角后的坐标系,即当前状态下的载体坐标系。K 为航向角或称偏航角;ψ 为纵倾角;θ 为横滚角。

　　显然,载体平面的当前位置,可以看成是从载体平面所处的原始 $ox_0y_0z_0$ 状态开始,首先绕 z_0 轴转动 K 角、再绕 y_1 轴转动 ψ 角、最后绕 x_2 轴转动 θ 角后得到的。

　　如前所述,轮式自行火炮一般在以武器为原点的大地惯性坐标内解命中问题。因此,所需的目标坐标、速度、射表、修正量等都应是相对于该坐标系的,且计算得到的射击诸元也应是相对于该坐标系的。然而,由于结构配置的原因,跟踪系统测得的目标直角坐标是相对于载体坐

标系 $oxyz$ 的。所以,在以武器为原点的大地惯性坐标系内解命中问题时,需要将测得的目标直角坐标进行若干坐标变换,以得到解命中问题所需的目标坐标。计算机解算所得到的射击诸元是相对于以武器为原点的大地坐标系的,不能直接驱动武器,需变换成相对于载体坐标系的射击诸元之后,才能用于驱动武器。

应当指出,轮式自行火炮行进中射击目标时,采用以武器为原点的大地惯性坐标系解命中问题,是因为在该坐标系内的目标坐标、速度和计算的射击诸元都是稳定量。这里所谓的稳定量是指这些量中,不含载体姿态变化的因素。如果在 $oxyz$ 坐标系内解命中问题,则无需对测得的目标直角坐标进行坐标变换就能直接用于解命中问题,且计算出的射击诸元可直接用于驱动武器。但是,由于测得的目标直角坐标中含有姿态变化因素,却使滤波与预测问题变得十分困难。原因在于载体的姿态运动是随机变化的,结果使得目标相对于 $oxyz$ 坐标系的运动规律变得十分复杂,甚至不可预测。还应当说明,在载体坐标系内解命中问题时,弹道方程或射表及修正量也必须在载体坐标系内描述,即必须将与弹道有关的量转换到载体坐标系内才能使用。否则,造成解命中问题错误。

6.11.3.2　搜索雷达天线稳定

很显然,由于载体姿态的运动,将严重地扰动目标跟踪系统的跟踪线和武器的武器线。所以,必须采取稳定措施,以提高跟踪精度和射击精度。可见,这时的命中问题是最复杂的。因而使自行武器火控系统具有搜索雷达天线稳定。

由于搜索雷达安装在炮塔上,当炮塔相对于载体做方位运动时,因牵连运动,将影响安装在炮塔上的搜索雷达的空间等时扫描运动。特别地,当炮塔方位运动与搜索雷达的扫描运动大小相等、方向相反时,搜索雷达天线轴线将固定瞄向空间某一方向而失去搜索功能。在火炮大调转和加入提前量的过程中,影响最明显。解决的办法是:将炮塔运动的方位角速度反向输入搜索雷达的天线等速扫描控制系统,使天线相对于炮塔做不等速转动,而相对于空间坐标仍做等速扫描运动。

载体的平移运动不影响搜索雷达的性能,而载体姿态变化将严重地影响搜索雷达的性能。载体航向变化造成的影响,可用克服炮塔运动对搜索雷达影响的方法近似解决,而载体纵倾和横滚所造成的影响却难以解决。因载体倾斜后,天线亦倾斜,使扫描扇面与地面不垂直。致使在扫描过程中,某些空域变成盲区,又使某些区域的地物进入显示屏。同时,地面反射造成扫描面断裂,从而减小了搜索雷达的搜索空域,大大降低了远距离发现低空和超低空目标的概率。解决的方法有:将搜索雷达天线放置在稳定平台上;使搜索雷达天线增加高低方向的机械运动;采用电气方法,使搜索波束沿高低方向随载体姿态变化而运动。

炮塔运动和载体姿态变化不仅影响搜索雷达天线的空间运动,而且影响显示画面,使画面发生转动。最简单的近似解决办法是将炮塔方位角和载体的航向角引入画面显示中,保持基准基本不变。

6.11.3.3　跟踪线稳定

跟踪线稳定专指自动消除载体姿态变化对跟踪线空间位置的扰动,习惯上称瞄准线稳定。它因要求自行武器能运动中精确跟踪目标而产生,继"跟踪线独立"之后而出现。因载体的平移运动可看成是目标相对载体中心的运动,跟踪线稳定中不予考虑。

自行武器的跟踪系统一般使跟踪线相对于载体做方位和高低运动。其控制量是相对于载体坐标系的,当载体姿态变化时,如果不把姿态变化量自动引入控制量中,跟踪线相对于载体坐标系将不运动。而因牵连运动必然对跟踪线的空间位置造成扰动,即跟踪线随载体姿态变化而偏离目标。在半自动跟踪系统中,这一扰动由人工消除,在自动跟踪系统中,这一扰动通过误差调节自动消除。但是,由于人工或自动跟踪系统都不能及时消除扰动,所以造成较大的跟踪误差。特别是半自动跟踪情况下,由于人的惯性较大,且姿态随机变化会对人造成很大的心理压力,致使跟踪误差更大。在跟踪过程中采取用速率陀螺稳定跟踪线措施,相当于跟踪系统对载体姿态变化的前馈补偿。

在跟踪坐标系与载体坐标系原点重合的情况下,消除这一扰动的最好方法是将跟踪系统放置在三自由度稳定平台上(半自动跟踪时,人也应坐在稳定平台上)。由于稳定平台保持水平,无论载体姿态如何变化都不会影响跟踪线。但是,稳定平台的稳定精度低、价格昂贵、结构复杂,所以很少采用。有的火控系统仅将光学跟踪镜的某些部件(如反射镜)放在稳定平台上,达到跟踪线稳定的目的。

消除这一扰动的最简单方法是:安装载体姿态测量传感器,自动、实时地测量载体姿态或姿态变化率,经数学处理后分别反向加入方位、高低系统的速度环和加速度环作为控制信号。

当载体姿态变化时,使跟踪线相对于载体自动反向变化,保持跟踪线的空间指向,达到消除扰动的目的。这种稳定方法称为二维稳定方法,现在普遍采用。但这种稳定方法是不完善的,当载体同时绕垂直于跟踪系统的方位轴及高低轴的第三轴旋转时,二维稳定方法无稳定作用,且不能消除目标图像绕跟踪线的旋转。

当跟踪过程存在跟踪误差时,由于跟踪标志(十字线)随载体姿态而转动,所以方位、高低误差也随之变化,造成方位、高低跟踪系统相互耦合。如果姿态变化剧烈,这一耦合现象将非常明显,使半自动跟踪操作手忙乱不堪,造成较大的跟踪误差。

如果将跟踪标志(十字线)也采取稳定措施,即再增加一套绕跟踪线反向转动的稳定系统,这时,跟踪标志将不随载体姿态变化而旋转,则跟踪误差亦不随载体姿态变化而变化。但取出的误差不能直接用于控制跟踪系统,需变换成载体坐标系内的误差后再去控制方位、高低跟踪系统。这样,可减轻半自动跟踪操作手的负担,但需在跟踪系统控制回路中增加坐标转换装置。跟踪线二维稳定也可用速率陀螺作为角速度反馈元件实现。

方位跟踪系统采用速率陀螺负反馈实现跟踪线方位方向稳定的基本原理如图 6-15 所

示。图中:β 为目标相对于载体坐标系的方位角;$\beta_出$ 为跟踪线相对于载体坐标系的方位角;G_1 为跟踪系统校正回路的传递函数;G_2 为跟踪系统速度回路的传递函数;G_3 为速率陀螺。

高低方向的跟踪线稳定原理与方位方向相同。方位速率陀螺敏感载体姿态变化时所引起的沿跟踪线方位轴的角速度以及高低速率陀螺敏感沿跟踪线高低轴的角速度分别自动地反向加入跟踪系统的速度回路,使跟踪线改变在载体坐标系内的方位角和高低角,达到跟踪线稳定的目的。应当着重指出:这时,跟踪线在载体坐标系内的方位角和高

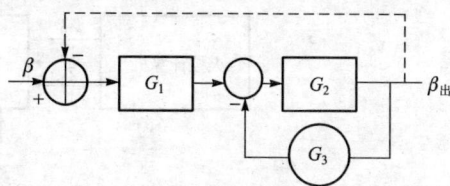

图 6-15 速率陀螺反馈稳定原理图

低角是随载体姿态变化而变化的。还应指出:如果方位速率陀螺的安装位置恰当,该速率陀螺还兼有"跟踪线独立"功能及测速机功能。

如果考虑到速度回路存在加速度滞后误差,还应将速率陀螺测量的载体姿态变化的角速度,经数学运算计算出角加速度,用于补偿速度回路造成的系统加速度滞后,进一步提高稳定精度。

解算式稳定方案是在载体上(或相关载体上)安装敏感载体航向、纵倾、横滚的传感器,测量载体的航向角、纵倾角、横滚角或其角速率。经数学运算求得跟踪线的方位角和高低角或方位角速率和高低角速率补偿量,反向加入跟踪系统,实现跟踪线的二维稳定。解算式稳定的优点是设备少,载体姿态测量、跟踪线稳定和导航定位可共用一个装置。同时,稳定信号和跟踪信号可分别处理。

跟踪线稳定,已广泛应用于在运动中精确射击目标的自行武器中。对仅行进间跟踪目标,而停下来射击目标的自行武器,为了快速射击目标,跟踪线稳定也是必不可少的。

应当明确,前述的跟踪线稳定方法仅适于跟踪线坐标系与载体坐标系原点重合的情况。当原点不重合时,因载体姿态变化会造成跟踪坐标系原点在空间移动。这一移动对跟踪线造成的扰动,是上述跟踪线稳定方法所不能克服的。这一移动对跟踪线的扰动与跟踪装置偏离载体坐标系原点的大小、目标距离、载体姿态有关,需经计算后加以补偿。在陆用自行武器中,尚未考虑这一因素,如果要求陆用自行武器的跟踪线稳定精度高或舰载武器的跟踪线稳定,则应考虑这一因素。

6.11.3.4 武器线稳定

武器线稳定是稳定炮管或发射架的空间指向,使其不受载体姿态变化影响,只有要求武器在运动中精确射击目标时才存在武器线稳定问题。其基本原理和采取的稳定方法与跟踪线稳定相同。但由于火炮的惯量比跟踪镜的惯量大,其稳定精度一般低于跟踪线稳定精度。对高炮火控系统,跟踪线稳定精度一般为 0.2 密位,武器线稳定精度一般为 1 密位。当火炮随动系统是位置闭环系统时,有的火控系统采用了如下解算式稳定方法稳定武器线:火控计算机实时

解算并输出以武器为原点的大地惯性坐标系内的射击诸元,经坐标变换后求得载体坐标系内的射击诸元,输给火炮随动系统驱动火炮。其稳定原理如图 6-16 所示。

图 6-16　一种武器线稳定方案

图中,X_0,Y_0,Z_0 为"虚拟射击点"在以武器为原点的大地惯性坐标系内的直角坐标;A_G 为载体坐标系内的火炮方位角;E_G 为载体坐标系内的火炮射角;K 为航向角或称偏航角;ψ 为纵倾角;θ 为横滚角。

这种武器线稳定方案是建立在快速、高精度理想武器随动系统基础之上的,其提高武器线稳定精度的关键技术是:火炮随动系统的精度高、快速性好;姿态测量装置的精度高、快速性好、漂移小。对数字式火炮随动系统,还要求姿态采样频率、火控计算机输出频率、火炮随动系统采样频率高。

6.11.4　解命中问题

通过实时测量目标现在点坐标,进行目标运动状态估计,获取目标运动方程;实时测量武器系统载体运动参数,获取载体运动方程;选择合适的火控弹道模型。将火控弹道模型、目标运动方程、载体运动方程和命中目标约束条件联立,这组联立方程称为解命中问题公式系。解该方程组即可获得射击诸元。通常先将矢量方程转化为标量方程,然后用数值方法求取射击诸元。

6.12　轮式自行火炮随动系统

6.12.1　武器随动系统概念

随动系统(Servo System)是军事工程常用的术语,在控制理论与工程中,则称为位置伺服系统或简称为伺服系统。随动系统是自动控制系统的一类,最早出现于 20 世纪初,1934 年第一次提出了伺服机构(Servo Mechanism)的概念。随着自动控制理论、电子技术、计算机技术的发展,伺服技术迅速发展起来,并广泛地应用于社会各个领域。在军事领域,随动系统应用更为普遍。如雷达天线的自动跟踪系统,导弹发射架、高炮、坦克炮的瞄准与发射的自动控制系统等。

用于驱动武器身管或发射架指向给定方向的随动系统,称为武器随动系统。它控制被控对象的角位移、线位移或速度等,使其自动、连续、准确地复现输入指令。

由于数字计算机的广泛应用,数字式随动系统正在取代模拟(连续)式随动系统。现代控制理论将逐渐取代经典控制理论(时域分析法、根轨迹法、对数频率法)。自适应控制和各种非线性变结构、变参数、智能化控制有效地提高了武器随动系统的性能。随着电力、电子器件的发展,功率放大和驱动器件已经历了"电机扩大机—电动机"、"液压驱动"、"可控硅—电动机"、"GTR 功放—电动机"、"IGBT 功放—电动机"几个阶段。IGBT 具有驱动方便、功耗小、保护和显示功能齐全等优点。目前,交流驱动矢量控制正逐步取代直流电动机驱动方式。

6.12.2　自行武器随动系统的特点

自行武器随动系统能否高精度复现火控计算机输出的方位角和高低角,是影响自行武器射击精度的重要因素,所以武器随动系统必须具有以下特点:

(1) 动、静态性能好,实时复现输入指令的精度高

作战中要求武器系统反应速度快、命中率高,以实现先敌开火和较高的作战效能。因此,要求武器随动系统的动、静态性能好,实时复现输入指令的精度高。为满足这一要求,其系统结构都比较复杂,通常采用多环(电流环、速度环、位置环)控制结构,并应用前馈补偿原理。对坦克炮随动系统而言,为实现首发命中目标,要求其复现输入指令的误差一般不大于 0.5 密位。对高炮随动系统而言,虽精度可略有降低,但为了射击低空快速目标,却要求其最大跟踪速度一般为 $1\sim2$ rad/s。

(2) 被控对象笨重、体积较大

被控对象一般是导弹发射架、火炮或坦克炮塔等。其质量一般为几百千克至十几吨,体积也比较大。因此,武器随动系统属于中功率或大功率随动系统。由于其耗能较多,所以要求其工作效率高。特别是自行武器(各种战车、坦克),由于受体积、质量限制,常采用单一种类电源(不大于 36 V)且容量有限。这时,武器随动系统的工作效率就特别重要。

(3) 安全保护与故障显示完善

武器随动系统是中、大功率随动系统,自身的安全性和人员的安全性至关重要。即使在误操作或自身故障情况下,也不允许对人员和设备造成危害。因此,常采用过流、过压、过热、短路、机械限位、电气限位等保护措施。故障显示是为快速维修而设置的,其故障信息还用于系统告警和安全保护。

(4) 负载力矩扰动大

炮身管高低方向的不平衡力矩、载体倾斜后的炮塔方位不平衡力矩、武器发射时的冲击力

矩等的变化,都将对武器随动系统造成较大的力矩扰动。在选择执行机构时,都必须充分地考虑。同时,应考虑力矩扰动的自适应控制,使系统具有较好的鲁棒性能。

(5)传动机构的齿隙空回大

武器随动系统的传动机构属中、大功率传动机构,难以保证其齿隙空回较小,一般为1~2密位。为保证武器射击精度,应将其包含在武器随动系统闭环之内,而不是处于闭环之外。由于齿隙空回是一种非线性因素,将其包含在闭环之内时,对系统的稳定性有影响,在设计武器随动系统时应特别慎重。

(6)对高频噪声具有滤波作用

如果仅考虑精度要求,当然是武器随动系统的精度越高越好,然而,这将导致武器随动系统的频带变宽。当指令信号中含有高频噪声时,武器将出现无规则的抖动现象,这在实践中经常碰到。身管或发射架无规则地抖动将造成传动机构的磨损,且造成射击散布误差变大,应当避免。因此,设计武器随动系统时应进行折中处理,使武器随动系统对高频噪声具有滤波作用。

6.12.3 轮式自行火炮随动系统的组成

轮式自行火炮随动系统的类型很多,用途不同,其具体组成各异,但通常可用图6-17表示。

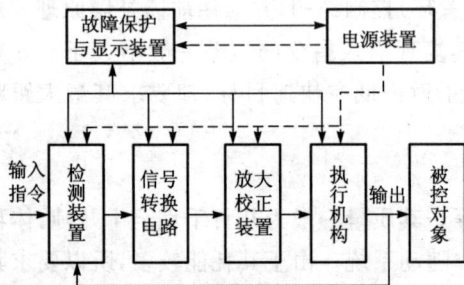

图6-17 自行武器随动系统原理框图

检测装置:它往往由测角元件、比较元件或各种传感器组成,用于测量被控对象的位置与输入指令的差值。主要有光电码盘、正余弦变压器(或称解算器)、自整角机、感应同步器等。

信号转换电路:把交流量转换为直流量,直流量的正负极性代表交流量的相位(相敏解调),或把检测装置的输出转换为数字量(同步机/数字转换器、自整角机/数字转换器)。

放大与校正装置:放大装置放大误差信号,其增益是依据整个随动系统的稳定性与性能要求选定的;校正装置用于使系统稳定且满足稳态和暂态性能要求。现代武器随动系统中,这部分常被计算机硬件与软件所代替。

执行机构:完成所要求的动作,通常由功率放大器、伺服电动机或力矩电动机、传动机构组成。

故障保护与显示装置:当系统或某一环节出现故障,或操作失误时,它能及时地停止系统工作,保障操作人员的人身安全和设备不被损坏;及时报警与指示故障发生的部位,以便尽快地维修。通常由各种传感器、控制器、显示器(数码显示或声音报警)组成。

　　自行武器随动系统是按误差（偏差）控制的。其工作原理是：自动检测系统的输入指令与系统的输出之差，并将误差变换与功率放大后，驱动被控对象自动减小误差。但应注意：其误差不可能完全消除。要使随动系统的输出及时、精确（即精度高）地复现输入，就必须提高系统的开环放大量和提高系统的无差度。这往往影响系统的稳定性与动态品质。

第7章　辅助武器及其他

7.1　辅助武器

除主要武器火炮外,其他武器都总称为辅助武器。辅助武器通常以机枪为主。要求装辅助武器主要是为了对付较分散的有生力量,消灭和压制敌人的近战反坦克兵器和轻装甲等各种目标以及射击低速的空中目标等。辅助武器的威力主要以其种类、口径、数量等表示。由于各国的作战理念和设计思想不同,辅助武器的种类、数量和配置也不同。

辅助武器一般包括:有效射程为 1 000 m 左右的并列机枪,有效射程为 1 600 m 左右的高平两用的高射机枪以及冲锋枪、信号枪、手榴弹等辅助武器。

并列机枪布置在炮塔前部,与主炮平行布置。而高射机枪布置在炮塔顶部。

冲锋枪、信号枪、手榴弹等辅助武器主要是配给车内乘员示警、防身、发信号用的。

过去曾要求在驾驶员旁固定一挺前机枪,又称航向机枪,其作用不显著。

英国坦克过去常用与火炮并列安装的测距机枪,按它的实际射击弹道来装定和修正火炮的射击。现代坦克常在炮塔前侧装备若干烟幕发射筒,要求能在几十米距离内构成弧形的烟幕墙。

7.1.1　顶置武器

顶置武器主要有高平两用机枪、火箭筒等。一般情况下配的是 12.7 mm 高平两用机枪,如图 7-1 所示。也有用 7.62 mm 或 14 mm 或 20 mm 口径的,主要用来歼灭俯冲的敌机和空降目标。一般装在炮塔顶部装填手出入门的旋转架上,由装填手操纵;也有的装在炮长指挥塔的环形机枪座圈上,由炮长操纵,可以开窗手控射击。

炮长使用高平两用机枪的优点是能及时发挥较大的作用,可以利用已有座圈的指挥塔结构,不必另设机枪旋转架。但炮长射击会对观察战场、联络及指挥战斗等任务有影响。由装填手使用时,只能在行军和宿营地,或在火炮不射击时使用。多数高射机枪在支座上是可卸的,需要开窗直接瞄准射击。

由于现在的飞机,特别是武装直升机,对自行火炮顶部的威胁越来越大,而且炮塔顶部的甲板本身就是薄弱环节,12.7 mm 高平两用机枪的威力开始显得有些不足,不足以与敌方相抗衡,设计师们开始加强顶部的防护,将 12.7 mm 高平两用机枪换成 40 mm 火箭筒或其他武器。当然,主要的防空火力还是要靠专门的防空武器如高射炮等来完成,一般自行火炮上的顶

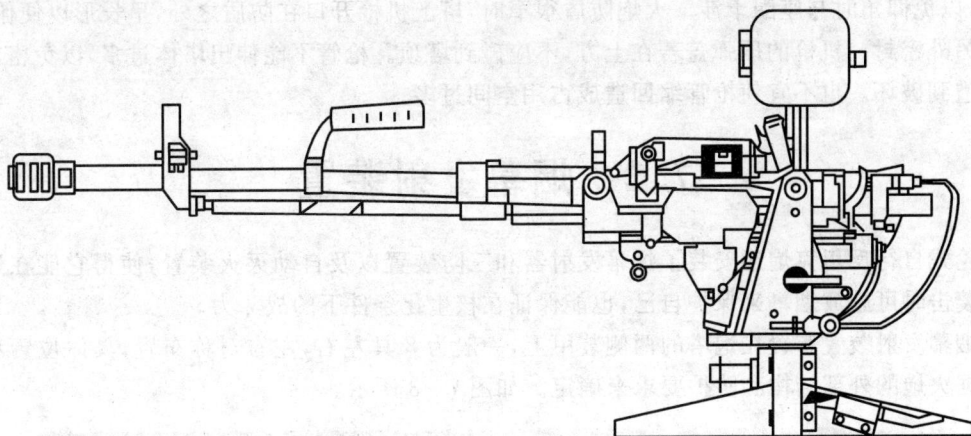

图 7 - 1　12.7 mm 高平两用机枪

置武器只是起到辅助防护的作用。

　　为了成员的安全,也可采用在炮塔内自动操纵的模式。还可以加装起防护作用的枪塔,构成可自动操瞄的顶置武器站。车长采用电动操纵枪塔,靠光学瞄准器瞄准,可闭窗射击,其结构高度较高,也较复杂,但乘员较安全。

7.1.2　并列机枪

　　并列机枪又称同轴机枪,是由炮长使用的,是现代坦克和自行火炮最主要的辅助武器。其口径一般为 7.62 mm,射界和俯仰运动与主炮完全同步,密切配合主要武器的使用,用于歼灭近距离的敌有生力量,如接近本武器系统的敌方士兵等,发挥作用也较大。

　　并列机器安装在摇架上,与主炮平行,随主炮一起俯仰。结构如图 7-2 所示。

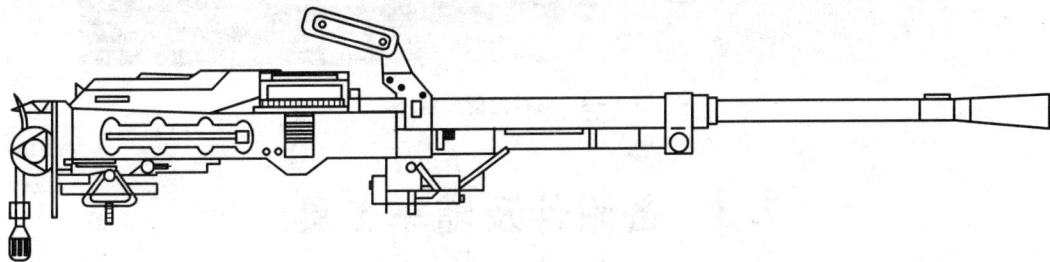

图 7 - 2　7.62 mm 并列机枪

　　并列机枪一般布置在装填手一侧,由装填手装换弹盒。其位置靠近火炮,轴线一般在耳轴之上,以免仰角时与座圈干涉。火炮防盾很窄时,塔上机枪开口在防盾之外,呈长形以便俯仰,需要另外密封。机枪的压弹盖若在上方,不应碰到塔顶。枪管不能伸出塔体过多,以免密封困难和遭到破坏。也不宜使枪管缩回造成占用空间过多。

7.2　烟幕发射装置

轮式自行反坦克炮还安装了烟幕发射器和三防装置以及自动灭火装置,使得它能在遭受突然袭击时可施放烟幕来保护自己,也能保证在核生化条件下的战斗力。

烟幕发射装置布置在炮塔的两侧装甲上,一般为8具左右,左右对称布置,具体位置和数目根据火炮的外部结构和防护要求来确定。如图7-3所示。

图7-3　烟幕发射装置

7.3　备附件及随车工具

为了满足实战要求,一般还要配备一些备附件及随车工具,如铁锹、牵引绳、炮衣等。

第8章 两栖型轮式自行火炮系统水上性能

8.1 轮式自行火炮系统水上性能概述

我国大陆海岸线有一万八千千米,沿海有成千上万大小岛屿,南方有幅员广阔的水网地区,江河纵横,湖泊较多。所以武器系统的水上性能成为一项重要的技术性能指标,要求它能在陆上行驶作战,也能在水中航行,并能自行入水和出水,而且还能在水中进行射击。

随着现代和未来战争的发展,要求武器系统能在多种地域和环境条件下作战,例如具有水陆两栖作战能力。具有两栖能力的自行火炮、水陆坦克、两栖突击战车等两栖战斗车辆扮演着登陆作战的主要角色,其性能的好坏,诸如火力、稳定性、快速性等指标直接影响着战役的进程甚至成败。作为快速反应部队的主装备,轮式自行武器系统不仅具有良好的陆上性能,而且有水上推进装置,可在水上使用,能自身浮渡、自主航行、浮渡射击,具有良好的水上性能。这就可能产生一种全新的两栖作战炮兵火力支援方式,与舰载火炮的远程火力、近程火力和直接火力相协调、相配合,使两栖作战中的炮兵火力打击增加一份胜算。所以,对这类武器水上性能进行深入的研究是非常必要和有意义的。图8-1所示为火炮的水上射击图。

图 8-1　自行火炮水上射击图

8.1.1　轮式自行火炮系统主要水上性能

一般来说,两栖型轮式自行火炮的水上性能包括以下几方面的性能指标:浮性、稳性、抗沉性、快速性、操纵性、水上射击稳定性和通过性等。其中,浮性、稳性、抗沉性属于静力学部分,浮性表征两栖型轮式自行火炮在水上承载的能力;而稳性是体现它在水上漂浮时的稳定性和抵抗干扰外力的能力;抗沉性也是一个表征其水上承载能力的指标。快速性、操纵性、水上射击稳定性和通过性是属于动力学部分。

8.1.2　轮式自行火炮系统水上性能基本术语

8.1.2.1　车体线形图和投影面

两栖武器系统的水上性能取决于车身的形式和它的外形特性。车身的外表面有些是不规则曲面,一般无法用数学解析式来描述,所以在解决与水上性能参数有关的许多问题时必须依靠车体线形图。

线形图的表示方法,是由平行于三个互相垂直的投影面的许多剖面,与车体外表面的交线绘制在图纸上而组成的(参见图 8-2)。这三个互相垂直的平面为:

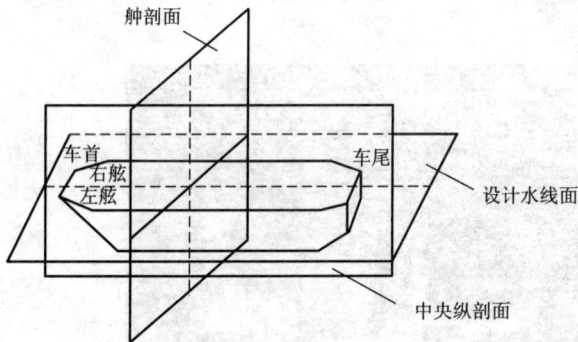

图 8-2　车体线形图示意图

① 中央纵剖面,即通过两栖型轮式自行火炮车体宽度的中央,纵向垂直的车体对称平面。它将车体分成右舷和左舷对称的两部分。

② 设计水线面,是与额定载荷下两栖型轮式自行火炮所漂浮的水平面相重合的面,它分两栖型轮式自行火炮为水上和水下两部分。

③ 舯剖面,是通过两栖型轮式自行火炮计算长度中央的横向垂直平面,它将两栖型轮式自行火炮分为车首和车尾两部分。

平行于中央纵剖面的一些平面与车体表面的交线,称为纵剖线,它在中央纵剖面上的投影为真实形状的曲线。平行于舯剖面的一些平面与车体表面的交线称为横剖线,它在舯剖面上的投影为真实形状曲线。平行于设计水线面的一些平面与车体表面的交线称为水线。

纵剖线、横剖线及水线在中央纵剖面上的投影总和称为侧面图;在舯剖面上的投影总和称为横剖面图;在设计水线面上的投影总和称为半宽图。由于两栖型轮式自行火炮的对称性,纵剖面图和半宽图仅需绘出一半。在横剖面图上,左边曲线表示由舯到车首部分,右边曲线则表示由舯到车尾部分。两栖型轮式自行火炮车体的线形图:横剖面图、侧面图和半宽图分别示于图中。

车体线形图是两栖型轮式自行火炮航行性能计算的主要原始资料,因此,图上纵剖线、横剖线和水线的数目以及采用的比例尺应与计算所要求的准确度相适应。一般线形图上绘有 2～4 根纵剖线,20 根左右的横剖线和 6～9 根水线。纵剖线、横剖线和水线除特殊需要外,均按等距划分,并在图上注明间隔数值,根据车体的大小采用适当的比例尺。

基面:是指与设计水线平行的车体底甲板外缘的平面。

基线:是指基面与中央纵剖面的交线。

水线面:水线所形成的封闭平面。

吃水:剖面上基线到设计水线面的距离。如两栖型轮式自行火炮呈纵倾,则车首与车尾的吃水不同,分别称为车首吃水与车尾吃水,而在舯剖面处的吃水称为平均吃水。

干舷:两栖型轮式自行火炮在战斗全重状态,最低的不封闭窗口或顶甲板至水线面间的垂直距离。干舷高度决定了浮性储备的大小。

8.1.2.2　线形参数

长宽比:车体长度 L 与宽度 B 的比值 $\left(\dfrac{L}{B}\right)$。

宽度吃水比:车体宽度 B 与吃水 T 的比值 $\left(\dfrac{B}{T}\right)$。

水线面面积系数 C_{wp}:与基面平行的任一水线面面积 A_w 与由相应的车长 L 和车宽 B 构成的长方形面积之比。它表现水线面的肥瘦程度。即

$$C_{wp}=\frac{A_w}{L\times B} \tag{8-1}$$

车中横剖面面积系数 C_m:车体中部横剖面在水线以下的面积 A_m 与由车宽 B 和吃水 T 构成的长方形面积之比。它表现水线下的车体中部横剖面的肥瘦程度。即

$$C_m=\frac{A_m}{B\times T} \tag{8-2}$$

方形系数 C_b:车体水线以下的排水体积 V 与由车长 L、车宽 B 和吃水 T 构成的长方体体积之比。它表现车体水线以下体积的肥瘦程度。即

$$C_b=\frac{V}{L\times B\times T} \tag{8-3}$$

菱形系数 C_p:车体水线以下的排水体积 V 与由相应的车中横剖面面积 A_m 和车长 L 构成的棱柱体体积之比。它表现排水体积沿船长方向的分布情况。即

$$C_p=\frac{V}{A_m\times L} \tag{8-4}$$

8.2　浮　性

8.2.1　概述

浮性是系统的静态水上性能。浮性是指武器系统在全载情况下沉入水中而不超过规定的水线时,系统能漂浮在水中的能力。

轮式自行武器系统浮在水中,受到重力和浮力(静水压力)的作用。重力 G 垂直向下作用于重心上,静水压力作用在系统入水表面的每一部分,由于系统处在平衡状态,水平方向分力的合力为零,而垂直方向分力的合力就是浮力,所以浮力方向垂直向上,用 D 来表示。浮力的作用点称为浮心。

8.2.2　轮式自行火炮系统在水中的平衡

根据阿基米得定律,物体所受的浮力等于被浮体所排开的液体的重量,也就是等于物体入水部分体积的液体的重量,即

$$D=\rho(V_a+V_d)g \qquad (8-5)$$

式中　D—— 浮力,N;

　　　g—— 重力加速度,m/s²;

　　　ρ —— 水的密度,kg/m³;

　　　V_a —— 车体入水部分的体积,m³;

　　　V_d —— 行驶装置入水部分的体积,m³。

轮式自行武器系统在水中处于平衡状态的条件是:

① 水的浮力等于轮式自行武器系统重力。

② 浮心与重心在同一铅垂线上。

车体基面(车体底甲板所在平面)与水平面平行时的状态,称为正浮状态。此外,轮式自行武器系统还可能发生横倾和纵倾。所以,在进行总体布置时,应使武器系统的重心位于车体的中心面上(即左右对称布置),以避免横倾。如果系统发生向前的纵倾,则车体前端没入水中,就会引起观察困难和行驶阻力的增加。故一般应使武器系统具有向后 2°左右的尾倾,这样还可改善螺旋桨推进器的工作条件,且易于出水。

由于浮力与重力性质相似,与体积成正比,浮心(浮力作用点)的确定也与重心相似,实际上相当于入水部分的形心。在正浮状态浮心应与重心在同一铅垂线上,对于水上车辆,通常重心高于浮心。

8.2.3　浮力储备

　　浮力储备对于轮式自行武器系统也是一个重要的性能指标。所谓浮力储备是指轮式自行武器系统在战斗全重状态,其水线以上具有密封防水性能的部分所能提供的浮力,一般以浮力储备系数来表示,即浮力储备占系统战斗全重的百分数来表示。通常所说的浮力储备实际上指浮力储备系数。轮式自行武器系统在搭乘步兵时或有漏水进入车内而未能及时抽出时,必须依靠轮式自行武器系统的浮力储备。浮力储备的大小,决定于设计水线以上车体能密封部分的容积。一般轮式自行武器系统的浮力储备为 30% 左右。

　　浮力、浮心以及浮力储备系数的确定,可用计算机来进行计算求得:首先建立该系统底盘的实体模型,通过计算其排水体积确定其浮力,求得相应的吃水深,同时也可确定其浮心坐标;然后计算整个底盘具有密封防水性能部分的体积 V 和战斗全重对应的排水体积 V_1,则其浮力储备为

$$浮力储备 = \frac{V - V_1}{V_1} \times 100\% \tag{8-6}$$

8.2.4　浮性的传统分析方法

　　进行浮性分析的关键是求排水体积和浮心坐标,然后根据浮心和重心的位置关系确定倾斜角度,根据排水重量和战斗全重确定浮力储备。

　　计算设计水线下的排水体积,一般用若干与任一坐标平面平行的平面把武器系统的水下部分体积分割成若干薄片,算出这些薄片的体积,并求出这些薄片体积的总值,即为排水体积。

　　为求浮心坐标,则需要先计算除上述薄片对坐标平面的静矩,并求这些静矩的总值。然后将薄片体积对坐标平面静矩的总值除以排水体积,便得排水体积浮心距坐标平面的距离,即浮心坐标。分割水下部分体积的方法有两种:沿竖向(即沿 oz 轴)或沿纵向(即沿 oy 轴)分割。竖向分割法同横向分割法没有本质区别,仅是积分的方向不同,所以,这里只介绍纵向分割法,如图 8-3 所示。

　　用无穷多的平行于坐标平面 yoz 的平面,把两栖战斗车辆的水下部分分割为无穷多的薄片,则在纵坐标 x 和 $x+dx$ 间的薄片体积为:

$$dv = \omega dx \tag{8-7}$$

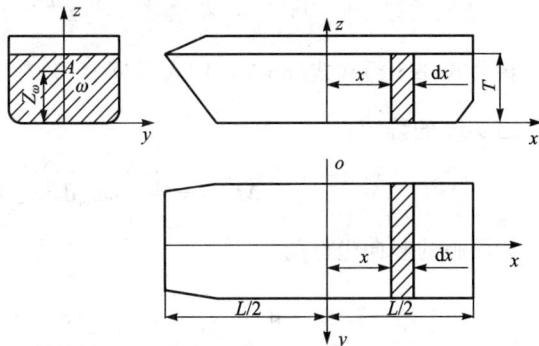

图 8-3　纵向分割法示意图

式中　ω——在纵坐标 x 的横剖面积。

$$\omega = 2\int_0^T y\mathrm{d}z \tag{8-8}$$

式中　T——吃水深度

薄片体积对坐标平面 yoz 和 xoy 的静矩分别为：

$$\mathrm{d}M_{yoz} = \omega x\mathrm{d}x \tag{8-9}$$

$$\mathrm{d}M_{xoy} = \omega z_\omega \mathrm{d}x \tag{8-10}$$

式中　z_ω——横剖面积 ω 的形心点 A 的竖向坐标，其值为

$$z_\omega = \frac{2\int_0^T yz\,\mathrm{d}z}{2\int_0^T y\mathrm{d}z} \tag{8-11}$$

将式 $(8-8)$ 代入式 $(8-7)$ 中，并在 x 变限内从 $-\dfrac{L}{2}$ 到 $+\dfrac{L}{2}$ 积分（$\dfrac{L}{2}$ 为车体水下部分长度的一半）可得水下体积：

$$V = \int_{-\frac{L}{2}}^{+\frac{L}{2}} \omega\mathrm{d}x = 2\int_{-\frac{L}{2}}^{+\frac{L}{2}}\int_0^T y\mathrm{d}z\mathrm{d}x \tag{8-12}$$

将公式 $(8-8)$ 代入式 $(8-9)$ 中，并在 x 变限内从 $-\dfrac{L}{2}$ 到 $+\dfrac{L}{2}$ 积分，得到水下体积对平面 yoz 的静矩：

$$M_{yoz} = \int_{-\frac{L}{2}}^{+\frac{L}{2}} \omega x\,\mathrm{d}x = 2\int_{-\frac{L}{2}}^{+\frac{L}{2}}\int_0^T yx\,\mathrm{d}z\mathrm{d}x \tag{8-13}$$

故浮心的纵向坐标为

$$x_c = \frac{M_{yoz}}{V} = \frac{\int_{-\frac{L}{2}}^{+\frac{L}{2}} \omega x\,\mathrm{d}x}{\int_{-\frac{L}{2}}^{+\frac{L}{2}} \omega\mathrm{d}x} = \frac{\int_{-\frac{L}{2}}^{+\frac{L}{2}}\int_0^T yx\,\mathrm{d}z\mathrm{d}x}{\int_{-\frac{L}{2}}^{+\frac{L}{2}}\int_0^T y\mathrm{d}z\mathrm{d}x} \tag{8-14}$$

将公式 $(8-8)$ 和式 $(8-11)$ 代入式 $(8-10)$ 在 x 变限内从 $-\dfrac{L}{2}$ 到 $+\dfrac{L}{2}$ 积分，得到水下体积对平面 xoy 的静矩：

$$M_{xoy} = \int_{-\frac{L}{2}}^{+\frac{L}{2}} \omega z_\omega\mathrm{d}x = 2\int_{-\frac{L}{2}}^{+\frac{L}{2}}\int_0^T yz_\omega\mathrm{d}z\mathrm{d}x \tag{8-15}$$

故浮心的竖向坐标为

$$z_c = \frac{M_{xoy}}{V} = \frac{\int_{-\frac{L}{2}}^{+\frac{L}{2}} \omega z_\omega\mathrm{d}x}{\int_{-\frac{L}{2}}^{+\frac{L}{2}} \omega\mathrm{d}x} = \frac{\int_{-\frac{L}{2}}^{+\frac{L}{2}}\int_0^T yz_\omega\mathrm{d}z\mathrm{d}x}{\int_{-\frac{L}{2}}^{+\frac{L}{2}}\int_0^T y\mathrm{d}z\mathrm{d}x} \tag{8-16}$$

由于两栖战斗车辆处于正浮状态,故 $y_c = 0$。

8.3　稳　　性

8.3.1　概述

对于轮式自行武器系统,不仅要求能浮在水面上,而且要求有一定的稳性。稳性是指轮式自行武器系统受到外力作用而离开平衡位置,当外力消除后仍能恢复到平衡位置的能力。稳性可以保证轮式自行武器系统能在纵倾或横倾的情况下进入水中、在波浪中航行和保证乘员能在车内活动等。它也是轮式自行武器系统的重要的水上性能之一。

稳性包括纵稳性和横稳性,而由于纵倾一般都在小角度范围之内,所以在研究时一般只研究横稳性。根据引起侧倾的因素不同,稳性可分为静稳性和动稳性两种。倾斜时没有角速度或角速度很小的稳性叫静稳性,有角速度的稳性叫动稳性。

轮式自行武器系统浮在水面上处于平衡状态时,受到铅垂向下的重力 G 和铅垂向上的浮力 P 的作用,作用点分别在系统的重心 g 和浮心 C 上,如图 8-4(a)所示。G 和 P 大小相等,方向相反,作用在同一铅垂线上,系统呈平衡状态。通过重心 g 和浮心 C 的铅垂线 O-O 称为浮轴。重心 g 和浮心 C 之间的距离用 e 表示。

当系统受到外界作用力干扰而发生微倾时,重力 G、浮力 P 和重心 g 保持不变,但由于排开水的体积发生改变,所以浮心由 C 移到 C' 点,过 C' 作铅垂线,交浮轴 O-O 于 M 点,该点叫做稳心。浮心和稳心之间的距离 CM(或 $C'M$)叫做稳心半径。重心和稳心之间的距离 GM 叫做稳心高度。此时重力 G 和浮力 P 组成一个力偶,此力偶矩称为回复力矩。

重心 g 和浮心 C' 和稳心 M 的相对位置不同,则系统的稳定状态不同,有以下三种情况:

① 若三心的相对位置如图 8-4(b)所示,M 点高于 C 点,即 $r > e$,回复力矩使系统回复到原来的平衡位置,这种状况下武器系统是稳定的;

② 若三心的相对位置如图 8-4(c)所示,M 点低于 C 点,即 $r < e$,回复力矩使武器系统更向侧倾方向倾斜,这种状况下武器系统是不稳定的;

③ 若三心的相对位置如图 8-4(d)所示,M 点与 C 点重合,即 $r = e$,则武器系统在侧倾状态下处于平衡状态,但这种状态仍是不稳定的。

从以上分析可以看出,研究轮式自行武器系统的稳性就是研究重心和浮心之间的相对位置。

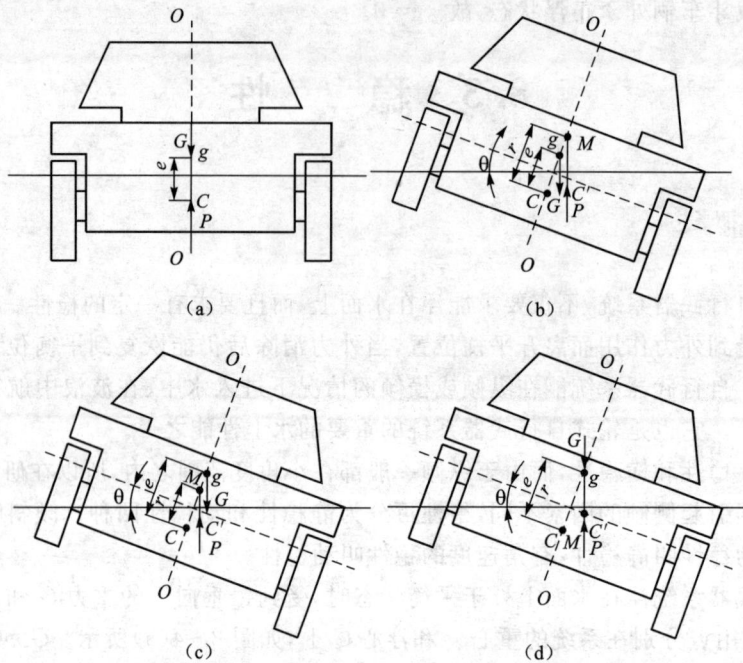

图 8 - 4　轮式自行武器系统正浮、侧倾状态图

8.3.2　轮式自行火炮系统的静稳性

根据倾斜角度的大小,可把静稳性分为小倾角稳性(倾角不超过 15°)和大倾角稳性(倾角大于 15°)两种情况。

8.3.2.1　小倾角稳性

如图 8 - 5 所示,轮式自行武器系统有一微小倾角 θ,在小倾角状态,出水楔形体积 v_1 和入水楔形体积 v_2 相等,也就是武器系统在倾斜状态排水体积和正浮状态相同,武器系统不发生上浮或下沉。但是由于排水体积的形状发生变化,浮心位置要改变,从 C 移到 C' 点。此时的水线与正浮状态的水线交于 O' 点,浮力 P 的作用线与浮轴 $O-O$ 交于 M 点——稳心。

倾斜后的浮力 P 可以看做是由正浮状态的浮力 P' 加上 v_2 部分的浮力 P_2,再减去 v_1 部分的浮力 P_1,即

$$P = P' + P_2 - P_1 \tag{8-17}$$

由于 $v_1 = v_2$,所以 $P_1 = P_2$,所以

$$P = P' \tag{8-18}$$

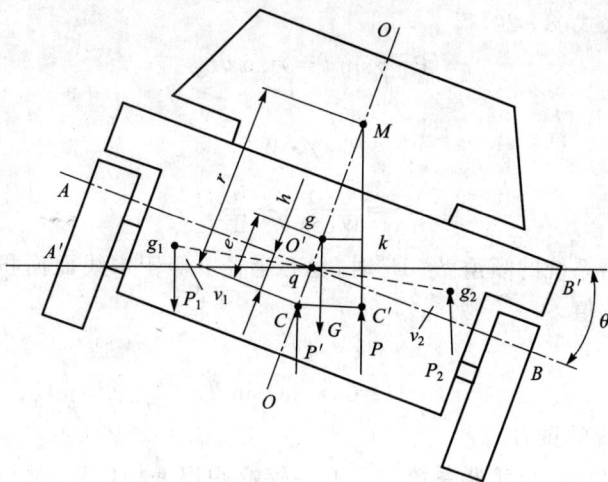

图 8 - 5　轮式自行武器系统侧倾状态图

根据力矩定律,各分力对某点的力矩之和等于合力对同一点的力矩。设 v_1、v_2 部分的形心 g_1、g_2 距 O' 点的距离为 x_1,x_2,对 q 点求矩,有

$$P(r-h)\sin\theta = -P'h\sin\theta + P_2 x_2 + P_1 x_1 \qquad (8-19)$$

即

$$P \cdot r\sin\theta = P_1(x_1+x_2) = 2P_1 x_1 = P_1 \cdot \overline{g_1 g_2} \qquad (8-20)$$

下面来求 $P_1 \cdot \overline{g_1 g_2}$。

研究出水楔形,如图 8 - 6 所示。

在距水线面(武器系统与水面交线所在的平面)纵轴 O_1-O_1 距离为 x 处,在三棱柱 AOA' 中取一微小体积 $\mathrm{d}\omega$,其水平投影面面积为 $\mathrm{d}A = l\mathrm{d}x$,$l$ 为水线面上武器系统的长度,则 $\mathrm{d}\omega = x\tan\theta \cdot l\mathrm{d}x$。作用在微小体积 $\mathrm{d}\omega$ 上的浮力 $\mathrm{d}P = \gamma\mathrm{d}\omega = \gamma x\tan\theta \cdot l\mathrm{d}x$,它对 O_1-O_1 轴的力矩为 $\mathrm{d}Px$。

所以,整个楔形体上的浮力对 O_1-O_1 轴的力矩之和为:$\int x\mathrm{d}p$,则:

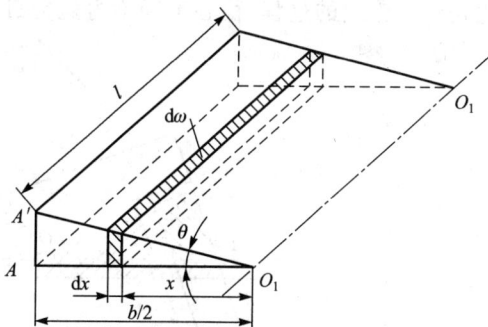

图 8 - 6　武器系统出水楔形状态图

$$2P_1 x_1 = 2\int x\mathrm{d}P = 2\int \gamma x^2\tan\theta l\,\mathrm{d}x = 2\gamma\tan\theta\int_{\omega/2} x^2\mathrm{d}\omega = \gamma\tan\theta I_O \qquad (8-21)$$

式中　$I_O = 2\displaystyle\int_{\omega/2} x^2\mathrm{d}\omega$,为水线面面积 ω($\omega = lb$,b 为水线面的宽度)对其纵轴 O_1-O_1 的惯性

矩。将式(8-21)代入式(8-20)得

$$P \cdot r \sin \theta = \gamma \tan \theta I_O \qquad (8-22)$$

又因为

$$P = \gamma \cdot W \qquad (8-23)$$

则

$$r = \frac{I_O}{W \cos \theta} \approx \frac{I_O}{W} \qquad (8-24)$$

上式表明,当武器系统的倾角 $\theta < 15°$ 时,稳心半径 r 等于水线面面积对其纵轴的惯性矩 I_O 与排水体积 W 的比值。

回复力矩为

$$M = G(r-e) \sin \theta \qquad (8-25)$$

式中 G——武器系统的重力。

稳心半径 r 确定以后,与武器系统的重心与浮心距离 e 相比较,就可判断武器系统的稳性。轮式自行武器系统横向稳定的条件是 $r > e$,即稳心要高于重心;若 $r < e$,即当稳心低于重心时,轮式自行武器系统处于不稳定状态;若 $r = e$,轮式自行武器系统处于随欲平衡状态。

8.3.2.2 大倾角稳性

在研究小倾角稳性时,由于倾斜角度较小,可以认为车体的出水楔形和入水楔形体积相等,武器系统在倾斜时不发生上浮或下沉。但当倾角较大($\theta > 15°$)时,车体的出水楔形和入水楔形体积并不相等,因此武器系统要上浮或下沉一段距离 δ,这样水线面的形心就要相对于武器系统纵向对称面移动一段距离 η_i(见图8-7)。轮式自行武器系统作大角度倾斜时,这样的变化是一个连续的过程,稳心半径不再是常量,而是一个变量。

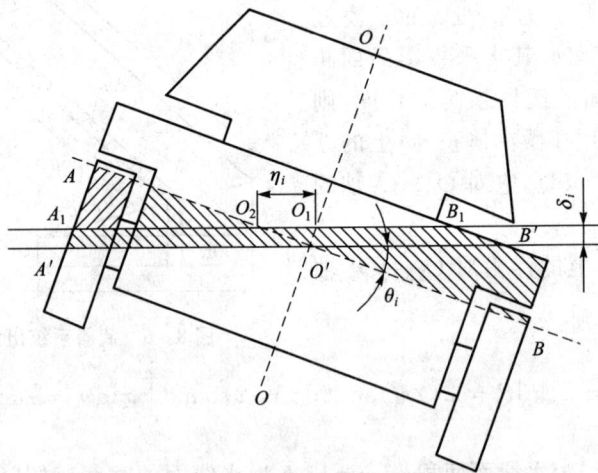

图8-7 武器系统大角度倾斜状态图

（1）稳心半径的确定

在确定稳心半径之前，首先要确定对应于每个倾斜角 θ_i 的系统上浮或下沉距离 δ_i 以及水线面的形心相对于武器系统纵向对称面移动的距离 η_i。

不妨先假设出水楔形体积大于入水楔形体积，即 $v_{1i} > v_{2i}$，如图 8-7 中，$V_{AO'A_1} < V_{BO'B_1}$，所以系统要下沉 δ_i，使得入水部分体积与出水部分体积相等，即

$$V_{AO'A_1} + \overline{A_1 O_2} l \delta_i = V_{BO'B_1} - \overline{B_1 O_2} l \delta_i \qquad (8-26)$$

即

$$v_{1i} - v_{2i} = \overline{A_1 B_1} l \delta_i = s_i \delta_i \qquad (8-27)$$

其中，l 为实际水线面上车体长，s_i 为实际水线面面积。所以

$$\delta_i = \frac{v_{1i} - v_{2i}}{s_i} \qquad (8-28)$$

如果 $v_{1i} > v_{2i}$，$\delta_i > 0$，系统下沉；如果 $v_{1i} < v_{2i}$，$\delta_i < 0$，系统上浮。

确定 δ_i 后，实际水线面就可确定，水线面的形心相对于武器系统纵向对称面移动的距离 η_i 也就可以确定。因武器系统的车宽沿纵向变化较小，则 η_i 可近似计算如下：

$$\eta_i = \frac{a_i - b_i}{2} \qquad (8-29)$$

式中　a_i、b_i——实际水线面上两边线离纵向对称面的距离。

若要精确计算，可利用下式计算：

$$\eta_i = \frac{M_{2i} - M_{1i}}{s_i} \qquad (8-30)$$

式中　M_{2i}——实际水线面左边部分对过 O_2 的纵轴的静矩；

　　　M_{1i}——实际水线面右边部分对过 O_2 的纵轴的静矩；

　　　s_i——实际水线面面积。

所以武器系统倾斜 θ_i 角度时的稳心半径为

$$r_i = \frac{I_{xi}}{W} \qquad (8-31)$$

式中　I_{xi}——实际水线面面积绕过其形心纵轴的惯性矩；

　　　W——实际排水体积。

（2）回复力矩的计算

同小倾角回复力矩类似，武器系统侧倾 θ_i 角度时的回复力矩 M_i 的大小为

$$M_i = G(r_i - e) \sin \theta_i \qquad (8-32)$$

也可以先确定浮心的位置坐标，利用此坐标来表示，这里不再细述。

将回复力矩 M_i 与侧倾角度 θ_i 之间的关系绘制成曲线（如图 8-8），称为静稳性曲线，静稳性

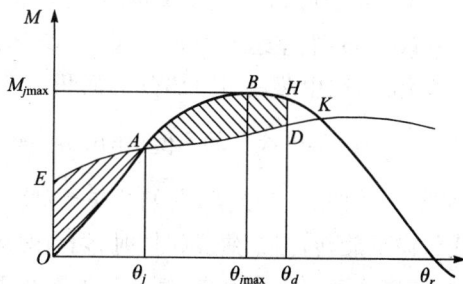

图 8-8　静稳性曲线

曲线是讨论武器系统的基本依据。

根据静稳性曲线,可以得到武器系统所能承受的最大静倾力矩 $M_{j\max}$ 和对应的静倾角 $\theta_{j\max}$(曲线最高点对应的纵横坐标),也能得到稳性消失角 θ_r(见图 8 - 8);以一定外界横倾力矩 M_j 为纵坐标作一条曲线,曲线与静稳性曲线交点的横坐标就是 M_j 作用下武器系统的静倾角 θ_j。

8.3.3 轮式自行火炮系统的动稳性

在多数情况下,武器系统的倾斜带有角速度,此时的稳性就是动稳性。

如图 8 - 8 所示,设外界横倾力矩曲线为 $EADK$,它与静稳性曲线 $OABHK$ 的交点为 A,即在 A 点对应的 θ_j 角度下,横倾力矩与回复力矩相等,武器系统可以达到静平衡状态,θ_j 就是静倾角。

在横倾角从 O 到 θ_j 的过程中,横倾力矩大于回复力矩,角加速度为正,角速度不断增加;在横倾角达到 θ_j 时横倾力矩与回复力矩相等,角加速度为 0,角速度达到最大值。由于具有一定的角速度,系统将继续倾斜而越过 A 点,回复力矩大于横倾力矩,角加速度为负,角速度不断减小。到达 H 点时,角速度为 0,这一位置为瞬时平衡位置,对应的横倾角为动倾角 θ_d。但此时回复力矩仍大于横倾力矩,所以系统又将反向运动,向初始位置倾斜,角速度逐渐增大,通过 A 点后又逐渐减小直到 0。因此系统将做来回往复的摇摆运动。最后在各种阻力的作用下停止在静倾角 θ_j 上。

要研究系统的动稳性,就要确定系统的最大摆角——动倾角 θ_d。根据动能定理,合外力做的功等于系统动能的增量。而武器系统在水中受到回复力矩和横倾力矩两个力矩的作用,在横倾角从 0 到 θ_d 的过程中,角速度从 0 变到 0,即系统动能的增量为 0,所以回复力矩做的功 W_h 和横倾力矩做的功 W_q 应该相等,即

$$\int_0^{\theta_d} M_h \, \mathrm{d}\theta = \int_0^{\theta_d} M_q \, \mathrm{d}\theta \tag{8-33}$$

式中 M_h、M_q 分别为回复力矩和横倾力矩。

式(8 - 33)中左边为图 8 - 8 中 $OABH$ 下的面积,右边为图 8 - 8 中 EAD 下的面积,从图中可以看出,图中两块阴影部分的面积相等,根据这一点可以求解 θ_d 的值,θ_d 实际上就是使 $\int_0^\theta M_h \, \mathrm{d}\theta = \int_0^\theta M_q \, \mathrm{d}\theta$ 成立的 θ 值。作出 $W_h = \int_0^\theta M_h \, \mathrm{d}\theta$ 和 $W_q = \int_0^\theta M_q \, \mathrm{d}\theta$ 相对于 θ 的曲线,就是动稳性曲线,如图 8 - 9 所示,它们的交点对应的 θ 值就是动倾角 θ_d。当横倾力矩增大时,图中 W_q 曲线将向上旋转,当二曲线相切时,切点对应的 θ 值就是极限值 $\theta_{d\max}$。这时若横倾力矩继续增大,则二曲线就不再有交点,表示在所有角度下,回复力矩所做的功就不能抵消倾覆力矩所做的功,武器系统将继续倾斜直至倾覆。

轮式自行火炮等两栖装甲车辆所受到的倾覆力矩可能有：风压产生的倾覆力矩、火炮射击产生的倾覆力矩和转向时离心力产生的倾覆力矩等，在连续风和转向时离心力作用下的稳性，应根据静稳性曲线进行校核分析，在火炮射击时的后坐力作用下的稳性，应根据动稳性曲线进行校核分析。

表 8-1 为一些水陆车辆的纵向和横向稳心半径和稳心高度的数据。

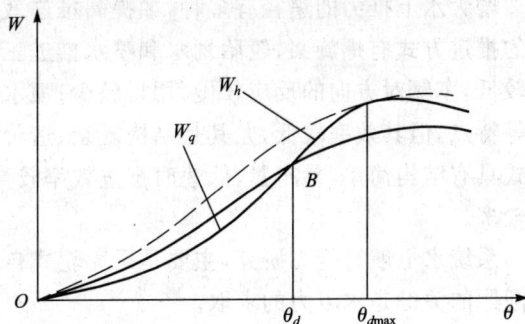

图 8-9　动稳性曲线

表 8-1　一些常见水陆车辆的稳心半径和稳心高度

车辆种类	稳心半径/m		稳心高度/m	
	纵向	横向	纵向	横向
水陆侦察汽车	5.50	0.75	5.40	0.65
水陆登陆汽车	18.00	1.25	17.60	0.85
履带水路运输车	20.00	1.50	19.45	0.95
水陆坦克	4.60	0.91	4.372	0.672

8.3.4　提高稳性的技术措施

提高稳性的措施有：降低重心高度、增加干舷高度、增加宽度(可加浮箱、护木、突出体)、增加水线面系数、减小悬挂物质量和高度、注意水线以上开口处的水密性、减小受风面积等。

8.4　快　速　性

8.4.1　概述

轮式自行武器系统在水中的快速航行能力是极其重要的战技性能指标，它决定着轮式自行武器系统克服水障碍所需的时间，速度越高，处于敌人火力之下的时间也越短，被击毁的概率就越小，它在水上作战和机动的自由度就越大。系统的水上快速性主要取决于两个方面，即系统航行时遇到的行驶阻力(空气阻力和水阻力)和为克服此阻力所需要的推力。行驶阻力主要与车体及行驶装置的外形有关，主动力则由推进器提供。

　　增大水上推力的途径有多种,如提高推进效率、增加推进功率、改变驱动方式等。目前常用的推进方式有螺旋桨、轮胎划水和喷水推进三种形式。轮胎划水推进方式推进速度较慢、效率较低,车辆对方向的反应较慢,用得较少;喷水推进装置具有保持性好、不易受损、浅水性能好等特点,但其效率较低,尤其是结构复杂、造价高,作为附加动力装置难以实现;螺旋桨推进方式具有结构简单、易布置、低速时推进效率较高等特点,且在船舶上广泛应用,技术成熟,运用较多。

　　系统水上航行能力研究,主要是研究轮式自行武器系统的最大航行速度计算方法和公式,此问题的关键是水阻力的求取。

8.4.2　轮式自行火炮系统在水中航行时的阻力

　　当武器系统在水中航行时,处于空气和水两种介质中运动,必然遭受空气和水对车体的反作用力。因此,系统所受到的阻力包括空气阻力和水阻力两部分。空气阻力是指空气对系统的作用力,水阻力是指水对车体的作用力。进一步把水阻力分为在静水中受到的静水阻力和波浪中的汹涛阻力(亦称波浪中的阻力增值)两部分。静水阻力通常分为裸车阻力和附体阻力两部分。所谓附体阻力是指突出于车体之外的附属体所增加的阻力。因为车辆在水中航行时,大部分在水下,而且速度不快,所以水阻力为主要部分。下面主要分析水阻力。

8.4.3　水阻力的成因和分类

8.4.3.1　水阻力的成因

　　车体在水中运动时所受的阻力与周围的介质流动现象有关。浮体周围的介质流动现象相当复杂,主要有三种现象:

　　① 车体在运动中兴起波浪。由于波浪的产生,改变了车体表面的压力分布情况,车首的波峰使首部压力增加,车尾的波谷使尾部压力降低,于是产生首尾流体动力差。这种由于兴波引起的压力分布改变所产生的阻力称为兴波阻力,一般用 R_w 表示。

　　② 当车体在水中运动时,由于水的黏性,在车体周围产生边界层,从而使车体受到黏性剪切力的作用,车体表面产生了摩擦力,它在运动方向上的合力就是车体的摩擦阻力,用 R_f 表示。

　　③ 在车体曲度发生突变处,特别是车体较丰满的尾部会产生旋涡。产生旋涡的原因也是由于水的黏性,旋涡处的水压力下降,从而改变了沿车体表面的压力分布。这种由于黏性引起车体前后压力不平衡而产生的阻力称为黏压阻力,也称为旋涡阻力,用 R_{pv} 表示。这种阻力主要由于车体形状突变使得承受水压不同而引起的,因此又称形状阻力。

8.4.3.2　水阻力的分类

车体水阻力按车体周围流动现象和产生原因来分,总车体水阻力 R_t 由摩擦阻力、兴波阻力和涡流阻力(形状阻力)组成,即

$$R_t = R_w + R_f + R_{pv} \qquad (8-34)$$

由于车体形状一般左右对称,因此车体湿表面上的切向力和压力都对称于纵剖面,其合力 P_1 必然位于车体纵剖面上,P_1 在车体运动方向上的分力即为总阻力。所以车体运动的总阻力 R_t 是车体表面上所有微面积 ds 上的切向力 τ 和压力 p 在运动方向上的合力,即

$$R_t = \int_s \tau \cos(\tau, x) \mathrm{d}s + \int_s p \cos(p, x) \mathrm{d}s \qquad (8-35)$$

其中,s 为整个车体湿面积。

上式中第一项表示由作用在车体表面上的切向力所造成的阻力,称为摩擦阻力 R_f,第二项表示由作用在车体表面上的压力所造成的阻力,称为压阻力 R_p,所以车体水阻力按作用在车体表面上的流体作用力的方向来分。一方面是由于兴波和旋涡引起的垂直于车体表面的压力所产生的阻力称为压阻力;另一方面是由于受到沿车体表面切向的作用力引起的摩擦阻力。即

$$R_t = R_f + R_p \qquad (8-36)$$

压阻力 R_p 实际上包括兴波阻力 R_w 和旋涡阻力(形状阻力)R_{pv} 两种阻力,兴波阻力即使在理想流体中也存在,而摩擦阻力和旋涡阻力(形状阻力)都是由水的黏性引起的,在理想流体中不存在,习惯上将此二者合称为黏性阻力 R_v。所以,总阻力又可表示为

$$R_t = R_w + R_v \qquad (8-37)$$

所以,总阻力与各阻力成分的关系为

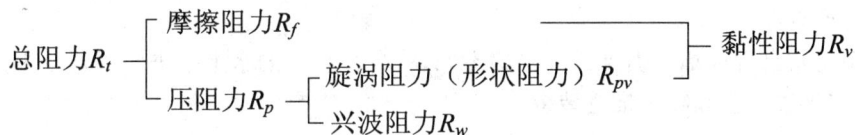

$$
\text{总阻力}R_t
\begin{cases}
\text{摩擦阻力}R_f \\[4pt]
\text{压阻力}R_p
\begin{cases}
\text{旋涡阻力(形状阻力)}R_{pv} \\
\text{兴波阻力}R_w
\end{cases}
\end{cases}
\quad \text{黏性阻力}R_v
$$

8.4.3.3　各种阻力成分在总阻力中的比例

各种阻力成分在总阻力中的比例在不同航速时是不同的。

对于船舶来说,低速航行时,摩擦阻力 R_f 占总阻力的 $60\% \sim 75\%$,旋涡阻力 R_{pv} 约等于或大于 15%,而兴波阻力 R_w 成分很小;高速航行时,摩擦阻力 R_f 占总阻力的 $40\% \sim 50\%$,兴波阻力 R_w 却可达 50% 左右,而旋涡阻力 R_{pv} 仅占 5% 左右。由于旋涡阻力所占的比重不大,而且实际上也很难与兴波阻力分开,故通常把旋涡阻力和兴波阻力合在一起称为剩余阻力 R_r,这样总阻力又可分为摩擦阻力和剩余阻力两部分。

　　但对于轮式自行火炮等水陆两栖车辆来说,由于其使用区域和作战任务的要求,使得其结构形式与船舶有着根本的区别,因而水阻力各种阻力成分在总阻力中的比例也就发生了变化,主要是旋涡阻力(形状阻力)的变化。船舶的线形一般接近流线型,因而旋涡阻力(形状阻力)较小,而水陆两栖车辆同时要满足陆地行走和总体布置的要求,因而使得其车体和行驶装置(履带或轮胎)不可能做成流线型来满足水中航行时的流体力学要求,这样一来,非流线型的车体、形状复杂的行走装置(履带或轮胎)及相应的车架形状(如轮穴)将引起较大的阻力,所以形状阻力在总阻力中的比例很高。对于航速较高(10 km/h 以上)的车辆,摩擦阻力和形状阻力成为主要阻力成分,兴波阻力居次要地位。

8.4.3.4　影响水阻力的因素

　　影响水阻力的因素很多,但主要有三个方面:首先是航速,航速对阻力的影响最大,随着航速的增加,阻力的增加十分明显;其次是车型,不同的车型参数往往导致阻力性能变化;再者是外界条件,如水深、流体介质和温度等不同,对阻力也会有影响。显然,对于给定的车型,在一定的外界条件下,阻力只是航速的函数,即

$$R_t = f_1(v_s) \tag{8-38}$$

　　求水阻力首先要寻找水阻力与航行速度、底盘系统的外形和摩擦系数等的相互关系,确定其形状阻力系数,然后才能求解。一般通过实验和理论相结合的方法来确定。

8.4.4　水上推进器

　　两栖型轮式自行火炮航行时,由于有阻力,要保证自行火炮在水上能以较高速度航行,必须提供能克服阻力的推进。而推力作用又是依靠能源产生,并通过一定的装置才能实现,这种装置统称为推进器。

　　两栖型轮式自行火炮根据推进方式的不同,将自行火炮的水上推进装置划分为:轮胎推进装置、螺旋桨推进装置和喷水推进装置。

8.4.4.1　轮胎推进装置

　　轮胎推进装置是利用旋转的轮子的下部与上部在水中产生的反作用力之差使车辆在水中行驶。虽然只能获得不大的运动速度,但由于结构简单,不需要专门的水上推进和传动机构,而且轮胎本身还具有一定的浮力,能为全车提供一定的排水量,因此轮胎推进装置也得到了应用。

　　将轮胎作为推进装置的两栖型武器系统,其航速主要由轮胎推出的水量及其推出速度来决定。而轮胎推出的水量又取决于轮胎本身的结构和轮胎尺寸(包括轮胎直径、宽度以及胎面的形状和花纹深度等)。但由于轮胎结构是由陆上行驶性能所决定,因此轮胎推出的水量也不

会大。轮胎推出水的速度取决于轮胎的转向速度、车辆的运动速度、河水的流速及流向等,其中轮胎的转向速度是决定因素。

通常这种车辆是利用方向轮进行水上转向。但由于车辆航速低,方向轮得不到足够的侧向力,因而车辆的水上操纵性也不好,很难保持车辆的运动方向,甚至在流速不大的河流上行驶也很困难。但对于机动性要求不高的车辆,或者作为装有螺旋桨、喷水推进等专用推进装置的应急辅助推进装置还是可以的。

8.4.4.2　螺旋桨推进装置

由于螺旋桨具有工作可靠、推进效率高的突出优点,所以是两栖武器广泛采用的一种推进装置。螺旋桨推进装置是在轮毂上沿径向按等角度的距离安装一排叶片,螺旋桨旋转时,翼状截面的桨叶其分布、形状和运动特点使其产生的水动力分力指向自行火炮的行进方向,这些分力的合力,即轴向力 P,称为推力。所有桨叶上的推力之和作用在自行火炮的车体上使其在水中行驶。如图 8-10。

一般自行火炮采用的螺旋桨直径为 $300\sim 1\,000$ mm,具有 $3\sim 4$ 个桨叶,螺旋桨的螺距与直径之比,称为螺距比,一般比为 $0.55\sim 0.75$,桨叶叶面的展开面积与直径之比,称为盘面比,一般在正常情况下在

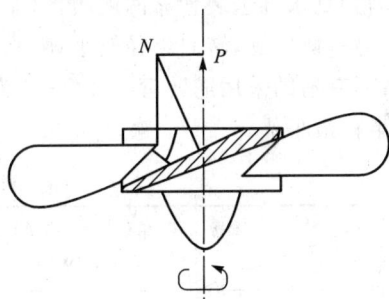

图 8-10　螺旋桨推力的产生原理

$0.48\sim 0.8$ 的范围内。螺旋桨推进器具有工作可靠,利于总体布置,推进效率高的特点,故两栖自行火炮采用的较多。

为了增加螺旋桨推进器的有效推力,在某些两栖自行火炮上还安装了导管螺旋桨。如图 8-10 所示,导管螺旋桨是在螺旋桨的外围装上一个剖面为机翼形的圆套筒,此套筒称为导管。导管与螺旋桨组成一体称为导管螺旋桨。一般对负荷较重的螺旋桨来说,采用导管的作用就很大,通常采用导管后,推力可以增加 $30\%\sim 40\%$。

8.4.4.3　喷水推进装置

喷水式推进装置又称为液力反应式装置,它是通过专用泵进行排水,借助排出水的反作用产生推力而使自行火炮行驶。现代两栖型自行火炮广泛采用喷水推进装置,是因为它具有以下突出优点:

① 由于推进器在车体内部,所以自行火炮在陆上、出入水以及在浅滩行驶时均有良好的抗损坏能力。

② 可以利用喷水推进器的管道,设置车内的引射式排水工具。

③ 不改变叶轮的转向方向就能倒车和转向,从而能保证自行火炮具有很好的机动性。

④ 对水面状态的敏感性很小，在浅滩及水面条件较差的情况下也能正常工作。

喷水推进器由输水管道、推进器装置（或称推进泵）和换向装置组成。输水管道的截面是变化的，由带防护格栅的进水管、出水管和喷口组成。有些两栖武器的出水管还装有倒水道，倒车时，首先关闭喷口，这时水就会通过倒车水道向车首方向喷出，实现倒车和转向。有些自行火炮则采用换向装置实现倒车和转向。大多数喷水推进器采用轴流泵。

8.4.4.4　水上推进装置的比较评价

根据作战需要、使用安全性以及用途种类等对两栖型轮式自行火炮提出不同的需求。我们可以根据两栖型轮式自行火炮的战技指标来确定采用哪一种形式的水上推进装置。履带（车轮）划水推进装置靠两侧履带（车轮）的速度差转向，转向半径大；螺旋桨推进装置靠一侧正旋，另一侧反旋，转向半径较小；喷水推进装置靠一侧向后喷水，另一侧向前喷水转弯，半径较小；还有辅助采用舵转弯。表 8-2 为各类推进装置性能比较，显而易见，喷水推进装置水上转弯半径最小。

表 8-2　不同推进装置性能

参数 推进装置	单位推力（拖桩） /(N·kW⁻¹)	回转直径 /m	燃油消耗量 /(L·km)	机动性	抗损能力	维修性
轮胎推进装置	4.0～20.0	2.5～4.5	12～18	较差	不强	简便
螺旋桨推进器	106.7～160.1	1.6～3.5	1.2～3.5	良好	不强	不便
喷水推进装置	66.7～133.4	0.7～2.4	4.5～6.0	很好	较强	不便

可以看出，螺旋桨和喷水推进器具有较高的单位推力，转向直径较小，而且燃油消耗又不大，是效能很好的推进形式。所以当前两栖型自行火炮水上推进一般采用螺旋桨和喷水推进两种方式。喷水推进装置与螺旋桨推进装置相比，燃油消耗比较大，推进效率低于螺旋桨，但是这两种推进器的单位推力相差不大，而且喷水推进装置可以采用引射式排水工具。因此两栖型自行火炮安装喷水推进器有更好的推进性能和可靠性。

采用喷水推进装置的两栖型自行火炮，通常是采用转折喷射水流的方向来实现转向和导航，也就是说，把导航与转向结合在一起处理，已成为喷水推进自行火炮在操纵设计上的主要特点。由于两栖型自行火炮需要快速机动，操纵灵活，喷水推进器的叶轮一般都不逆转，经常采用水门或卷帘式结构式，将一侧的喷口关闭，使水流转折并反射向车前，与另一侧向后喷射的水流形成转向力矩，从而达到自行火炮转向的目的。

8.4.5　提高快速性的技术措施

根据以上结论，经认真分析后提出一些提高武器系统航速的方法和措施如下：

① 加挂前后浮箱。在车首和车尾是产生涡流阻力的主要区域,在车首和车尾加挂前后浮箱,最好做成可折叠式,陆上行驶时折叠后贴在前后甲板上并固定,入水后展开成浮箱形状,这样同时增加了车长,也提高了浮力储备和稳性。浮箱形状可做成类似船舶的球鼻首形状,减小由于车体外形突变产生的涡流阻力。

② 加装合适的防浪板。防浪板对于这种干舷很小的装甲车辆是必不可少的,因在航行时车首必然要激起波浪,随着航速的增大,波浪的高度将增加,到一定程度就会有大量水流压向车首,将车首压到水面以下,大大增加水阻力,甚至造成灭顶之灾。所以可在车首加装折叠式防浪板,甚至可以作成可实时控制角度和高度的可变可控防浪板。

③ 车轮的处理。车轮是接地部件,又要支撑车体,所以不能包在车内,而且入水后由于失去重载荷,在悬挂弹簧复原力作用下会使车轮位置下移而更突出车体,使水阻力进一步加大。可在外侧加挂折叠式屏蔽板,将轮舱封闭起来,若能将整个车体底部、侧面都加屏蔽板且连在一起构成一个巨大的翼型结构将车体托起来更为理想,但要考虑结构上的实现和对陆上性能的影响问题。另外,也可设法通过机构使车轮尽量提升,使其突出车体的部分减少,结构上若能实现,将车轮提到水面以上,将大大减小阻力,但不能超过悬挂系统弹簧的极限位置,同时要考虑对陆上性能的影响问题。

④ 采用附加提升力的辅助方法。一种方法可在车底垂直安装数个螺旋桨或喷水口,增加垂直方向的提升力,使车体整体上浮,减小吃水深度,使车体在水中部分减少,从而减小航行水阻力,提高航速;也可以利用发动机的尾气或利用压缩机产生高压气体,从车底向水面以一定角度喷出,产生相当于浮力的提升力,减小吃水深度,从而减小行驶阻力。

⑤ 采用变形车体。将车体做成前后两部分,下水前向前后两个方向移动,增加车体长度,达到减小水阻力、提高航速的目的,但要考虑对传动系统和其他部件的影响。

8.5 通 过 性

8.5.1 概述

水陆两栖装甲车辆除应具有陆上行驶时的通过性能外,还必须具有水中行驶时的通过性,即自行入水和自行出水性能,否则就不能发挥其两栖特性,轮式自行武器系统也不例外。故出水和入水性能就成为轮式自行武器系统的一个重要性能。

评价轮式自行武器系统的出水和入水性能的主要指标为最大入水角和出水角。所谓最大出水角,就是武器系统根据其安全条件、动力特性和附着性能,从水中驶上陆地的最大爬坡角。出水和入水过程按其本质来说是类似的,其中以出水最困难。故下面只讨论出水时出水角的确定方法。

出水过程一般分为两个阶段:

① 自行驶装置与土壤开始接触(即前轮与土壤开始接触)时起,至全部车轮与土壤接触为止。

② 由全部车轮与土壤接触到武器系统离开水面为止。

出水过程比较复杂,在较短的过程中陆上行驶装置和水中推进器两种推进器同时起作用。在出水初期——第一阶段,主要依靠水中推进器前进,同时利用了一部分动能;从行驶装置接触岸边的土壤开始,主要牵引力由行驶装置提供。这样,就很难确定出水时本武器系统的总牵引力的大小和它在两种推进装置中的分配比例。另外,行驶装置的牵引力除了与发动机和传动装置有关外,还决定于行驶装置与土壤的附着性能以及武器系统的附着质量,而附着质量又决定于武器系统出水时的水线位置。当武器系统触岸后,随着不断向上移动,车首逐渐升出水面,车尾开始下沉,使得排水量、浮力大小和浮力中心也随之变化。因此必须对轮式自行武器系统的出水问题的分析计算做出一些假设。

8.5.2 出水角

设轮式自行武器系统等速出水,并不考虑悬挂的弹性。在出水过程中,武器系统受力如图 8-11 所示。

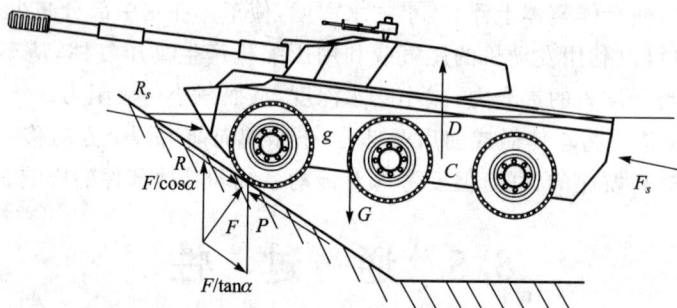

图 8-11 出水第一阶段受力图

图中 G——重力,离接触点距离为 l_1;

D——浮力,离接触点距离为 l_2;

F——法向反作用力,垂直于岸边斜坡坡面,并可分解为 $F/\cos\alpha$ 和 $F/\tan\alpha$ 两个分力;

R——地面阻力,$R=fF$;

R_s——水阻力;

F_s——水中推进器推力;

P——武器系统牵引力。

在出水第一阶段中,车首离开水面,车尾下沉,下沉的程度决定于车体的平衡条件。

对行驶装置和岸边土壤的接触点 A 取矩,可得:

$$R_s h_1 + Gl_1 = Dl_2 + F_s h_2 \qquad (8-39)$$

上式中 h_1 和 h_2 分别为水阻力 R_s 和水中推进器推力 F_s 离接触点 A 的距离。

h_1、h_2、R_s 和 F_s 都很难确定,当大致确定武器系统的出水性能时,可以假定:

$$R_s h_1 = F_s h_2 \qquad (8-40)$$

$$R_s = F_s \qquad (8-41)$$

于是车体的平衡条件就可变为:

$$Gl_1 = Dl_2 \qquad (8-42)$$

可以看出,武器系统在出水第一阶段,出水部分越大,浮力越小。因此,应尽量利用系统的动能驶上坡岸,增加出水部分,使上式右边减小。当 $Gl_1 > Dl_2$ 时,行驶装置与坡岸全部接触,完成第一阶段,进入第二阶段。

决定第二阶段出水性能的因素有:① 车体水线的极限允许高度;② 行驶装置与坡岸上土壤的附着力。

假设此时行驶装置在土壤上的压力分布为三角形(见图 8-12),设土壤对各轮作用力的合力为 F,距前轮与地接触点距离为 L_F。各外力对过 A 点并垂直于图面的轴线的力矩方程为

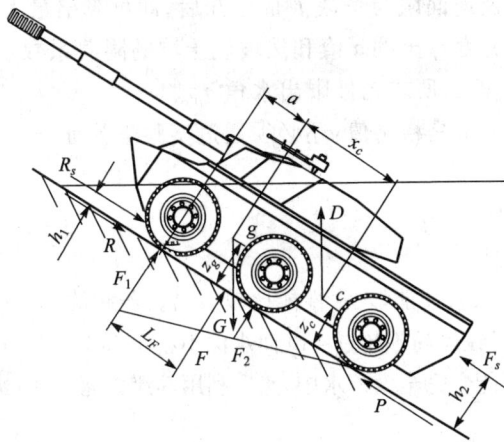

图 8-12　出水第二阶段受力图

$$F_s h_2 + D\cos\alpha(x_c + a) + D\sin\alpha z_c - G\cos\alpha a - G\sin\alpha z_g + FL_F - R_s h_1 = 0 \qquad (8-43)$$

式中

$$F = G\cos\alpha - D\cos\alpha \qquad (8-44)$$

现假设:$R_s h_1 = F_s h_2$,并代入上式,得

$$D\cos\alpha(x_c + a + z_c\tan\alpha - L_F) = G\cos\alpha(a + z_g\tan\alpha - L_F) \qquad (8-45)$$

或

$$D(x_c + a + z_c \tan\alpha - L_F) = G(a + z_g \tan\alpha - L_F) \tag{8-46}$$

上式中浮力 D 和浮心坐标 (x_c, z_c) 均随 α 而变,不能直接求解 α 值。必须先根据车体尾部吃水的最大允许高度画出水线,然后计算此时的浮力和浮心坐标,然后代入上式计算左右两端的值,二者相等时的角度 α 就是最大出水角。

另外,还要根据坡底土壤的附着系数 φ 及地面阻力系数 f 验算最大出水角 α。

因此,出水第二阶段的平衡方程为:

$$F_s + \varphi(G-D)\cos\alpha = f(G-D)\cos\alpha + (G-D)\sin\alpha + R_s \tag{8-47}$$

假设

$$R_s = F_s \tag{8-48}$$

则上式可写为

$$\varphi(G-D)\cos\alpha = f(G-D)\cos\alpha + (G-D)\sin\alpha \tag{8-49}$$

于是

$$\varphi = f + \tan\alpha \tag{8-50}$$

或

$$\alpha = \arctan(\varphi - f) \tag{8-51}$$

当土壤的附着系数 φ 及地面阻力系数 f 值已知后,即可算出最大出水角 α。

根据车体允许的水线高度算出的 α 值和按坡底土壤的附着系数 φ 及地面阻力系数 f 算出的 α 值比较,其中最小的值即为所求的极限出水角 $\alpha_{\max}$。

但用分析法求得的出水角是粗略值,还必须通过实验来验证。

8.5.3　入水角

与出水性能相对应的是入水性能,入水性能比较容易。若武器系统所有的窗孔全部关闭并保证车体的密封,则武器系统可在岸高不超过 4 m 而水深不小于 $1.2\sim1.5$ m 的条件下,由任何坡度上驶入水中。在跃入水中时可能会完全没入水中,然后利用其浮力储备,很快浮起到正常状态。

8.6　操　纵　性

8.6.1　概述

操纵性是指武器系统在水中航行时保证既定航向的能力(航向稳定性)以及根据驾驶人员的要求而改变航行方向的能力(转向灵活性),包括航向稳定性和转向灵活性两部分组成。航向稳定性主要是指车辆保持直线行驶的能力。两栖车辆在水中行驶时总会受到各种干扰,当干扰消失后能否恢复和保持直线运动即反映了其航向稳定性,它对快速性有着很大的影响。转向灵活性要求车辆转向有敏锐的反应,能按照驾驶员的意图及时改变方向。转向灵活性对快速水上机动、躲避敌方炮火的攻击,保护自己等都是必不可少的。

操纵性与车体的几何形状,特别是车体长度和吃水深以及尾部线形有一定关系。一般地讲车体长、吃水深的车辆,其纵剖面的浸湿面积必然大,航向稳定性也就好。对于轮式自行火炮等两栖装甲车辆,尾部宽而大,大多航向稳定性较差。

对两栖车辆的水上操纵性的评价,一般采用测量其直线航行偏驶量和转向半径来评定。

8.6.2　航向保持能力

由于风、水流和波浪等的影响,两栖装甲车辆在水中,尤其是海上,行驶时产生偏驶是不可避免的。由于装甲车辆一般都存在不同程度的横倾,使得车体两侧沉入水中的体积不相等,从而造成两侧受到得水阻力不相等而出现偏驶。为保证车辆的航向,需对偏驶进行小角度修正。

8.6.3　水中转向能力

对于履带和轮胎划水推进的装甲车辆,是通过改变两侧履带或轮胎的划水速度,依靠两侧速度差来实现转向的。对于螺旋桨推进的装甲车辆,是通过改变两侧螺旋桨的转速从而改变两侧推力(双螺旋桨)或改变螺旋桨的方向(单螺旋桨)从而改变推力的方向来实现转向的。对于喷水推进的装甲车辆,是通过改变两侧喷水推进器的喷水速度,依靠两侧的推力差来实现转向的。

8.6.3.1　水中转向能力分析

水上转向性能是两栖型自行火炮在操纵机构作用下改变运动方向和沿不同半径做曲线运动的一种能力。应以转向快、转向半径小为评价准则。对应的评价指标有两个:一个是两栖型自行火炮进入稳定圆航运动时,平均转向角速度;另一个是稳定圆航时的转向半径。平均转向角速度测试较为简单,可通过测取两栖型自行火炮转向时转过的角度和对应的时间,并通过计算得到,角度和时间的测量是容易实现的。由于水面上难于设置参照物,而且两栖型自行火炮航行的轨迹转瞬即逝。因此,水上转向半径的测试难度较大。

8.6.3.2　转向半径

稳定转向阶段自行火炮重心圆形轨迹的半径称为转向半径(ρ)。为了比较各种自行火炮转向性能的优劣,利用转向直径与车体水线长之比$(D/L_{WL})_{min}$——最小相对转向直径来说明。

对于具有不同转向性能的两栖型自行火炮,可以按上述特性参数加以评价。转向性能是自行火炮在操纵机构作用下的后期响应能力,转向半径越小,转向性能越好。自行火炮实现 360°转向所经过的时间叫转向周期,而转向周期又取决于自行火炮的转向性能和自行火炮的 运动速度,通常转向速度比直线运动速度小(40~60)%。

8.6.4　提高操纵性的基本途径

8.6.4.1　增大水上推力

通过提高发动机功率、选择合适的推进方式、设计结构合理的推进装置、提高水上推进装 置的传递效率或者增加一套附加动力装置等手段来增大水上推力,水上推力大了,则保持和改 变航向的能力也就高了,同时也可提高最大航速。

8.6.4.2　改变车辆的线形

改变车辆的线形是提高自身航行稳定性的需要,也是提高最大航速的需要。车辆在水中 航行时所受到的水阻力均与车体线形有关,而且车体尾部线形还对螺旋桨的推进效率有影响, 车体尾部丰满者伴流和推力损失皆大,推进效率低。为此,一般车体尾部可采用 U 形或 V 形 结构。但线形的改变,尤其是长度方向的尺寸改变,不应降低车辆在陆上的使用性能,要便于 火车、舰船的运输。

8.6.4.3　增设专门的水上操纵装置

为了保证车辆具有良好的操纵性,必须在车体上设置专门的水上操纵装置,最理想的是在 车尾安装舵,它不仅可以保证航向稳定性,还可保证其转向性。可以利用在小型船舶上广泛应 用的螺旋桨和舵合一的操舟机。

8.7　轮式自行火炮系统水上发射动力学

8.7.1　概述

现代登陆作战对战斗中的两栖战斗车辆(如水陆坦克、两栖突击战车、轮式自行火炮等)提 出了更高的要求。除了稳定性、快速性等方面的要求外,两栖战斗车辆如果具有水上射击的能 力,必将极大提高生存能力和突防能力,较大程度地改变登陆过程中的被动局面。对于水上射 击,随着现代火控技术的发展,火控系统已不是制约因素,而因为水的物理特性,无法承载武器 射击时产生的巨大后坐力而导致大威力武器水上射击难以实现。所以,研究两栖战斗车辆水上射击动力学过程,对于水上射击的实现是非常有意义的。

要想知道轮式自行武器系统的水上射击稳定性及其动力学特性,需要对其进行总体结构动力学仿真。研究其水上射击稳定性及其动力学特性,分析各参数的影响程度和提高水上射击稳定性的关键技术措施,为提高该武器系统的水上性能提供具体的研制和改进建议,从而为该武器系统的总体方案设计提供参考依据,为该类武器系统的型号研制提供理论依据和关键技术措施,做好先期技术准备工作。

轮式自行火炮水中发射动力学研究需进行其浮性、稳性、水阻力和快速航行能力分析研究;在此基础上建立该武器系统在水中发射时的总体结构模型和数学模型,确定仿真方法和仿真方案,建立轮式自行武器系统的总体结构动力学仿真模型,根据所确定的仿真方法和仿真方案进行该武器系统在水中发射时的动力学仿真;然后对仿真结果进行分析,研究分析各参数的影响程度,进而优化总体结构参数,寻求提高水上射击稳定性的关键技术措施。

轮式自行火炮水上射击过程与陆上射击过程有很大的不同,主要区别在于:

① 陆上射击时,武器系统通过车轮与地面相接触,大量的后坐能量由地面所吸收,车体与地面的相对运动不大,移动距离短;而水上射击时,武器系统与水接触,水的阻力是使车体停下来的力,而水阻力一般不太大,因此车体水平移动的距离较大。

② 水上射击时,特别是大角度射击时,由于后坐力的垂直分力需由水的浮力来抵消,因此,车体下沉距离也较大,对于干舷不太大的车辆来说,这是比较危险的,应充分考虑射击的可能性。

③ 由于后坐部分后坐的同时,车体也在做大幅度的后坐运动,反后坐装置的运动规律类似于双重后坐,与陆上射击不同。

8.7.2　基本假设

整车位于无限广域静水中,不考虑波浪对车体运动的影响;射击瞬间,车体向正前方运动,不存在转弯离心力和风力的干扰;射击瞬时,车体横倾角及纵倾角由静浮时它的质量及外形特性决定;火炮以速度 v_0 往正前方向在无限广域静水中行驶的自行火炮,某时刻以方向角 α,高低角 β 实施射击。

8.7.3　模型简化

由于轮式自行火炮水上射击时除了后坐部分的后坐复进运动外,其他部件的相对位移都比较小,所以模型壳简化为两个刚体,一个是后坐部分,另一个是除了后坐部分外的全炮系统。所以,除了后坐部分外的全炮系统的三个平动和三个转动为六个自由度,后坐部分对于车体的后坐运动为一个自由度,所以该模型为两刚体、七自由度模型。可采用多体动力学中的拉格朗日法来求解,该方法比较规范,特别是对于两个刚体用一个连接副连接的,可以比较容易地求解该动力学过程。

8.7.4　坐标系的建立

为了更方便地建立动力学方程,建立如图 8 - 13 所示的几个坐标系:

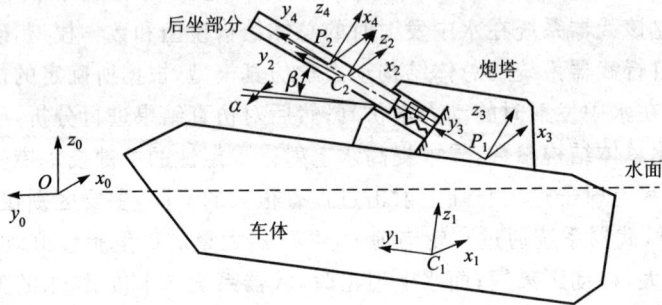

图 8 - 13　坐标系示意图

（1）惯性系 e_0:其原点位于水面上任意一点,z 轴垂直向上,y 轴指向车辆行驶方向。

（2）车体固连系 e_1:原点位于车体质心,y 轴指向车辆正前方,z 轴指向车体正上方,x 轴用右手定则确定。

（3）后坐部分固连坐标系 e_2:原点位于后坐部分的质心处,当火炮方向角与高低角都为零时,车体固连系各坐标轴与车体固连系 e_1 各坐标轴对应平行。

（4）车体铰链坐标系 e_3:其 y 轴通过身管轴线,原点位于反后坐装置的铰接处 P_1 点,且在火炮方向角与高低角都为零时,其坐标轴与车体固连系对应平行。

（5）后坐部分铰链坐标系 e_4:原点位于身管轴线上一点 P_2 处,各坐标轴同 e_3 对应平行。

8.7.5　载荷分析

因为轮式自行火炮在水上射击后的运动涉及复杂的流体力学问题,必须将其合理简化。将流体的作用力分为流体静作用力与流体动作用力,前者是与车体位置(即是车体质心坐标 x_c、y_c、z_c 的函数)和姿态(车体横倾角 θ_v、纵倾角 θ_h 或欧拉参数的函数)有关,而后者还与车体运动状态有关(即是质心速度 $\dot{x}_c$、$\dot{y}_c$、$\dot{z}_c$ 以及转动速度的函数)。以下具体分析其各个力的情况:

① 静浮力 D:车体所受到的静浮力在前面章节已有比较详细的讨论。利用该方法,求得静浮力后,因为浮力在惯性系 e_0 中方向总是指向 z 轴方向,可得到浮力在伪坐标形式动力学方程组中广义力的表达式,它仅在 z 方向出现。

② 静浮力矩 M_f：静浮力矩的求取在前面章节也已经详细讨论，将所求得的浮力矩在车体固连坐标系 e_1 中分解，可得到静浮力矩在伪坐标形式动力学方程组中三个转动广义力的表达式。

③ 动阻力 F_d：与车体速度、形状、下沉深度及姿态有关，方向同速度方向相反，可表示为：

$$F_d = F_d(f, \xi, s_0, s_1, v) \tag{8-52}$$

对于不同的车体，有不同的表示式，可参见有关资料的经验公式。其中 f 为摩擦阻力系数、ξ 为与车体外形有关的形状阻力系数，这两个系数都可由试验确定或者根据经验取值，s_0 为湿表面积，s_1 为车体没入水中部分的最大横剖面积。因为车体位置和姿态的变化，它们都是时间的函数，可根据每一时刻车体质心坐标和欧拉参数作为参数，利用 CAD 软件求取此时没入水中实体在速度矢量方向上的投影面积，即为 s_1，同时求出该实体除了上表面以外的表面积，即可得 s_0。在求取湿表面积和横剖面积的大小后，再反馈到动力学方程组中，反复迭代。

④ 动阻力矩 M_d：将其分为与平动有关的阻力矩 M_{dv} 和与转动有关的阻力矩 $M_{d\omega}$，前者是由于车体姿态的变化，引起了流体阻力作用线不通过质心而对车体产生力矩。假设阻力的作用中心在 s_1 的几何中心，通过编写程序，在 CAD 软件中，能实现投影面几何中心的求取，再通过坐标转换，便可求出阻力产生的阻力矩。对于与转动有关的阻力矩，因为车体转动速度并不快，所以该项所占比例极小，可用

$$M_{d\omega} = M_{d\omega}(z_c, \vec{\omega}) = k\omega^2 \tag{8-53}$$

k 为一个与外形有关的系数。

⑤ 水在各个方向上产生的阻尼力或阻力矩由公式 $F_c = cf(u)$ 确定，C 为阻尼系数，对于不同车体外形按实验或经验取值，$f(u)$ 为该方向上的速度或角速度的函数，一般为二次式或三次式，具体表达式随车体外形不同而不同，可参考有关文献。

在确定了动阻力（矩）后，将它在车体固连坐标系 e_1 分解，便可得到它关于伪速度形式的动力学方程的广义力的表达式。

8.7.6　动力学方程组建立

根据刚体动力学的牛顿-欧拉方程，可以写出车体与后坐部分的牛顿-欧拉动力学方程。

$$m_i \ddot{r} = F_i + F_i^c \tag{8-54}$$

$$J'_i \dot{\omega}'_i + \tilde{\omega}'_i J'_i \omega'_i = L'_i + L'^c_i \tag{8-55}$$

式中 F_i 和 F_i^c 是对质心的主动力主矢和约束力主矢在惯性基中的分量列阵，L'_i 和 L'^c_i 是对质心的主动力主矩和约束力主矩在连体基中的分量列阵。因所研究的是理想约束系统，可以把牛顿-欧拉方程和约束方程这两个独立的因素结合起来，导出以伪速度为变量的第一类拉格朗日方程。

$$m_i \ddot{r} + \dot{\phi}_{ri}^T \lambda = F_i \tag{8-56}$$

$$J'_i \dot{\omega}'_i + \dot{\phi}_{\pi'_i}^T \lambda = L'_i - \tilde{\omega}'_i J'_i \omega'_i \tag{8-57}$$

合并成矩阵形式

$$M_i \dot{u}_i + \dot{\Phi}_{u_i}^T \lambda = Q_i (i=1,2) \tag{8-58}$$

式中，M_i 是刚体的 $6×6$ 广义质量矩阵，Q_i 是刚体 B_i 的 $6×1$ 的广义力矩阵。

$$\dot{u}_i = [\ddot{r}_i^T \dot{\omega}'_i{}^T]^T \tag{8-59}$$

$$\dot{\Phi}_{u_i} = [\dot{\phi}_{r_i} \quad \dot{\phi}_{\pi'_i}] \tag{8-60}$$

$$M_i = \begin{bmatrix} m_i & 0 \\ 0 & J_i \end{bmatrix} \tag{8-61}$$

$$Q_i = \begin{bmatrix} F_i \\ L'_i - \omega'_i \tilde{J}'_i \omega'_i \end{bmatrix} \tag{8-62}$$

8.7.7　方程求解

　　用笛卡儿广义坐标建立多刚体系统动力学模型时，列写动力学方程简单，对每个铰链写出约束方程也容易，方程之间的耦合程度低，还能根据需要引入附加约束和力函数。但是由于选用了一组数目相当大的广义坐标，动力学模型是一组数目相当大的微分－代数方程组，求数值解的计算效率低；同时，方程的数目越多，数值解误差积累的机会越大，精度也越低；而且微分方程通常都是刚性的，在数值计算中会遇到许多困难。近年来对微分－代数方程组的数值计算方法已有大量的研究，提出了各种方案。这里使用了最简单的直接法，即将全部广义加速度 $\ddot{x}$ 与拉格朗日乘子 λ 作为统一的未知量求解，然后利用数值积分方法由广义加速度 $\ddot{x}$ 求出广义速度 $\dot{x}$ 和广义坐标 x。

8.8　抗沉性与自救能力

8.8.1　抗沉性

8.8.1.1　概述

　　轮式自行火炮等两栖装甲车辆在水中航行和实际战斗中可能要受到损伤，水线以下部分损伤后，水就会进入车体内部，从而使浮力和稳性受损。因此，在进行总体设计时，不仅要考虑武器系统的抗破损能力,而且要考虑在受损后如何保持和恢复其航行能力和战斗能力,考虑抗沉性就是很重要的一个环节。

所谓抗沉性就是指在车体破损进水后仍然保持一定的浮力和稳性的能力。也就是武器系统在破损进水后不沉也不翻,仍然具有一定的浮力储备和稳性,没有过大的横倾和纵倾,为继续航行和战斗提供必要的前提条件。

保证抗沉性的因素有:在设计和制造时,要使武器系统具有足够的浮力储备和良好的完整稳性(未破损时的稳性)。要有合理的分舱,通过横隔墙、甲板、平台、内底等将车体内部分割成多个水密室,以至一旦破损,可以把进水局限在一定范围内,力求减少储备浮力和稳性的损失。在结构上应具有足够的强度和刚度以承受破损条件下可能遭受到的外力。

良好的抗沉设备也是保证抗沉性的重要物质条件,这里包括各种排、灌、导移油水的设备和管系以及各种堵漏、支撑等器材。

8.8.1.2　抗沉性研究的内容和方法

研究抗沉性主要研究两方面的内容:

① 武器系统破损进水后浮态和稳性的变化。

② 破损武器系统的扶正问题研究(研究消除横倾和纵倾,改善破损武器系统稳性的基本措施和原则)。

计算抗沉性的基本方法:

① 增加重量法。这种方法是将进入车体的水看做是增加的液体载荷,破损后浮性和稳性按增加液体载荷的方法计算,这时重量、排水体积、浮心位置和重心位置都要改变。

② 损失浮力法。将进入车体的水看做是车外水的一部分,破损的结果没有增加任何载荷,只是失去了进水所占体积的排水量,从而相应失去了一部分浮力,水线位置将提高。

8.8.2　自救能力

8.8.2.1　车体发生破损进水后应采取的措施

车体发生破损进水后应采取的措施包括:

(1) 及时堵漏和加强结构

及时发现破损进水的位置,确定破损的范围,限制水的蔓延;用支柱加固舱壁、甲板和水密舱盖;堵塞破洞,从已堵漏的舱中排水。

(2) 恢复稳性

加载、移载和排出载荷,目的是降低破损车辆的重心和减小稳性损失。

（3）扶正车体

消除或减小由于车体破损所产生的横倾和纵倾。

8.8.2.2　有效抗沉的基本原则

（1）限制水的蔓延

根据海战经验，多数舰船和两栖装甲车辆的沉没和失去战斗力，是由于水在舱（车）内的蔓延而造成的，如果能及时有效地限制水在舱（车）内的蔓延，多数还是能够保证一定的航行能力和战斗能力的。限制水蔓延的基本方法是：

① 堵漏。堵塞破洞，阻止水进入舱内，是比较彻底的方法，但不是都能实现，与破口大小和位置、水灌入的速度、堵漏器材等有关。

② 支撑。支撑是限制水蔓延的主要方法。由于水密门和舱口盖结构较薄弱，水易从此处蔓延到其他地方，受损舱壁更是水蔓延的根源，因此，加固受损舱壁、水密门和舱口盖是一项重要措施。

③ 排水。排出破损舱内的进水能彻底消除进水对车辆抗沉性的影响，是抗沉的一项重要措施。

（2）破损车体的扶正

在限制水蔓延的工作完成后，必须尽快解决倾斜和稳性降低的问题，否则会对武器系统航行和作战不利，严重时会导致倾覆。扶正破损车体的目的就是消除和改善倾斜和稳性降低的问题，保证其抗沉性和工作性能。

扶正破损车体的基本方法有：

① 灌水。一般是在破损舱的对角或对端灌水。

② 导移载荷。将破损舱附近的载荷搬到破损舱的对角，通常是导移油水，搬动弹药、粮食等。

③ 排出载荷。排出破损舱附近的载荷或排出堵好漏洞的灌注舱的积水。

由于水中武器系统丧失稳性而倾覆的时间比丧失浮力储备而下沉的时间短得多，往往通过牺牲浮力储备换取稳性。所以扶正的原则是"节约储备浮力，提高稳性，必要时才以储备浮力换取稳性"。

（3）负初稳性的处理

当车体进水比较多时，往往存在大量自由液面，使稳性大大降低，甚至初稳性出现负值，使武器系统处于危险状态，应充分注意。当进水后出现大量自由液面，而且发现车体不定期地在左右轮换倾斜停留，或只停留于一侧但倾角大于由于进水不对称造成的倾角。在结构上可采取加纵向隔舱壁的方法。

8.9　耐　波　性

8.9.1　概述

耐波性也叫适航性,是指车辆在有风浪的海况下的运动性能。主要研究系统的横摇、纵摇和升沉等,习惯上统称为摇摆运动。由于轮式自行火炮等水陆两栖车辆一般比较宽大,初稳心高度大,因而横摇周期小,易于接近常见的波浪周期,横摇幅度大,而且顶浪中的阻力大,因此耐波性也就显得更为重要。

影响横摇的因素有:系统本身的横摇固有周期、主要尺寸、几何特征等。

影响纵摇和升沉的因素有:波长、波高、波浪的形状特征、航向角和航速、主尺度和几何特征以及其他的线形特征、重量的纵向分布等因素。

在系统处于随浪状态(波浪传播方向与航行方向一致)时,若船长与波长接近、航速等于波速,则系统将与波相对固定,这时候,当中部位于波峰时稳性最差,遇到甲板上浪时更危险。

轮式自行火炮等两栖装甲车辆稳性研究中最为重要的是,武器系统在多大的风浪中能保证航行安全。这个问题涉及流体力学等多方面的问题,例如涉及风的作用规律、浪的作用规律以及武器系统在波浪上的摇摆规律等,甚至还和驾驶员的操纵经验有关。因此,要作出准确分析和判断比较困难。工程上多以静力学进行近似计算,且带有条件性。

8.9.2　风对武器系统的作用

风对武器系统的作用是一个横倾的外力矩,由于风的不同作用,可将该外力矩分为静倾斜力矩和动倾斜力矩。

海洋风按其成因可分为:气压梯度风、锋面风、低压风和台风。气压梯度风和锋面风的特点是刮风时间比较长,但强度不大,通常为 10~15 m/s,最大风速不超过 24 m/s,这类风的作用可看做静倾斜力矩。低压风和台风的强度较大,风向反复,低压风风速可达 32 m/s,台风可达 50 m/s,这类风的作用可看做动倾斜力矩。

自然界风的"静作用"和"动作用"在风速和风压中表现为"平均"和"突然"之分,它们之间的关系如下:

$$突风度 = U_{突然} / U_{平均} \qquad (8-63)$$

气象站一般用所谓的蒲氏风级表示风速 U 和风压 p 之间的关系,一般按下式计算:

$$p = C_0 \frac{\rho}{2} U^2 \quad (\text{kg/m}^2) \tag{8-64}$$

其中,当 $t = 0°$ 时,$\rho = 0.132 \text{ kg} \cdot \text{s}^2 \text{m}^4$,$C_0 = 1.186$

风压倾斜力矩的确定:当风长期作用,即静作用时,系统将产生均匀的横移运动,这时水下部分的侧面将产生水阻力 R,它和风压力 F_j 相平衡,水阻力 R 可取在 1/2 吃水处,如图 8-14 所示。于是风力和水阻力构成的倾斜力矩为:

$$M_{Fj} = \frac{1}{1\,000} F_j (z_n - T/2) \quad (\text{kN} \cdot \text{m}) \tag{8-65}$$

$$F_j = p_j \cdot A \tag{8-66}$$

式中　A——受风面积,即水线以上部分在对称面上的投影面积,m^2;

　　　p_j——风的静压力,即受风面积中心处的静风压值,N/m^2;

　　　z_n——风的作用中心到基本面的高度,即受风面积的中心高度,m;

　　　T——吃水深,m。

当突风作用在武器系统上时,所产生的横倾是一种不均匀运动,有较大的横移加速度,但速度很小,故水阻力很小,可忽略不计,但此时需考虑作用在重心上的与运动方向相反的惯性力,如图 8-15 所示。这种情况下的倾斜力矩为:

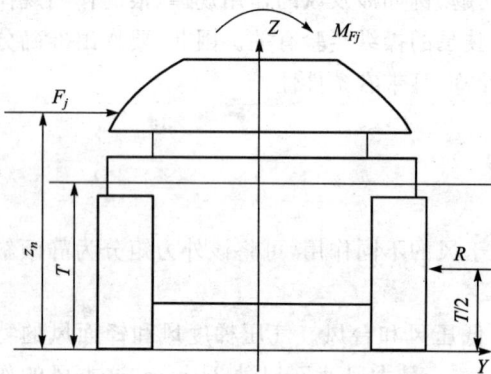

图 8-14　长期风作用下武器系统受力图　　　　图 8-15　突风作用下武器系统受力图

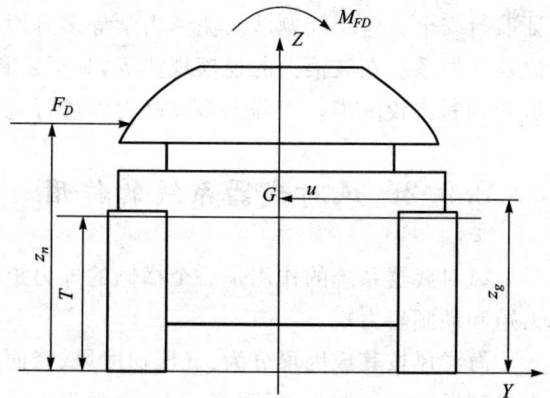

$$M_{FD} = \frac{1}{1\,000} F_D (z_n - z_g) \quad (\text{kN} \cdot \text{m}) \tag{8-67}$$

其中,F_D 为风的作用力,z_n 为受风面积的中心高度,z_g 为重心在基面以上的高度。

$$F_D = p_D \cdot A \tag{8-68}$$

p_D 为风的动压力,N/m^2,取受风面积中心处的动风压值,A 为受风面积。

8.9.3　风浪联合作用

关于波浪对水中武器系统的作用,从稳性角度考虑,主要是可以引起其在波浪中的摇摆,也就是引起初始横摇角。

当系统正横于规则的涌浪中,并且和波浪发生共振时,这时的摇摆角叫做共振横摇角或共振振幅,以 φ_r 表示,这是最严重的情况。在共振情况下,当武器系统摆动到一边达到最大角(即 φ_r)时,又遭到正横方向吹来的突风作用,由突风引起的动倾力矩的方向和 φ_r 的方向相反,而与武器系统正要返回的方向一致,在这种情况下武器系统不致倾覆所能承受的最大风力级别就作为系统抗风浪的标志。

车辆抗风能力按下式进行核算:

$$U_1 \geqslant U_0 \tag{8-69}$$

式中,U_1 为武器系统所能承受的极限风速,m/s;U_0 为武器系统应能承受的阵风风速,m/s。U_1(距海面 10 m 处)按下式进行计算:

$$U_1 = C \cdot C_h \sqrt{\frac{l_c \cdot \Delta}{A_f \cdot Z_f}} \tag{8-70}$$

式中,C 为系数,取 $C=115.5$,Z_f 为受风面积形心到水线的距离,m;A_f 为受风面积,m²;l_c 为最小倾覆力臂,m;可由稳性曲线求得;Δ 为排水量,T;C_h 为风速沿高度方向的修正系数,$C_h = 1.140$。

共振横摇角按下式求得:

$$\varphi_r = 10.8 \left(\frac{\overline{G}\,\overline{M}_0}{B} \right) \cdot \left(\frac{T_\varphi}{\sqrt{B/g}} \right) \frac{\sqrt{\delta}}{\sqrt{n}} \tag{8-71}$$

$\overline{G}\,\overline{M}_0$——初稳性高,m;

T_φ——横摇固有周期,$T_\varphi = 0.8 \dfrac{B}{\sqrt{\overline{G}\,\overline{M}_0}}$,s; $\qquad\qquad$ (8-72)

g——重力加速度,m/s²;

B——车宽,m;

$\sqrt{\delta}$——波陡平方根(波陡=波高/波长);

n——无因次横摇阻尼系数,(0.014)。

根据有关资料,二级、三级海况的风级和海浪参数说明如下:

二级海况:蒲氏风级三级,平均波高 0.732~1.006 m,有义波高 1.189~1.646,平均周期 2.3~2.7 s,平均波长 18.288~24.689 m;

三级海况:蒲氏风级四级,平均波高 1.463~2.652 m,有义波高 2.377~4.298,平均周期 3.2~4.3 s,平均波长 36.576~64.922 m。

根据以上参数就可进行抗风浪稳性研究。

第9章 轮式自行火炮系统
人—机—环境工程

9.1 概　　述

在武器系统研制过程中,需要大量的关于乘员的因素数据,其主要目的在于帮助设计师进行人—机—环境工程设计,使乘员有个良好的工作环境以利于提高战斗力。

现代武器装备的特点是越来越复杂、先进,因而,对操作、使用和维修人员的要求越来越高。然而,人的能力是有限的,如果在武器装备的设计、生产和使用过程中,没有考虑到人的生理、心理特点和能力限度,使得在武器装备的先进性、复杂性与充分发挥人的能力之间存在较大的差距,武器装备不适合于人,那么人就不能有效地、可靠地和安全地操纵、使用和维修武器装备,就难以充分发挥武器装备的战术技术性能,武器装备甚至不能使用,据统计,美军武器装备在使用过程中发生的故障和事故,有 40%～70% 是人为差错造成的。如美国空军在 1971 年共发生 313 起飞机事故,其中 234 起(占 74.7%)是人为差错所致。另外人只有在操纵和维修良好的条件下,武器系统才能工作得很好。也就是说武器系统的设计,只有把人—机—环境紧密结合才能最大提高武器的作战效能。

因此,在设计武器装备、确定其性能指标时,人的因素以及环境的因素应当包括在系统分析的思维过程中,绝不要忽视人的生理、心理特点、工作能力限度以及环境因素,相反,必须重视人的因素,以人为中心进行各种设计,使武器装备在良好的操作环境下适合于人,使人的操作方便、安全、高效和舒适。

9.2　人—机—环境系统工程

人—机—环境系统工程的研究对象是人—机—环境系统,其中,"人"是指对武器系统操作的人,"机"是人所控制的一切对象的总称,"环境"是人、机共处的特定条件,它既包括物理因素效应,也包括社会因素的影响。所谓工程,指的是武器或武器系统装备的规划、设计、试制、生产与试验过程。武器系统人—机—环境系统工程就是在武器系统研制的整个过程中,把人的因素、人与武器系统接口、环境作为全系统概念的重要组成部分,用系统工程的分析方法加以研究、设计和工程实施,使武器系统的综合效能发挥最佳效果的过程。

轮式自行火炮系统处于战场对抗环境下,如何充分发挥该种武器的作战效能,毫无疑问操作武器的快速和准确是人—机—环境系统的关键技术指标。系统的性能是人、机、环境综合效能的集合,武器装备必须由人去操纵,只有和人有机、协调地结合起来,才能形成强大的战斗力。分析武器装备发展的定位和层次,处理好人、战场环境与武器装备的关系,是充分发挥武器装备性能和战斗力的首要条件。

由此而提出了自行火炮系统人—机—环境系统工程研究必须开展以下四个重要方面的分析,即系统总体分析、人的特性及能力分析、轮式自行火炮系统的分析和作业环境因素分析。

9.2.1　武器系统总体分析

一般情况下,武器系统设计中人—机—环境系统的工程分析遵循以下几个方面的设计准则和原理:系统和人的工程关系;作为系统一个组成部分的人的结构要素;信息显示的视觉要素;信息显示的听觉和其他感觉要素;语言交流要素;人—机动力学要素;输入装置和输入程序人性化设计;控制装置的人为能力及要求设计;单人—机工作场所的环境舒适度和独立行为设计;多人—机工作区域的相容性和生活化设计;人类工程学研究;维护和保养方便性设计;操作人员日常训练系统设计;操作人员模拟训练装置设计;可检验与可评价设计。

9.2.2　人的特性及能力分析

人的能力是变化的,就武器系统的操作而言,对这种可变性的估计是很重要的。因为人的状态是一个不稳定因素,人的能力不仅有个体差异,而且可能将随着环境的变化而变化,所以工程技术人员在武器系统设计中,一方面尽量避免由于人的因素影响系统效能;另一方面在人的影响必须参与的环节上准确分析和判断人的能力。人的特性和能力主要从以下几个方面考虑:

(1) 人体的几何特性和机械特性

人体的几何特性和机械特性的研究称为人体测量学。人体的结构和机械功能在人—机系统设计中居于中心地位。人体测量学一般包括人体各部位尺寸,肢体动作范围与肌肉力量。这些数据可供设计乘员座位的安排、工作空间,控制器与显示器、通道入口尺寸以及能由单人方便携带或举起的单件设备的大小与质量等等。

(2) 人的感知能力和心理机制

人,作为人—机—环境系统的组成部分,拥有许多有用的“传感器”。除了视、听、味、嗅与触觉五种主要感觉外,人还能感知温度、位置、旋转运动与直线运动、压力、振动、冲击及加速度等。由于人具有信息处理系统和控制系统,并能在很大的范围内对上述的感觉有较高的灵敏度,所以可自动地辨别刺激的变化并作出反应。人和机器相比,有些事情人和机器做得一样好,有些事情人做得比机器好,有些事情则机器做得比人好。这种能力上的差异在设计系统时必须仔细考虑,在决定人—机功能分配时,这是非常重要的。这种能力上的差异也告诉人们怎样设计机器和环境才能使人在操作机器时发挥最佳效率,从而使武器系统的可用性得到提高。

(3) 人的信息处理能力

人和机器相比,人作为信息处理者有其优缺点。人对综合经验的远期记忆力较好,而对于大多数感觉作用的即时记忆力很差。例如,人的信息存取很慢,但对定性的非数值计算,远远超过计算机。

(4) 人的适应性

人是善于适应环境的。人能够运用已有的知识和经验来变换他的反应和行为模式。他实际上是一个自适应控制系统。人对精神的需要和肉体的需要会作出反应。在精神方面有:舒适、稳定、安全,焦虑、疲乏、厌烦与刺激等。人的工作效果和工作效率是这些精神因素的函数,设计师必须把它们考虑进去。

(5) 人的可靠性

人的可靠性的简单概念,是士兵控制或使用一件装备或武器时可能发生的差错比例,也可以定义为士兵感到疲劳之前的"平均战斗时间"。可以说,检查单兵对系统的维护程度,就是分析人的可靠性。可以把人的可靠性看做是单个士兵、乘员等在执行各种分配任务时取得成功的相对频率。人的能力和人的可靠性是密切相关的,而我们在这里只想特别强调可靠性这个特征,因为,可靠性现在已经成为人们普遍了解和承认的一个相当重要的领域。在人的可靠性研究中,如果不恰当地考虑人的因素,就很可能把研究引入歧途。无论如何,系统可靠性研究是包含可能影响武器总体可靠性的系统各个组成部分或部件的可靠性研究,当然也包含人的可靠性研究。实际上,在某些应用中,人所造成的故障可能是最频繁、最重要的。因此,人对系统可靠性的影响是主要的。

9.2.3　轮式自行火炮系统分析

轮式自行火炮系统的分析就是为了满足人的影响因素而使武器装备具体落实的分析。根据轮式自行火炮系统的工程实践,在自行火炮研制中应该重点考虑以下几个方面的因素。

(1) 安全性

贯彻"安全第一"的设计思想,消除安全隐患,避免一切对操作者和装备及其设备构成危险的设计。

(2) 舒适性

操作者的工作空间、行动范围和位置符合人的因素的基本要求,使操作者感觉舒适,降低疲劳度,增加工作可靠性。

(3) 美观性

要求设计的外形和内部装饰具有美学研究,给人以较好的观感和触感,整体色彩和轮廓协调、美观。

（4）操作性

武器装备的操作设计符合人的因素要求，使操作者力所能及。操作部位便于人员工作；操作力满足军标平均能力要求；操作方法合理，符合习惯；操作观视和检查效果好。

（5）训练性

武器装备的设计要充分考虑有利于操作者的正常和非正常训练，满足日常、特殊及模拟训练要求。

（6）维修性

应该同时考虑不同使用环境下的维修性，即日常维护、阵地紧急抢修、营地维修和基地大修，并具有较好的破坏重组能力。

9.2.4　作业环境分析

炮手的操作质量直接或间接地受作业环境的影响。恶劣的作业环境会大大降低工作效率，甚至影响整个系统的运行和危害人体安全。在轮式自行火炮系统人—机—环境系统中，对系统产生影响的一般环境主要有：照明、噪声、热环境、振动以及有毒物质等。在系统设计的各个阶段，尽可能排除各个环境因素对人体的不良影响，使人具有"舒适"的作业环境，有利于最大限度地提高系统的综合效能。

（1）噪声

环境中起干扰作用的声音、人们感到吵闹的声音或不需要的声音，称为噪声。噪声是多种频率和声强的声波的杂乱组合，听起来使人烦躁和生厌。噪声对人的听觉器官、人体健康以及工作有影响。轮式自行火炮在实弹射击时，乘员在战斗室内接触的噪声大于 95 dB，即使有护耳器，仍可能损伤乘员的内耳，甚至损伤大脑。履带式自行火炮规定乘员在战斗室内接触的噪声不得大于 105 dB。GJB 50—1985 规定了我国军事作业噪声容许限值。总之，自行火炮在行驶和发射时产生的噪声值都很高，必须设法降低。同时，必须加强乘员的个人防护措施。

（2）照明

轮式自行火炮炮塔内顶板上一般都装有照明灯，如果整个战斗室内的光线太弱，对乘员的生理和心理可能产生不良的影响。因此，有必要适当提高照度，改善光环境。这样，不仅能减少视觉疲劳，而且也有益于提高工作效率。军用系统装备和设施所需照度的大小美军标准荐为 540 lx，最小值为 325 lx。

（3）温度环境

GJB898—1990 规定了各种非敞露式工作舱（室）温度环境的通用要求。一般认为，20℃左右是最佳的工作温度，25℃ 以上时，人体状况开始恶化，30℃ 左右时，心理状态开始恶化，50℃ 的环境里，人体只能忍受一小时左右。然而，一般自行火炮战斗室内的温度在夏季高达65℃ 以上。在如此高温高热的环境下作业，炮手极易中暑、虚脱，影响作战效率，甚至危及生命。因此。必须配备有效的通风降温装置。

（4）振动

轮式自行火炮系统在行驶状态或战斗状态都会产生较大振动，这势必影响乘员的工作能力，进而影响战斗力。振动频率较高时会使乘员很快地感到疲乏，但低频率又可能会引起乘员晕车。因此武器系统的振动应加以控制，一般希望在乘员位置振动冲击不大于 20 g。

（5）舒适性

当长距离战术机动时，如果工作环境的舒适性不好，特别是坐椅的舒适性不好，驾驶员会很快疲劳。如果坐椅前后、高低、角度可调则可有效提高其舒适性。

9.3　人—机—环境总体设计

人机系统的显著特点是，对于系统中人、机和环境三个组成要素，不单纯追求某一个要素的最优，而是在总体上、系统级的最高层次上正确地解决好人机功能分配、人机关系匹配和人机界面设计合理三个基本问题，以求得满足系统总体目标的优化方案。因此，应该掌握总体设计的要点。

9.3.1　人机功能分配

在人机系统中，充分发挥人与机械各自的特长，互补所短，以达到人机系统整体的最佳效率与总体功能，这是人机系统设计的基础，称为人机功能分配。

人机功能分配必须建立在对人和机械特性充分分析比较的基础上，见表 9-1。一般地说，灵活多变、指令程序编制、系统监控、维修排除故障、设计、创造、辨认、调整以及应付突然事件等工作应由人承担。速度快、精密度高、规律性的、长时间的重复操作、高阶运算、危险和笨重等方面的工作，则应由机械来承担。随着科学技术的发展，在人机系统中，人的工作将逐渐由机械所替代，从而使人逐渐从各种不利于发挥人的特长的工作岗位上得到解放。

表 9-1　人与机器的特性比较

能力种类	人的特性	机器的特性
物理方面的功率（能）	10 s 内能输出 1.5 kW，以 0.15 kW 的输出能连续工作 1 天，并能做精细的调整	能输出极大的和极小的功率，但不能像人手那样进行精细的调整
计算能力	计算速度慢，常出差错，但能巧妙地修正错误	计算速度快，能够正确地进行计算，但不会修正错误
记忆容量	能够实现大容量的、长期的记忆，并能实现同时和几个对象联系	能进行大容量的数据记忆和取出

能力种类	人的特性	机器的特性
反应时间	最小值为 200 ms	反应时间可达微秒级
通道	只能单通道	能够进行多通道的复杂动作
监控	难以监控偶然发生的事件	监控能力很强
操作内容	超精密重复操作时易出差错,可靠性较低	能够连续进行超精密的重复操作和按程序常规操作,可靠性较高
手指的能力	能够进行非常细致而灵活快速的动作	只能进行特定的工作
图形识别	图形识别能力强	图形识别能力弱
预测能力	对事物的发展能做出相应的预测	预测能力有很大的局限性
经验性	能够从经验中发现规律性的东西,并能根据经验进行修正总结	不能自动归纳经验

在人机系统设计中,对人和机械进行功能分配,主要考虑的是系统的效能、可靠性和成本。例如,在宇宙航行中,绕月球飞行的成功率,全自动飞行为 22%,有人参与的为 70%,人承担维修的为 93%,后者为前者的 4.2 倍,这就是功能分配的效果。功能分配也称为划定人机界限。

轮式自行火炮功能分配通常应考虑以下各点:

① 人与武器系统的性能、负荷能力、潜力及局限性。

② 人进行规定操作所需的训练时间和精力限度。

③ 对异常情况的适应性和反应能力的人机对比。

④ 人的个体差异的统计。

⑤ 机械代替人的效果和成本等。

人机功能分配的结果形成了由人、机共同作用而实现的人机系统功能。现代人机系统的功能包括信息接受、贮存、处理、反馈和输入/输出以及执行等。

9.3.2　人机匹配

在复杂的人机系统中,人是一个子系统,为使人机系统总体效能最优,必须使机械设备与操作者之间达到最佳的配合,即达到最佳的人机匹配。人机匹配包括显示器与人的信息通道特性的匹配,控制器与人体运动特性的匹配,显示器与控制器之间的匹配,环境(气温、噪声、振动和照明等)与操作者适应性的匹配,人、机、环境要素与作业之间的匹配等。要选用最有利于发挥人的能力、提高人的操作可靠性的匹配方式来进行设计。应充分考虑有利于人能很好地完成任务,既能减轻人的负担,又能改善人的工作条件。例如,设计控制与显示装置时,必须研究人的生理、心理特点,了解感觉器官功能的限度和能力以及使用时可能出现的疲劳程度,以保证人、机之间最佳的协调。随着人机系统现代化程度的提高,脑力作业及心理紧张性作业的负荷加重,这将成为突出的问题,在这种情况下,往往导致重大事故的发生。在设备设计中,必须考虑人的因素,使人既舒适又高效地工作。随着电子计算机的不断发展,将会使人机配合、人机对话进入新的阶段,使人机系统形成一种新的组成形式——人与智能机的结合,人类智能与人工智能的结合,人与机械的结合,从而使人在人机系统中处于新的主导地位。

9.3.3　人机界面设计

人机界面设计主要是指显示、控制以及它们之间关系的设计。作业空间设计、作业分析等也是人机界面设计的内容。

人机界面设计,必须解决好两个主要问题,即人控制机械和人接受信息。前者主要是指控制器要适合于人的操作,应考虑人进行操作时的空间与控制器的配置。例如,采用坐姿脚动的控制器,其配置必须考虑脚的最佳活动空间,而采用手动控制器,则必须考虑手的最佳活动空间。后者主要是指显示器的配置如何与控制器相匹配,使人在操作时观察方便,判断迅速、准确。

总之,应有良好的人机界面。

第10章 轮式自行火炮系统的防护问题

10.1 主动防护及被动防护

未来战争对武器的威力、机动性和防护能力（生存能力）的要求愈来愈高，传统的仅靠装甲已经不能完全满足防护的需要了。必须采取多种技术措施来提高装备的防护生存能力。简单地说，轮式自行火炮系统的防护分为主动防护和被动防护。

10.1.1 主动防护

主动防护系统包括了一个外来攻击侦测系统，它使用干扰技术来拦截并击毁来袭的炮弹，通过对攻击炮弹在接触目标之前的拦截来为轮式自行火炮系统提供防护。从理论上说，主动防护系统可大大提高轮式自行火炮系统的生存能力，它可以防止反坦克导弹、反坦克高爆弹、由坦克发射的动能弹、小型炸弹、子母弹、子母雷弹、迫击炮弹以及顶部攻击导弹的攻击。但主动防护系统并不能完全取代装甲，有一些武器的攻击还是必须由装甲来防护，例如小型武器、地雷、爆破弹和炮弹的残片等等。

主动防护系统通常包含一个探测子系统、一个干扰系统和数据处理器。典型的探测系统由攻击报警器或者叫警示传感器和追踪传感器组成。攻击报警器能识别攻击，然后通过处理器把数据传给追踪传感器。追踪传感器则判断出来袭炮弹的大小、形状和弹道。处理器再根据这些判断数据选择适当的对策来进行主动防护，决定用何种武器组成拦截系统和拦截火力，以拦截来袭的炮弹。

美国未来战斗系统（Future Combat System，FCS）所期望的全谱主动防护系统将由一整套打击防护组件和电子战干扰设备来实现。近程主动防护系统将会严格限制设备的数量，保证把重点放在对付近身的攻击上。根据该系统的基本工作原理，一个完整的近程主动防护系统由以下部分组成：攻击报警器，追踪传感器（比如追踪雷达）、数据处理器、拦截系统和拦截弹以及干扰弹。

目前各国还要积极地研究主动防护系统，其原因是：① 现在的主动防护系统主要用来对抗反坦克导弹，发展能够击毁现代反坦克武器的主动防护系统无疑将提高坦克在战斗中的生存力。② 反坦克导弹无论是产量、杀伤力还是扩散程度都远远超过装甲的防护能力，再加上由空中平台发射的射程远远超过直射防空武器系统的攻顶反坦克导弹和弹药，使坦克部队面临着多重的威胁。③ 新一代主战坦克的战斗全重为 60 t 级，机动能力较低。另外，新一代空心装药反装甲武器的威力可能已经超过了爆炸反应装甲的防护能力,装甲部队不可能坐等装甲或爆炸反应装甲出现质的飞跃。④通过爆炸反应装甲和主动防护系统组件提高武器生存能力。

10.1.2　被动防护

轮式自行火炮、坦克的一个重要特点就是乘员、各种装置与设备几乎都包裹在装甲之中。装甲是一种在战争条件下,用于保护人员、武器、技术装备的防护器材。坦克装甲车辆装甲的功用是防止各种反坦克弹药和地雷的攻击。这些装甲发挥着抵御敌方武器攻击、保护车辆中各种装置和乘员的作用,它使得轮式自行火炮变成了地面武器中令人生畏的移动尖刀与堡垒。

轮式自行火炮、坦克具有防护装甲,但由于现代反自行火炮、坦克手段的威力和多样性,迫使自行火炮、坦克要继续提高综合防护能力,以减小和降低反坦克武器对自行火炮、坦克的损伤,另外装甲材料对早期核辐射也有明显的防护作用。据报道,美 MIA2 主战坦克装甲正面防御能力相当于 1 000～1 200 mm 厚均质装甲;俄 T－90 主战坦克外挂"接触附加装甲"后,防穿甲弹能力为 1 020～1 220 mm、防破甲弹能力为 780～810 mm 厚的均质装甲。轮式自行火炮作为二线武器,它的防护装甲要求在 100 m 距离能防 7.62 mm 普通枪弹。对装甲材料的基本要求有两项,其一是抗弹性,即在一定的射击参数下,装甲抵御弹丸冲击而不破坏的性能;其二是良好的工艺性,在冶炼、铸造、轧制、切割、热处理、矫直、机械加工等工艺过程中,易于加工,性能良好,操作方便。现代战车的装甲有钢装甲、铝合金装甲、钛合金装甲和复合材料装甲制造,陶瓷和反应夹层装甲也在研制中。

现代主战坦克和装甲车辆常用的装甲类型有均质装甲、复合装甲、反应(又称爆炸)装甲、间隙装甲、屏蔽(外挂)装甲、贫铀装甲、电装甲等。除了上述常用装甲外,还在研制电磁装甲和隐身装甲。

车体的装甲质量约占整车质量的 1/3 左右。经测算:车高每降低 100 mm,车重就可减少 500 kg 左右;而车长每缩短 100 mm,车重能减少 200 kg 左右。目前,车体有两种成型方法:一种是以色列采用的整体铸造成型;另一种是多数国家采用的由多块装甲板焊接成型。现代战车车体主要由车首、两侧、后部、顶部、底部及隔板几部分装甲,按盒型结构分别与相邻装甲焊接而成。焊接后车体前部通常为驾驶室、中部为战斗室、后部为动力传动室。

炮塔位于车体中部,通过炮塔座圈与车体相连。它可以相对车体进行圆周转动。炮塔由于结构、装甲型式的差别而其质量差异较大,例如,国产五九式坦克炮塔为 8 t,而美国 Ml 坦克炮塔重达 10 t。常见的炮塔类型有半球形炮塔、多面体焊接炮塔、圆锥形炮塔、摇摆式炮塔和带尾仓扁平炮塔等。炮塔由炮塔体、指挥塔、炮长门、抛壳窗口盖、复合装甲、屏蔽栅栏等部分组成。

炮塔座圈用于连接车体和炮塔,使安装在炮塔上的火炮具有圆周射击能力,同时它还承受火炮射击或炮塔被命中时产生的冲击力。炮塔座圈由上座圈、下座圈、钢球、隔簧、密封圈、螺塞和护板等组成。

10.2　三防装置

轮式自行火炮、坦克三防装置是指防御核武器、生物武器、化学武器的攻击,保护车内乘员不受伤害、机件不受损坏、提高车辆战场生存能力以及保持乘员战斗能力的一套防护装置。它是现代轮式自行火炮、坦克上必备的一套防护装置。除了车内集体防护措施之外,装置还包括乘员个人可以采用防辐射背心、头盔、眼镜和滤毒罐等防护装备。

在现代战争中,轮式自行火炮、坦克极有可能遭到战术核武器的攻击。从核武器的危害程度来划分,轮式自行火炮、坦克首先应具备防御冲击波和早期核辐射的能力。而对于防御光辐射和放射性沾染的方法与防生物武器、化学武器的措施是一致的,都是采用同一套密封、滤毒、通风系统。下面介绍轮式自行火炮、坦克上使用的三防措施。

（1）对核武器的防护

提高设计强度防冲击波。加强车体与炮塔、炮塔与炮耳轴的连接与支撑强度,提高车外机件的可靠性。如行走系统、高射机枪、各种灯具及附件等。

减少窗口、提高密封性。设计时应尽量减少门窗孔口,对必需的门窗应在冲击波到达前自动关闭。这样可减小冲击波压力 80%～90%;无三防装置的轮式自行火炮、坦克内仅能降低该值的 30% 左右。当车内压力小于 0.25 bar 时,也不会击穿乘员的耳膜了。

传感器要安装在轮式自行火炮、坦克的适宜部分,并且不受气候、烟雾、树木等干扰。应能采用强光或音响等方式报警,并能立即控制门窗关闭,保证车内密封。

防光辐射。由于光辐射半径比冲击波作用半径大,空气温度可达 200～300 ℃。因此,在防护时乘员应迅速躲避;光学设备应安装防闪光装置或采用特殊的变色玻璃。

防放射性沾染。轮式自行火炮、坦克在门窗关闭的情况下可减少车内污染 80% 以上,装甲人员输送车可减少约 50%,而汽车只能降低 30% 左右。另外可采用车内清洗设备及清洗液防护,但这种防护措施在实施中存在许多困难,只适宜用做防护的补充手段。

（2）对化学武器的防护

化学武器包括神经性、全身中毒性、糜烂性、失能性、刺激性、窒息性毒剂等。常用气态速杀性毒剂,主要破坏人的中枢神经。这些毒剂多为无色无味,如含磷的沙林毒剂等。防护措施通常采用毒剂自动报警器,在进气风扇上安装吸附式滤毒设备以及毒剂报警器共同控制的一套关闭机构。毒剂报警器可分别对不同的毒剂报警。其中一种性能较好的报警器,可在浓度为 $0.005\sim0.05\ \mu g/L$ 时,3 s 内报警。

（3）对生物武器的防护

生物武器所使用的细菌、立克次体、病毒和致毒力强、伤害途径多、传染力强、作用持久的真菌有十余种。通常利用昆虫或制成干粉、极细小颗粒进行撒布。

　　因生物战剂粒子都比化学战剂粒子体积大,所以化学防毒装置也可同时用于防护生物战剂武器。由于轮式自行火炮、坦克在行进中不易发现敌方已经使用生物武器,因此还需要地面防化、侦察、医疗部队的协同,以便能够及时采取防护动作。目前,一种生物武器探测仪正在研制中。

　　(4) 对中子弹的防护

　　由于中子弹属于增强辐射型武器,一枚千吨级中子弹爆炸后产生的中子辐射量比一枚万吨级普通核武器早期中子辐射量还要大几倍。它对车辆内乘员等有生力量伤害极大,所以轮式自行火炮、坦克、装甲车辆对其防御十分困难。必须采用综合防护措施,才能达到较好的防护效果。实施防护时,首先可在装甲板上刷涂防护层。涂层材料有氧化锌、硅酸镁、亚麻籽油、碱性硫酸锡等。也可以采用吸收中子的聚合材料聚氨酯、聚酰胺中加入硼、碳化硼、氮化硼等,或采用硼酸聚乙烯,防护效果也不错。其次是采用含有硼、锂的复合装甲,以达到慢化快中子和吸收慢中子的效果。另外,也可在乘员室装甲内壁上安装对中子有防护作用的内衬层。例如,俄 T—72 主战坦克在乘员室装甲内壁上装有 30～60 mm 内衬,其材料为加有玻璃纤维、铅粉的聚酯树脂。还有人设想在装甲板间注入可吸收中子的化合物水溶液,如聚乙烯醇、聚丙烯酸、聚丙烯酰胺等作为防护措施。

　　某主战坦克的三防装置具有对核武器、含磷化学武器攻击时,自动进行检测报警、关闭门窗密封、显示车内超压数值、车内进气净化等功能;从电台或其他途径得到指令后,对生物武器和非含磷毒剂进行密封防护的半自动集体防护功能。系统中还配有供下车或应急时使用的乘员个人防护器材。该三防装置由探测器、电气控制装置、关闭机构、过滤通风装置等组成,它与整车密封机件配套构成超压式集体防护系统。其各部分在坦克上的安装位置如图 10-1 所示。

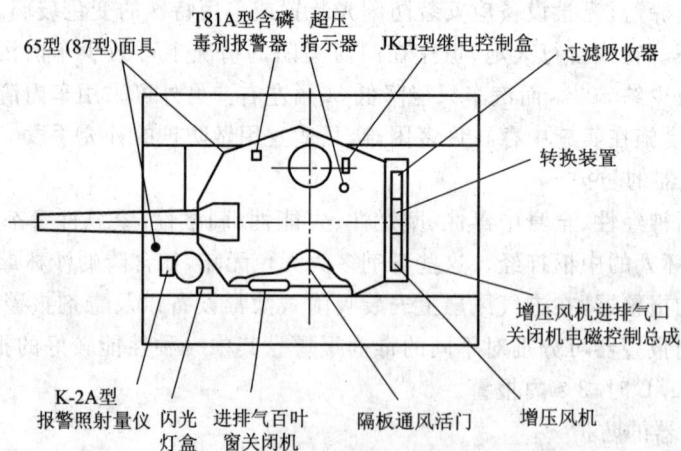

图 10-1　某型坦克超压集体防护三防装置部件位置简图

三防装置的电气控制方框图如图 10-2 所示。

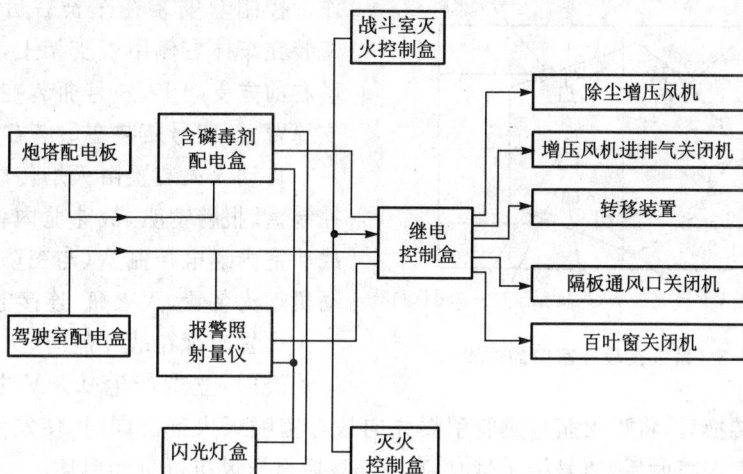

图 10-2　三防装置的电气控制方框图

当继电控制盒接到原子报警信号后,分别向百叶窗关闭机、通风活门电磁铁、转换装置电磁铁、风机口关闭机输出信号,使风机停转,风机口自动关闭。若需要再次启动风机,乘员应按下系统中的启动按钮。

当继电控制盒接到毒剂报警信号后,其输出控制信号使百叶窗和风机关闭机不关闭,风机继续运转。

当轮式自行火炮、坦克通过电台或其他方式获得防护指令时,三防装置的半自动控制方法:① 乘员按下报警照射量仪"手检"按钮后,仪器输出一个报警信号到继电控制盒、系统将按自控程序运作。② 乘员按下继电控制盒上的"半自动"按钮后,控制程序同上。

10.3　灭火抑爆装置

灭火抑爆装置是指安装在轮式自行火炮、坦克内,用于扑灭火灾、抑制油雾爆燃的一套装置。它既可以保护乘员和装置的安全,又可以提高坦克在战场上的持续战斗能力,是现代轮式自行火炮、坦克必备的防护装置。据资料介绍,美国 M1 主战坦克上该系统的反应时间为 3 ms,灭火时间为 0.2 s,并可以多次喷射。

国产某型主战坦克中的灭火抑爆装置,是由安装在战斗室的八五式自动灭火抑爆装置和安装在动力传动室的八〇式自动灭火装置两部分组成。该装置具有自动抑爆、防二次杀伤效应和自动灭火的功能。系统在战斗室内的位置如图 10-3 所示,它由三个光学传感器、四个灭火瓶、一个控制盒和一个紧急开关及连接电缆等组成。其中三个光学传感器吊装在炮塔内顶甲板上:一号传感器吊装在车长右前方,三号在炮长左前方,二号在车、炮长之间。紧急开关靠近二号传感器位置安装，以便于车、炮长操作。控制盒安装在车长右后方。一号灭火瓶装在车体右侧甲板支架上，二号瓶装在炮塔右前方支架上，三号瓶装在炮长座位的大支撑臂上，四号瓶装在炮塔右后方支架上。

二号灭火瓶　一号探测器　控制盒　四号灭火瓶　一号灭火瓶

三号探测器　三号灭火瓶　紧急开关　二号探测器

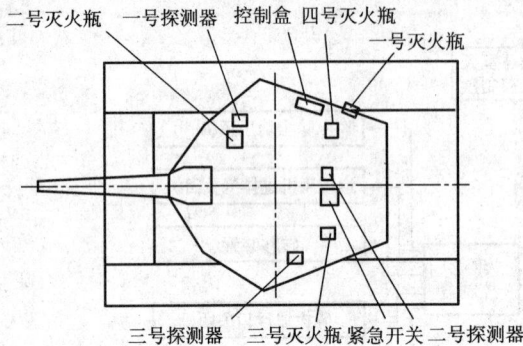

图 10-3　系统在战斗室内的位置

自动灭火装置由火焰传感器、自动灭火控制盒、报警喇叭、战斗舱内备用灭火按钮、战斗室内继电控制盒（与三防装置共用）、发动机熄火装置、灭火瓶、连接电缆等组成。

火警出现在战斗舱时，火焰传感器被火焰灼烧时，立即产生 0.3 V 电压信号，经系统中电路控制转换后，将灭火瓶电爆管引爆并向战斗室喷灭火剂。同时，使发动机熄火、增压风机停转。灭火剂喷射后，瓶号指示灯亮，灭火 5 s 后增压风机可自动启动。

火警出现在动力舱时，工作程序与战斗舱基本相同。区别仅在于发动机熄火后 5 s 喷灭火剂。不论战斗舱或动力舱，只要火焰未熄灭，火警信号电压仍将存在。经电路 10 s 延时后，再引爆另一灭火瓶电爆管使其喷射。

手动灭火：在火焰传感器失灵时，可根据火警部位按下控制盒面板上战斗舱或动力舱控制按钮。通过电路中继电器、二极管控制，使某灭火瓶喷射灭火剂。以下工作程序及再次按下按钮的工作程序与自动灭火时相同。

10.4　烟幕及榴霰弹

在战场上，轮式自行火炮、坦克可以根据战斗形势和车辆状态的需要，利用自身释放的烟幕进行防护和战术机动。通常，轮式自行火炮、坦克释放烟雾的方法有两种：一种是利用安装在车外的抛射装置发射烟幕弹，在行进或静止车辆前短时间形成一定宽度和高度的烟幕墙；另一种是利用车内装置将柴油雾化后喷入发动机排气歧管，同发动机废气混合后排至大气中遇冷而形成防护烟幕。这两种方法都可以达到短时遮蔽车辆后进行战场机动，降低敌方观测瞄准效能，提高战场生存能力的目的。抛射烟幕弹的电击发电流是由炮塔配电板经电缆线进入电击发控制盒，再经导线传到发射筒触针。通电后其撞击烟幕弹电底火，电底火触发后又点燃了发射装药，使烟幕弹飞出发射筒。在空中发射药又点燃了烟幕弹中的延期体，使弹丸飞出 100 m 左右点燃扩爆药，在 0～7 m 高炸开弹体后点燃发烟剂而形成烟幕。在 5 m/s 风速、8 发齐射条件下，烟幕范围为宽 60 m，高 8～10 m，可持续时间≥2 min。

为了在夜间干扰和躲避红外线热像仪的探测，最近国外又研制出一种坦克发射的使热像仪探测失效的石墨材料弹。这种经过雾化的石墨材料最长可遮蔽坦克 30 min。

　　榴霰弹装置用于发射榴霰弹(又称钢珠弹),用于压制和杀伤接近车辆的人员和火器,提高坦克的总体防护能力。两种装置的电击发控制盒是公用的,但通用件发射筒各自独立使用。榴霰弹的电击发电流也是由炮塔配电板经电缆线、电击发控制盒传至榴霰弹的点火装置,点火装置点燃药包后将榴霰弹抛射出发射筒。在弹体飞行 120 m 左右,3～7 m 高时,其中的延期体点燃起爆装置中的雷管,雷管再点燃接力药柱和药柱合件后爆炸,钢球飞出形成杀伤和破坏。其杀伤半径≥15 m,安全距离≥90 m。

10.5　伪装和隐身技术

10.5.1　伪装技术

　　在光学、雷达等现代化侦察手段普遍应用的未来高科技战争中,轮式自行火炮等武器装备的伪装效果如何,将成为直接影响部队能否"拉得出、连得上、藏得住"和后勤能否做到"保障有力"的重要环节,因此,各国都高度重视轮式自行火炮等武器装备的伪装工作。

　　在执行任务中随时可能发生难以预料的敌情,这要求轮式自行火炮出发前必须进行周密的人工伪装。目前最常用的方法是用迷彩涂料抹伪装。实施迷彩涂料伪装,可以使涂料与伪装轮式自行火炮等武器装备的色彩融为一体,最能适应机动隐蔽的要求。使用中根据遂行任务途中的环境特点来决定使用涂料的颜色轻重,色种搭配和迷彩斑点大小等具体操作问题,如迷彩斑点图形要呈不规则状,背光及阴影部分必须采用亮斑点,还要尽量使用具有防雷达、防红外线功能的涂料等。在季节区分上,要注意南方、北方地区对迷彩伪装要求的不同,比如同是冬季,北方就要以冰雪的白色为主色,而南方则主要还是绿色。总之,迷彩涂料伪装的根本法则和目的是让目标(轮式自行火炮等武器装备)与遂行任务途中的环境地貌的颜色差别达到最低的限度,从而保证其隐蔽性。还可以用伪装网来实施遮障伪装。伪装网一般用于不能借助自然方法而又缺乏涂料等必要的物质时,其适应地区一般是植物稀少地区,如沙漠、戈壁、雪地等,色调要求原理与涂伪装涂料相同。近年来伪装网的制造技术有了较大提高,品质较好的伪装网同样具备有对付光学及雷达侦察的功能。轮式自行火炮等武器装备在行进中还要注意对发动机罩,排气消音器等易被敌之红外线成像侦察器材发现的部位,采取必要的措施予以伪装,最大限度降低噪声等。夜里则要注意用防空灯,甚至实施灯火管制下的闭灯驾驶。此外,还可以用设置假目标,如假车队、假道路、假的车辆配置区等来耗敌炮火,减少损失。伪装可提高装备的生存能力,在伊拉克战争中已得到证实,这是穷国可采用的防护措施。最后还要注意车辆伪装完毕后,要扫除车轮印迹,或在其他道路故意设置印迹车辙等以迷惑敌人,诱敌改变进攻方向,以确保我车辆装备的安全。

10.5.2　隐身技术

隐身技术是 20 世纪发展起来的一门新兴军事技术,伴随着科学技术的进步而日趋成熟。隐身技术涉及的技术领域十分广泛,已经从最初应用在飞机的可视性控制,已拓展到目前各种武器装备的雷达、红外、声、光、电磁等各种目标特征信号的控制。隐身技术给现代战争的思维模式和作战方式带来了根本性的变化,隐身与反隐身已成为战争双方争夺信息资源的重要手段。

隐身武器又称隐形武器,是综合运用多种隐身技术和隐身材料制造的一种新型武器。在暴露状态下不易被对方警戒与探测系统发现,具有较高的生存能力和攻击效能。隐身武器实现隐身的技术和措施主要有:① 在外形设计上尽量减小雷达波束的有效反射面积。② 采用新型吸涂材料和伪装涂层,吸收或消耗电磁能,降低武器系统的特征信号。③ 改进武器发动机系统的布局和进(排)气口形状,或使用隐身燃料,减小红外辐射。④ 降低武器系统中电子设备和动力装置发出的电磁辐射及噪声。军事发达国家的隐身技术发展已进入成熟阶段。比较有代表性的隐身武器包括新一代隐身战斗机、新一代隐身巡航导弹、安静型潜艇、隐身坦克、隐身火炮、隐身直升机、隐身无人机、隐身工事及帐篷等。

美国的 M1A2、德国的"豹 2"、法国的"勒克莱尔"、俄罗斯的 T-72 和 T-80 等是冷战后期开始装备的第三代主战坦克。海湾战争以后,这些主战坦克均进行了隐身改造。美国 M1A2 坦克的负重轮采用了吸波玻璃纤维环氧复合材料,车身使用了隐身迷彩,并在降低坦克红外辐射和噪声方面采取了许多技术措施。此外,美国已经研制出一种由高强度 S-2 型玻璃纤维加固聚酯膜压而成的隐身复合材料,具有雷达、红外、可见光、声等隐身效果,可用于制造坦克车体或炮塔外壳。

为了提高轮式自行火炮系统的生存能力,在研制新一代此类武器装备时,必须从总体设计考虑隐身设计。

第11章 轮式自行火炮综合电子信息系统

现代战争和未来战争是一个立体化、多元化、信息化的战争,作为战争之神的火炮的概念也相应发生了变化,轮式自行火炮也不例外。传统的火炮单体与底盘系统、火控系统等结合发展成为火炮系统,而且火炮系统也与指挥控制系统、预警系统、情报系统、通信系统、弹药补给系统、战场维修和保养系统等成系列发展,构成火炮武器系统。

本章在介绍武器综合电子信息系统概念和发展的基础上,重点介绍轮式自行火炮综合电子系统的概念、组成和主要技术。其中,由于综合电子信息系统中的火控系统已在第6章进行了详细介绍,本章不做介绍。

11.1 综合电子信息系统

20世纪80年代后期,电子信息技术的发展标志着工业时代向信息时代的转变,现代高技术条件下的战场将是信息化、数字化的战场。在信息化的战场上,战争的结果愈来愈取决于对战场信息的获取、传输、控制和有效的利用。军事综合电子信息系统是一种综合性的人机交互系统,它用数字技术来完成信息的收集、传输、控制、处理和利用,以发挥作战部队和武器系统的最大效能。

11.1.1 综合电子信息系统的概念

综合电子信息系统又称为 C^4 ISR(Computer Command Control Communication and Intelligence Surveillance Reconnaissance 计算机、指挥、控制、通信与情报、监视、和侦察)系统或指挥自动化系统。它是由多个信息系统综合集成的、为诸军种联合作战提供信息作战能力的一体化军事信息系统。它是对各军种所共用的信息系统进行综合设计、综合集成和综合运用,是信息系统与武器系统、军事保障系统的黏合剂,是形成整个武器装备体系的纽带。它是保障陆、海、空军和战略导弹部队等各军种遂行联合作战指挥和信息战的主要手段,是指挥控制、情报侦察、预警探测、通信和信息战、电子战等要素多层次、大范围、综合连接的大系统。它为增强军队整体作战能力和信息作战能力,提出了武器装备发展的新思路。

综合电子信息系统是军事电子信息系统的重要组成部分,它是军事电子信息系统中以坦克装甲车辆为主要载体和平台的军事电子信息系统。坦克装甲车辆电子信息系统包括装甲战术级电子信息系统和车辆综合电子信息系统,后者亦称为车辆综合指挥控制系统。

11.1.2　综合电子信息系统的提出和发展

20 世纪 60 年代初,美军开始建设战略级、战区级和战术级全球军事指挥控制系统。在从 C^2（Command and Control 指挥与控制）系统到 C^3（Command Control and Communication 指挥、控制与通信）系统的起步期内,由于系统建设基本上是由各部门、各军种各自负责,分散进行的,采用的计算机技术是基于 20 世纪 70 年代的水平等多种原因,系统存在许多缺陷,主要有:三军系统不能互联、互通;系统综合能力差,不能提供准确的情报和作战毁伤评估;预警探测、指挥控制、情报处理速度慢;综合识别能力不够;采购、使用、维护和改进费用都很高,经济上难以承受等。因而,美军认为这种体系结构的 C^3 系统已不能满足当今联合作战的要求,更不适应未来信息化战争的需要。为此在 1977 年首次把情报（Intelligence）作为不可缺少的要素,融入 C^3 系统,形成了 C^3I（Command Control Communication and Intelligence 指挥、控制、通信与情报）系统,此举创立了指挥、控制、通信和情报不可分割的概念,确立了以指挥控制为核心,以通信为依托,以情报为灵魂的一体化综合电子信息系统体制,反映出美军信息化建设在观念和认识上取得了新的突破。

从 1989 年开始,由美军带头对其"烟囱"式的指挥自动化系统进行改革,重点发展一体化指挥自动化系统。美国国防部于 1991 年将原来的 C^3I 系统（指挥、控制、通信和情报）扩展为指挥、控制、通信、计算机（Computer）和情报系统（简写为 C^4I 系统）,确立了计算机在作战指挥过程中的地位。而后,于 1995 年提出了更广泛的一体化 C^4I 系统的新概念,这一新概念简写为 IC^4I。它把传统的指挥、控制、通信、计算机和情报的范围扩展到反情报、联合信息管理和信息战领域。再后,又于 1997 年将监视（Surveillance）和侦察（Reconnaissance）与 C^4I 系统合并,并改写为 C^4ISR,计划到 2010 年建成一体化的 C^4ISR 系统。它将战场信息获取与信息处理、传输和应用结合为一体,并隐含有电子战、信息战的功能,形成了完整的综合电子信息系统的概念。

2001 年的"9·11"恐怖袭击事件发生后,美国对其军事指挥系统——自诩"遍布全球的 C^4ISR 无缝隙网络"所暴露出的严重问题,深感震惊。反思之余,美军方指出了两大症结所在:一是美国本土防卫的指挥关系及职责不明;二是情报工作亟待改进。他们认为,美军的情报工作不应仅仅依靠高科技设备,还必须加强人力情报的收集,高度重视情报分析。为此,美国防信息系统局和国防高级研究计划局已着手研制用于国内反恐怖斗争的 C^4ISR 系统。

军事综合电子信息系统的发展经历了三个阶段:

① 20 世纪 70 年代至 80 年代,军事电子信息系统概念形成阶段。在此阶段为分立的系统,美国称之为 C^3I（指挥、控制、通信、情报）系统,苏联称之为指挥自动化系统。

② 海湾战争后到 90 年代中,军事电子信息系统走向综合化。美国称之为 C^4I（指挥、控制、通信、计算机、情报）系统。

③ 1994 年以后,军事电子信息系统走向一体化、信息化和数字化。其代表为美国的 C^4ISR(指挥、控制、通信、计算机、情报、监视和侦察)系统和数字化部队信息系统。

军事电子信息系统包括战略级军事电子信息系统、战术级军事电子信息系统和武器平台电子信息系统。

11.2　装甲战术级综合电子信息系统

11.2.1　装甲战术级综合电子信息系统的组成

装甲部队作战的特点是在运动中作战、运动中指挥、运动中通信,因而装甲战术级综合电子信息系统由一组加装了电子信息设备的装甲车辆组成,以便能与装甲机械化部队一起行动。装甲战术级综合电子信息系统是一个师(旅)级的军事电子信息系统。一般分为指挥控制、通信、情报信息、电子战(电子对抗或光电对抗)等四个分系统。

11.2.1.1　指挥控制分系统

包括师(旅)、团两级指挥所和营以下指挥系统。师(旅)、团指挥所包括指挥中心、情报中心、通信中心、电子战中心、维修中心。其中指挥中心由若干辆装甲指挥车、装甲信息处理车和装甲通信车组成;情报中心一般由装甲信息处理车或装甲侦察情报处理车和装甲通信车组成;通信中心由若干辆装甲通信车组成;情报战中心一般由装甲指挥车或装甲信息处理车组成;维修中心由若干辆装甲维修检测车和装甲指挥车组成。师(旅)、团指挥所以外其他指挥所一般仅有一、两辆装甲指挥车,有些可配装甲通信车等车辆。

11.2.1.2　通信分系统

通信分系统由甚高频双工移动通信、甚高频单工无线通信、高频单边带无线通信、战术卫星通信、软件无线电通信、有线通信等通信设备(或分系统)组成。对应有各种装甲通信车、装甲指挥车和分布在其他各种坦克装甲车辆上的通信设备,组成一个严密的通信网络,可完成对上通信、指挥所之间通信、指挥所内部通信、协同通信以及部队内部的通信任务。

11.2.1.3　情报信息分系统

情报信息分系统主要任务是完成侦察信息采集,各种情报信息融合处理,情报信息数据库管理等任务。

一般情报信息分系统由一系列装甲侦察车、侦察直升机、装甲侦察情报处理车、装甲信息处理车、装甲通信车和安装于各种坦克装甲车辆和作业平台上的侦察设备组成。

11.2.1.4 电子战分系统

电子战的战略目的是控制和利用电磁谱,使我军取得最大的作战效能,即在确保我军使用电磁谱的前提下,阻止、瓦解、削弱、欺骗或利用敌方使用频谱。电子战包括三个部分,即电子攻击、电子保护和电子支援。

装甲战术级综合电子信息系统的电子战分系统由一组装甲电子战车辆组成,包括装甲电子对抗车、装甲光电对抗车、装甲电子干扰车等。它们受师指挥所的电子战中心指挥。

11.2.2 装甲电子信息车辆

11.2.2.1 装甲指挥车

装甲指挥车用于部队作战指挥。它供装甲机械化部队师、旅、团、营指挥员和指挥机关使用,作为活动的指挥所,可在机动中及停止间实施指挥。

早期的装甲指挥车仅配有多部无线电台和一套多功能车内通话器以及多种观察仪器等,仅用于人之间的话音通信指挥。近代的装甲指挥车采用现代电子与信息技术,把指挥、控制、通信、计算机、情报信息处理等结合成一体,使其具有各种军事信息融合处理、辅助决策、快速反应、协同作战等自动化指挥能力。车内除通信设备外,新增了指挥控制和信息处理用的计算机及相应的作战指挥、辅助决策等软件和外部设备以及定位导航、图像显示、传真等电子设备。

11.2.2.2 装甲(综合)信息处理车

装甲(综合)信息处理车用于部队作战时信息融合处理。它与装甲指挥车配合组成师、旅、团指挥所,装甲综合信息处理车供师、旅、团指挥机关参谋人员使用。

综合信息处理车上的电子设备主要有信息处理计算机、相应的软件及外部设备,图像、定位导航、通信等设备。

11.2.2.3 装甲通信车

装甲通信车用于部队野战通信保障及组织管理。车上配有多种通信设备及通信管理设备,可在机动中或停止间组织部队进行通信,保障野战通信畅通,还可生成跳频保密工作数据、编写通信文件等。

装甲通信车依据所装通信设备不同又可分为多种,如通信管理车、无线通信车、卫星通信车、电视中继通信车等。

11.2.2.4　装甲侦察车

装有侦察设备的装甲战斗车辆,主要用于战术侦察。装甲侦察车可装入多种侦察仪器和设备。其中大倍率光学潜望镜用于在能见度良好的昼间进行观察。红外、微光夜视和热像仪用于夜间进行观察。与上述设备组合在一起的 CCD 摄像机再与计算机配合,可对敌情目标实施昼夜侦察和录像,并可通过计算机对图像信息进行实时采集、压缩并利用电台或电视发射机进行传输。侦察雷达是一种主动式侦察器材,具有全天候侦察能力。侦察车上还可装入无人侦察机,地面目标探测识别设备,红外、激光等光学报警设备,核辐射及毒剂报警设备等。此外车上还装有性能良好的定位、定向、导航设备和通信设备,可精确确定本车位置并将侦察情报及时、准确地报告指挥机关。

11.2.2.5　装甲电子对抗(电子战)车辆

装有电子对抗、光电对抗或电子干扰、电子侦察等设备的装甲车辆,主要用于电子战。装甲电子战车辆依据所装电子战设备不同又可分为电子对抗车、光电对抗车、电子干扰车等。

11.2.2.6　维修检测车

装有轮式自行火炮及其部件的维修检测设备,抢救、抢修设备的技术保障车辆,一般配于师(旅)指挥所的技术保障(维修)中心。通常由抢救、拆装、机加、电气电子设备、火控系统、光学仪器及通信设备等多种专业维修检测车组成,遂行坦克装甲车辆的野战修理,使其恢复完好的技术状态。

11.3　轮式自行火炮综合电子系统的组成和要求

11.3.1　轮式自行火炮综合电子系统的组成

轮式自行火炮综合电子系统为开放体系结构,它以计算机和数据总线为核心、以一定的组网与控制方式,将车内原有的电子、电气系统和新增的指挥、控制、计算机、情报监视、侦察等设备或子系统综合成一个大系统,形成一个分布式计算机网络,对火炮全系统的各种信息实时地进行采集、处理、分配和存储,通过对信息的综合达到系统功能综合的高可靠性数字化系统,以单车为基点实现指挥自动化,并通过车际信息系统与上级电子信息系统相连,实现车内、车际信息共享。通过数字化的显示控制设备实现了良好的人机信息交换。图 11-1 为火炮综合电子系统的组成示意图。

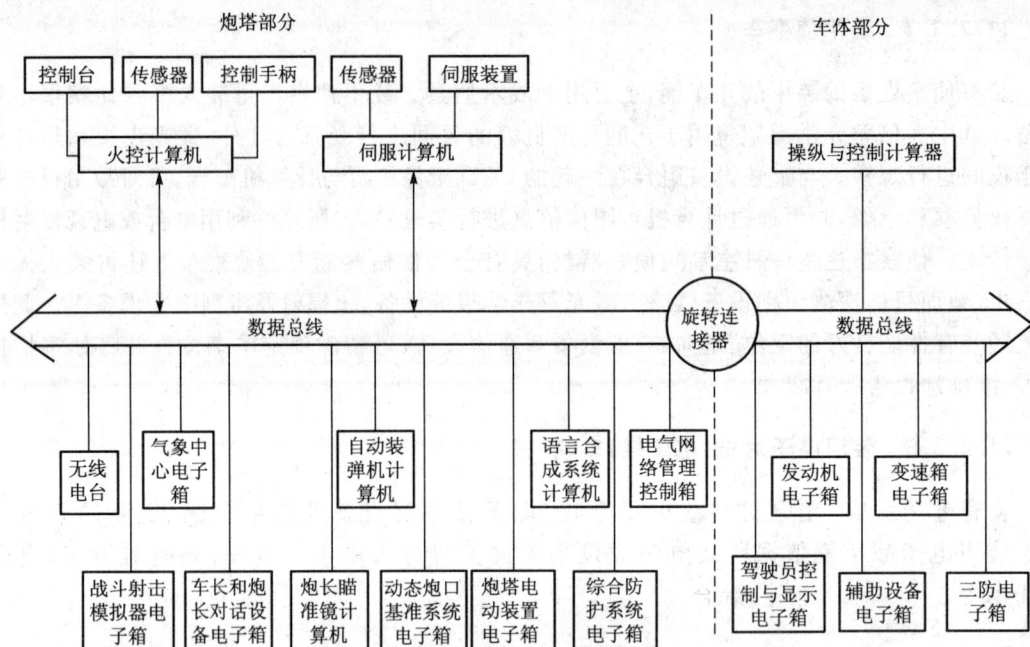

图 11-1　火炮综合电子信息系统示意图

在轮式自行火炮综合电子信息系统中,计算机、显示系统加上人构成装备的"大脑",数据总线构成装备的"神经",其他各功能系统构成装备的"器官",由此使轮式自行火炮成为一个功能完备、协调的智能化整体,从而实现其综合化、数字化与智能化。

轮式自行火炮综合电子系统按功能分为四个部分:

① 数据控制和分配分系统,也称数据总线,负责车内信息调度与传输。

② 乘员控制和显示分系统,为系统的人机接口部分。

③ 计算机资源分系统,该分系统为车辆各功能分系统提供了智能资源、数据和信号处理及控制功能。

④ 电源管理和分配分系统,该分系统负责将电能分配给车辆上所有分系统,并对其进行开关控制。

11.3.2　轮式自行火炮综合电子系统的功能要求

11.3.2.1　轮式自行火炮综合电子系统的基本功能

(1) 火力(武器)系统指挥控制功能

　　在具有综合电子系统的坦克装甲车辆中,其武器(包括火炮、炮射导弹及电子对抗等软杀伤武器)的指挥控制,车长除了依靠车内本身的火力火控系统外,还可通过综合电子系统的战场信息管理,借助于车际间的双向信息交流,获得上级指挥机关准确的战斗指令以及包括有关射击目标的优先排序等更加全面的目标信息;可以选择最有利的时机,在最有利的地形上,实施最佳的战术,集中火力消灭威胁最大的敌人目标,从而提高实践中的整体作战效能。

　　(2) 通信指挥与战场管理功能

　　从发展来看,要求车内车际的通信能够提供话音、数据、电报传真以及实时图像(黑白或彩色)等综合业务。同时要求采用包括猝发通信、跳频通信、毫米波通信和光纤通信等在内的通信新技术,实现保密、安全、抗干扰和缩小体积、提高功率、远距离通信。

　　战场信息管理,主要是对各种有关实战信息进行综合处理和传输,在火炮内外进行交换和显示控制,帮助指挥员和坦克车长进行决策、指挥和管理。在这里,指挥控制和管理是基本功能,通信是条件,信息是基础。需要搜索、处理和交换的信息包括威胁报警、敌我识别、目标分配排序、火力呼唤、指挥命令、敌方状况、战场态势以及车辆状态(如油料、弹药储备及故障诊断)等。很显然,战场管理信息有的是本炮收集和生成的,有相当一部分则是来自其他友邻装备或上级指挥系统。因此,综合电子系统必须具备良好的 C^4I 接口和车际间的综合数字信息传输能力。

　　(3) 导航/定位功能

　　未来高技术信息化战争中,坦克装甲部队经常要以较小的分队(甚至单炮)去执行难度较大的战斗任务,其活动范围可达几百千米。因此,及时了解和向上级报告本车的位置非常重要。由惯性自主定位和卫星导航系统组成的导航/定位系统,其精度高,保密性强,抗干扰性较好。

　　(4) 后勤保障功能

　　后勤保障功能主要包括弹药、油料储备和系统故障诊断测试及重组等方面的功能,提高坦克装甲车辆在实际战斗中的使用有效性。

　　(5) 电源的管理分配功能

　　随着坦克技术的发展和自动化程度的提高,车内电子设备将越来越多,要求用电的质量和数量也越来越高。电源管理分配系统不仅可以按照用电设备的实际需要,准确及时地提供高质量的电力,而且在出现故障或战斗中受损时,可进行重新组配系统,保证基本任务的完成。

11.3.2.2　轮式自行火炮综合电子系统的基本要求

　　① 采用先进的多路传输数据总线和数字传输技术,构成车内信息高速公路。如美国 M1A2 主战坦克的 MIL-STD-1553B 和法国"勒克莱尔"坦克 GAMT-101 为代表的指令响应式多路传输数据总线系统,它能在车辆综合电子信息系统中起着神经中枢的作用,将全车连接成一个完整的信息网络。

②具有数字式数据输出能力,以便能够构成全车信息系统。这些主要车载功能系统和部件包括武器系统、推进系统、防护系统、通信设备、电气系统和定位导航系统等。

③可适时采集本车位置、车辆状态、敌方目标攻击信息和位置信息等,实时在车长显示器上显示并传输给上级指挥机构,接收上级网络传输的战场态势、导航等各种信息,从而可大大提高战场透明度。

④通过大范围数据共享的多媒体手段,能够适时地实施指挥与协同,以单车为基点实现指挥自动化,大幅度地提高部(分)队的整体作战能力。

⑤采用具有数字传输能力的电台,这是实现网络信息传输能力的必不可少的条件。

⑥在条件具备时,系统中应增加自动故障诊断和检测子系统,使坦克装甲车辆的综合电子信息系统具有故障诊断和检测功能,电子部件采用模块结构便于换件修理。

⑦有的国家(如法国和美国),在综合电子信息系统中增加了一个子系统——车载射击模拟训练子系统。这样将可使乘员随时在车上进行模拟训练,并可通过网络系统与友邻车辆进行联合模拟训练。

11.4 轮式自行火炮综合电子技术

11.4.1 轮式自行火炮综合电子技术的发展

综合电子技术是首先在美国航空界发展起来的一项新技术,相应学科称为航空电子学,以后应用到坦克装甲车辆和自行火炮上,成为车辆综合电子技术,与之相应的学科称为车辆电子学。1976 年开始美军按美军标 MIL-STD-1553A 和 1553B(飞机内部时分制指令/响应式多路传输数据总线军用标准)研制"电源管理与分配系统",以后装入 M1A1 坦克。

20 世纪 80 年代中期,美国陆军坦克自动车辆司令部制定了标准陆军车辆电子学结构(sAvA),同时还提出了"战场管理系统"的构想,这些为车辆综合电子信息系统的研制提供了基础。

首次正式应用综合电子技术的是美国的 M1A2 坦克,称之为"车际信息系统"(IVIS)。该系统用 MIL-STD-1553B 多路传输数据总线将车辆的主计算机和通信装置与乘员显示控制装置、车长独立热成像瞄准镜、火控系统、发动机数字式电子控制装置、定位/导航等有关电子分系统联成一体。实现了各分系统信息交换及数据共享,并用来控制数据传递顺序,有次序有选择地向乘员提供系统的工作状况和参数。还可通过电台将车辆主要信息传送到上级指挥车辆。

1994 年 4 月,美军通过了 M1A2 坦克"系统改进计划",重点是改进计算机的核心部分以便能采用陆军指挥控制的软件和操作系统标准。其最主要硬件改进包括:第二代热成像瞄准镜、增强型定位报告电台、全球定位系统、发电/冷却系统、高性能的显示器、战场战斗识别系统及多用途化检测器。

英国皇家武器与发展中心(现在的国防研究局)是 1987 年开始从事"车辆电子学研究防务倡议(VERDI)计划"的,在"武士"战车上设计安装一套超级模块化的车辆电子学设备,做成了一台技术表演用的侦察车,该车命名为"跟踪者"(TRACER)侦察车。VERDI 结构有四个主要部分:视频总线、指挥控制总线、公用设备总线和通信总线,所有四个部件通过标准总线相连接。总线将传感器平台、武器平台、乘员显示装置及通信设备结合成一体。5 名乘员各配有两个多功能显示终端,可由此获得信息并通过终端进行操纵,传感器等信息可通过电台实时地告之后方。后来,英国又将车辆综合电子技术应用到挑战者 2 主战坦克上。

法国"勒克莱尔"坦克是 1983 年开始基础设计的,是从设计阶段就开始采用综合电子技术的第一种主战坦克。勒克莱尔坦克所有电子部件和设备均采用全数字化集成电子元件,并通过 GAMTl01 多路传输数据总线相互连接,系统有两台主计算机,一台用于火控系统,并兼任总线控制器,另一台供伺服装置使用的计算机作为备份的总线控制器。全车共采用了 30 个带有 8、16 和 32 位微处理机的计算机单元。无论车体内还是炮塔内,数据总线都保证传感器、计算机、定位导航、动力传动装置之间的所有信息传递,这些信息不仅可传递给乘员,还可通过电台传递给其他坦克或指挥所。

随着美、法、英坦克的数字化发展,以色列坦克采用了一种称为"战斗车辆综合系统"的综合电子信息系统,该系统的核心部分是双重显示装置,安装于车长位置,一个显示器读取地图、敌/友位置信息及后勤状态信息,另一个显示器上读取静态目标图像,透明图上可显示车载仪器及传感器输入数据,使车长可履行其通常操纵车辆与武器的职能。利用车载电台,车长还可以向下属车辆或上级司令部门传送图像。车长位置与车上其他系统及传感器的联通是通过一套标准化的 1553B 多路传输数据总线和专用的高速数据总线实现的。

11.4.2　多路传输数据总线技术

综合电子信息系统中的总线有多路传输数据总线、电源管理分配总线、视频总线、车内通话总线等多种。不同国家的装甲车辆综合电子信息系统总线种类与数量不尽相同,但多路传输数据总线是必不可少的,它负责武器系统综合电子信息系统内部的信息管理,是综合电子信息系统的"脊梁"。其他几种总线在某些装甲车辆综合电子信息系统中也有应用,其中电源管理分配总线负责车辆电源系统管理,视频总线用于热成像或电视图像传输,车内通话总线负责车内话音通信。

多路传输数据总线是一种军用总线形集中管理的分布式计算机网络,按中国军标和美国军标全称为"飞机内部时分制指令/响应式多路传输数据总线",多路传输数据总线按传输介质分为电总线和光总线,目前各国坦克装甲车辆上多用电总线。多路传输数据总线的功能是实现车内各分系统之间信息的传输和调度。

　　轮式自行火炮的底盘和炮塔通过电路旋转连接器来沟通电气和电子系统之间的信息联系。在火炮行驶过程中,底盘系统电测和电控获得的信息主要在其自身环境内交换;而作为指挥和战斗部分的炮塔内的测控参数数据也有很大部分仅在炮塔内自行交换,没有必要输送到车体中去。根据这些特点分析,我们认为其总线拓扑结构采用两级总线的同级控制为宜。就是使用双余度的 1553B(或 1773)数据总线,分别布置于车体和炮塔内,并通过经改进的旋转连接器将它们连接起来,作为信息数据的传输总线(电源管理分配总线同样布置,可采用通用电源总线)。拓扑结构见图 11－2。

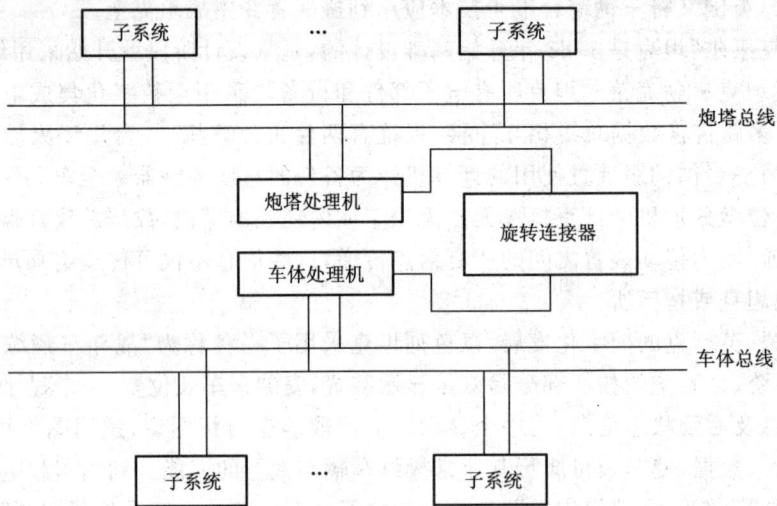

图 11－2　轮式自行火炮总线拓扑结构图

　　美国军用标准 MIL－STD－1553B 是目前国际公认的多路传输数据总线标准,在世界上得到广泛应用。中国的军用标准 GJB289—1987 也以其为蓝本。为适应采用光纤作为总线传输介质的发展,在 1553B 的基础上又定出 MIL－STD－1773 和 MIL－STD－1773A(高速光总线)。1773 和 1553 通信协议相同,除传输介质和传输速率外,其余部分无明显差别。

　　M1A2 坦克的 1553B 数据总线的传输介质为两根双绞屏蔽电缆,全长不超过 100 m。总线中有若干个远程终端(RT)与各子系统相连。按 1553B 规定 RT 最多可有 32 个。1553B 总线的工作频率为 1 MHz,总线上数据传输顺序由总线控制器控制,总线控制器不断地发出控制指令,控制数据的存取。各远程终端按照总线控制器的指令变换发送或接收状态,进行数据传输。1553B 数据总线系统中还有一个总线监控器对总线工作状况进行监控。

　　1553B 标准详细规定了整个总线的技术要求,包括总线控制器(BC)、远程终端(RT)、总线监控器(MT)和总线的技术要求,同时确定了多路传输数据总线的工作原理和总线上的信息格式。1553B 规定总线系统以指令/响应方式异步运行,半双工方式传输,总线上信息传输控制权归总线控制器(BC)。

信息的传输方式为时分制多路传输,在此方式中通信系统对来自不同信号源的不同信号在时间上错开来,形成一个组合的脉冲序列。

总线上的信息流由消息组成,消息以串行字的形式调制成曼彻斯特码进行传送(如图 11 - 3 所示)。

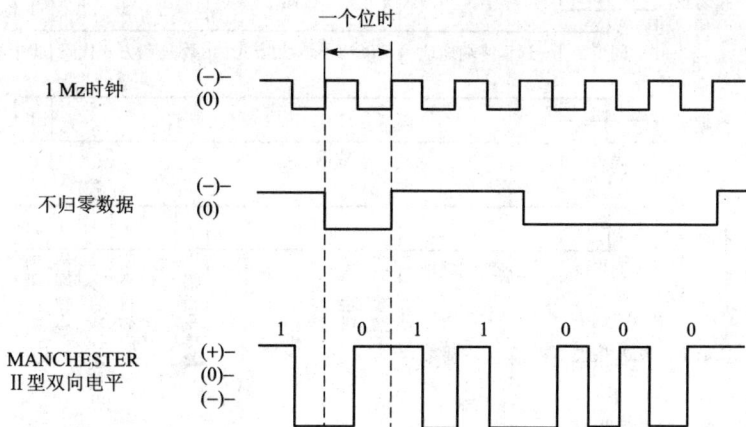

图 11 - 3　1553B 数据编码格式

总线中的字有三种:指令字、状态字和数据字,每个字 20 位,其中前 3 位为字同步,有效信息 16 位,最后一位是奇偶校验位(如图 11 - 4 所示)。其消息传输格式如图 11 - 5 所示。

多路传输数据总线系统的技术指标:

RT 数目	<32
传输码型	曼彻斯特码
传输字型	指令字、状态字、数据字
字格式字长	16 位加同步位、奇偶位
数据传输速率	≥1 Mbps
误码率	≤10^{-9}
误字率	≤10^{-7}
消息间隔	最小 4 μs
消息响应时间	4～12 μs
通信协议	GJB289—1987 或 MIL－STD－1553B 或 MIL－STD－1773 或 MIL－STD－1773A
总线物理层	双绞线(电缆)或光纤(光缆)

数据分配和控制功能 　　数据传送功能 BC→RT,RT→BC,RT←→RT,方式指令功能、广播方式功能

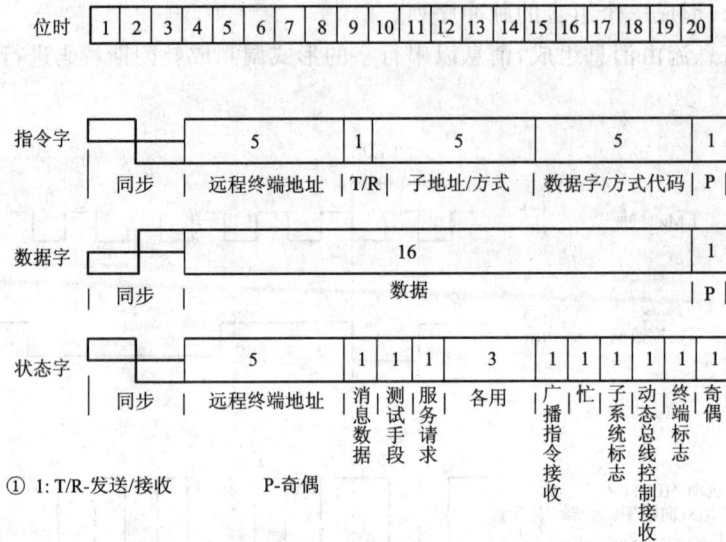

位时 | 1 | 2 | 3 | 4 | 5 | 6 | 7 | 8 | 9 | 10 | 11 | 12 | 13 | 14 | 15 | 16 | 17 | 18 | 19 | 20 |

指令字

| 同步 | 远程终端地址 (5) | T/R (1) | 子地址/方式 (5) | 数据字/方式代码 (5) | P (1) |

数据字

| 同步 | 数据 (16) | P (1) |

状态字

| 同步 | 远程终端地址 (5) | 消息数据 (1) | 测试手段 (1) | 服务请求 (1) | 各用 (3) | 广播指令接收 (1) | 忙 (1) | 子系统标志 (1) | 动态总线控制接收 (1) | 终端标志 (1) | 奇偶 (1) |

① 1: T/R-发送/接收　　　　　P-奇偶

图 11 - 4　1553B 字格式

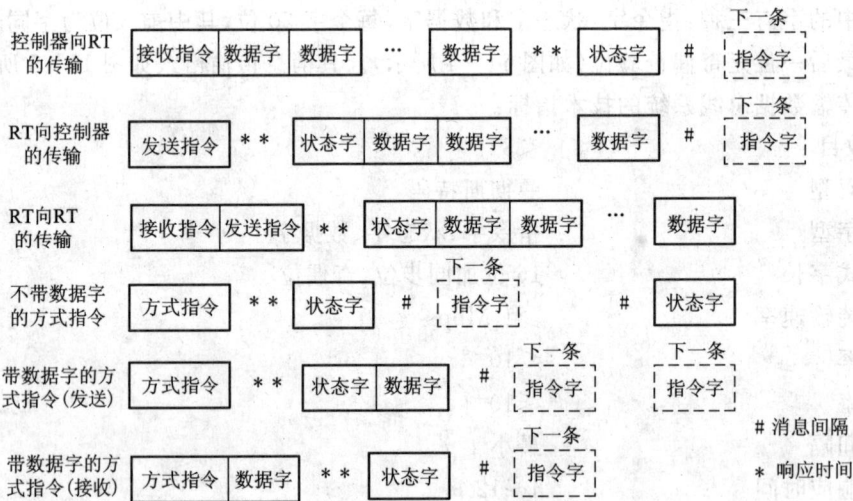

控制器向RT的传输: 接收指令 | 数据字 | 数据字 | … | 数据字 | ＊＊ | 状态字 | ＃ | 下一条 指令字

RT向控制器的传输: 发送指令 | ＊＊ | 状态字 | 数据字 | 数据字 | … | 数据字 | ＃ | 下一条 指令字

RT向RT的传输: 接收指令 | 发送指令 | ＊＊ | 状态字 | 数据字 | 数据字 | … | 数据字

不带数据字的方式指令: 方式指令 | ＊＊ | 状态字 | ＃ | 下一条 指令字 | ＃ | 状态字

带数据字的方式指令(发送): 方式指令 | ＊＊ | 状态字 | 数据字 | ＃ | 下一条 指令字 | 下一条 指令字

带数据字的方式指令(接收): 方式指令 | 数据字 | ＊＊ | 状态字 | ＃ | 下一条 指令字

＃ 消息间隔
＊ 响应时间

图 11 - 5　1553B 消息传输格式

11.4.3　综合电子子系统及其数字化技术

11.4.3.1　指挥控制与显示子系统

指挥控制与显示子系统主要用于指挥员进行指挥及乘员操作与控制车内各主要设备，并用于观察和显示车内外有关战术、技术状况，是保证坦克装甲车辆完成作战、机动、防护与通信的主要系统之一，也是车辆综合电子信息系统的重要组成部分。

指挥控制与显示子系统分为三部分，即炮长、瞄准手和驾驶员的控制显示系统。

炮长控制与显示系统主要由三块控制面板，一台监视器，一个键盘、信号处理装置及操纵台和电台等组成，如图 11-6 所示。一块面板用于总线控制和监控装置，面板上装有控制炮塔、火控系统、瞄准镜、热像仪和自动装弹机的总开关。另一块面板用于控制数据传输系统，该传输系统可用于组成表格化信息，并可利用键盘进行修改，面板上电源控制开关可控制电源系统正常工作或控制耗电量，使其在低功耗情况下工作。还有一块面板包括辅助武器控制系统、传感器输入系统、综合防御系统的控制器、车长显示系统与总线接口，采用菜单方式，为车长显示各种信息，并供车长检查故障、手工输入参数及传送信息之用。

图 11-6　炮长控制与显示系统

炮长综合显示器由炮长独立热像仪显示器、战术信息显示器和面板/键盘三部分组成。独立热像仪显示器用于观察并向瞄准手传递目标信息，战术信息显示器采用带触摸屏的阴极射线管显示屏,尺寸为 7×5.75 in(1 in$=0.025\ 4$ m),显示器通过电台接口装置(RIU)可以收发、存储数字报告,并具有数字叠加的功能。能以规定的数字格式编制通信、射击请求、火力校正、位置、弹药和态势报告等,接收并处理激光测距仪输入的数据,提供准确的目标位置数据。

显示器的左半部是战术地图区,可显示彩色地形图。显示器根据定位导航系统提供的数据在地图上标示出本车位置及行驶方向,并能绘制、显示行军路线。可将这些信息发送给友邻车辆,或显示在本车驾驶员显示器上,为驾驶员导航。显示器的左上角是信息显示区,可以显示日期、时间、车辆呼号、本车方位和以6位数字表示的车辆坐标位置等状态信息。车辆在行驶时,车辆状态信息大约每10 s更新一次。另外,显示器能显示友邻车辆的位置及后勤状况,供指挥员及时了解部队情况。显示器下方设有功能键,车长可用触摸感应屏或控制手柄上的拇指控制器操纵光标选择所需菜单。

瞄准手控制与显示系统主要包括两块控制面板、监视器、键盘、信号处理装置及操纵台等,如图 11-7 所示。

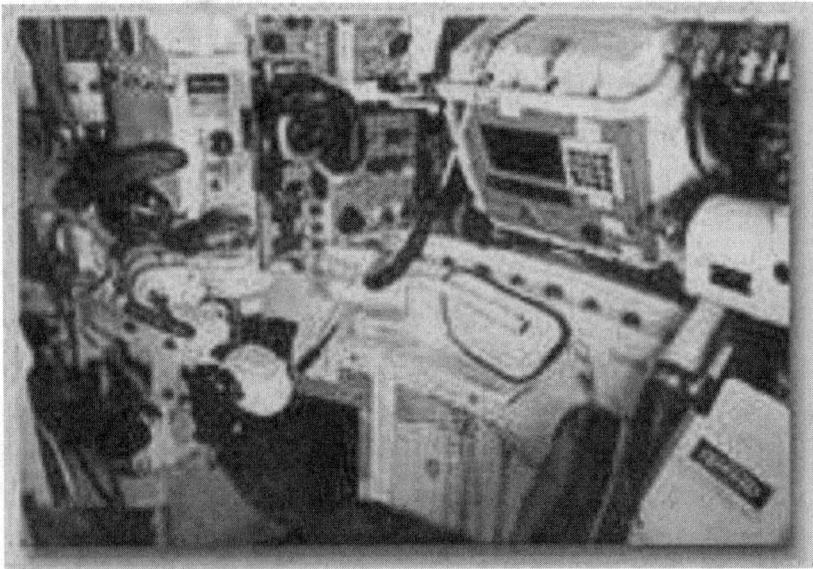

图 11-7 瞄准手控制与显示系统

驾驶员控制与显示系统装在驾驶舱内,如图 11-8 所示。所显示的主要信息和信号有里程数、燃油量、发动机转速、蓄电池电压、使用排挡、工作状态以及有关辅助系统、分配系统或发动机组可能出现的故障等。

11.4.3.2 定位定向导航子系统

定位定向导航系统可为指挥员和驾驶员实时提供定位、导航、航迹等信息。例如 M1A2

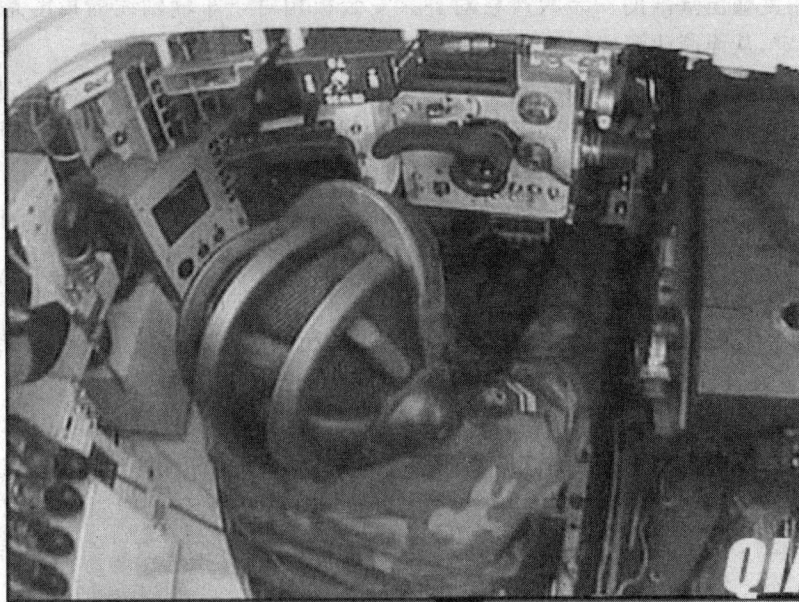

图 11 - 8　驾驶员控制与显示系统

主战坦克采用的一种航空电子导航系统,该系统采用位置导航技术,车长通过显示器了解本车所处位置和行驶方向,驾驶员综合显示器能显示全部导航资料及车长下达的导航命令。采用新型的数字式控制单元,可根据不同的行驶速度有效控制燃油消耗,并与内部自检系统沟通,及时向驾驶员提供可能出现故障的信息,以预防故障。车辆行驶里程,可由一个里程计根据驱动车轮或履带的输出轴转数计算出来,或由惯性加速表测量。

　　定位导航系统还能输入准确的地域边界数据,划定安全区域。一旦车辆驶出安全区,即发出告警信号,提醒停止前进,并标示出返回安全区域的路线。必要时可与卫星全球定位系统(GPS)配合使用。

　　在美军试验中,定位导航系统达到了预期的使用效果。在试验中,其定位导航精度达到2%,到达领航点的精度提高到 96%。利用该系统,公路行军时间缩短了 42%,33% 的行军路线避开了核、生、化沾染区。油耗比规定指标降低了 12%,任务行驶里程减少了 10%,车辆方位报告精度提高到 99%。

　　"挑战者"2 型主战坦克装有英国 GEC 费伦蒂公司生产的 FIN1155 型惯性定位导航系统。该系统由 3 个主要部分组成:一是惯性测量装置(IMU),主要包括惯性平台、电子装置、电源组件和车辆接口板(VIP)等;二是里程计传感器,主要用于向系统提供速度信息,提供的信息通过卡尔曼滤波器形式与来自惯性测量装置的数据相结合;三是内部电缆装置,既可与乘员控制的显示系统接口,也可与火控计算机等其他系统接口,数据通过串联数据链传输。惯性测量装置与提供角度输出基准的安装板严格对齐。安装板相对于车辆轴线的角度是预先调整好的,并永久固定,从而简化了惯性测量装置的安装和程序交换。

FIN1155 系统主要用于连续输出与导航和定位有关的位置、方向及姿态等信息,其速度和姿态变化也可供其他系统使用,如坦克主炮的瞄准和稳定系统。系统有两种工作形式,即定位和导航。系统启动后自动进入定位工作方式。此时系统自动显示分辨率为 1 m 的坐标图格位置、分辨率为 1 弧秒的方位(纬度和经度)、方向、纵摇和俯仰等数据信息以及坐标会聚角。

FIN1155 系统能减少惯性定位时间。也可能由于存贮或输入的方向等原因,需要很短的启动时间,因此,在某些战术条件下,允许车辆有很短的响应时间。

该系统可实现陀螺半罗盘在静止和运动车辆上的精确装定。这种状态的校准能力具有显著优点,即无论在车辆处于静态还是动态时,车辆的运动都不会影响罗盘的装定,因而大大提高了方位精度。在临时停车时,其优势更为突出。因为无论在运动还是在静止时,该系统都能接收不断变化的位置信息。该系统还具有预置坐标的能力,可用于快速校正已知道路和地点。

FIN1155 系统能接收或输出坐标网格格式或地理格式数据,还能提供可全球使用的地图坐标网格/球体。为了提高使用效能,该系统还备有已知地点的位置信息综合数据库。

11.4.3.3　火控子系统

火控系统一般是一个独立的系统。而在新一代坦克和自行火炮中,已将火控系统作为车辆综合电子信息系统的组成部分,火控计算机同时也是多路传输数据总线系统中的主计算机,负责总线中信息的调度,同时火控系统内各部件也通过数据总线相连。即火控系统已与多路传输数据总线紧密结合在一起。最具代表性的是勒克莱尔坦克。

勒克莱尔坦克的火控系统为数字式综合型火控系统。其组成主要有车长瞄准镜、炮长瞄准镜、火控计算机、CCD 摄像机、激光测距仪、热像仪、陀螺稳定器、动态炮口基准系统、车/炮长视频监视器、操纵台、操作键盘及各种传感器等,通过数据总线将各种设备连接在一起,以使其相互之间进行对话,发挥综合作用,以实现对多目标的搜索、识别和定位;保证坦克主要武器在运动中和在停止间,在昼夜全天候条件下,对固定目标和运动目标进行射击,并保证其具有对多目标作战的能力,提高火炮的命中率。

勒克莱尔坦克的火控计算机用于该坦克综合电子信息系统的管理和为火控系统提供必要的计算能力。在瞄准功能中,保证对瞄准镜的控制以及根据乘员操作确定伺服方式;管理炮长/车长的射击优先权,并向伺服计算机提供用于瞄准的基准和射击修正值;负责记录时间和已完成的作战任务;同时对数据总线进行管理,并通过总线系统管理坦克内各主要设备之间的信息交换,如炮长瞄准镜、车长瞄准镜、伪装武器、自动装弹机、驾驶员控制与显示系统、外部数据传输系统、动态炮口基准系统、气象中心、车/炮长对话设备、电台等,因此成为勒克莱尔坦克综合电子信息系统的"大脑",是坦克炮塔系统的"乐队指挥"。

11.4.3.4　综合防御子系统

近年来,激光、红外、雷达等光电对抗装备的发展,使得能迅速探测威胁源的存在,并指出它的方位。它与选择最佳对抗措施的综合防御子系统成为车辆综合电子信息系统的一个主要子系统。

以色列新型"梅卡瓦"MK3 型主战坦克采用了 LWS-2 型激光自动探测报警系统和"动力驱动多弹种发射系统",构成了坦克的综合防御系统。激光报警系统由 3 个光辐射传感器、1 个数据处理系统和 1 个指挥与控制显示系统组成,用于探测雷达、红外探照灯、激光测距仪和激光指示器等。3 个传感器安装在炮塔外部,探测范围 360 °;数据处理系统用于将经过处理的数据输入火控计算机;指挥与控制显示系统安装在炮塔内车长位置上,系统配有电源开关、音频静默开关、昼/夜亮度开关和检测按钮等,通过数字或表盘式灯光信号显示来袭方向、种类以及系统故障等信息,并可向乘员发出声响报警。该激光报警系统与坦克上装备的"动力驱动多弹种发射系统"相连,后者根据探测到的威胁,自动发射对抗弹药,增强坦克对制导武器和其他反坦克武器的防护能力。当探测到威胁方位时,系统的动力驱动底座可自动迅速地将弹药发射系统调整对准敌来袭方向,并根据威胁种类选择发射烟幕弹、箔条诱饵、照明弹、杀伤榴弹或其他特种弹药,对坦克实行屏蔽或对敌实施干扰。系统共有 16 个发射器,每个发射器的散布角为 20 °。

M1A2 坦克综合防御系统在威胁报警技术方面取得很大进展。它采用计算机数据处理技术,接收来自多个威胁探测器的信息,不仅能向乘员报警,还能对威胁进行分析,选择实施最佳对抗措施。该系统具有人工智能,使车辆防御系统能自行工作。对抗措施主要包括发射抛射式烟幕弹,释放干扰金属箔条或车辆采取规避动作。其显示器可指示方位 360°、仰角 6°范围的所有威胁。

11.4.3.5　电源分配和管理子系统

为了更有效地发挥综合电子信息系统的效能,一些坦克中加装了电源分配和管理子系统,该子系统负责将电能分配给车辆上所有的分系统,并用于监视和控制各功能装置的电源消耗、车长有计划用电、低功耗操作等。该系统可自动检测系统内部故障、隔离故障部分并自动重组配电网络,以保证最基本的功能。

在 M1A2 坦克中除采用 MIL-STD-1553B 数据总线外还有一条专门的电源分配和管理总线。在勒克莱尔坦克中则加装了一个"电气网络管理电子箱"。

11.4.3.6　底盘系统动力、传动电控子系统

发动机电控子系统由各种传感器、控制单元和执行机构组成,能对燃油喷射时机、喷油量、点火时间和怠速进行控制调节。可提高发动机的性能和降低油耗。能通过总线在驾驶员综合

显示器上显示动力传动装置的工况检查和功能故障等信息。

变速器电控子系统对变速器进行自动控制,可根据车辆行驶速度和油门开度选择最佳排挡,同时可进行功能和故障检测,并可通过总线向驾驶员提供有关信息。

"挑战者"2 型坦克的动力系统有一种数字式自动控制系统。该系统可根据车辆的负载情况自动调整发动机的动力输出,使之与传动装置相匹配,发挥发动机功率的最佳使用效能。

此外,该系统还具有自动诊断能力,在发动机出现故障时检测并显示故障部位和损坏程度,并能根据发动机的故障程度实施控制,有效地发挥发动机的功能。

11.4.3.7 自动装弹子系统

新型坦克自动装弹机有机电式和机器人式等多种类型,都可用计算机进行管理,通过坦克装甲车辆综合电子信息系统可对弹种选择、自动装弹及弹药消耗等进行自动管理。

例如勒克莱尔坦克自动装弹机是一种机器人装置,由 M68000 系列微机与火控计算机相连,自动装弹机上还装有两个条形码阅读器,用于鉴别和管理弹药。勒克莱尔坦克自动装弹子系统作为该坦克综合电子信息系统的子系统,自动装弹机计算机直接与多路传输数据总线相连。

11.4.3.8 通信子系统

通信子系统一般包括电台及电台数字化接口装置,可构成无线分组数据网,可传输语言、数据、文电和静态图像,该子系统与总线系统相连构成完整的车内－车际信息系统,实现车内各系统与乘员之间乘员与乘员之间以及装甲车辆与邻车之间的信息交换与共享。

例如 M1A2 式主战坦克的通信系统由单信道地面和机载电台系统(SINCGARS)、电台接口装置(RIU)和数字通信装置(DCS)三部分组成。

单信道地面和机载电台系统是一种用于指挥与控制的网络式电台,具有通信保密性和抗电子干扰能力强的特点,并具有数传功能。电台有背负、车载和机载三种形式。

电台接口装置用于发送大容量数字式信息(如图像)和音频信号。

数字通信装置用于将话音转换成数字信号发出,接收再将其还原成话音,通信保密性强。

勒克莱尔坦克上装置的 PR4G 电台为甚高频数字式跳频电台。勒克莱尔坦克可随时通过自动传输系统将数据信息发往邻车、分队指挥车和上级机关,尤其是命令和报告,车辆的瞬时位置,以及自动汇集起来的车辆技术状况和后勤情况,达到信息共享,同步交换的目的。

11.4.3.9 自动诊断子系统

由于坦克装甲车辆各系统结构日趋复杂,部件的可接近性降低,给故障诊断带来很大困难,这就要求故障的检测诊断由敞开式向封闭式发展。由采用先进的微处理机、传感器、报警显示装置构成的故障检测/诊断子系统,具有故障感知、逻辑判断等人工智能。

MIA2 主战坦克的故障检测/诊断系统能对车长热像仪和车体/炮塔电子设备等进行系统故障诊断。

炮长独立热像仪采用模块结构设计,分为两组可在前线更换的组件,即传感器单元和电子总线。热像仪的故障检测分为自检,内部测试和故障诊断三级。自检功能实现了对系统的不间断检查;内部测试功能则对系统的自检情况进行鉴别,并对整个系统进行测试;故障诊断则能准确查明故障原因。

车体/炮塔电子设备采用初级的"嵌入式"故障测试、诊断装置,可供炮长、瞄准手和驾驶员对大多数故障现象进行分析,采取适宜的维修措施。该装置以"摩托罗拉"68020 微处理机为核心,采用专用内部测试、诊断软件,提高了故障检测的准确性。按 DOD−STD−2167A 标准研制的故障检测软件为模块化设计,采用计算机辅助软件程序,内部测试采用 Ada 语言,其他软件采用"摩托罗拉"68020 系统语言编制。其工作原理是,当 1553 模块接到操作人员的测试指令时,即对所有可更换件进行内部测试,所有以处理器为基础的模块如 1553 模块、系统处理器模块和应用处理器模块分别执行各自的全部测试功能。

11.4.3.10　子系统接口

子系统接口的作用是完成系统与子系统之间的信息变换和交换。它包括:

(1)标准接口

它是数字式信号接口,分为两类信号:

① 串行数字信号,是曼彻斯特 B 双极性编码脉冲,属于典型的 155313 信号。

② 离散量数字信号,仅有(0,1)两个状态的信号。它包括长时间脉冲、短时间脉冲、开关、面板指示以及中心报警等多种类型的离散信号。

(2)非标准接口

非标准电信号接口可分为:

① 模拟量信号,以电位或电流模拟量的形式表示。

② 同步/交流信号,主要指同步通信和 400 Hz 供电信号。

③ 音频、视频和无线电频率信号。

④ 其他非标准电信号。

子系统接口数的确定,一是根据系统传输数字信号量决定数字信息接口;二是根据系统模拟信号变成数字信号的路数,决定 A/D、D/A 变换器数目;三是根据系统需要传输的话音、文字、符号和图像路数,决定调制/解调路数。子系统接口设计成系列化、标准化、可互换的接口模板,其模板可根据需要设计成 8 位、12 位、32 位……,智能型或非智能型的,同时必须符合机内总线标准。在芯片选择及电路设计中,应综合考虑转换速度、精度和使用环境、经济性及软/硬件配置等综合因素。

11.5 综合电子信息系统中的系统集成技术

随着电子技术的迅猛发展,美军要求消除各军兵种间和各军兵种内"烟囱式"的指挥体系,而建立起扁平化、一体化的指挥体系。海军作为一个空间、天空、水面、水下和两栖在内的多样性的军兵种和装备的集成,有海洋卫星、海军航空兵、水面舰队、潜艇部队和两栖陆战队以及其他支援力量,其舰艇由航空母舰、巡洋舰、驱逐舰、护卫舰、快艇、两栖舰艇、水雷战舰艇和军辅船等水面舰船以及战略和战术型潜艇部队构成。为了建立海军这支高技术密集和攻防兼备的一体化部队指挥体系,1992年美海军提出了"哥白尼计划"系统,随着这种以信息服务为中心的一体化网络系统的实现,它标志着美国海军综合电子信息系统已经开始走向成熟和完善,并呈现出集成化发展态势。

11.5.1 奋力打造网络化平台

网络化技术是综合电子信息系统的基础和根本。通过网络可以把战场上的单兵、单个作战平台和战场指挥控制系统联为一体,形成一个具有更强战斗力的网络信息系统。美国海军"哥白尼计划"提出,要在10年内建成8个全球性的信息交换系统和14个战术信息交换系统,其着眼点就是通过网络将海军各舰队内各自独立的C^4ISR系统集成为一个综合的信息战系统,其目标就是使指挥决策由最高指挥机构转移到舰队指挥官,使战斗舰成为信息中心,以直接提高舰队的战斗力。更具体地说,就是具有技术、组织和作战原则的灵活性;按兵力规划标准的实施战略;采用标准技术部件和强化的作战、战术网进行集中结构开发;分散开发总计划中特定使命的、多媒体的全球网;使岸上和水上指挥中心共享战术图像,并将海军结合到联合的和同盟的图像中;国家资源与战术应用相结合,使通信接近真实的办公自动化;在功能上和技术上加强军用卫星通信带宽;保障情报融合过程中多级的安全性,并建立海军范围的安全研究、开发、试验和工程网络。

未来的海上作战,将由以平台为中心的作战转变成为以网络为中心的作战,网络将在未来作战中占有十分重要的地位。而且,综合电子信息系统网络化能够支持分散在各地的多军种信息需求,方便各级的信息利用和指挥决策,可对军事行动产生重大影响。

11.5.2 各级系统达到优化高效

综合电子信息系统并不是多种信息系统的简单叠加,而是对多种信息系统进行综合设计、综合集成、诸军兵种综合运用而形成的一体化的巨大军事信息系统。特别是综合电子信息系统集成的目标,是建立在一个最优的、高性能、高抗毁与高生存力的、实时、互操作的C^4ISR系统基础之上的。目前,外国军学术界比较认同"系统集成是根据需求,将硬件(含系统软件、工具软件等)、网络、数据库及相应的应用软件组合成为有效实用的、具有良好效费比的计算机应用信息系统的全过程"。通过系统集成化,可以减少系统数量,从根本上解决三军各系统互联、互通、互操作等问题。

11.5.3 空间信息系统备受重视

从世界范围看,在综合电子信息系统的理论和建设方面,美军处于领先地位。目前美军把建立综合电子信息系统作为武器装备发展的战略重点,并采取了一系列新举措,特别是重视发展空间信息系统。

首先,美国综合电子信息系统 C^4ISR 管理工作已进入新阶段和新体系。美国防信息系统管理机构分为国防部级和各军种的 C^4I 管理机构。在对 21 世纪 C^4ISR 系统发展与管理特点进行了研究后,美国防部 1998 年 5 月改组了 C^3I 助理国防部长办公室,由负责 C^3I 并担任国防部信息主官的助理国防部长领导,全面负责国防部信息技术与资源的管理,统一领导与 C^4ISR 工作有关的国防部相关部门——高级研究计划局、国防情报局、国防信息系统局、国防安全局、国防测绘局、中央图像局、国家侦察局和国家安全局,并通过新体制的改组加强对 C^4ISR 的统一管理。特别是与陆、海、空的 C^4I 组织机构结合,能够在信息保障、基础设施保护和频谱管理上有新的起色。

其次,制订发展目标。据外刊报道,美国防部在《1998—2002 财年的国防规划指南》中明确提出,国防部正在开发一个全球性的信息系统,该系统以"武士" C^4ISR 计划为基础,通过国防信息基础设施计划来完成,专为利用空中、陆地、海洋和太空的信息流以支持所有作战功能和作战支援功能而设计。同时,美军计划通过减少系统数量来实现系统集成化,由现在一百多个典型的信息系统,经过逐步集成和完善,最终形成以全球指挥控制系统、陆军"创业"系统、海军"哥白尼"系统、空军"地平线"系统等为代表的综合信息系统,以从根本上解决三军互联、互通、互用的问题。美军认为,空间信息系统是 21 世纪综合电子信息系统的骨干。它具有全球性搜集、传递信息的独特能力,将会在获取和保持信息优势的过程中发挥关键作用。1999 年度美国防报告明确指出,航天力量将成为 C^4ISR 的重要组成部分,因此,美军目前正大力开发的新一代空间信息系统,主要包括"天基红外预警卫星系统"和军用"全球广播服务"系统等。据称,具有划时代意义的新型军用卫星信息系统,将大大提高多军种联合演习和协同作战的效能。

11.6 关于软件系统

在轮式自行火炮综合电子系统中,软件设计和应用直接关系到系统性能的优劣。成功的软件系统不仅可以提高系统性能,而且可使系统简化。软件研制过程一般是:用户需求分析→系统需求分析→软件需求分析→软件功能设计→详细模块设计→代码和模块测试→综合→初步验证→正式验证→交付运行及运行维护。这些过程是重叠进行的,每个过程都可能有反复。软件编制必须选用成熟的高级语言,它有利于软件开发,缩短研制周期,具有模块化的特点,有利于程序的阅读和理解,减少程序的语义错误。

例如,以火控计算机作为支撑的软件系统应完成作战功能的主要任务,包括:

① 协调炮塔内所有设备功能。

② 通过数据总线和直接线路对所有火控设备对话。

③ 覆盖瞄准镜内的所有信息。

④ 控制射击程序。

⑤ 控制自动装弹机。

⑥ 对人—机关系集中管理。

⑦ 即时检测设备故障,通过声响向乘员报警,并选择相应的降级工作方式等。

在软件编排上,对工作任务管理可采用表驱动方法,其功能丰富,调度灵活。执行程序负责建立任务表,调度程序是使用任务表。任务表中各项任务以优先级顺序排列,每一项中有该任务的状态参数和地址参数,状态参数是为操作系统中解决并发过程的多任务间的处理而设置的,地址参数是该项任务程序的起始地址。在执行程序的过程中,当时刻到达时,即调用调度程序,按一定的规则处理任务表中的任务。定时机构时间刻度的长短,由执行任务的计算工作量和实时性要求两者来决定。

软件的研制和开发,需要用户、系统设计者和软件设计人员密切合作,经过不断补充、修改和完善才能最后完成。

11.7　综合电子系统的发展趋势

11.7.1　现代武器综合电子系统的应用方向

从现有的陆军数字化武器装备和 FCS 地面作战平台中数字化系统应用情况得知,现代车辆综合电子系统的应用集中在以下几个方面:

一是计算机和微电子技术广泛应用于主要车载功能系统和部件。装甲战斗车辆中的武器系统、定位导航系统、通信设备、综合防护系统、电气系统和动力装置等广泛采用计算机和微电子技术,使之具有数据传输能力,构成全车信息系统。其中美军 FCS 地面车辆采用混合动力驱动技术,车辆的底盘控制使用了 X—by—Wire 技术,是全数字控制方式,火控系统中加装了自动跟踪功能,炮控分系统采用全数字交流伺服控制技术。

二是采用了高速多路传输数据总线技术。数据总线在车辆电子系统中起着神经中枢的作用,取代了传统的点与点之间的导线连接,简化了安装和布线的复杂性,将全车各系统连接成完整的信息网络,为车内信息采集与管理创建了基本条件。当前正验证的几种技术包括光纤通道(FC)、FDDI 以及 IEEE1394 等,车辆网络是由不同性能多路传输数据总线构成的异构网络,以满足图像、视频、语音和数据的传输需求。

三是采用现代化的具有数据传输能力的宽带高速全数字电台。信息化的现代战斗车辆装备的电台都具有跳频和保密通信能力,抗干扰能力强,通信安全性和可靠性好,具有数字传输和很强的兼容能力,频段范围由短波、超短波到雷达和激光,实现了多波段、高速度,并且与战术战斗信息网络实现无缝连接。

四是配备车长综合控制显示设备。通过与数据总线和通信设备接口,使车长具备各种战术、后勤信息的处理、编制和传输能力,能在数字式地图上显示定位导航系统的时代的车辆方位和行驶路线信息,同时将信息显示给驾驶员,将本车方位、后勤状态、火力指令等信息传输给上级指挥员,并接收上级网络传来的友邻车辆位置等信息,实现了战场态势的透明度。

五是车辆综合电子系统中具备故障智能诊断和自我修复功能。自行火炮中的电子部件均采用模块结构,便于部队换件修理。自动故障诊断和检测系统随时对电子部件的功能和故障情况进行检测和诊断,将检测和诊断结果显示给乘员,并将这些信息通过战术战斗信息网络(WIN-T)发送给维修单元,便于维修单元提供技术支援;对于无人战斗车辆,进行了冗余设计,系统具有自我修复能力。维修单位可利用维修检测设备通过总线接口对车载设备的技术状况进行自动检测,查找故障件,也可以通过 WIN-T 进行远程故障诊断与指导维修。

另外,美国、法国和德国还在数据总线中增加了车载射击训练装置,使成员可随时在车上进行射击训练,并通过网络系统与友邻车辆进行联系模拟训练。

近些年来,世界主要军事强国将车辆电子技术/车辆电子、系统电子和网络技术、指挥技术广泛应用于现代化高技术承载车中部件、子系统、车辆电子硬件-软件、战斗室设计、嵌入式训练、战术指挥和主动防护的综合试验,是地面作战系统信息化的核心技术,并且成为国内外研究的热点领域。

11.7.2　美军综合电子信息系统发展趋势

美军为了保持其在 21 世纪的领先地位,先后制订了一系列的措施、目标和发展计划,以保证其信息优势的实现。2001 年美军在 C⁴ISR 系统中又加了一个英文字母 K(killing),计划到 2030 年建成 C⁴KISR 系统。

(1) 预警探测系统

天基预警系统,将以天基红外预警卫星系统取代国防支援卫星系统,以提供更便捷、更准确的预警信息;对现役 E-2 预警机、E-3 预警机、E-8 预警机实施升级计划,以使其对隐身飞机、巡航导弹、弹道导弹等有更强的探测能力;陆基预警系统,将部署机动式远程高空弹道导弹防御系统;海基预警系统,为提高海军反战术导弹和弹道导弹能力,将部署"海军防御系统"和"海军全战区防御系统";为了实现对各种威胁的快速反应,将开发固态相控阵多功能雷达。

（2）情报侦察系统

航天侦察系统将采用以小卫星为重点,大小卫星相结合的发展思路;航空侦察系统将采用以无人驾驶侦察机;地面侦察系统将采用以侦察直升机和侦察车为重点、多种侦察手段相结合的发展思路;海上侦察系统将采用以相控阵雷达和水下传感器为重点,反潜机、雷达、水下传感器相结合的发展思路。

（3）电子战系统

电子战装备将从单一功能的电子战设备,向多平台、多手段、多功能的战区级综合一体化电子战系统方向发展;研制隐形电子战飞机,发展多用途电子战无人机;发展频率覆盖范围更大、攻击距离更远、可截获多种体制雷达信号的新一代反辐射导弹;增强空地一体战、提高对敌纵深打击能力将成为陆军电子战系统今后的发展方向;提高协同作战能力将是海军电子战系统发展的重点;空军电子战系统的发展旨在增强快速反应能力、整体作战能力、抵御敌方导弹攻击的能力。

（4）通信联络系统

优先发展国防通信网、区域通信网、士兵电台网和军用个人通信网;网络综合化、功能综合化、通信与信息系统一体化;安全保密向标准化、通用化、模块化、芯片化方向发展。

（5）指挥控制系统

战略级与战术级指挥控制系统一体化;态势感知实时化;系统安全化;战场可视化;装备数字化与智能化;系统间互联互通;与武器系统一体化。

（6）研制新一代战术数据链终端

Link-16战术数据链是美军各军兵种使用的一种战术数据信息传输系统,是美军联合作战的物质基础;主要由"联合战术信息分发系统"终端、指挥控制处理器和战术数据管理系统组成。目前,美军研制与生产的第二代数据链终端——多功能信息分发系统已开始装备部队。该系统与第一代终端相比的优点是体积小、质量轻、价格便宜、可靠性高。它可使战场信息能从一个作战平台向另一个作战平台实现无缝隙地传送。每架战斗机和轰炸机的飞行员、每辆坦克的射手都可以随时了解到战场变化情况,并随时对目标进行打击。

（7）开发"全球信息栅格网"

2001年9月,美国防部在《网络中心战报告》中提出了建设"全球信息栅格网"（GIG）计划。该报告指出:"全球信息栅格网"是在全球范围内工作的一个超大规模信息系统;它能提供一整套增值功能来支援信息处理、存储与传送,并实现人网互动、网络管理、信息分发管理、信息保障等功能的最优化;这些功能"充分交织、融合,以实现大系统之互通",以实时方式和真实图像向所有官兵提供全面的态势感知能力。根据美国防部的计划,到2010年GIG将初步建成。

11.7.3　综合电子信息系统发展对策

美军在建设综合电子信息系统过程中也遇到了许多困难,采取的主要措施有:

(1) 用信息管理观念来指导系统建设

为使决策过程从高层延伸至战术指挥员,满足作战需要,美军提出了建立以用户为中心的 C^4I 信息管理体系结构和即时应答系统的要求,即要求建设从探测器到射击人员的一体化系统。

(2) 明确要求,作为系统研制与建设的依据

对信息的要求是:准确——没有错误;及时——在适当的时间内能得到所需的信息;完整——必要而又足够的信息。

对信息系统的要求是:安全——包括物理系统和信息本身的安全;灵活——对各种变化反应灵敏;可获得、抗毁和可靠——系统所需技术可实现,同时能在任何地方、时间和任意操作环境中可靠工作;互操作——不同系统间可提供彼此的服务要求;经济可承受——寿命周期内的费用合理。

对信息优势的定量指标是:能有效地用于部队;能全面、实时地了解战场态势;能快速、可靠地提供网络服务。

(3) 制定明确的目标,推动系统的研制

美军制定的发展目标是:能在任何时间、任何地点,接收融合的、实际的、真实的战场空间图像,并在纵向与横向发布命令、做出响应和协同,满足指战员在战场空间执行任务的需要。

(4) 完善"软环境",强制共享信息数据

具体内容是:重新设计国防部职能程序,以提高其效率;实现数据标准化,使各机构的数据库能够共享;制定信息技术政策与标准,使国防信息系统的硬件和软件遵循连贯、一致和公开的原则;取消对特定业务重复的指挥自动化系统,集中统一使用系统信息。

(5) 制定完善的综合信息系统体系结构文件

美国防部制定了一系列有关体系结构的指导性文件,为整个综合信息系统体系结构的开发、表述和建立,确定了技术标准、法规和惯例。在这些指导性文件的引导下,美军综合信息系统的一体化进程明显加快,系统的互操作性逐步提高。

第12章　轮式自行火炮系统的研制成本分析

12.1　概　　述

12.1.1　意义

轮式自行火炮系统型号项目研制是一个结构复杂、工程量大、研制生产周期较长,涉及工程技术领域多的系统工程。在项目实施时,研制费用的准确估算、合理分配和有效控制成为研制项目能够保质、保量、按时、低费用、高效率完成的关键因素之一。然而,在过去的研制过程中,我国武器装备研制费用出现了较大的超支现象,而且超支的同时伴随着拖进度和降低战术技术指标的现象。在向市场经济转轨的情况下,我国装备研制费超支有加剧的趋势。所以,控制武器系统费用增长,节约研制费用,提高武器装备的效费比是我国军方十分关注的重大问题之一。

从装备的规划、立项论证、技术状态的确定,到产品的研制、定型,基本上都是由计划部门和业务部门来完成,在进行装备经济性分析时,主要是依据现有装备的价格水平,考虑一定的增长幅度,作为费用预算的标准,财务部门很少甚至没有参与项目的经济性分析。最终由于费用控制论证不充分、不全面,经费概算不准确,往往导致装备研制实际费用大幅度超过预算。军方管理部门已经意识到装备研制费用,即经济性要求的重要性,一些型号研制项目在规定战技指标的同时,明确了经济性指标要求。

在充分遵照工程预算法和参数预算法原则的基础上,建立能够通用的、准确的轮式自行火炮系统的研制费用分析模型,对轮式自行火炮系统的研制成本进行分析,可为该类武器装备研制的费用控制提供依据。

12.1.2　国内外武器系统研制成本现状分析

美国为了有效管理武器装备研制项目的费用,在武器系统的研制阶段主张搞分解结构,研究分系统级的参数模型,并建立了相应的管理机构及费用估算报告制度。为加强全寿命费用管理,美国重要武器系统采办管理可分为国防部、各军种(或国防部各业务局)和型号办公室三级。费用分析也分为三级,国防部长办公厅内设立费用分析改进小组(CAIG);各军种或业务局设立费用分析小组(CAG);型号办公室也设费用分析小组(CAG)。CAIG 的职责是:担任计划采办阶段决策机构在费用方面的首席咨询团,负责对各军种或业务局上报的独立费用估算报告和型号办公室提出的费用估算报告进行审查并给出评估意见,而后上报国防采办委员会。主要任务有:作独立的 LCC 分析;为阶段审查提供全寿命费用报告,并为是否推迟阶段或计划审查提供建议;指出国防部各部门或型号办公室费用估算的不足之处;作风险评估;对费用有重大影响的问题进行分析;为采办管理中的费用术语确立标准的定义;制定和实施改进费用估算程序、方法和数据等方面的政策;制定承包商费用数据报告系统的政策指南;召集年度国防部费用分析研讨会;修改和完善费用数据库。各军种的 CAG 负责提交独立的不属于采办链路的费用分析报告(DOD CCA)。型号办公室的 CAG 负责提出它的费用估算报告(POE)。从中可以清晰地看出,美国对武器装备研制型号项目的费用管理建立了层层制约又相互合作的管理机构,广泛采用了工程估算法估算项目的全周期费用。

我国的武器装备经济性和费用分析主要集中在研制阶段,既不全面也不规范,而且范围狭窄。对武器装备的费用分析,定性分析多于定量分析,且偏重于定性分析,估算不准确。具体表现如下:

① 在用参数模型分析经费时存在样本少、数据不全、统计不准、分析基础薄弱等问题。而等价值工程比的取值尚处于初步研究阶段。

② 参数模型大多是武器装备全系统级的费用模型,但是全系统级研制费用参数估算模型的精度与可信度都比较低。

③ 参数估算法是研制初始阶段首选的费用估算方法,然而我国目前把参数法用于研制的各个阶段,在全面研制阶段工程法用之甚少。

④ 武器装备研制项目每进入一个新阶段,以前的费用估算至少要做一次修订。随着研制工作的进展采用估算方法应该越来越详细、精确。然而,随着研制进程的不断深入我国现阶段武器系统研制项目终身沿用一次费用估算的方法,缺少反复修正模型的工作。

⑤ 轮式自行火炮系统的研制工作中,目前还没有较为准确的费用分析模型。

12.2　轮式自行火炮系统研制费用估算法

12.2.1　参数法

参数法也称费用估计关系(Cost Estimate Relation,缩写为 CER),使用这种方法时,首先要确定那些典型的且与费用相关的参数和变量,然后用现有数据进行拟合,并通过拟合曲线把费用与参数联系起来。该方法利用了统计回归分析技术,而且在回归分析中可以增大采样量,以提高估算精度和减少估算的误差风险。这种方法简单,比较经济,已经越来越普遍被采用。该方法主要用于确定系统中一些关键的或比较重要部件的费用,建立费用参数间的关系时,也选用一些关键性的参数。

12.2.2　类比法

类比法主要是在已知费用的系统与准备进行费用估算的系统之间建立费用估算关系。即根据已知费用的系统去推算被估算系统的费用。例如,已知某轮式自行火炮系统火力部分的总费用,算出每千克战斗部的单价,再利用此单价去类推另一新研制(或准备研制)的轮式自行火炮系统火力部分的费用。类比法用于新研制装备与现有型号具有类似的功能,而且其结构和性能特性与现有装备又是可比的情况,此法误差较大,所以很少独立使用。

12.2.3　工程估算法

工程估算法要根据装备研制项目工程图样,将研制项目系统分解为若干个分系统,每一个分系统又可以分为若干个子系统,如此分解下去直至不能够分解为止,从而得到项目系统的树形结构,即项目的分解结构图,然后按照每一个系统构成要素估算子系统的费用,构成子系统的费用手册,而自下而上将每个系统估算出的费用,汇总在一起累加起来,最终汇总出装备研制的总费用。这种方法对被估算的项目方案和个个分系统的技术方案和每个分系统的技术方案要求很细化,系统比较具体,因为分析得越细,估算的费用也就越精确,其弊端一是工作量增加,一是对估算人员提出了很高的要求,必须对国防项目系统要有详尽的了解:不仅要了解装备的略图、工程图以及装备系统所作的描述,而且还应详细了解装备的生产过程,使用方法和条件,保障方案以及历史资料和数据等等,才能够将费用的项目分解精确。工程估算法可称为技术分析法,是最精细、费用最高的项目估算方法。由于此方法是数据长期积累的过程,而且程序复杂,目前,国内武器装备费用管理部门很少采用此方法估算武器装备的研制、生产等费用。

12.2.4　神经网络方法

神经网络方法包括 BP 神经网络方法和小波神经网络方法。BP(Back Propagation)神经网络方法一般采用三层 BP(误差反向传播)网络,将对费用影响较大的战术技术性能指标或结构参数作为神经网络的输入,费用作为输出,用足够的样本训练这个网络,一旦训练完毕,便可作为一种有效的工具,去估算新型号的费用。神经网络方法具有良好的非线性功能、自学功能,但需要大量样本训练模型,适用于批量比较大的装备。其中小波神经网络方法尚处于理论研究阶段;BP 神经网络方法如果在数据不充分或映射不完全的情况下,可能找不到满意的解或出现局部收敛解。

12.2.5　遗传算法融合神经网络方法

用三层前馈神经网络作为遗传搜索问题，改进的遗传算法和前馈神经网络杂交算法具有快速学习网络权重的能力，并且能够摆脱局部极小点的困扰。遗传算法融合神经网络方法可改善单独使用遗传算法确定的参数组合比较粗糙以及单纯使用 BP 算法收敛性差、易陷入局部极小点等问题。

12.2.6　时间—费用模型

时间—费用模型具有一定的预测功能，可为计划、控制和分配经费提供一种量化的方法。时间—费用模型主要用于分配和控制系统研制、生产过程中相应年份（月份）的投资强度和总费用的需求量。

12.3　建立费用估算模型时应考虑的事项

12.3.1　影响研制费用分析方法的因素

自行火炮系统费用分析人员应当了解费用分析的影响因素。在收集到了数据、并对数据作了规范化与鉴定之后，下一项任务就是估算每一类费用。对于具体种类的费用来说，最适宜的估算方法可能决定于许多因素。在这些因素中包括：

① 进行费用估算时，自行火炮系统是处于寿命周期中的哪一个阶段。

② 是否能够得到历史性的费用数据。

③ 能够取得的费用数据详细程度。

④ 能够取得的系统规格（设计特性、工作特性和使用特性）的详细程度。

⑤ 用于编制费用概算的时间。

12.3.2　确定估算方法的使用范围

在概念描述阶段的初期，只能得到有限的设计数据，而且在系统规格、研制要求和生产要求上都存在着相当大的不确定性，因此，只能编制按绝对值规则计算的费用概算。在此阶段中，采用参数费用估算方法和类推费用估算方法都特别合适。国防部的文件可能提出，统计参数方法是编制初期费用概算的方法，但是，在历史性费用数据样本不充分的情况下，往往不能使用这种方法。只有在以前曾经研制过一、两代系统或产品的情况下,才能选出最可比的系统,用类推方法进行费用估算。

使用参数方法,需要在费用与一个或几个费用生成变量之间建立费用估算关系。在确定说明性变量对费用影响的一般形式上,参数方法具有客观性与灵活性的优点。但是,有些关系却可能是"虚假的",因此,应谨防运用这种关系。运用标准的统计回归技术能够推导出具体数值。费用估算关系的另一个优点是,它们能够给出作为费用有效预估值的费用关系质量的某种指标,而不管这种质量指标是用"确定"系数、估算值标准偏差、置信度或估算区间之中的哪一个来表示。此外,成功地运用参数方法的主要限制,是反应作费用估算的产品或系统之基本特性的历史数据的质量和数量,是其拟合"定律"。

使用类推估算方法,可能需要确定单一的前一代产品或系统,并根据价格、产量和计划时间等的变化调整该系统的费用,建立基本费用。然后,再根据前一代系统与作费用估算系统之间的物理特性、使用特性和工作特性上的差别调整基本费用。很明显,费用预估值的有效性决定于:作良好类推的能力和确定前一代系统与新系统之间的基本差别的精度。

上述两个方面,可能都需要有丰富的经验和良好的判断能力。

如果能够进行良好的类推,这种方法比参数方法优越的地方是,在搜集、调整与鉴定数据上以及在曲线拟合中能够节省时间。类推估算方法的缺点是,需要把费用与单一的说明性变量联系起来,并假定费用与单一的说明性变量的大小成比例,比如说,"质量增加 25%",结果就使"费用增加 25%"。

类推方法和参数方法可以用来估算一切类型的费用。在历史上,由于在取得数据上所存在的问题,类推方法可能是一种最主要的方法,这种情况一直保持到最近。但是,随着现在对参数估计方法的强调,国防部和陆军都在采取下述措施来克服上述缺点:在国防部及其承包单位内部都建立了统一的费用估算程序,在陆军武器装备研制与采购司令部的各产品内部建立了费用估算关系库,建立了费用估算控制数据中心,并尽可能建立自动化的费用信息系统。

在研制过程的最后几个阶段中,技术数据集和工程图逐渐编制出来。这时往往用工程估算方法去确定投资和生产中的周转费用。工程估算方法是一种既费时间又费钱财的费用估算方法,因为,需要通过大量的计算才能根据基本的工作任务、武器装备的制造与装配过程、产品的实际尺寸等来算出费用。这种方法具有较高的费用估算精度,但是,由于耗费时间较长,所以这种方法主要在下述情况下使用:用参数方法或类推方法编制的费用概算具有相当大的不定性和从历史上找不到与作费用估算的产品或系统相似的产品或系统。

但是,在武器系统寿命周期的早期阶段建立的费用估算关系中,有许多可能是用费用比和标准费用因素建立的。这类费用估算关系的例子有:建筑费用因数(每平方英尺的费用)、用设备投资百分率表示的设备维修费用以及特定的工作过程中的标准劳动生产率。这些费用估算关系可能是来自现行的指数以及通过对类似的费用组成部分作历史观察所建立起来的数据表。

　　在概念阶段,研究、研制、试验与鉴定费用是首要的费用。这时,有些基本费用参数还没有确定,因而,还不可能编制投资及使用费用的准确概算。总的要求,或最初的编制与装备表规定的费用与附加费用(如维修余量和作战消耗)之和,将随着关于用所研制的武器计划装备多少部队以及装备何种部队的决策而变化。使用费用是作战系统的维修与消耗的一个因数。在这个阶段中,大部分的研究与研制费用是可以根据装备及其部件中的类似产品的可比性研究工作计算出来的。在研制阶段中,随着详细设计要求的确定,随着样机的制造与试验,用参数方法或类推方法得出的费用概算逐步为实际费用数据所代替,例如,研究与研制费用将要用尽,将要根据修改过的费用估算关系和工程编制比较准确的生产费用概算。使用费用还可能是根据费用因数估算出来的,但这些估算值可以根据在样机试验中取得的经验不断加以修改。

　　由于费用估算关系是根据关于“类似”系统的经验建立的,所以,总有关于过去的费用经验对预测未来的费用是否正确的不定性因素存在。这一点特别适用于在技术上一般都比前几代复杂的先进武器系统。因此,第一个费用估算值还应当反映对最可能费用的可能的变化性所作的判断。最可能的费用是根据在推导费用估算关系时所使用数据的数量和质量得出的。不定性的估计,对于真实地预估部件费用是必不可少的,对于表示系统费用增长的可能原因是不可少的。

　　不定性的分析结果,还用来在概念描述阶段中支援在各个武器系统方案之间进行的权衡分析。

12.4　研制阶段对全寿命周期费用的影响

　　火炮武器系统寿命周期费用(LCC)是指军队用户从确定对火炮系统的需求开始,到满足用户需要为止的全过程中,花费在火炮系统的设计、生产及使用方面的费用总和,主要包括研制费、生产费、运行费、维修费、后勤支援费、使用费、报废费等。轮式自行火炮系统的研制,一般要经过指标论证、方案设计阶段、工程研制阶段和定型阶段。在不同的阶段具有不同的任务和不同的内容。

　　指标论证阶段要完成轮式自行火炮系统的战术技术指标论证和可行性论证,工作内容主要有:

① 战术技术指标的合理性、现实性及实现的可行性、经济性、实施步骤、研制周期等。

② 型号方案设想和拟采取的主要技术途径。

③ 大型试验方案的初步设想。

④ 关键技术。

⑤ 拟采取的新技术、新工艺、新材料、新型电子元器件。

⑥ 必须解决的新设施、新设备和需要国家解决的重大技术改造项目和引进项目。

⑦ 研制计划和研制经费。

⑧ 研制分工等。

在军方完成轮式自行火炮系统的战术技术指标论证和可行性论证后,研制方开展任务要求分析,并将系统要求用多种可实现的技术方案表述出来,在对多种技术方案进行定性和初步定量分析的基础上,进行功能分析,技术要求分配,建立相应的系统模型,借助计算机对多种预选方案进行权衡研究,初步综合,提出有竞争力的备选方案。方案论证的基本过程是一个由粗到细,不断深化的过程,需经过多次迭代才能完成。

由方案分析转入单方案决策,是系统研制的关键性决策点,通常由使用方(军方)组织严格的、具有权威性的方案评审决定。在方案评审之前,研制方不仅要完成前述工程系统的分析与综合工作,提供可供评审的技术报告,还要完成样机的一系列试验与鉴定。对于重大工程系统,比如战斗机,国外通常要在备选方案工程样机试飞后进行方案决策。

论证研究与方案决策阶段所用经费一般不超过工程研制经费的 10%～15%,但是它决定着工程研制 60%～80%以上经费使用效益;因此,必须严格按照工程开发的行动程序和决策程序办事,认真做好工程论证研究和方案决策阶段的研究工作。

工程系统技术方案决策之后,进入实质性的工程研制阶段。60%～80%的经费要投入到这一阶段。这一阶段的主要工作是系统设计、系统试制和系统试验,这是一个工程系统多次迭代的综合、权衡与优化的过程。

定型—投产阶段(成果转化阶段),国外一般称为生产与部署阶段(PDP—Production Deployment Phase),主要任务是:

① 进行工程系统全面鉴定与使用验证试验(部队试验),全面评价武器系统的性能研制质量。

② 针对系统存在的薄弱环节,进行相应的设计改进与实验验证,完成工程系统的成果转化工作。

③ 整理、鉴定设计文件,进行设计文件定型。

④ 整理、鉴定工艺文件,进行工艺文件定型。

⑤ 鉴定专用工装、设备,完成工装、设备定型。

⑥ 参与外协产品定型。

⑦ 提出《工程系统定型报告》,经评审、审批手续,完成定型工作。

⑧ 签订工程系统生产合同,准备投产。

⑨ 工程研制单位完成研制工作总结与资料归档工作。

值得强调的是,在定型前的定型鉴定试验和使用验证试验(部队试验)是武器系统可靠性增长试验的重要组成部分,是研制性试验的继续,切不可不适当地过早冻结武器系统的技术状态;否则,不仅留给设计者的是遗憾,更重要的是留给使用者的是难以应付的风险。

从上述可以看出,由于影响全寿命周期费用的因素已经被所采用的技术途径所限制,基本上已经决定了武器系统的全寿命周期费用将在投入批量生产前基本确定。目前国内的轮式自行火炮系统在全寿命周期费用方面尚无有价值的费用情况统计分析,也未研究建立费用/效能模型。引用美国国防部的数据统计来分析轮式自行火炮系统研制阶段对全寿命周期费用的影响,如图 12-1 和图 12-2 所示。

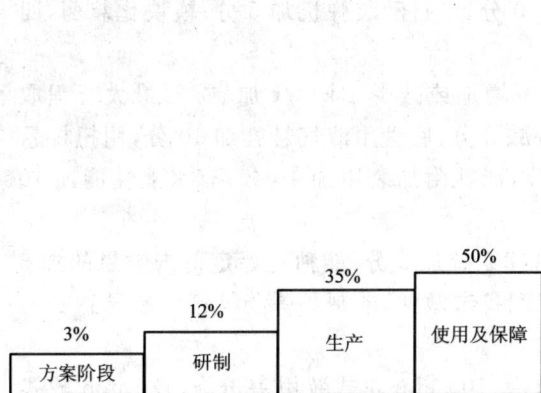

图 12-1　全寿命周期费用

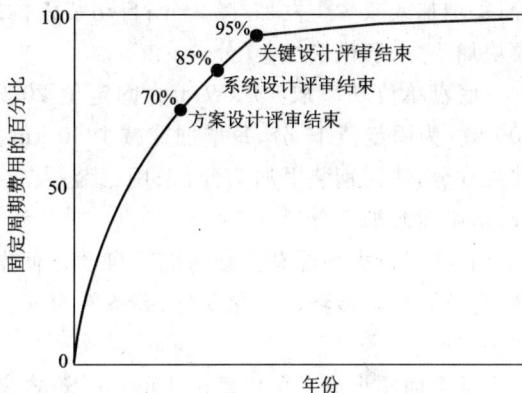

图 12-2　早期决策对寿命周期费用的影响

从图 12-2 中可以看出,早期的设计决策决定了大部分寿命周期费用。即研制阶段对 LCC 的影响达到 70%;到设计验证阶段完成时的影响达到 85%;到整个研制阶段结束时的影响达到 95%;但是整个研制阶段实际花费却不到 15%。

12.5　性能参数与研制费用的简单相关关系

在统计学上进行相关关系分析的过程中,要有统一的量纲标准,由于各个性能参数的量纲之间存在差异,首先量化要有个标准,由于自行火炮各部件之间的关系是相辅相成,缺一不可,是一个系统工程。从目前的形势来看,在评价某些系统性能的时候,尽量避免强调关重件对系统的特殊贡献,而是要关注每个细节,每一个组成单元在系统作用过程扮演的角色,此方法优点是在可见的误差范围内,能够得出各个自行火炮性能参数总得分,缺点是忽略了火炮关重件的特殊作用及特殊费用。

12.5.1　四种轮式自行火炮系统性能得分计算

在了解 100 mm 轮式突击炮、105 mm 轮式突击炮、120 mm 迫榴炮和 122 mm 自行榴弹炮基本信息的基础上,结合工程法和参数估算法建立轮式自行火炮系统研制成本分析模型。

我们假设一个固定值作为参考,低于这个值的减若干分数,高于这个值的加若干分数。通过比较,计算得出对研制费用具有较大影响的四种轮式自行火炮系统性能参数得分。

战斗全重取 18 t,为 30 分,少一吨加 10 分,相反减 10 分。炮口初速取 1 500 m/s 为固定值 15 分;射程取 10 km 为固定值 30 分;每增加或减少 5 km 相应加/减 3 分;射速取最大射速 6 发/分为固定值 15 分;爆发射速取 2 发/15 秒为固定值 8 分;持续射速取 3 发/分为固定值 7 分,每增加或减少 1 发加/减 2 分;自动装弹机加 10 分,半自动装弹机加 5 分;模块化装药,四模块加 5 分,双模块加 10 分。

底盘单位功率取 13 kW/t 为固定值 20 分,每增加或减少 1 kW/t 加/减 2,最大行程取 800 km 为固定值 15 分,每增加或减少 50 km 加/减 2 分;底盘用液气悬挂加 10 分,用扭杆悬挂加 5 分;使用钢装甲加 7 分,采用铝装甲加 4 分,能挂附加装甲加 10 分;有水上性能加 10 分,水中浮渡加 3 分。

轮式自行火炮配有全套的炮兵自动化侦察指挥系统加 5 分;能独立评定射击效果的加 5 分;有车际信息传输系统加 5 分;装备能为其生产配备末敏弹,末制导弹药等精确制导弹药的加 10 分。

从上面的评分中可以算出 100 mm 轮式突击炮、105 mm 轮式装甲突击炮、120 mm 轮式迫榴炮、122 m 自行榴弹炮四种轮式自行火炮系统的性能总得分。

12.5.2 四种轮式自行火炮系统效能与研制费用的相关关系

利用 SPSS 统计软件,计算结果可知:自行火炮质量与研制费用的相关程度最大,其关联程度为 0.176 43。射程、射速和炮口初速度等性能指标与费用的关联度较大,前两者的关联系数分别为 0.176 37 和 0.176 27,一般取射程和射速作为轮式自行火炮系统研制费用分析模型参数。此外,最大行驶速度和最大行程与费用的关联度也较大,是 0.176 25,0.638 0。

12.6 创新件对轮式自行火炮系统研制费用构成的影响

12.6.1 创新件费用占研制费用构成比重

自行火炮系统的研制工作一般需经历首轮样机、工厂鉴定样机和设计定型样机的试制、生产、工厂鉴定试验和设计定型试验,对自行火炮系统的研制也应注意到是国内首次研制,还是国外仿照以及是现有型号的自行火炮改进定型,因为不同的研制条件对自行火炮的研制费用有着显著的影响。从调研资料中可以看出,由于研制的环境不同,自行火炮的研制费用有着很大的差别。从目前的轮式自行火炮系统的经济性分析报告中可以看出,国内现有四种轮式自行火炮系统的价格介于 500~700 万元。由于轮式自行火炮系统的研制总体技术在一定时间内已具有较高的水平,尤其是火力系统和底盘分系统,在项目研制过程,多数是直接借用已有系列的火炮火力分系统和火炮的底盘分系统,如 100 mm 突击炮和 105 mm 突击炮在研制过程中都是采用同一种已经存在的底盘 WZ551 系统的底盘,而 122 mm 自行榴弹炮的火力部分基本借用 96 式 122 mm 榴弹炮火力系统。正如资料显示:轮式自行火炮系统的研制费用构成中,基本件和借用件的费用只占 10%,其研制及人工费用占 70%,其他协调费用占 20%,创新件对轮式自行火炮系统研制费用的具体影响将在下文作详细分析。

12.6.2　创新件对研制费用的影响

一般说来,成熟技术适应范围广,生产工艺比较成熟,良品率较高。因此,应用成熟技术越多,研制和生产费用也就越低。实践表明,对成熟技术进行有效的综合利用,同样可达到提高整体战斗力的效果:如美军在武器装备研制中规定创新技术不能够超过 30%。美国"阿波罗登月计划"的主体设施等航天工程中竟没有一项是创新技术。其总体负责人韦伯博士说:"我们没有使用一项别人没有的技术。"反之,对于创新技术,需要大量的研制开发费,且生产技术条件不稳定,生产中发生的不可预见费用高,研制费和订购费的大幅度攀升是不言而喻的。然而,我们目前这方面的问题并没有得到较好解决。因此,在轮式自行火炮系统的研制费用构成中,采用的创新件越多,研制费用将成指数增加。

另外,在新产品研制的过程中,需要贯彻经济设计的思想。不能为了满足战术技术指标的要求,一味地选择新技术、新工艺、新材料。避免科研项目为了达到战技指标的要求,选材用料以"高"为上,以"强"为优的不良现象。在工艺选用上,错误地认为选用新工艺,也许更能够显示出新产品的先进性来,大量选用所谓的先进工艺,结果造成人力物力的大量浪费。

在研制设计过程中采用新技术、创新件的时候,必须采用轮式自行火炮系统的性能与研制费用比(性价比)的方法和轮式自行火炮系统周期寿命的方法对采用新技术、创新件将对轮式自行火炮的经济性产生的影响作充分估算。

12.6.2.1　研制过程中轮式自行火炮系统与费用密切相关的性能估算

轮式自行火炮系统的效能是"在给定条件下,给定时间内,武器系统能成功地满足作战需要的概率"。在过去的一段时间内,国内外装备效能研究部门局限于将火力(F),机动(S)与防护(P)三大性能或三大要素作为衡量武器效能的主要指标。虽然这三大性能反映了自行火炮武器系统重要的作战能力,但可靠性(R),可维修性(M),可用性(A)与耐久性(D)已成为自行火炮武器系统不可或缺的性能评价指标。目前,军方将 R、M、A、D 和 F、S、P 三大性能综合起来评定自行火炮效能,一般采用如下简单的综合指标评分法:

$$WT = WF \times F + WS \times S + WP \times P + WR \times R + WA \times A + WM \times M + WD \times D$$

$$(12-1)$$

式中,WT 为总的效能值,WF、WS、WP、WR、WA、WM、WD 分别为各个性能指标的加权系数。

12.6.2.2   利用费效比的方法选择性采用创新件

自行火炮研制费用与性能对比分析的方法有费用或效能定值法、理想点法和效费动态比的方法。目前采用较多的是效费比法。

效费比法是从自行火炮武器系统的效能和费用两个方面对比价值。当费用或效能不是一定值时,则取效能与费用值之比(效费)最大的一个方案,公式如下:

$$CE = \frac{SE}{RC} \qquad\qquad (12-2)$$

式中,CE 为效能费用比,SE 为系统的效能,RC 为研制费用。

例如:计算总和得 I 型、II 型自行火炮武器系统的 RC 分别为:3 130 万和 2 830 万。

I 型、II 型自行火炮武器系统的效能(SE)分别为 0.85、0.73,寿命周期费用分别为 3 030 万和 2 830 万,I 型的效能优于 II 型,但费用高于 II 型。利用效费比法,从自行火炮武器系统的效能和费用的两个方面对比价值。由公式

$$CE = \frac{SE}{RC}$$

计算得:I 型自行火炮武器系统的效能费用比为 0.272/千万。

II 型自行火炮武器系统的效能费用比为 0.258/千万。

从计算结果中可以清晰看出,虽然 I 型研制项目的研制费用高于 II 型,但是 I 型研制项目的效能也高于 II 型,I 型效能费用比也高于 II 型,最后在选择设计方案的时候,I 型占优。

12.6.3   创新件与研制费用的关系

在研制阶段,轮式自行火炮系统的部件组成一般有借用件和新设计的部件(即创新件)。在对轮式自行火炮系统研制费用模型分析的过程中,借用件的费用一般有明确的价格显示,而创新件需要采用新技术、新材料、新工艺,都极大程度地影响着研制费用。表 12-1 所示为四种轮式自行火炮系统研制费用与创新的数据,利用统计学的方法,估算研制费用与创新件的关系。

表 12-1   轮式自行火炮系统中创新件费用表

类别 类型	借用件数	创新件数	创新件所占 比例/%	创新件费用占 研制费用的比例/%
I	9	4	10	31
II	11	6	15	45
III	14	7	15.50	51
IV	20	11	30	65

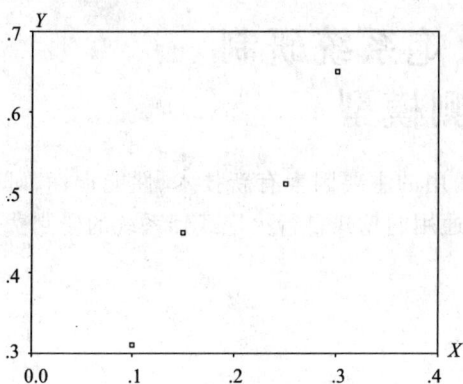

图 12 - 3　Y 与 X 关系散点图

以创新件占部件的比例为自变量 X,以创新件费用占研制费用的比例为 Y,利用 SPSS 统计软件,计算得到相关信息,如图 12 - 3 所示。

从上面的散点图可以看出,创新件费用占研制费用的比例随着创新件占部件的比例的增加有着大幅度的提高,而且当创新件占部件的比例达到一定的水平以后,创新件费用占研制费用比例的增加幅度更加明显。因此,用传统的线性回归模型表示 Y 与 X 的关系是不恰当的。故模型将在 Cubic(三次函数)和 Power(幂函数)这两种曲线模型进行非线形回归分析估计,如表 12 - 2 所示,图 12 - 4 所示。

表 12 - 2　非线形回归分析估计

Curve Fit					
Dependent	Mth	Rsq d. f.	F Sigf	b0	b1
Y	CUB .990	2	18. 42. 000	0	$-5.00E-12$
Y	POW. 919	2	22. 63. 041	0.184	1. 48

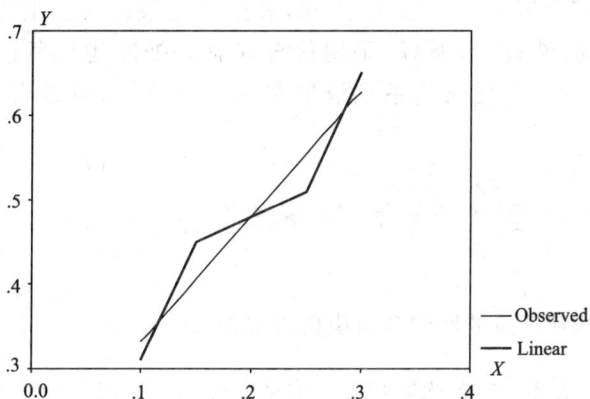

图 12 - 4　Cubic、Power 两种曲线预测图

从这部分的结果可以看出,在所选的 Cubic、Power 这两种曲线函数中,Cubic 的拟合优度更高。其具体模型为

$$y = -0.125\ 6 + 0.029\ 4x - 5 \times 10^{-3} x^2 + 0.986\ 3x^3$$

12.7　轮式自行火炮系统研制
费用分析预测模型

根据前面的分析,影响轮式自行火炮系统研制费用的主要因素有新技术、性能指标、研制年代指数。结合工程估算法和参数估算法建立较为通用的轮式自行火炮武器系统的研制费用分析模型。

12.7.1　工程法的估算方法

按照工程估算法的定义,就是将所有部件的详细费用求和,然后按照研制阶段的工作内容将研制分解为:设计费用(C_{d1});试制费(C_{d2});试验费用(C_{d3});发展费用(C_{d4});鉴定批准费用(C_{d5});研制管理费用(C_{d6});研制阶段其他费用(C_{d7})。

那么

$$C_d = \sum_{j=1}^{7} C_{dj} \tag{12-3}$$

通过从工作角度来分析,可以找到影响这一阶段费用的关键因素,有利于实际中改善管理。相比参数估算法而言,工程法的工作量太大,我国的研制项目管理办法还不够完善,许多费用都存在着信息不对称性,因此,利用通过数据层层上报的方法达到工程估算法的数据要求的可行性较小,所以,采用符合现有数据库建设条件的工程估算法和参数法相结合的方法对轮式自行火炮系统研制费用进行分析,可以实现估算更准确,估算费用更低等优点。

12.7.2　含虚拟自变量的回归分析模型

12.7.2.1　含虚拟自变量的回归分析模型的定义

在一般的回归分析过程中,因变量和自变量都是可以直接用数字计量的,即可以获得其实际观测值,这类变量称作数量变量、定量变量或数量因素。然而在实际问题的研究中,经常会碰到一些非数量型的变量,但在建立一个实际问题的回归方程时,经常需要考虑这些定性变量。因此,由于受到质的因素影响,回归模型的参数不再是固定不变的。例如轮式自行火炮系统的研制费用分析模型中,研制费用与研制类型有关,也就是说,首次研制与仿制、改进等研制费用都有很大的差别。显然如果忽略质的因素,仍然把模型中的参数看做是固定不变的,得到的参数估计量就不能正确描述经济变量之间的关系。

　　在这样的回归分析中,对一些自变量是定性变量的先作数量化处理,处理的方法是引进只取"0"和"1"两个值的 0—1 型虚拟自变量。当某一属性出现时,虚拟变量取值为"1",否则取值为"0"。虽然虚拟变量取某一数值,但这一数值没有任何数量大小的意义,它仅仅用来说明观察单位的性质和属性。

　　如果在回归模型中需要引入多个 0—1 模型虚拟变量 D 时,虚拟变量的个数应按下列原则来确定:对于包含一个具有 K 种特征或状态的质因素回归模型,如果回归模型不带常数项,则其中需引入 K 个 0—1 型虚拟变量 D;如果有常数项,则只需引入 $K-1$ 个 0—1 型虚拟变量 D。

12.7.2.2　计算公式

　　下面以自变量所含定性变量是一个还是多个来分别说明如何构造含虚拟自变量的回归模型。

　　(1)自变量中只含一个定性变量

　　自变量中只含一个定性变量,且这个定性变量只有两种特征的简单情况时建立的回归模型为

$$y = \beta_0 + \beta_1 x_1 + \beta_2 D + \varepsilon \tag{12-4}$$

式中,β_0 为回归常数项,β_1、β_2 为回归系数;ε 为随机扰动项

$$D = \begin{cases} 1 \cdots (类型一) \\ 0 \cdots (类型二) \end{cases}$$

　　(2)自变量中含多个定性变量

　　例如,某型武器系统销售额除了受当地国防经济水平、产品自身价格的影响外,还会受到地区特性,如气候、作战地形等多个定性变量的影响,这些变量不仅仅会改变回归模型的常数项和回归系数,而且定性变量之间也往往有交互影响。因此,综合这些因素可以建立一个武器系统销售额的回归模型:

$$y = \beta_0 + \beta_1 D_1 + \beta_2 D_2 + \beta_3 D_1 D_2 + \beta_4 x_1 + \beta_5 x_2 + \varepsilon \tag{12-5}$$

式中,β_0 为回归常数项,β_1、β_2、β_3、β_4、β_5 为回归系数。x_1 为单位武器系统的价格,ε 为随机扰动项。

$$D_1 = \begin{cases} 1 \cdots (热区) \\ 0 \cdots (寒区) \end{cases}$$

$$D_2 = \begin{cases} 1 \cdots (平原) \\ 0 \cdots (山地) \end{cases}$$

12.7.3　建立模型

轮式自行火炮系统研制项目按阶段可分为:方案论证,方案评审,初样设计,初样设计评

审,初样试制,初样评审,正样试制,正样评审,正样加工试制,工厂试制,靶场试验,热区、寒区实验,定型等。研制过程基本按计划进行,无大的突发性变更,则轮式自行火炮系统研制费用随着时间的推移,经费需求总是初期少,中期的某一段时期达到高峰,后期经费需求又减少。而研制费用与基本件、性能得分等呈现一种线性关系,按轮式自行火炮系统按照首次研制和改进项目差异加以区别后,可加入虚拟变量。因此选择含虚拟自变量的回归分析模型来建立轮式自行火炮系统研制费用模型。

在研制费用分析的过程中,本文首先遵照工程法的要求建立轮式自行火炮武器系统基本件的数据库,将基本件的费用作为模型分析因子之一,用 x_1 表示。

按照简单参数统计的方法将已有轮式自行火炮系统的战术技术性能指标的得分建立一个数据库,并将性能得分作为模型分析的另一个构成因子,用 x_2 表示。

由于创新件占新研制项目部件的比例对研制费用的影响幅度较大,在上文中已经证明用曲线回归模型模拟创新件占新研制项目部件的比例与研制费用之间的关系,则此变量不参与含虚拟自变量的回归分析模型的计算,但在模型最后将虚拟自变量的回归分析模型与曲线回归模型相嵌,组合成最终模型,当然创新件比例也属于研制费用的构成因子,用 x_3 表示。

在模型中将项目研制的类型加以区分,引入虚拟变量 D,将研制项目分为改进型研制项目"0"和国内首次研制项目"1"。

轮式自行火炮系统的研制周期长,由于受到利息、通货膨胀等影响,货币的时间价值在轮式自行火炮系统研制费用的分析过程中必须用参数的形式加以表现。

由上述的变量和已经建立相关的数据表,用含虚拟自变量的回归分析方法建立轮式自行火炮系统研制费用的模型:

$$y = (a + a_1 x_1 + a_2 x_2 + a_3 x_3^3 + D) + \sum_{j=1}^{n} \frac{x}{n} [(1+p)^j - 1] \qquad (12-6)$$

其中,y 为轮式自行火炮系统研制费用;x_1 为基本件;x_2 为性能指标得分;x_3 为创新件占总部件的比例;x 为利用此模型预测出的轮式自行火炮系统研制费用;D 为虚拟变量,"0-1"表示区分首次研制或改进型研制;a 为回归常数项;a_1、a_2、a_3 为回归系数;p 为平均年利率;n 为研制周期(单位:年)。

12.7.4 算例

通过查阅大量的相关资料结合相关方法的计算,得到 7 种类型的轮式自行火炮系统研制费用、基本件费用和性能指标得分,如表 12-3 所示。

表 12 - 3　相关变量数据表

项　目　＼　变量	研制费用 y/万元	基本件费用 x_1/万元	性能参数得分 x_2	虚拟变量 D
1	2 400	300	160	0
2	5 000	625	180	0
3	5 760	720	200	0
4	7 150	800	215	0
5	9 600	900	330	1
6	18 480	860	384	1
7	25 360	1 000	430	1

　　模型计算的过程中存在许多量纲不同和初值数量级差别很大的指标。由于作为备选费用驱动因子的参数和费用的量纲不同以及数据初值数量级差别很大,不能直接进行比较。为便于比较和消除指标的不同量纲、初值大小对结果的影响,模型进行计算分析时常需对指标原始数据作无量纲化或规范化处理。即为了消除数据的量纲不同等非内在因数影响预测结果,在数据分析前一般要对原始数据进行初始化处理,初始化是将待分析序列的所有数据分别除以第一个数据。

　　设原始序列为

$$X^{(0)} = \{X^{(0)}(1), X^{(0)}(2), \cdots, X^{(0)}(n)\} \tag{12-7}$$

　　则初始化序列为

$$X^{(0)} = \left\{ \frac{X^{(0)}(1)}{X^{(0)}(1)}, \frac{X^{(0)}(2)}{X^{(0)}(1)}, \cdots, \frac{X^{(0)}(n)}{X^{(0)}(1)} \right\} \tag{12-8}$$

　　通过利用数据初始化的方法,无量纲化处理后的数据如表 12 - 4。

表 12 - 4　无量纲化处理后的数据

项　目　＼　变量	研制费用 y/万元	基本件费用 x_1/万元	性能参数得分 x_2
1	1	1	1
2	2.08	2.08	1.125
3	2.4	2.4	1.25
4	2.98	2.67	1.34
5	4	3	2.625
6	7.7	2.87	2.4
7	10.57	3.33	2.687 5

利用统计学的知识和 SPSS 统计分析软件对表 12-4 中的数据进行分析。由图 12-5 和图 12-6 所示,轮式自行火炮系统的研制费用与研制过程中基本件的费用和预计达到的战术性能参数的得分有着明显相关关系。

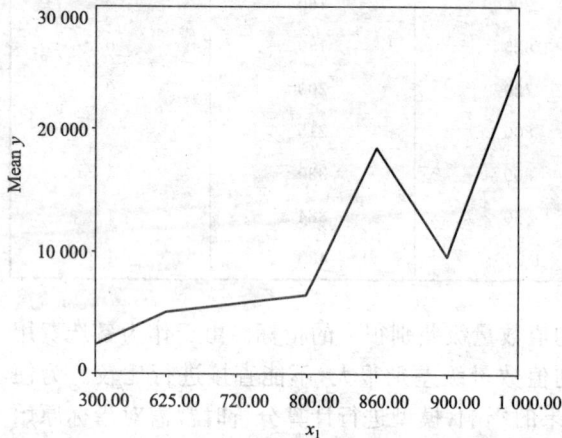

图 12-5　基本件与研制费用线形图

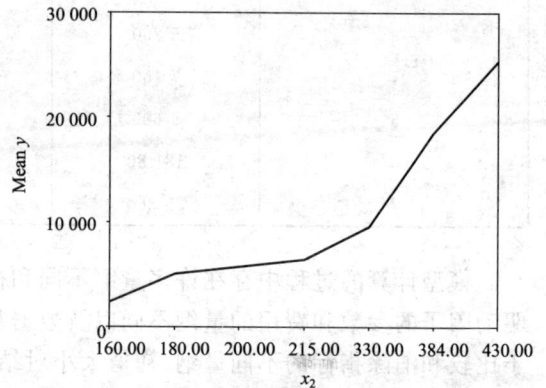

图 12-6　战技性能参数得分与研制费用的线形关系

表 12-5 结果说明在进行线性回归分析的时候所采用的方法是全部引入法,因变量为 y。

表 12-5　回归综述

Model	Variables Entered	Variables Removed	Method
1	D, x_2, x_1	.	Enter
a	All requested variables entered.		
b	Dependent Variable：y		

从表 12-6 中可以看出相关系数为 $R=0.946$,判定系数为 $R^2=0.895$,调整判定系数 $\overline{R}^2=0.883$,回归的标准误差为 48.926 0。说明样本回归方程的代表性强。

表 12-6　回归系数表

Model	R	R Square	Adjusted R Square	Std. Error of the Estimate
1	.946	.895	.883	48.920 6

a Predictors：(Constant), D, x_2, x_1

表 12-7 为方差分析表，由表中的数据可知统计量 $F = 58.086$，相伴概率值 $P < 0.001$，进一步说明自变量 x 与因变量 y 之间确实有线性回归关系。

表 12-7　方差分析表

Model		Sum of Squares	df	Mean Square	F	Sig.
1	Regression	42000399 1.761	3	14000133 0.587	58.086	.000
	Residual	7 179.668	3	2 393.223		
	Total	42001117 1.429	6			

a　Predictors：(Constant)，D，x_2，x_1

b　Dependent V ariable：y

由表 12-8 可知，常数项 $a = 20.265$，回归系数 $a_1 = 8.731$，$a_2 = 14.899$，$a_4 = 2\,884.079$，相伴概率值 $P < 0.001$，说明回归系数与 0 有显著差别，该回归方程有意义。

表 12-8　回归系数估计值及检验结果

Model		Unstandardized Coefficients		Standardized Coefficients	t	Sig.
		B	Std. Error	Beta		
	(Constant)	20.265	87.344		.232	.000
	x_1	8.731	.163	.001	.291	.000
	x_2	14.899	.055	.999	269.5	.000
	D	2 884.079	62.508	.000	.065	.000

a　Dependent Variable：y

结合创新件与轮式自行火炮系统研制费用之间的曲线关系，利用加权平均的方法将回归系数重新分配权重（各回归系数乘以 $1/3$），最终可获得如下基于工程估算法和参数估算法的轮式自行火炮系统研制费用的分析模型：

$$y = (20.265 + 2.910x_1 + 4.961x_2 + 2.2x_3^3 + 2\,884.079D) + \sum_{j=1}^{n} \frac{x}{n}\left[(1+p)^j - 1\right]$$

$$(12-9)$$

其中，y 为轮式自行火炮系统研制费用，x_1 为基本件，x_2 为性能指标得分，x_3 为创新件占总部件的比例，x 为利用此模型预测出的轮式自行火炮系统研制费用，p 为平均年利率。

当不考虑货币时间价值时的轮式自行火炮研制费用分析模型为

$$y = (20.265 + 2.910x_1 + 4.961x_2 + 2.2x_3^3 + 2\,884.079D) \qquad (12-10)$$

以某自行榴弹炮为例对模型进行核对，其基本件及借用件的费用为 630 万元，战术性能参

数得分为 215 9 个创新件,属于非全面新研制项目类型,即 D 取"0",将数据代入模型可得:

$$y = (20.265 + 2.910 \times 630 + 4.961 \times 215 + 2.2 \times 9^3 + 2\ 884.079 \times 0) + \sum_{j=1}^{n} \frac{x}{n} [(1+p)^j - 1]$$

$$= 4\ 523.98 + \frac{4\ 523.98}{8} \times (11.48 - 8)$$

$$= 6\ 491.911\ 3\ 万元$$

假设平均年利率为 0.08,研制周期为 8 年,则在计算时间货币价值的前提下该轮式自行火炮系统的研制费用 6 491.911 3 万元。

当代入不考虑货币时间价值模型时回归得到的轮式自行火炮研制费用如下:

$$y = (20.265 + 2.910x_1 + 4.961x_2 + 2.2x_3^3 + 2\ 884.079D)$$

$$= 4\ 523.98$$

此轮式自行火炮研制费用在不考虑火炮时间价值的情况下其实际研制费用为 5 000 万元,估算的相对误差为 0.095 204<0.1,模型预测精度符合回归分析的精度要求,拟合精度较高。

第 13 章　世界轮式自行火炮系统赏析

13.1　南非的 G6 式 155 mm 轮式自行加榴炮

南非的 G6 式 155 mm 轮式自行加榴炮是南非军械公司 1988 年设计定型的,如图 13-1 所示。

图 13-1　南非 G6 式 155 mm 轮式自行加榴炮

G6 采用专门设计的 6×6 轮式装甲底盘。焊接钢装甲车体分为驾驶舱、动力舱和战斗舱三部分。驾驶舱位置在两个前轮中间。驾驶员前面和两侧都有较大的防弹玻璃观察窗,视界为 180°。驾驶舱前面有 1 个楔形箱,它既可作为贮弹箱(两边各存放 8 发弹),又可作为障碍清除装置。动力舱居中,位于驾驶舱后部,发动机前面的舱顶上装有进气百叶窗,两侧装有排气百叶窗。百叶窗可以打开,便于维护发动机。战斗舱位于车体后部。G6 底盘悬挂装置为全向独立扭杆式,装有液压阻尼器和减振器。为了便于在沙漠中行驶,采用 21×25 大型低压车轮。另有轮胎调压系统,可用于在火炮行进中调节轮胎压力。车上还装有慢行制动器、传动装置减速器、废气排气制动器和刹车制动器。车体转向采用动力助力方式,车轮上有动力助力制动器。车体采用双层底装甲,装甲结构与形状能承受 3 枚地雷的爆炸力,因此具有较强的防地雷能力。另外,前车轮上方无装甲,一旦车轮碰上地雷,地雷朝上爆炸,驾驶员不致受伤。

G6 的火炮由 45 倍口径的 G5 式牵引 155 mm 火炮身管改进而来,大型钢制焊接炮塔安装在底盘后部战斗舱上方,可以360°旋转,但是火炮方向射界通常只有左右40°。车长座位在炮尾右侧,可通过指挥塔观察窗进行环视观察。车长配有制动器,当驾驶员不能工作时,车长可以制动车辆。瞄准手座位在炮尾左侧,配用读数式光学－机械间接瞄准装置和光学－机械直接瞄准装置(直接瞄准距离为5 000 m)。该炮共携带47发155 mm弹丸、52个发射装药和900发12.7 mm机枪弹。火炮配有半自动装填装置,最大射速4发/分钟。发射远程全膛榴弹最大射程30 km,远程全膛底排弹最大射程则达到39 km。南非军械公司最近已经用52倍长身管155 mm火炮改进出G6－52式自行加榴炮,同时还研制了一系列新型远程弹药以及双模块发射药系统。试验表明,G6－52火炮发射远程火箭底排复合增程弹最大射程超过70 km,号称目前世界上射程最远的155 mm自行火炮。

13.2　意大利B1"半人马座"轮式自行反坦克炮

目前世界上最先进的轮式自行反坦克炮,是意大利埃维科公司和奥托·米拉拉公司在1985年根据意大利陆军提出的技术要求联合研制的"半人马座"B1式105 mm轮式自行反坦克炮。如图13－2所示。

图 13 - 2　意大利"半人马座"B1式105 mm轮式自行反坦克炮

"半人马座"B1式自行反坦克炮是以AVH6636型装甲车底盘为基础发展而成的,动力装置为埃维科公司的涡轮增压气冷却6缸MTCA型发动机,功率383 kW。发动机采用前置式,可为驾驶员提供附加的弹道防护。自动传动装置为德国ZP公司设计的5HP1500型齿轮箱,有5个前进挡和5个倒退挡。传动装置采取H形布置,即在车体两侧设置两根传动轴从而实现对车内空间的最佳利用。悬挂装置由法国米歇尔公司提供装有线性液压气动支杆,垂直行程为310 mm。轮胎为低压充气式,无内胎,驾驶员可根据车辆的行驶速度和地形选用各种不同的驱动和转向系统,利用遥控轮胎压力调节系统可改变车体对地面的压力。

炮塔为三人式,重 6.5 t,早期装有 1 门 105 mm 高膛压低后坐力线膛炮,身管长 52 倍口径,炮塔携弹量 17 发,可以发射包括尾翼稳定脱壳穿甲弹在内的各种北约制式 105 mm 坦克炮弹药。由于采用了高效多折流板炮口制退器,使后坐力降低到大约 12 t,后坐长度为 750 mm,火炮高低射界为 $-9°\sim+20°$,方向射界 360°。目前最新型号已经改用一门全新设计的大威力 120 mm 高膛压低后坐力滑膛反坦克炮,成为目前世界上火炮口径最大、威力最强的轮式自行反坦克炮。"半人马座"B1 装备有先进的计算机火控系统,包括车长用周视稳定式昼夜光学潜望镜、炮手用带激光测距机的非稳定式光学潜望瞄准镜弹道计算机以及有关装药温度、炮膛磨损、炮耳轴倾斜度、炮口基准和横风传感器,配用这种射击指挥系统,该反坦克炮能在行进间捕捉目标并完成短停射击。配用 120 mm 火炮的"半人马座"B1 对火控系统也进行了升级,配备了红外热成像仪和稳像观瞄设备。

"半人马座"B1 轮式自行反坦克炮具有较好的防弹外形,炮塔正面和车体前装甲能经受 20 mm 机关炮榴弹的攻击,其他部位能抵御 7.62 mm 穿甲弹和 155 mm 炮弹破片的攻击。为提高防护能力,炮塔和车体还装有反应装甲,此外炮塔两侧装有烟幕发射器,内部装有灭火和三防等辅助设备。"半人马座"B1 轮式自行反坦克炮战斗全重 22 t,最大行驶速度高达108 km/h,最大行程达 800 km,具有理想的陆地战略机动能力,并且还可用 C—130 大力神运输机运载。

13.3 俄罗斯 2S23 式 120 mm 自行迫榴炮

俄罗斯研制的 2S23 式 120 mm 自行迫榴炮,是在"诺那—C"2S9 式 120 mm 履带式自行迫榴炮的基础上,由中央精密机器制造研究所于 1986 年开始研制的。如图 13-3 所示。

图 13-3 俄罗斯 2S23 式 120 mm 自行迫榴炮

该炮于 1990 年装备部队,同年年底在远东防务展览会上首次公开展出。2S23 的底盘为 BTR-80 式 8×8 轮式装甲车底盘。与采用 BMP-2 步兵战车履带式底盘的 2S9 式 120 mm 迫榴炮相比,该炮机动性较高,尤其是在远距离公路行驶时,其速度和行程都优于前者。该炮的炮塔与 2S9 式略有不同,火炮本身也有些改进。不过弹道性能及发射的弹药都相同。火炮型号定为 2A60 式,同 2S9 式一样。俄罗斯是世界上首先提出并研制迫榴炮的国家,2S23 迫榴炮采用炮尾装填方式,立楔式炮闩,不带炮口制退器和抽烟装置。节制杆驻退机位于炮身正上方,右侧有一气压式复进机,左侧为气动式自动输弹机。药室利用输弹机上蘑菇头形紧塞具和楔式炮闩进行闭气。气动自动输弹机可以连续输弹 50 发,最高射速高达 30 发/分,持续射速为 6~8 发/分,远超过人工装填的牵引 120 mm 迫击炮。火炮高低射界-4°~+80°,方向射界左右各 35°,即可平射,又可大角度曲射,除了可以发射所有制式 120 mm 迫击炮弹外,还可以发射最大射程 12.8 km 的火箭增程弹,直射距离 1 500 m 的破甲弹以及子母弹等非常规迫击炮弹。该炮主要伴随海军陆战队、空降兵部队以及陆军轻型机械化部队遂行火力支援任务,能够伴随被支援部队迅速投入和撤出战斗,既可以发射同口径的制式迫击炮弹,又可以发射为其专门设计的杀伤爆破弹火箭增程弹和破甲弹;既可在暴露的阵地上直瞄发射破甲弹,又可以在隐蔽阵地上间瞄发射杀伤爆破弹,而且射程较远、威力较大,是一种非常先进的支援火炮武器系统。

13.4 法国 AMX-10RC 6×6 轮式自行火炮

法国 AMX-10RC 轮式突击炮(如图 13-4 所示)与世界多种轮式突击炮颇有渊源,其炮塔被许多轮式突击炮采用。该炮于 1976 年开始生产,采用 6×6 底盘,战斗全重 15.88 t,有 4 名乘员。首要任务是实施火力侦察,火力、机动性较强,而防护较弱。车体和炮塔用轧制铝合金装甲板焊接而成,只能抵御炮弹破片和单兵武器的袭击。AMX-10RC 轮式突击炮主要武器是 1 门 105 mm 线膛炮,携炮弹 38 发。由于早期只承担部分反装甲任务,而且法国人觉得破甲弹完全能够承担各种反装甲任务,再加上火炮后坐力的考虑,所以 AMX-10RC 只配备膛压较低的主炮,不具备发射尾翼稳定脱壳穿甲弹的能力。后来法国人发现这是个错误,就对火炮系统进行修改,使主炮具备发射北约标准穿甲弹的能力。虽然 AMX-10RC 的火控和观瞄系统只是属于非扰动式,并不具备行进间射击的能力,但性能较为先进,有较高的命中率。

AMX-10RC 采用 6F11SRX 柴油机,功率高,最大速度 85 km/h,最大行程 1 000 km。转向机构采用差速滑动转向方式,这也是其特点之一。行动装置采用了液气悬挂装置,驾驶员可用一根操纵杆控制液气悬挂装置,以调整车底距地高度。车轮采用低压轮胎,轮胎压力可依据地形进行调节。AMX-10RC 装甲侦察车的车首装有防浪板,尾部装 2 个喷水推进器,水上行驶时由喷水推进器推进。

图 13 - 4 法国 AMX—10RC 6×6 轮式自行火炮

13.5 美国"康曼多"V—600 式轮式自行反坦克炮

美国作为世界头号经济、科技和军事超级强国,同时也是世界数得着的汽车大国,不过给人的印象却是不怎么重视轮式装甲车辆的发展,本国军队也甚少装备轮式装甲车辆,而是以履带式车辆和载重车辆为主。这就给人一种错觉:美国在轮式装甲车辆研制方面落后于世界其他国家。事实上,美国在这方面的实力相当雄厚,只是多数项目作为预研项目或者出口项目立项研制。既然是强国兼大国,轮式突击炮这样的武器自然也少不了,其中比较有代表性的则是 LAV—600 轮式突击炮(如图 13 - 5 所示)和"斯特瑞克"机动火炮系统。

LAV—600 由卡迪拉克公司研制,于 1985 年对外公布。由于底盘是在 LAV—300 装甲车的基础上研制,所以该车许多部件与 LAV—300 通用。炮塔采用该公司研制的装备低后坐力 105 mm 火炮的新型炮塔。战斗全重 18.2 t,主要武器为一门 M68 型坦克炮和两挺7.62 mm 机枪。车体和炮塔均由装甲钢焊接而成。驾驶员在前部,发动机安装在驾驶员右侧。前两轮之间车侧有 1 扇上下两部分构成的门,上部带有观察镜,向后开;下部带有射击孔,向下开以形成车蹬。样车在靠近驾驶员后面还有 1 向下开的车门。车体后面有 2 扇向外开的车门,上面带有射孔和观察镜,还有一个用于补充供弹、带整体观察镜的车门。该车采用一台198 kW 涡轮增压柴油机,因战斗全重较大,最大公路时速只有 90 km/h,机动性在当时算是不错了。至 1985 年后期,该车完成了 5 000 km 道路试验和火炮发射试验。

图 13-5　美国"康曼多"V-600 式轮式自行反坦克炮

13.6　南非"大山猫"

　　"大山猫"重型装甲车质量为 28 t,最大行程 1 000 km,最高公路时速 150 km,一般的履带式和轮式车辆只能甘拜下风。它的防护力强大,能够抗住 TM46 反坦克地雷的袭击。它是下一代地面战斗车辆的典范,能够执行攻击性的搜寻与摧毁任务,而且适应性极强,机动力特别高。

　　在 20 世纪 60 年代和 70 年代的大部分时间,南非国防军使用法国生产的"大羚羊"MK7 和 MK9 轻型装甲车辆作为侦察车,这两种 4×4 的车辆机动性高,武器系统能够根据需要进行改变,既可配备 90 mm 速射低压炮,也能安装 60 mm 后膛装弹迫击炮。

　　1978 年安哥拉内战爆发后,南非卷入战争。面对变化多端的游击战争,装备了 16 年的"大羚羊"遇到难题,它既没有足够的装甲来保护自己,也缺乏能够执行搜寻摧毁任务的火力。南非需要一种中型地面车辆,并且要求是轮式装甲战斗车,不能像坦克那样笨重缓慢,但要有和坦克一样的远距离火力。于是"大山猫"就诞生了,如图 13-6 所示。

　　新型装甲车以南非山猫命名,它如同真正的山猫一样凶猛。自 20 世纪 80 年以来,"大山猫"就开始替代"大羚羊",作为南非国防军的高机动战斗车辆参加行动。该车乘员 4 人,其中包括车长、炮长、装弹手和车长。它能全天候高机动作战,主要负责战斗侦察和区域安全任务。

　　"大山猫"由 8 轮驱动,使用涡轮增压柴油发动机,传动装置为自动变速箱,有 6 个前进挡和 1 个倒挡。驾驶员可以根据地形选择 8×8 全轮驱动或者 8×4 驱动方式。它的前 4 轮为转向轮,有转向助力装置。悬挂装置的弹性元件为螺旋弹簧,阻尼元件为液压减振器。

图 13-6 南非"大山猫"

开始时"大山猫"配备一门 76 mm 炮,备弹 48 发。1994 年,该车换装了 105 mm 的 GT7 反坦克炮,能够发射所有北约标准的 105 mm 反坦克炮弹,射速每分钟 6 发。换装口径更大的火炮后,"大山猫"的机动性并未受到过大影响,与之相比,美国最新式的"斯瑞克"(Stryker)装甲车装上 105 mm 火炮后,时速只能达到 110 km 左右,最大行程不到 500km。

"大山猫"还有两挺 7.62 mm 机枪,一挺与主炮并列,并受火控系统控制,装在主炮的左侧,备弹 3 600 发;另一挺位于车长位,用于防空和其他目的。

"大山猫"在防护上动了一番脑筋,它有两组 4 联装烟幕弹发射器,需要时可以施放烟幕。另外,它的车体和炮塔为装甲钢全焊接结构,可防御 24 mm 以下弹药的袭击。车体两侧 2、3 轴之间各有一个安全门,可使乘员隐蔽地离开车辆。此外,作为 8×8 的轮式车辆,"大山猫"的一两个轮子受损后仍能维持机动能力。它的轮胎为子午线泄气保用轮胎,即使 8 个轮子全部泄气,也能行驶相当一段距离,到达安全地域。该车还有轮胎气压中央调节系统和自救绞盘,有较强的通行适应能力和自救能力。"大山猫"的车内装有集体过压和空气过滤系统,能够抵御化学和生物武器袭击。

南非于 20 世纪 90 年代改装"大山猫"时,已经把目光对准国际市场,它由于采取模块化设计,能够按照客户的不同要求进行改装。如美国版的"大山猫"就有"21 世纪旅及旅以下部队战场指挥系统"FBCB2,它能为部队提供"数字战场"通信功能,此外还有轻型精确 GPS 接收器。

13.7　巴西 EE 系列轮式自行反坦克炮

巴西作为南美大国,在武器研制和生产上颇有鹤立鸡群之态,在装甲车辆研制上建树颇多,在轮式突击炮研制上更是成绩突出,先后研制了 EE-9、EE-17 和 EE-18 多种型号的轮式突击炮,其中一些型号还大量出口(如图 13-7 所示)。

EE-9 是巴西早期研制的一种轮式突击炮。该车最初是作为装甲侦察车研制,由巴西恩格萨特总工程公司于 1970 年 7 月开始研制,1974 年投产并装备巴西陆军,后来通过逐步改进,最终演变成装备 90 mm 火炮的轮式突击炮。第一批生产型交付巴西陆军的 EE-9 装备 37 mm 火炮炮塔,用于出口的则装备法国 H90 炮塔。经过实际应用之后,巴西陆军要求该型号能增强反坦克能力,特别是发射脱壳穿甲弹的能力。随着自行研制的 EC-90 型 90 mm 火炮顺利投产,日后生产的 EE-9 都装备巴西自行设计 EC-90 型炮塔。

该车为常规结构,战斗全重 13.4 t,乘员 3 人,采用 6×6 驱动。车长(炮向前)6.2 m、宽2.64 m、车全高 2.28 m,最大公路时速达 100 km/h,最大行程 880 km。前部是驾驶部分,中部是战斗部分,后部是动力部分。主要武器为 1 门 EC-90/300 型 90 mm 火炮,配用榴弹、破甲弹、碎甲弹、烟幕弹等以及专门研制的脱壳穿甲弹。

动力装置为一台 6V-53N 型六缸水冷柴油机,匹配"阿里逊"MT643 自动变速箱、两速分动箱等。行动装置部分,前桥悬挂采用独立式螺旋长短双向液压减振器,后桥悬挂采用带有摆动梁的双片弹簧和双向液压减振器,轮胎为低压轮胎。防护系统采用双硬度钢板,自动灭火装置和夜视设备可任意选配。

与 EE-9 同期发展的还有在 EE-11 装甲输送车基础上,应陆军要求研制的 AFSV 火力支援车。该车装备 H90 型炮塔,与 EE-9 不同的是它还有 5 名随车步兵。火炮则选择膛压和后坐力较低的 EC-90/500,配用榴弹、破甲弹、碎甲弹等弹药。

随着各国装备的主战坦克的防护水平不断提高,巴西陆军意识到必须研制搭载更大口径火炮的轮式突击炮来代替 EE-9 和 AFSV。巴西陆军向恩格萨特总工程公司提出了相关设计意向和要求,委托该公司负责新型轮式突击炮的研制。恩格萨特公司对巴西陆军的要求做了详细调研之后,决定采用已有的武器系统和底盘来研制新型轮式突击炮。很快,一辆采用EE-11 底盘和改进型 FL-12 型炮塔(装备在巴西一定数量的 SK105 轻型坦克上)以及法制CN-105-57 式 105 mm 坦克炮的原型车就被制造出来。

新型车编号为 EE-17,战斗全重为 18.5 t,较 EE-11 增大不少,改为采用 220 kW 级别的 6V53T 发动机。单位功率增强后,EE-17 的最高公路时速超过 EE-11,达 110 km/h(EE-11 为 105 km/h),最大公路行程则由 EE-11 的 850 km 下降至 600 km,机动性则维持在 EE-11 原有水平。由于采用新炮塔,所以 EE-17 成为当时少见搭载 105 mm 大口径火炮的轮式突击炮。在后面的测试中,该车的表现还算顺利,由于采用现有组件,所以成本低廉,生

图 13 - 7　巴西 EE 系列轮式自行反坦克炮

产也方便。

巴西陆军对该车进行评估之后,认为该型号的火力与其他相继出现的轮式突击炮相比存在不足,其中一个致命伤就是 CN－105－57 式坦克炮只能发射榴弹和破甲弹,明显降低了火炮威力和使用灵活性。即使通过改进,使其具备发射尾翼稳定脱壳穿甲弹的能力,但其所采用的尾翼稳定脱壳穿甲弹属于减装药型号,威力大幅下降,在一定程度上削弱了反坦克能力。最终,巴西军方否定了 EE－17 项目的设计。

13.8　德国－瑞士"天空游骑兵"高炮系统

"天空游骑兵高炮"是一种非常先进的轮式小口径防空－反导自行高炮。它由德国 KMW 公司研制的"拳击手"8×8 轮式装甲车底盘和瑞士厄利空－康特拉夫公司(目前已被德国莱茵金属公司兼并)设计的 35 mm"千发"高射速转膛炮炮塔组成,是一种 2007 年才刚刚面世的先进野战自行防空火炮武器系统,如图 13－8 所示。35 mm"千发"自动炮采用转膛式自动机,射速高达 1 000 发/分钟,原为厄利空公司 1997 年推出的"天空盾牌"模块化防空火炮中主要武器系统。该火炮不但比经典的 GDF 系列 35 mm 高炮射速提高近一倍,而且实现了无人化全自动操作。火炮炮口装有测速－装定线圈,可以发射先进的 AHEAD 防空弹药,除了打击武装直升机、无人机等中低空飞行器外,还具有极其强悍的地空反巡航导弹能力。

"拳击手"装甲车是德国 KMW 公司牵头研制的新一代 8×8 轮式通用装甲车模块,底盘重 25 t,最大载重 8 t。采用 MTU 公司生产的最大功率 580 kW 的大马力柴油发动机和双螺旋弹簧麦弗逊独立悬挂系统。"拳击手"最大公路行驶速度 103 km/h,最大行程达到

1 050 km,最大爬坡度为 31°,最大侧倾度为 17°,整车机动性能远超上一代轮式装甲车辆。"天空游骑兵"结合目前世界上最先进的轮式装甲车底盘和最先进的小口径高炮武器站,再辅以功能全面的雷达－光电火控、侦察系统,足以使其成为目前世界上性能最先进,作战效率最高的轮式小口径自行高炮武器系统。目前该防空系统已经开始装备荷兰陆军,并有望成为欧洲下一代标准小口径野战自行防空炮。

图 13－8　德国－瑞士"天空游骑兵"高炮

参 考 文 献

[1] 闫清东,张连第,赵毓芹,等. 坦克构造与设计(上册)[M]. 北京:北京理工大学出版社,2007.

[2] 闫清东,张连第,赵毓芹,等. 坦克构造与设计(下册)[M]. 北京:北京理工大学出版社,2007.

[3] 刘维平,孙伟,于魁龙,等. 坦克装甲车辆构造学[M]. 北京:兵器工业出版社,2001.

[4] 徐诚,王亚平. 火炮与自动武器动力学[M]. 北京:北京理工大学出版社,2006.

[5] 美国国防部手册. Fire Control Systems—General,MIL—HDBK—799(AR)[M] 杨培根,等,译. 北京:兵器工业出版社,1998.

[6] 周志刚. 航空综合火力控制原理[M]. 北京:国防工业出版社,2008.

[7] 魏云升,郭治,王校会. 火力与指挥控制[M]. 北京:北京理工大学出版社,2003.

[8] 居乃鵕. 两栖车辆水动力学分析与仿真 [M]. 北京:兵器工业出版社,2005.

[9] 杨楚泉. 水陆两栖车辆原理与设计[M]. 北京:国防工业出版社,2003.

[10] 刘修骥. 坦克系统设计[M]. 北京:国防工业出版社,1988.

[11] 刘修骥. 车辆传动系统分析[M]. 北京:国防工业出版社,1998.

[12] 汪明德,赵毓芹,祝嘉光. 坦克行驶原理[M]. 北京:国防工业出版社,1983.

[13] 张洪图,赵家象,姜正根,等. 坦克构造学[M]. 北京:北京工业学院出版社,1986.

[14] 谈乐斌,张相炎,管红根,等. 火炮概论[M]. 北京:北京理工大学出版社,2005.

[15] 张相炎. 火炮设计理论[M]. 北京:北京理工大学出版社,2005.

[16] 余志生. 汽车理论[M]. 北京:机械工业出版社,2003.

[17] 潘玉田,郭保全,马新谋,等. 炮身设计 [M]. 北京:兵器工业出版社,2007.

[18] 潘玉田,郭保全. 轮式自行武器系统的水上性能问题探讨[J]. 火炮发射与控制学报,1999. 增:25—30.

[19] 谌勇,潘玉田. CAD二次开发在两栖战斗车辆静水特性分析中的应用[J]. 火炮发射与控制学报,2001,22(3):15—18.

[20] 潘玉田,谌勇,郭保全. 一种轮式自行火炮水上射击动力学分析的方法[J]. 火炮发射与控制学报,2002,23(2):29—33.

[21] 潘玉田,郭保全,李霆. 轮式自行榴弹炮总体结构动力学仿真[J]. 火炮发射与控制学报,2003,24(1):8—11.

[22] 郭保全,潘玉田,谌勇. CAD二次开发进行两栖装甲车水上性能分析[J]. 华北工学院学

报,2003,24(3):170—173.

[23] 潘玉田,雷建宇,马新谋,等.提高两栖战斗车辆航速的研究[J].火炮发射与控制学报,2005,26(3):69—72.

[24] 马新谋,潘玉田,马昀.两栖作战武器线性横摇运动动力学分析[J].火炮发射与控制学报,2008,29(2):85—88.

[25] Guo Zhangxia, Pei Changgui, Pan Yutian. Fem Analysis For The Stiffness And Intensity Of Aluminum Alloy Pedestal Ring in Steel Wire Roll Road[J], 7th ISTM, 2007:4383—4385.

[26] http://news. sohu. com/21/44/news147074421. shtml

[27] http://en. wikipedia. org/wiki/WZ551

[28] http://www. sinodefence. com/army/armour/wz551. asp

[29] http://www. globalsecurity. org/military/world/china/wz—551. htm

[30] http://www. fyjs. cn/viewarticle. php? id=169906

[31] http://www. cnr. cn/military/zbtj/200804/t20080414_504761324. html

[32] http：//www. cnr. cn/military/zbtj/200804/t20080414_504761324. html

[33] 赵克利,孔德文.底盘构造与设计 [M].北京：化学工业出版社，2007.

[34] 张洪图.汽车构造（底盘部分）[M].北京：北京理工大学出版社，1996.

后　记

　　轮式自行火炮系统是近几十年来兴起的一种武器系统，由于其具有质量轻、机动性好、成本低、可靠性高、可维修性好等优越性，在世界各国的军事装备中占据着重要的地位。轮式自行火炮总体技术是该武器系统研制的一项关键技术，对武器的总体性能影响很大。但遗憾的是目前还没有这方面的比较详细全面的参考书籍，本书正是为了填补这一遗憾，从教学和科研实际需要出发，在详细介绍轮式自行火炮的概念、国内外研究状况、总体结构方案、主要总体性能以及轮式自行火炮总体技术方面相关内容的基础上，为读者了解轮式自行火炮武器系统总体结构和总体关键技术提供比较全面、有用的参考资料，希望能对相关专业的学生和教学科研人员提供帮助，为火炮行业的发展做点贡献。

　　由于轮式自行火炮总体技术所涉及的内容很多，而且许多技术内容与科研和生产实践结合紧密，所以本书中不可能做到面面俱到，只对一些主要的总体技术和相关内容进行了尽可能的详细介绍。另外，由于编者水平和实际条件有限，书中很可能会出现不全面、不当甚至错误的内容，希望得到各位同仁的补充完善和批评指正。

　　当然，随着科学技术的日新月异，轮式自行火炮总体技术也必将随之飞速发展，一些新的技术和研究手段将会不断涌现，现阶段的一些提法很可能在不久的将来就不再合适，轮式自行火炮总体技术的发展也是一个与时俱进的过程，需要不断完善。作者将继续跟踪此项研究领域的研究动态，不断修改、完善本书的内容，使之更好地为大家服务。

　　最后感谢所有参与编写本书的同仁，也对国防科工局教材建设办公室、北京理工大学出版社、中北大学教材科等单位领导和工作人员的大力支持表示诚挚的谢意。

编者